絵本と子どもの であう場所

幼稚園絵本文庫10年の記録

三宅興子
〈編著〉
伊東 舞／大利かおり／小澤佐季子
金 永順／佃 香菜子／中内由起子
〈著〉

翰林書房

もくじ

はじめに

本書は、幼稚園での絵本文庫の活動が10年になったのを機に、記録を整理し、何をやってきたのか、子どもとどうかかわったのか、なぜ絵本なのか、などを話し合い、分担執筆した報告集である。

「こうめ文庫」と名付けた幼稚園のクラブは、5周年を迎えたとき、『きょうはこうめのひ—梅花幼稚園絵本クラブ「こうめ文庫」活動記録—』(2000年3月)を刊行している。そこには、試行錯誤しているさまが報告され、また、実践を通して3,4,5歳児の絵本とのかかわりの相違や、5人の事例が検討され、新しい知見をえた、よくよまれた絵本作家とその作品などが、論じられている。10年という節目を迎えて刊行する本書もその延長線上にあるが、より広く、絵本を子どもとよみあい、絵本を通してのコミュニケーションを実践している多くの方々との情報の交換や交流を求めて私家版ではなく、公刊にふみきることにした。

「こうめ文庫」という梅花女子大学の児童文学科の学生と卒業生が毎週1時間行っているささやかな場ひとつとってみても、絵本とのかかわりかたは多様である。子どものことを知りたい、絵本が好き、絵本作家を目指している、保育士や司書になりたいので実践体験をしておきたい、卒業論文や修士論文で絵本を扱うのでその参考にしたい、などなどである。

10年の歩みを振り返ってみると、はじめは、絵本をよみあうのが楽しいというイメージが先行していたようである。しかし、自分たちのよく知っている物語絵本を中心に並べてみたところ、「みたい絵本がない!」「もっと、こわい本ないの?」などといった声が毎週きかれ、それに応えようと、プログラムを工夫し、蔵書を点検していくようになった。明るく楽しい絵本以外にも、絵本には、さまざまの世界が描かれていることや、子どもの要求には、鋭く深いものがあることを自覚していくことになった。5年目の報告集と本書の違いは、大勢に好まれ、わいわいがやがやと楽しまれる絵本群、地味ではあるが、静かに少数の読者に好まれ、毎年誰かには貸出されている絵本群がわかってきたことがあげられる。また、物語絵本以外の図鑑や知識の絵本の大切さを認識したことや、ひとりひとりの好みの傾向を理解して、その子にあった絵本を手渡すこともできるようになってきていることもある。アジアからの留学生たちの文庫への参加も、絵本が「国際理解」を考えるメディアとして考えられるという可能性を示唆してくれた。

課題もまだまだ残っている。巻末の資料の貸出回数を調べると直ちに了解されることであるが、女児だけに、あるいは、男児だけに貸出されている絵本が見受けられる。こうした男女差をどう考えるのかは、5年目でも問題視されたが、今回も手をつけられずに残っている。また、この活動を通して、子どもたちが情報を交換しあい、ある絵本がブレイクしていくという状況は報告されているものの、恐らくはもっと多様な要件（家庭、園、マスメディア、社会状況など）がかかわって、1冊の絵本が読者をえると思われる、そうした視点をとらえきれていない点などである。

「赤ちゃんと絵本をよみましょう」という動きや「大人にも絵本を」という新しい絵本観のあらわれや、「絵本は力」「絵本はコミュニケーション」といったフレーズもきかれるなかで、「幼児に絵本を」というのは、当然すぎて「常識」だとおもわれるかもしれない。しかし、「なぜ、絵本なのか」という問いに答えるのは、それほど簡単ではない。声を出して、幼児と絵本をよんでいると、ふと、タイムスリップして、別の時空間に入っているような感覚にとらわれることがある。文化史を探っていったら、もしかして、その問いに対する手がかりがえられるかもしれない。

10年の記録（1994年から2003年まで）からみえてきたものをつづった本書が、実践と理論の交差するところにあって、絵本への関心をもつ方々と交流できることを願っている。

2006年2月　　　　編著者

第1章

こうめ文庫の概要と歩み

Ⅰ こうめ文庫の歩み

1）こうめ文庫のはじまり

梅花女子大学児童文学科は、子どもの文学を専門とする日本でも唯一の学科である。教育とは切り離し、子どもの文学を独自で研究するところに専門性と深みがある。学生たちは、ここでさまざまな文学を学びながら、絵本や物語を子どもたちがどのように享受していくのか、子どもとの接点を求めていた。マスメディアの情報が氾濫する今日において、いまの子どもたちはどんな風にすごしており、自分たちの子どもの頃と変わっているのか、いないのか。また、将来、子どもと本を結びつける仕事を望む学生にとっては、実践面での活動の足がかりは必須だった。そのような学生たちの声を聞き、以前から、幼稚園での実践の場の可能性を考えていた三宅興子教授が、大学と幼稚園のプロジェクト研究を設定し、学園の研究費を得て、研究会を発足した。1994年５月、三宅教授が、大学院生を中心に研究会メンバーを募ったところ、10名の学生（大学院生５名、学部生５名）が集まった。これが、こうめ文庫のはじまりである。

2）活動体制

こうめ文庫のスタッフ[*1]は、毎年、子どもと絵本について興味をもつ学生が、自主的に参加する形式をとっており、ボランティア（交通費のみ支給）で行なってきた。大学での授業の関係や、卒業などで、年度毎に顔ぶれは変化し、１年間毎のチーム体制となる。

2000年度より、梅花女子大学児童文学科の前期授業として認められるようになる。そのため、前期は、以前から続けているスタッフと、授業として参加する学生が一緒に文庫活動を行う形となっている。後期は他のスタッフと同様、自主参加となる。授業となることで、文庫についての様々な説明を講義として行ない、子どもと絵本について共通認識をもつことができるようになった反面、「授業」という枠組みでの規制もでてくる。ある程度の基盤ができきてきたなかで、マンネリ化せず、新しく入ったメンバーの絵本と幼児とのかかわりをどう深めていくかが、毎年の課題である。

活動資金としては、初期は学園プロジェクト研究費*2の一部で絵本を購入し、1995年度に幼稚園のクラブとなってからは、保護者からの参加費*3を運営費に当てている。学会の研究助成金などを研究費として用いることもある*4。

Ⅱ 準備期間と10年間の足取りから

1）こうめ文庫の10年間

a．手探りの時期

1994年度：前半は幼稚園見学、後半は、年少担任と協力しながら、さくら組（年少児）対象のこうめ文庫を始める。全員で、1，2冊の絵本をよんだあと、子どもの選んできた絵本を一緒によみ、1冊貸出を行なうという、文庫形式の下地をつくる。子どもの人数も少なかったので、比較的ゆったりと子どもたちとつきあうことができた。

1995年度：5月より、こうめ文庫が幼稚園のクラブの一つとなり、年中・年長児とのつきあいが始まる。隔週交替だったものの、おとなしかった年少児と、年中・年長児とのギャップは大きく、子どもたちのエネルギーに圧倒されっぱなしの状況で、1年が過ぎる。特に、年長児にとって、子どもたちの求めるものと、私たちの考えるものが明らかに違うようだということに気づきはじめる。子どもたちのよみたい絵本とのずれをうめるべく、試行錯誤を続け、1年が過ぎた。10月より、年少児クラスが始まる（以後同じ）。

1996年度：隔週だった年中・年長クラスが、幼稚園、保護者の希望により、毎週制となる。1日に接する子どもたちの人数は倍になり、なかなか名前と顔が覚えられない状況が続く。95年度までは同じプログラムを2週連続で行なっていたが、1日に2つ用意するプログラムが必要となり、その準備に追われる。同時に、さまざまな絵本をプログラムでとりあげることで、年中・

年長の違いがみえてくる。

b．すこしずつ意識化されていく

1997、1998、1999年度：これまでの反省をふまえて、子どもたちに近づこうと意識的に努力する。プログラムの内容、絵本の選書も３年間の経験から、充実をはかる。子どもの年齢に応じて対応し、子どもの視点や立場に近づいて物事を考えられるようになってきたため、少しずつ手ごたえを感じるようになる。絵本を一方的に手渡すのではなく、様子をみながら子どもたちの興味を探り、おおよその見当がつくようになってくる。

c．授業となって

2000年度より、梅花女子大学の前期授業「文庫活動の理論と実践」として認められるようになる（初年度は三宅教授、2001年度から小澤が担当）。ちょうど幼稚園の園児数が増えてきた時期に授業となることで、不足しがちだったスタッフ人数が、ある程度確保されるようになった。カリキュラムの関係で、学生が文庫活動を2，3年継続することが難しくなり、これまでの経験の積み重ねから、みえてきたものがある一方で、経験者と新人の絵本観の違いもあり、いかにこれまで文庫で積みあげてきたことを伝えながら、新しい歩みを重ねるかが問われている。

2）『きょうはこうめのひ』について

初期５年間の活動をふり返り、2000年３月に『きょうはこうめのひ―梅花幼稚園絵本クラブ「こうめ文庫」活動報告書―』をまとめた。５年間でわかってきた子どもと絵本のかかわりについての考察をすることで、これまで意識化していなかったさまざまな視点を浮かびあがらせ、文庫活動をするうえで共通認識もでき、大きな一歩となった。そして、あらたな５年が重なり、10年をふりかえるにあたって、この『きょうはこうめのひ』をふまえて書いている。本文中でも何度もとりあげているので、ここでは、目次のみあげておきたい。

目次

Ⅲ こうめ文庫の概要

1）活動の設立

＊活動場所：梅花幼稚園（大阪府豊中市）

＊活動形態：週１回（1994年度月曜日、1995－2003年度木曜日、2004年度から金曜日）

年中児・年長児対象：５月～３月（1995年度は隔週交代、1996年度以降は毎週）、１時間。

年少児対象：10月末（又は11月）～３月（毎週）、30分。

＊原則として、文庫の活動は、おはなしの時間と絵本の時間からなる。

2）おはなしの時間

クラスの子ども全員に、ひとつのプログラム（絵本をよむ／ストーリーテリングをする／紙芝居・ペープサート・巻物絵本などをする／絵本に関係したテーマで工作をする／手遊びやえかきうたなどをする、等）を行なう。おはなしの時間は原則としてプログラム担当スタッフ（１～２名、毎回交代する）と子どもたちが向かい合う形で行なう。

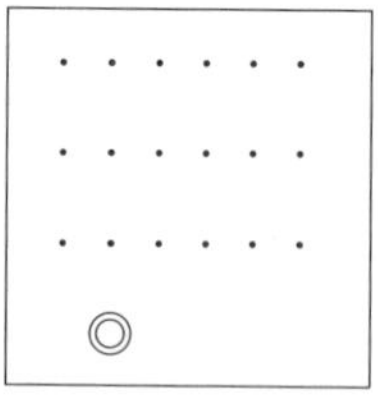

・子ども
◎スタッフ

❶ おはなしの時間

3）絵本の時間

子どもたちが、文庫にある絵本からよんでほしいものを自由に選び、スタッフのところへ持っていき、よんでもらう。よみ手のスタッフが複数いるため、どの絵本を選ぶかだけではなく、どのスタッフのところへ行くかにも、その子の個性がうかがえる。また、ひとりのスタッフの所に複数の子が来た場合は、先に来た子の絵本から順番によんでいくので、後から来た子は待っている間に、他の子がよんでもらっている絵本を一緒にきくことになる。そのため、この時間は、部屋のなかにスタッフを中心とした「島」がいくつかできる。また、絵本をよんでもらわずに歩いたり遊んだりする子や、子どもだけで絵本をながめている姿もみうけられる。

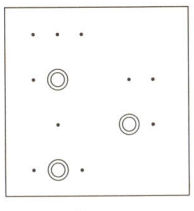

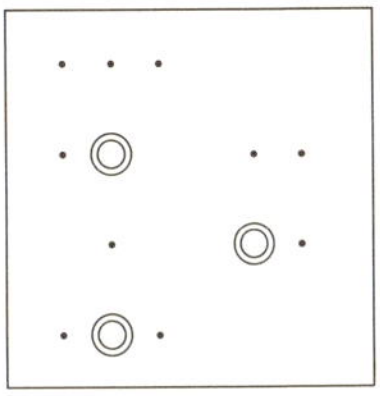

❷ 絵本の時間

年少は毎回おはなしの時間を10分とったあと、20分弱の短い絵本の時間をとっている。

年中・年長クラスでは、1995－2000年度までは、前半30分とし交代制（年長が前半：おはなしの時間－後半：絵本の時間なら、年中は前半：絵本の時間―後半：おはなしの時間、年長が前半：絵本の時間－後半おはなしの時間の時は年中が前半：おはなしの時間－後半：絵本の時間）としていた。2001年度より、活動場所が北館に移行し、文庫時間内に移動させることになったのと、参加人数が大幅に増えたことで、体制が変わる。２つの部屋を用いて、年中クラス・年長クラスを同時並行で行ない、北館に移ってから、おはなしの時間のあと、絵本の時間を行なう。

4）本の貸出

絵本の時間内に絵本の貸出（1人1冊1週間、長期休暇前（7月、12月）のみ1人2冊、休暇明けまで）を行なっている。貸出は、毎回貸出係が行ない、子どもたちは貸出コーナーに参加カード（❸）を持ってきて、1冊借りる毎に子どもは自分でシールを貼る。貸出係は、本の内ポケットから書名カードを取り出し、子どもの名前を記入する（❹）。これらの貸出記録により、貸出のデータを作成し、借りられた回数等、年度毎の人気の絵本を調査することができる。

❸ 絵本の時間：貸出カード

❹ 絵本の時間：貸出の様子

5）場所について

1995年度までは、こうめ文庫の時間のみ幼稚園の教室を一つ借りて、おはなしの時間・絵本の時間両方を行なっていた。

1996年度以降は、教室の一つを「絵本の部屋」とし、絵本も棚に並べることができた。年中・年長の絵本の時間と年少の活動をここで行ない、年中・年長のおはなしの時間は、となりの教室を「おはなしの部屋」として借りた。年に数回の行事の日のみ、教室よりも広い幼稚園ホールを使用した。

2001年度以降は、入園児数増加に伴い、幼稚園教室が使用できなくなったため、梅花学園内にある北館（幼稚園より徒歩3分）に活動場所を移すことになる。北館1階多目的ホールを「絵本の部屋」として使わせてもらうことになるが、子どもの参加人数も多いうえ、移動することでこれまでの体制を変える必要があり、北館２階の教室も借り、２カ所「絵本の部屋」を作れるよう工夫している。北館２階教室は、生涯学習センターなどで講義の場として使われており、机と椅子が置いてあるため、文庫の時間のみ、机と椅子を運び出し、絨毯を敷き、コロをつけた本箱を運び入れ、絵本の空間をつくっている。子どもたちが覚えやすいように、１階の部屋を「つちのへや」(❺)、２階の部屋を「そらのへや」(❻) と呼んでいる。2002年度からは、年中・年長参加人数が100名を超えてしまったので、おはなしの部屋を数カ所設ける必要ができ、もう一カ所２階の教室を借り、おはなしの時間のみ使用することもある。そこは、「くものへや」と呼んでいる。スタッフの人数や内容によっては、幼稚園教室でおはなしの時間を行なう場合もある。

❺ つちのへや

❻ そらのへや

６）行事の日

1996年度から、絵本をよむこととは離れて遊ぶことを目的としている「行事の日」を設けている。これまでに行なった行事は以下のとおりである。(年２回、７月と12月にすることが多かった)

・フェイスペインティング（絵の具で顔に色をつける）
・電車ごっこ（段ボールで電車をつくり、つなげて校舎をまわる）
・変身ごっこ（新聞紙で衣装をつくり、憧れのものに変身する）
・布に絵を描く（長細い大きな白い布に、手や足で絵を描く）

・新聞紙で遊ぼう（新聞におばけを描いて迷路にはって、くぐる。キャベツ、蝶をつくったあと、新聞紙を破いて海にして遊び、青い大きなビニール袋に破いた新聞紙を詰め込んで地球儀にみたて、ころがして遊ぶ。）
・木をつくろう（ホールいっぱいに段ボールで木をつくり、子どもがつくった、虫、鳥、生き物などを貼っていく。最後に大きな木をもちあげて遊ぶ）
・集団あそび（大人数で、はないちもんめ、かごめかごめなど日本の伝承あそびをしたり、カンガンソオレ、マイムマイムなど外国の集団あそびをしたりする）
・絵本づくり（冊子に綴じている画用紙、クレヨン、セロハンや毛糸など様々な材料を用いて自分で好きな絵本をつくる）

2001年度以降は、参加人数の拡大、同じ曜日に他クラブがホールを使用していることもあり、あまり大がかりな行事は行なっていない。絵本の部屋で行なえる範囲の工作や絵本づくりなどの機会を増やし、集団遊びのみ毎年続けている。

7）１日の流れ

文庫の活動時間配分は、年度によって多少異なるが、「おはなしの時間」というプログラムと、個々によみあう「絵本の時間」との組み合せで、年少30分、年中・年長60分という基本は変らない。

11:00-12:30　スタッフが絵本の部屋に集合。貸出返却処理、机移動など部屋設置をして、昼食。
12:30-13:00　年少組の文庫を行う（11月から）。
13:10-13:20　幼稚園まで子どもたちを迎えに行き、北館へ子どもと一緒に移動する。
13:20-13:40　おはなしの時間
13:40-14:00　絵本の時間
14:00-14:10　北館から幼稚園へ子どもを送っていく。
14:30-16:30　記録を書き、反省会を行い、その日の出来事を共通理解する。

次週のプログラム、連絡事項などを確認して、解散。

8）1年の流れ（96年度以降）

4月　文庫が始まる前の準備期間。この頃に、各年度のスタッフが決まる。蔵書点検、参加カード作成など文庫が始まる前の準備期間である。また、おはなしの時間に行うストーリー・テリングや手遊びなどを発表し、今年度の目標等を話しあう。

5月　1学期のこうめ文庫が始まる。

7月　夏休み前に、反省会をし、1学期を振り返り、2学期からの注意事項を話しあう。

8月　夏休み

9月　2学期の文庫が始まる。

10月　運動会見学。バザー参加。

11月　年少組の文庫が始まる。

12月　冬休み前に、反省会をし、3学期からの注意事項を話しあう。

1月　3学期の文庫が始まる。

2月　幼稚園の発表会（劇）を見学。

3月　最後の文庫の日、卒園児には、3年間の貸出リストを貼った、手作りの卒園証書をプレゼントする。

9）担当、係について

a．各学年担当者、クラス担当者

1997年度より、年少担当、年中担当、年長担当をひとり決め、担当者が1年を通して各学年の子どもたちと行動するようになった。2001年度より、クラス毎に担当者を決めるようになる。可能な場合は、同じ担当者が3年を通じて子どもの成長を追っていくようにしてきたが、大学のカリキュラム改正があり、授業の関係で3年継続できるスタッフが少なくなり、現在では難しくなった。

b．記録係

絵本の時間に、よみ手として参加せず、子どもたちの様子に注目したり、本を探している子どもと一緒に本を探す役割をしている。

c．貸出係

貸出コーナーで、本の貸出をする。手伝いたがる子どもがいたり、自分が借りた本について話す子も多く、子どもといろいろな話ができる機会でもある。

d．よみ手

絵本の部屋には、常に5人程のよみ手がおり（スタッフの参加人数によって少ないときもある)、基本的に、子どもたちから「よんで」といってきた絵本をよむ。スタッフ側からもちかけてよむこともある。

e．おはなしの時間—プログラム担当および補佐

おはなしの時間のプログラム担当は、ローテーションを組んで、交代制で行なっている。子どもの成長の時期、顔ぶれを考えながら、スタッフ自身がよみたい本をよむことを基本としている。また、基本的には、各学年担当者（クラス担当者）が補佐につき、子どもたちがプログラムに集中するように協力する。

10）保護者との接点

こうめ文庫は、積極的には家庭との接点をもっていない。子どもには様々な「顔」があり、親や先生がいない空間だからこそみせられる顔もあると考えているからである。そのため、参観なども敢えて機会を設けていない。だが、こうめ文庫の内容をもっと知りたいという保護者の声があり、96年度より保護者に向けた「こうめだより」を発行するようになった。また、年度末にはアンケートを実施し、子どもたちと絵本のかかわり、こうめ文庫の絵本を家にもってかえってからどのように接しているかなどをたずねている（第8章参照)。また、こうめ文庫とは直接かかわりがないものの、2000年度より未就園児の子どもと母親を対象にしたクラス「ひよこぐみ」「こねこぐみ」が

始まり、こうめ文庫スタッフも講師として週１回「未就園児絵本クラス」を受け持っている。そこで出会った子どもたちとは入園後もつきあえるので、４年間のつきあいとなり、ここで知り合ったお母さん方と、こうめ文庫の絵本の話をすることも多い。

Ⅳ こうめ文庫の絵本について

1）蔵書について

a．こうめ文庫の蔵書

こうめ文庫の蔵書は、２種類ある。

①年少向け蔵書―1994年度以降購入―

②年中・年長向け―1995年度以降購入―

もともと、こうめ文庫は、少人数規模の文庫活動をめざす予定だったので、それほど多くの蔵書が必要ではなかった。はじめに用意したのは、1994年度年少児22人のための51冊の絵本だった。ところが、1995年度より幼稚園のクラブとなり、参加人数が76人に増えたため（年少児含む）急いで蔵書を増やす必要性が生じた。そこで、年中・年長に向けて改めて新しい蔵書を増やすこととなる。

b．蔵書選択の方針

蔵書選択の方針として、幼稚園の教育姿勢と同様、ディズニー絵本やアニメを主体に作られたもの、キャラクター・グッズが先行して作られた絵本等は選択からはずすこととする。それ以外は、実際に子どもとかかわるなかで子どもが求めていると思われる絵本、スタッフ自身がテーマとして注目した本などをなるべく自由にいれていくことになる。

1994年当時は、それほど絵本のキャラクター化が際立っていなかったが、その後の10年間で、絵本のアニメ化・キャラクター化が多くなり、現在では、アニメ化されたものを選択からはずすのは難しくなっている。また、絵本をビデオから入るという現象も出てきて、絵本とマスメディアとの影響が緊密な関係になり、人気のでる要因の一つにもなってきた。(キャラクター：ピーター・ラビット、おさるのジョージ、マドレーヌ、ミッフィー／ビデオ：すてきな三にんぐみ、はらぺこあおむし他)

c．年少向け蔵書

年少向け蔵書を揃えるにあたって、鴨の子文庫「子どもの貸出数からみた人気絵本」３年間（75、80、85）の統計より、勝尾金弥『こんなに楽しい絵本の読み聞かせ』(民衆社　1993)、佐々木宏子『新版　絵本と子どものこころ』(ＪＵＲＡ出版局　1993) を参考にして、選書した。

1994年、上のリストを参考に、51冊を購入。

1995年、知識・科学系絵本、生活に関わる絵本、乗り物絵本、バーニンガムの赤ちゃん絵本（修士論文で赤ちゃん絵本について取りあげるスタッフがいたため）など24冊増やし、計75冊となる。

1998年、年少児には長すぎると思われる絵本３冊（『マクスとモーリツのいたずら』『金のがちょうの本』『いたずらカラスのハンス』）を減らし、年中・年長児向け蔵書に振り替える。

まだ絵本に慣れていない子どもたちの前に、たくさんの本を並べると選書が難しくなるので、それ以後はわずかに増やしたのみである。

d．年中・年長向け蔵書

年少向け蔵書が、様々なリストを目配りして選ばれたものに比べて、年中・年長向けは、半年こうめ文庫を行なったうえで、学生自らが入れたいと思った絵本を挙げ、皆でみて判断しようということになった。皆で判断するといっても、それぞれの子ども観、絵本観を持つ個人同士が絵本の評価をすることは大変難しく、この方法は困難で、ある程度の話し合いを経て、冊数の許す限り無条件で入れることとなる。そのため、当時のメンバー自身の好みが反映され、子ども側に立った選書でない場合もあった。物語絵本が中心で、科学・知識絵本がほとんど入っていないのは、そのためである。これらに三宅教授の選書を加え、172冊の蔵書リストができあがった。

1995年度、絵本リストと重なる絵本があれば、一部、「父母の会」蔵書絵本から譲りうける。ちなみに172冊中、81冊が福音館の絵本であった。

1996年度、1年の経験を踏まえ、いくつかのテーマ、視点をもち、食べ物の絵本（『ぼくのぱんわたしのぱん』『おにぎり』『すいかごろりん』他）、ことばあそびの絵本（『さる・るるる』『これはのみのぴこ』『ことばあそびうた』『どどどどど』）、体に関する絵本（『おっぱいのひみつ』『うんちしたのはだれよ』『うんちがぽとん』）、赤ちゃんという視点（『たまごのあかちゃん』『ママがたまごをうんだ！』『いないいないばあのえほん』）、知識・科学系（『たんぽぽ』『リボンのかたちのふゆのせいざオリオン』『ふしぎなえ』）、おばけの絵本（『ひゅるひゅる』『おばけじま』）長新太の絵本（『ゴリラのびっくりばこ』『おばけじま』『だくちるだくちる』）、田島征三、片山健などエネルギーのある絵の絵本（『しばてん』『コッコさんのかかし』『さんざんまたせてごめんなさい』）、佐々木マキの本（『ねむいねむいねずみ』『ねむいねむいねずみはおなかがすいた』『やっぱりおおかみ』）、「はじめての発見」シリーズ、昔話（『へっこきあねさがよめにきて』『いっすんぼうし』『くわずにょうぼう』）などを入れている。

1997年度、人気のある絵本の複本を増やす（『かにむかし』『すてきな三にんぐみ』『まどから★おくりもの』『おおきなおおきなおいも』『へんてこへんてこ』『たべもののたび』『14ひきのやまいも』「ちいさなちいさなえほんばこ」シリーズ『もこ　もこもこ』『11ぴきのねこマラソン大会』『11ぴきのねことあほうどり』『ロージーのおさんぽ』など）。「なぞなぞな～に」シリーズ、小さいサイズの本に着目し、小型絵本を増やす（『こんにちはかえるくん』シリーズ、エリック・カールの小型本）。

1998年度、さとうわきこの絵本（卒論でテーマとしていたスタッフがいたことから）、『すてきな三にんぐみ』で人気のあったウンゲラーの絵本（『月おとこ』『ぼうし』『ゼラルダと人喰い鬼』）、「11ぴきのねこ」シリーズを増やし、片山健の絵本（『おなかのすくさんぽ』『えんそく（大型）』『ぼくにきづいたひ』）を入れる。この年入れた「落語絵本」が一時期よくみられた。

1999年度、子どもの要求により、「のはらうた」シリーズを積極的に入れる。長谷川集平の本を追加（『たんぽぽのこと』『あしたは月よう日』）し、取り合いが続いた『おばけやしき』も追加する。

2000年度、「なぞなぞな～に」シリーズ人気から、なぞなぞの絵本を意識的に入れる（「なぞなぞえほん」シリーズ、『なぞなぞのたび』『なぞなぞあそびうた』）、「マドレーヌ」シリーズ追加（スタッフが卒論でとりあげていた）、韓国の絵本を増やす（『アズキがゆばあさんとトラ』『お日さまとお月さまになったきょうだい』『こいぬのうんち』韓国の留学生が入れる）。

2001年度、北館に移り、大幅に蔵書が必要となる。基本的に、これまでよくよまれたり借りられた本の複本を増やし、年少蔵書にあって年中・年長蔵書にない本を揃える。荒井良二を高く評価しているスタッフの要請と、子どもの反応もよかったので、荒井良二の本を増やす。また、『恐竜のなぞ』など、恐竜の本も増やし、意識的に大人向けの写真集を入れる（『おきて』『MOOSE』『グリズリー』）。昨年に引き続き、韓国の絵本（『パンチョギ』『この世でいちばんつよいおんどり』『ポキポキ森のトケビ』）やこわい絵本（『妖怪の森』『影ぼっこ』）も増やす。

2002年度、こうめ文庫園児参加人数が100名を超えたため、さらに蔵書数を増やし、これまで揃っていなかったシリーズ本を揃えたり（「ぐりとぐら」「そらまめくん」「14ひき」「バムとケロ」）、こわい絵本を模索し、大人向けの新書を入れたりする（『妖精画談』『幽霊画談』『妖怪画談』など）。

2003年度、こうめ文庫10周年を機に、『図書館でそろえたい子どもの本・えほん』（日本図書館協会　1990）、『改訂　世界の絵本100選』日本児童文学者協会編（偕成社　1981）、『改訂　日本の絵本100選』日本児童文学者協会編（偕成社　1981）、『ちひろ美術館が選んだ親子で楽しむえほん100冊』ちひろ美術館編（メイツ出版　1999）を参考に、基本的なもので蔵書にしたいものを選書した。特に、『ちひろ美術館が選んだ親子で楽しむえほん100冊』は、独特の視点でおもしろいものがあり学ぶところが多かった。こわい絵本の視点から、夜の絵本、恐竜の本を増やす。写真科学絵本でおもしろいものが出版されたので積極的に増やす。なかなか蔵書に満足しない年長男児を意識して新しい本を加えた。

2）絵本の配列について

1994-1995年度は、箱に入れて文庫の時間に運ぶ体制をとっていたが、「絵本の部屋」として幼稚園の教室を提供された1996年度より、特定の場所に並べることが可能となった。この時の配列が、現在の配列の基本となっている。

a．1996－1999年度の配列

図書館のジャンル別配置を参考として、窓側の本棚一列に配置する。背表紙には色シールを貼る。

乗り物(黒)）／動物・虫(黄)／植物(緑)／人・体(桃)／言葉(橙)／創作絵本・外国(青)／創作絵本・日本(赤)／昔話(茶)／バーニンガム・センダック(水色)

狭いところに子どもが殺到することも多かったので、1998年度後半から、新しく本棚を購入し、壁側にも置く。テーマ別のコーナー（こわい本、かわいそうな本等）も作り、様子をみる。1999年度からは、廊下側にも本棚を増やし、本格的に配列を増やす。子どもたちが自分で絵本を探しやすいよう、さらにテーマを細かくわけて提示するようになる。

〈窓側〉

乗り物(黒)／科学（生き物・植物・世界・恐竜）(黄)／生活・食べ物(緑)／体（赤ちゃん・うんち・体に関するもの）(橙)／視覚（色・形・絵のみの本）(金)／遊び・仕掛け(銀)／言葉(桃)／昔話(茶)

〈壁側〉

動物（ねこ、ねずみ、ぞう、さる、ごりら、らいおん、くま、うさぎ、おおかみ、きつね、たぬき、ぶた）(赤)／作家別（ウンゲラー、センダック、長谷川集平、長新太、にしまきかやこ、林明子、さとうわきこ）(水色)／小さいサイズ

〈廊下側〉

こわい（おばけ）・かわいそう(青)／哲学（友達・憧れ）(桃)／よみもの(水色)／その他(白)

なお、1998年度より、絵本蔵書数が500冊を超え、絵本が多すぎて、なかなか自分のよみたい本をみつけられない子もでてきたので、必要に応じてその都度新しい本を配架する方針をとることにした。2000年度までは、常に並べ

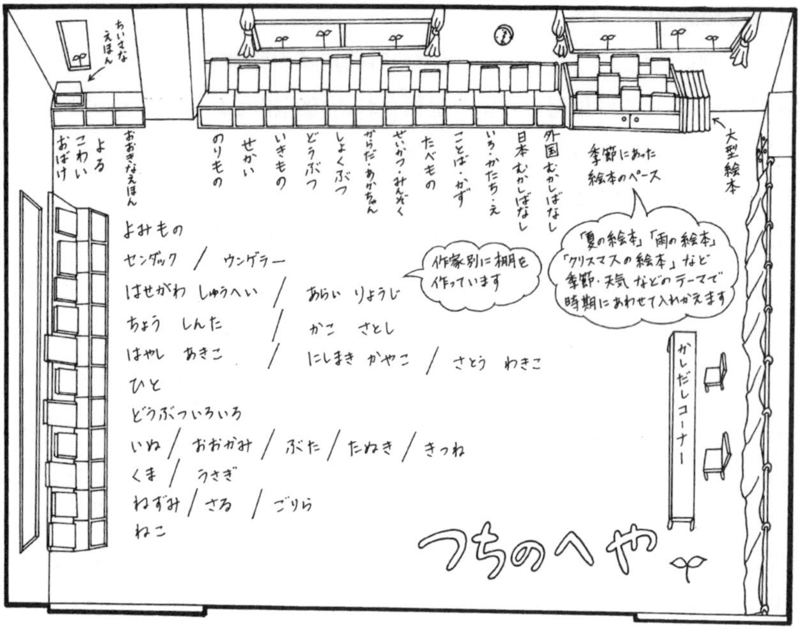

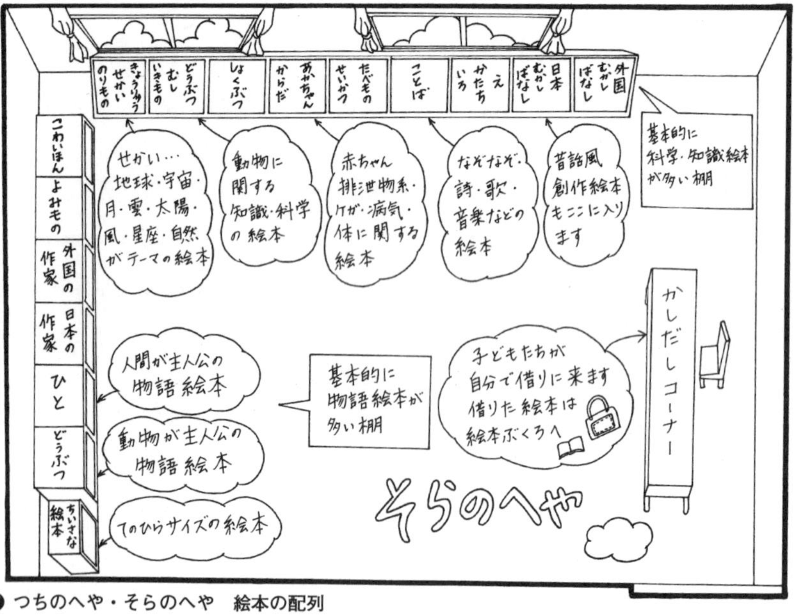

❼ つちのへや・そらのへや　**絵本の配列**

るのは400冊までとし、あまりよまれない本や特定の季節によまれる本は、開架せずに箱にしまい、必要なときに取り出せるようにした。

b．2001年度以降

2001年度は、活動場所北館に絵本の部屋が移り、子どもの参加人数も増え、体制が変わる。そのため、これまでの配列を基本にして、「つちのへや」「そらのへや」に分ける。そのため、二カ所に蔵書を作る必要ができ、冊数が必要となったため、これまで閉架していた本もどちらかの本棚に置かれるようになる。「つちのへや」の方が本棚が多いので、基本的には、「つちのへや」に置かれ、「そらのへや」には、人気のある本の複本やシリーズもの、「つちのへや」では手にとられにくいものなどを置くようにする。そのため、どちらか１冊しかない絵本もあり、どうしてもその本に固執する子がいる場合のみ、スタッフが取りにいくこともある。

配列に関しては、これまで別にしていた遊び・しかけコーナーがなくなり、しかけ絵本は内容に準ずる場所に置くようにする（❼）。動物の次に、「ひと」（人間が主人公の物語絵本）を追加。作家別コーナーに、スズキコージとかこさとしを追加。「そらのへや」は、棚数が少ないが、「つちのへや」と似た形で配置。作家別コーナーに、スズキコージをやめ、あらいりょうじを追加。

2003年度から、こわいの中に「よる」を追加。韓国の絵本など、充分にアピールできなかったため、生活の中に「みんぞく」を追加。数に関する絵本などが増えてきたため、言葉の次に、「かず」を追加。以下のようになっている。

〈壁側〉

動物（ねこ、ねずみ・さる・ごりら、くま・うさぎ、いぬ・おおかみ・ぶた・たぬき・きつね、どうぶついろいろ）㊕／ひと／作家別（はやしあきこ・にしまきかやこ・さとうわきこ、ちょうしんた・かこさとし、はせがわしゅうへい・あらいりょうじ、センダック・ウンゲラー）(水色)／よみもの

〈窓側かど〉

こわい本（おばけ・こわい・よる）／大型絵本（恐竜の大型本を含む）／小型

絵本

〈窓側〉

乗り物黒⃝／科学（せかい〈恐竜の本を含む〉・しょくぶつ・いきもの・どうぶつ）黄⃝／生活（たべもの・せいかつ・みんぞく）緑⃝／からだ（赤ちゃん・うんち・体に関するもの）橙⃝／言葉（ことば・かず）桃⃝／視覚（いろ・かたち・え）金⃝／昔話（にほん・がいこく）茶⃝

〈特集棚〉

季節など、そのときのテーマで絵本をアピールする。

これらの配列は、何かを参考にしたわけではなく、本を探している子どもに手渡しやすいようにと独自ではじめたものであった。特に「こわい本」や「かわいい本」という質問が多かったので、こわい本を求める子には、「こわい本コーナー」をさし、かわいい本を求める子には、「うさぎ」の棚を教えるなどすると効果的だった。シールの色は、子どもにはあまり意識されていないが、配列をするスタッフのために意味をもっている。

おわりに

こうめ文庫活動の場である梅花幼稚園の特色と基本方針について、簡略にふれておく。

梅花幼稚園は早くから「キリスト教主義により幼い心の芽生えを育て明るい性格と円満な人格の育成」（「1957年度新入園児の募集について」より）をめざす教育を行なってきた。2005年現在、豊中市内には公立７園、私立34園の幼稚園があり、就園年齢の子どもの数自体が減少するなど厳しい状況下にある。早期教育を目玉に挙げたりと、父母に喜ばれそうなものを採用する幼稚園も出てきた。しかし梅花幼稚園では、キリスト教に基づき、自然に親しみ、「ひとりで立つ」子どもを育てるという信条を堅持した幼児教育を続けている。

身近な自然に深い関心を持つことと、自分で考え、感じ、その経験をもとにお話を受け止める力をつけてゆくことが目指されている。こういった方針を持つ幼稚園だからこそ、こうめ文庫という活動が受け入れられたのだろうし、また、この幼稚園での教育は、こうめ文庫での子どもたちとの絵本とのかかわりにも反映されている。

知育教育に先ばしることなく、一部の幼稚園で行なわれている文字や算数を積極的に教えるようなことは避けられ、また、子どもに過度の負担を強いる行事（宿泊を伴うキャンプなど）も廃して、基本的な生活を大切にする保育が行なわれている。

こうめ文庫が存在しているのは、幼稚園の協力あってのことである。幼稚園の先生方からは、いつも暖かく見守っていただき、時には子どもとのかかわりについて教えてもらっている。幼稚園の日常の保育や、おはなしを各クラスで劇にして表現する発表会などを見学させてもらうことにより、先生方と子どものかかわり方について学ぶことも多い。

こうめ文庫は、子どもたちに絵本を「与える」場ではなく、絵本を通じて子どもたちと私たちが「出会う」場であり、絵本を考える機会でもある。さまざまな絵本、さまざまな子どもたちと出会うことで、私たち自身も多くの影響を受けてきた。また、新しいスタッフの顔ぶれが増えることで、毎年多くの刺激も受けている。週１度とはいえ、幼稚園と大学をめぐる状況の変化に適応しながら、文庫活動を継続させていくことは、正直簡単なことではなかった。けれども、子どもたちと絵本を通して交流したい！という気持ちをもった児童文学科の学生・卒業生は毎年存在しており、顔ぶれは変化しながらも、文庫活動が12年間続いてきた（2005年現在）ことは、誇れることだと思っている。現在、たくさんのこうめ文庫の卒業生・修了生たちが、司書、学校司書、書店などの現場で活躍している。幼稚園での絵本文庫という恵まれた環境に心から感謝している。

実践にかかわりながら、なおかつ実践を形にすることは本当に難しい。私的な視点を持ちながら、同時に、客観的な視点をもたなければいけないからである。10年間の活動を通してみえてきたことはわずかなものではあるが、実践を通して絵本について考えるということは、大事な姿勢だと考えている。今後も子どもと絵本のかかわりについて考え、子どもたちから学ばせてもらったものを、少しでも子どもたちに還元していけたらと思っている。

注

＊1　参加メンバーのことを、「スタッフ」と呼ぶ。

スタッフという言葉は、裏方で支える役割の印象が強く、こうめ文庫の活動とは適していないように思いながらも、他に適当な言葉が思いつかないため、スタッフという言葉を使用することにする。こうめ文庫スタッフは、裏方でもあると同時に、子どもたちと共に絵本をよみあう仲間でもあり、常に子どもたちと対等に接するように心がけている。

＊2　梅花学園プロジェクト研究費を3年に渡って申請し認められたため、学園から計90万円の研究費が出ている。

＊3　クラブ費として、毎月1000円ずつ保護者から集め、幼稚園からこうめ文庫活動費としていただいている。なお、この金額は他のクラブに準じて幼稚園で決めていただいている。

＊4　毎年、梅花女子大学児童文学会より絵本研究会対象に1万円活動助成金が支給されている。なお、この10周年の活動研究については、絵本学会より3万円の研究助成を受けた。

＊5　1年目の課題は「3歳児と絵本」だったが、入園したての子どもたちが、幼稚園に慣れてから文庫をスタートした方がよいとのことだったので、前半は、幼稚園に見学に行き、さくら組（年少クラス）の子どもたちと慣れることから始めた。同時に、大学で研究会を開き、それぞれの絵本観について発表しあい、チュコフスキー『2歳から5歳まで』（理論社　1970）をよみすすめることで、子ども理解をめざした。文庫を開設するに至っては、三宅教授と当時大学院生だった2名（小澤、中内）が中心となり、絵本の選書、購入など基礎的な準備をした。

〈付録１〉こうめ文庫略年表

年度	月	内容	場所
1994	５月	プロジェクト研究会「３歳児と絵本」発足*5	
	10月	活動開始（年少児対象、週１回毎週月曜、30分）	幼稚園教室
1995	５月	幼稚園のクラブ活動の一つとなる。年中児・年長児対象、希望者のみ参加。ただし不参加の子どもは数名。（年中・年長で隔週木曜、１時間）	幼稚園教室
	10月	年少児対象の活動開始（週１回木曜、30分）	
		この年、こうめ文庫が梅花女子大学と梅花幼稚園共同のプロジェクト研究の対象となる。（～1997年度）	
	12月	1995年度梅花女子大学・大学院児童文学会研究発表会学術講演会にて研究発表（題目:「３才児と絵本―こうめ文庫プロジェクトチーム活動報告―」発表者：鈴木穂波）	
1996	５月	年中児・年長児対象の活動開始。（週１回毎週木曜、１時間。以後同じ）	幼稚園絵本の部屋
		保護者向けに「こうめだより」の発行開始。（年10回）	
	７月	第１回「行事の日」を行う（以降毎年７月と12月に実施）	
	10月	年少児対象の活動開始（週１回木曜、30分。以後同じ）	幼稚園絵本の部屋
	12月	1996年度梅花女子大学・大学院児童文学会研究発表会・学術講演会にて研究発表（題目:「小梅文庫にみる子どもと絵本の関わり―３年間の活動を通して―」発表者：浅野法子、鈴木穂波）	
	２月	保護者対象のアンケート実施	
1997	５月	年中児・年長児対象の活動開始。	幼稚園絵本の部屋＋教室
	６月	「こうめだより」発行開始（年７回）	
	10月	年少児対象の活動開始	幼稚園絵本の部屋
	２月	保護者対象のアンケート実施	
1998	５月	年中児・年長児対象の活動開始。	幼稚園絵本の部屋＋教室
	６月	「こうめだより」発行開始（年７回）	
	11月	年少児対象の活動開始	幼稚園絵本の部屋
	２月	保護者対象のアンケート実施	
1999	５月	年中児・年長児対象の活動開始。	
	６月	「こうめだより」発行開始（年６回）	
	10月	年少児対象の活動開始	幼稚園絵本の部屋＋教室
	２月	保護者対象のアンケート実施	

	3月	『きょうはこうめのひ―梅花幼稚園絵本クラブ「こうめ文庫」活動報告書―』発行（梅花女子大学児童文学科絵本研究会）	
2000	4月	大学での前期授業となる（三宅教授担当「児童文学講義25」）	幼稚園絵本の部屋＋教室
	5月	年中児・年長児対象の活動開始。	
	6月	「こうめだより」発行開始（年6回）絵本学会にて発表（題目：「林明子の絵本表現―『はじめてのおつかい』から『こんとあき』へ―」発表者：斉藤幸代・題目：「センダック絵本における触発作用―『ピエールとライオン』を中心に―」発表者：小澤佐季子・題目：「絵本の読み合いにおける集団の作用―幼稚園の文庫活動を通して―」発表者：川尾章子）	
	11月	年少児対象の活動開始	幼稚園絵本の部屋
	3月	保護者対象のアンケート実施	
2001	4月	大学で前期授業（小澤担当「児童文学講義25」。以後同じ）	
		絵本研究会有志にて「こわい絵本とは何か？」研究会発足	
	5月	年中児・年長児対象の活動開始。	北館絵本の部屋＋そらのへや
	6月	「こうめだより」発行開始（年6回）	
	11月	年少児対象の活動開始（週1回木曜、30分）	幼稚園教室
		2001年度梅花女子大学・大学院児童文学会研究発表会・学術講演会にて絵本研究会共同研究発表（題目：「幼稚園児と「こわい」絵本―こうめ文庫での実践から考える―」発表者：小澤佐季子、大利かおり）	
	3月	保護者対象のアンケート実施	
2002	4月	大学で前期授業（授業名「文庫活動の理論と実習」）	
	5月	年中児・年長児対象の活動開始。	北館絵本の部屋＋そらのへや、くものへや
	6月	「こうめだより」発行開始（年5回）学内発表を基に、絵本学会にて絵本研究会共同研究発表（題目：「幼稚園児と「こわい」絵本―こうめ文庫の実践から考える―」発表者：小澤佐季子、伊東舞）	
	11月	年少児対象の活動開始（週1回木曜、30分）	幼稚園教室
	3月	保護者対象のアンケート実施	
2003	4月	大学で前期授業	
	5月	年中児・年長児対象の活動開始。	北館絵本の部屋＋そらのへや、くも

			のへや
	6月	「こうめだより」発行開始（年５回）絵本学会発表（題目：「ジャン・ピエンコフスキー『おばけやしき』論」発表者：小澤佐季子）	
	11月	年少児対象の活動開始	幼稚園教室
	3月	保護者対象のアンケート実施	

〈付録２〉蔵書冊数・文庫参加者の人数・スタッフ統計

年度	1994	1995	1996	1997	1998	1999	2000	2001	2002	2003	合計
年少用絵本　蔵書冊数	51	75	74	74	74	71	71	71	74	78	
年中・年長用絵本蔵書冊数	−	172	282	382	505	527	549	663	790	915	
年少活動日数	13	12	15	12	10	11	10	13	12	11	
年中・年長活動日数	−	30	29	30	29	30	29	28	30	28	
年少クラブ参加人数合計	22	17	20	19	24	24	26	43	51	49	
年中・年長クラブ参加人数	−	59	68	59	63	75	77	88	105	80	
クラブ参加人数合計	22	76	88	78	87	99	103	131	156	129	
年少児参加人数（引越・転入者含む）	22	17	20	19	24	24	26	43	51	49	295
年少女児	18	10	7	16	16	16	15	30	34	33	195
年少男児	4	7	13	3	8	8	11	13	17	16	100
年中児参加人数（引越・転入者含む）	−	26	35	32	34	42	36	48	57	37	347
年中女児	−	20	21	16	24	30	21	29	40	19	220
年中男児	−	6	14	16	10	12	15	19	17	18	127
年長児参加人数（引越・転入者含む）	−	33	33	27	29	33	41	40	48	43	327
年長女児	−	15	21	17	15	23	26	23	31	25	196
年長男児	−	18	12	10	14	10	15	17	17	18	131
文庫のスタッフ人数	7	14	18	15	14	22	20	22	22	29	

第2章

集団で絵本をよむ

こうめ文庫10年間のプログラムからみえてきたこと

はじめに

こうめ文庫の活動は、おはなしの時間と絵本の時間の２つで構成されている。この章では、こうめ文庫のおはなしの時間10年間をふりかえり、集団で絵本をよむことからみえてきたものは何かを探っていきたい。

こうめ文庫の特徴は、運営するスタッフの大部分が児童文学を学ぶ学生である点である。１年から３年ほど文庫に参加し、大学・大学院を卒業とともに去り、また新たなメンバーを迎えることを繰り返し、運営が成り立っている。10年間かかわってきた三宅教授とスタッフ１名（小澤）を除き、スタッフは常に流動的で入れ替わってきた。

数年間継続してこうめ文庫を続けている一部のメンバーは、おはなしの時間のプログラムをやる際に、どんなふうにしたら子どもをひきつけることができるか、集団でよむ際にうけいれられやすい絵本、うけいれられにくい絵本はどんなものかなどが、経験から少しずつつかめてくることになった。しかし、毎年、新しく入ってくるスタッフには、その人それぞれの個性をいかしつつ、こうめ文庫が積み重ねてきた経験や、めざしてきたプログラムを伝えていく必要があるように思う。

私自身は、こうめ文庫がスタートしてから６年目にあたる1999年度から2001年度まで、３年間参加した。大学院の研究では主に児童文学を中心にしていて絵本への関心より、「児童文学を研究するには、実際の子どもとふれあうことは大事だよ」という先輩の言葉でなんとなく参加した。子どもの頃、親の方針だったのか、比較的はやく本をよみ始めたため、絵本にそれほど親しんだ経験もなく、子どもの頃も大人になってからも、絵本にはあまり興味がなかった。また幼児との接点もそれまでなかったので、どう接したらいいかわからなかった。そんな私がこうめ文庫に参加し、園児たちと絵本をよむことを続けるうちに、絵本の魅力や本質のようなものに気づかされた。

私の活動は、他の初心者スタッフと同じく、絵本の時間に、１対１で子どもと絵本をよむことから始めた。今ではあたりまえに感じられる絵本の特性、絵とおはなしの両方で成り立っていることや、ページをめくることでうまれる効果などが、とても新鮮に感じられた。最初、絵本をよむ際に、文章ばかり目でおって、物語を中心にその絵本の良し悪しを考えていたように思うが、子どもと絵本をよむことで、その子どもの発言から、私が思ってもみなかった絵本の絵そのものや絵と文章のコンビネーションのおもしろさに気づくことも多かった。子どものほうが、絵をよくよむ力を持っているということに驚いた。とくにおはなしの時間では、子どもの反応に驚くことも多かった。「きいていないのかな？」と思っていた子が絵本をよむにつれ、だんだん前に移動していってじっとききいる様子、自分の感じたことを好きに話したり、スタッフがそれに応じたりするやりとりなどが、とてもおもしろく感じられた。プログラムによっては、ものすごい大騒ぎで盛りあがったり、全体がぐーっと前のめりになる感じで絵本の世界に入りこんでいったりする様子などがみていて楽しかった。自分がおはなしの時間に前にでてやるようになると、その楽しさをもっと強く感じとることができ、とても充実した気持ちでいっぱいになった。

自分自身が文庫活動で失敗しながら体験して覚えていったこともたくさんあるが、ある程度の経験と実績ができていた６年目のこうめ文庫に参加することで、先輩スタッフのプログラムから見よう見まねで得たことや、失敗したときにしてもらったアドバイスから得ることも多かった。10年間のこうめ文庫のおはなしの時間をふりかえり、こうめ文庫がどのようにプログラムをつくりあげ、何を大事にしてきたかを考えてみたい。

Ⅰ プログラム10年間をふりかえって

こうめ文庫が始まったのは1994年度だが、この年は年少児22名のみを対象に活動した。子どもの人数が少ないため、比較的ゆったりと子どもとつきあえた。

1995年度５月に、こうめ文庫が幼稚園のクラブのひとつになり、年中・年長児クラスでの活動が始まった。隔週交代であったが、子どもたちのエネルギーに圧倒され、プログラムで選ぶ本がなかなか子どもたちの心に届かない状況が続いた。特に、年長児にとって、子どもたちの求めるものと、スタッフが考えるものが明らかに違うということに気づき始めた。「これは違うことをしている。なにか違うことが求められている」ということはわかっているのだが、どうしていいかわからないままだった。

1996年度は、それぞれ隔週だった年中児・年長児クラスの活動が、幼稚園・保護者の希望により毎週行なわれることになった。1日に接する子どもの人数が倍になり、なかなか名前と顔が覚えられない状況が続いた。1995年度は同じプログラムを2週連続で行なっていたが、1日に2種類のプログラムが必要となり、その準備に追われた。1996年に創刊した「こうめだより」(1996.5.16　発行)には、「年間を通じて、絵本、ストーリーテリングの他、詩、ことばあそび、工作、手あそび、音あそび、ペープサート、ブックトークなどを予定しています。」とあるように、様々なプログラムに挑戦している。ただし、おもしろいテーマであっても、導入や構成の仕方がまずかったり、集団でよむのにふさわしいと思われない絵本を選んでいたりで、失敗も多かった。

1997年度・1998年度は、これまでの経験をふまえ、試行錯誤しながら、意欲的にいろいろなプログラムに挑戦し、こうめ文庫の運営の基盤を作っていった時期である。「こうめだより」第15号(1997.11.27　発行)には、「〈おはなしの時間〉を以前は数名で行っていたのですが、現在は担当者を一人と決めています。こうした結果、どの人のアイディアかがはっきりわかり、それぞれの個性はそのまま伝わるようになったと思います」とあり、担当スタッフがもつ「個性」がプログラムに影響することに気づいている。テーマの設定も、それまでの「ねこ」「秋を感じよう!」という比較的単純で楽しいものから、「生きるということ」「おこる」など抽象的でユニークな設定も混じるようになった。

1999年度からは、年中組が1クラスから2クラスに増え、2クラス合同の40人の子どもにむかって絵本をよむことがでてきた。しかし、プログラム全

30回のうち５回を、１クラス20人に分けて（つまり、年長１クラス、年中２クラスの３種類）プログラムをおこなっている。１クラスは20人ほどであり、集団でよむ際に２クラス合同で40人の子どもにむかってよむより、１クラス20人でよんだほうが、プログラムに集中する傾向があることに気づいたからである。スタッフ側にとっても、少人数の方が、初めて挑戦する新しい試みのプログラムにとりくみやすいし、とりあげる絵本の選択の幅もひろがることがわかってきた。絵本というのは、もともと紙芝居やビデオのようにたくさんの人数で楽しむためにつくられていない。親子でよみあうなど、肌と肌が重なるくらいにくっついてよむことを前提としてつくられているものが多い。とくに経験の少ない初心者スタッフは、少人数のほうが子どもをひきつけることがうまくでき、リラックスしてプログラムをすすめていけるので、１クラス20人対象のプログラムをより多くすることになっていった。

2000年度からは、年長２クラス、年中２クラスとなり、1999年以上に、１クラスごとにプログラムを行う回数がふえている。

2001年度からは、文庫の活動場所が幼稚園内の教室から、同じ敷地ではあるが歩いて３分ほどかかる別の建物に移動して、様々な状況が変わってきた。それまでは幼稚園内で行なっていたので、文庫が始まってからの進行はこうめ文庫スタッフが行なっても、幼稚園の教諭はすぐ側で見守っていた。職員室は同じ階にあり、担任が文庫のあいだ教室内で作業をしていることもあった。よって、教諭が近くにいることで、子ども達がプログラムで興奮しすぎて大騒ぎになったり、暴れて怪我をしたりする心配は少なかった。ところが、スタッフのみで、子どもたちを北別館の文庫の部屋に引率して、プログラムをすすめることになり、幼稚園からほぼ完全に独立して、全責任をもって子どもを預かることになった。

さらに、2002年度は幼稚園の受入人数が増え、こうめ文庫に参加する子どもの人数がこれまでの60～80名から100人以上に増加した。一学年50人以上の子どもが参加することになり、大人数によむ絵本・プログラムを考えなくてはいけなくなったため、プログラムにとりあげる絵本が限定されることになった。あまりに子どもの人数が多いと、プログラムを成り立たせるのが困難であることを実感することになった。結果、大人数でよんで「絶対に成功する」と思われる絵本２、３冊をよむプログラムがふえていった。50人以上の大人数で楽しめる絵本は限定されることになった。

2003年度は、こうめ文庫の活動日に、他のクラブ活動も同時に行なわれることになり、参加人数が前年度の100人以上から80人に限定できた。文庫活動を行う部屋のスペースやスタッフの人数は、集団で絵本をよみ、楽しむことを考えると、子どもの参加人数の制限をある程度設けることが適当と考えられる。

Ⅱ プログラムの確立と方針

１）プログラムの確立

10年間のプログラムの記録をよみ、いつどのクラスにどの絵本を使ってどのようなプログラムがおこなわれたかを概観してみた。

10年間のプログラムをみると、1997年度あたりから徐々に現在まで継続的に行なわれるプログラムのテーマができてきている。継続的にとりあげられているプログラムとは子どもの反応がよく楽しんだものとほぼ同義である。

複数回とりあげられるようになったテーマとプログラム例をあげてみる。

【表１】おはなしの時間で　複数回、テーマにあがったプログラムの例

	年度	年.月.日	学年（クラス）	プログラム内容
1	1997	1997.11.20	年長	テーマ：生きるということ（長谷川集平） 『はせがわくんきらいや』 『すいみんぶそく』 『パイルドライバー』
2	1999	1999.９.16	年中	テーマ：「ことば」がおもしろい本 『これはのみのぴこ』 『カニツンツン』 『ねずみくんのチョッキ』 『もけらもけら』 『さんざんまたせてごめんなさい』

3	1999	1999.10.7	年長 （ゆり）	テーマ：あそび 『11ぴきのねこふくろのなか』 禁止事項の書いたカードをめくって遊ぶ。 韓国の遊び「まっくらとり」
4	2000	2000.6.8	年中 （すみれ）	テーマ：からだ 『はなをほじほじいいきもち』 『みんなのからだ』 『おなら』 『はなのあなのはなし』
5	1997	1997.6.5	年中	テーマ：むし 詩　「十ぴきありさん」 ストーリーテリング「むかでのおつかい」 『とべバッタ』 本の紹介『昆虫　ちいさななかまたち』 『虫のかくれんぼ』
6	1997	1997.9.18	年長	テーマ：世界にふれよう タイの紹介。タイの場所を地図で確認。 あいさつ「サワデイ」 『世界のあいさつ』 タイのおどりをおどる。
7	1999	1999.11.18	年長	テーマ：大阪弁 『版画のはらうた』 『大阪ことばあそびうた』 『あしたは月よう日』 『じごくのそうべえ』
8	1998	1998.5.14	年長	テーマ：センダックおじさんのおはなし センダックについて紹介 『かいじゅうたちのいるところ』 センダックの絵本紹介 『ピエールとライオン』
9	2000	2000.10.19	年中 （ばら）	テーマ：昔話 『くわずにょうぼう』 『三びきのやぎのがらがらどん』 『おおきなかぶ』 『ぞうだぞう』 『わっはっは』
10	1999	2000.1.27	年中 （すみれ）	テーマ：えかきうた 『ぼくのくれよん』 『かえるとカレーライス』 えかきうた：「ぞう」「かえる」

【表1】の1と8は、「絵本作家」をテーマにもってきたものである。2は、「ことば」に注目したテーマで、いろいろなバリエーションがある。3は、絵本をよむことに「遊び」をとりいれたものである。4は、科学絵本をとりいれたプログラムで、「からだ」をテーマにしている。幼稚園で内科検診があったときにあわせて、よくとりあげるテーマである。内科検診で裸になった後の子どもたちは自分のからだに興味津々である。このように幼稚園の行事と関連させ、子どもの関心に沿うことで、成功率の高いテーマになっている。4に続き、科学絵本をとりあげた「むし」をテーマにしたプログラムである。梅花幼稚園では自然観察を熱心にしているため、子どもたちも身近ないきものについて関心が高い。一般的に虫にはあまり興味をもたないとイメージされる女児も、こうめ文庫では熱心に虫の本をよんだり借りたりしている姿がみうけられる。6は、「国際理解」をテーマにしたものである。このテーマは、梅花女子大学の留学生のスタッフによって行なわれている。1997年度から1999年度にはタイから、1999年度から現在に至るまでは韓国からの留学生がスタッフとして参加している（第7章参照）。スタッフという形ではないが、中国やネパールから留学生が参加し、プログラムの一部を担ってもらったこともある。7は、2と同じく「ことば」に関連したものだが、方言をとりあげたもので、いくつかのバリエーションがある。今江祥智が大阪弁で訳した『ぼちぼちいこか』などもこのテーマでとりあげられることがある。10は、「えかきうた」を楽しむ人気のプログラムである。これは、よみ手といっしょに歌いながら参加できることが子どもにとってとてもうれしいようである。静かにおはなしがきくのが苦手な子も参加しやすいプログラムになっている。

継続してとりあげられてきたプログラムのテーマとして、「絵本作家」「ことば」「国際理解」「からだ」「科学」「参加」などがキーワードとして上がってきた。

2）プログラムによくとりあげられる絵本について

10年間のプログラムでとりあげられた絵本の延べ冊数は、876冊に及ぶが、そのなかでよくとりあげられた絵本上位16（【表２】）をあげてみた。

蔵書に入った年度などを考慮する必要があるが、ここにあがった絵本は、こうめ文庫のプログラムでかなりの回数とりあげられていることから、集団でよんで成功した絵本といえる。

【表２】プログラムによくとりあげられた絵本　上位16

	書　　名	とりあげられた回数
1	『ピエールとライオン』	20回（年長10回・年中10回）
1	『まよなかのだいどころ』	20回（年長10回・年中10回）
3	『ぼちぼちいこか』	14回（年長６回・年中８回）
4	『めっきらもっきらどおんどん』	13回（年長７回・年中６回）
5	『ねえ、どれがいい？』	12回（年長４回・年中８回）
5	『これはのみのぴこ』	12回（年長４回・年中８回）
5	『へんてこへんてこ』	12回（年長６回・年中６回）
8	『きょだいなきょだいな』	11回（年長６回・年中５回）
9	『かにむかし』	10回（年長７回・年中３回）
10	『かいじゅうたちのいるところ』	９回（年長２回・年中７回）
10	『おおきなおおきなおいも』	９回（年長３回・年中６回）
10	『キャベツくん』	９回（年長５回・年中４回）
13	『はらぺこあおむし』	８回（年長２回・年中６回）
13	『なぞなぞな～に』シリーズ	８回（年長５回・年中３回）
13	『じごくのそうべえ』	８回（年長３回・年中５回）
13	『あおくんときいろちゃん』	８回（年長３回・年中５回）

３）おはなしの時間の方針

ここで、こうめ文庫の子どもにおはなしをする際の方針のようなものを考えてみたい。

こうめ文庫のおはなしの時間の方針として、絵本やおはなしの世界を共有するときに、怒ったり無理矢理きかせたりということから無縁でありたいと思ってきた。「よみきかせ」という言葉については論議があるように、大人が上から本を「よみきかせる」ということを避け、こうめ文庫では、おはなしをよみ手ときき手の双方向で楽しむ関係をめざしてきた。そのため、子どもたちにはスタッフを「先生」ではなく、「お姉さん」、またはそれぞれのニックネームで呼んでもらうようにしている。例えば、子どもが反抗したい気分だったり、おはなしのプログラムをきく気分でない場合は、絵本を通して一緒に遊ぶ、絵本から離れて遊ぶ、そういう気分の子どもの気持ちに沿った絵本を工夫してとりいれるという方法をとり、子どもをひきつけようとしてきた。初期には、そういう子どもの気分に気づかなかったり、子どもの年齢や興味にあっていない絵本を選んだり、テーマに固執しすぎて、その状況にあわせて用意していたプログラムを臨機応変に変化させたりすることができなかった。また現在でも、新人スタッフが初めてプログラムを担当する場合には、同じ失敗をすることがある。

「静かにして」といくら大声で叫んでも、「先生」ではないスタッフのいうことをきく子どもは少ないが、「あれっ？つまらないと思ったけど、またおもしろいことが始まったぞ」と思えば、プログラムに注目することが多いことがわかってきている。このこうめ文庫の方針は、長年子どもに支持され続ける絵本をつくる加古里子が、子どもの興味関心のもち方と自分の創作方針について述べている点に重なり興味深い。

> 当初はセツルメントで紙芝居を始めても、多摩川にザリガニ取りに行ってしまう子どもが大部分でした。ザリガニ取りの方が面白いわけだから、紙芝居ではそれ以上のものを見せなければなりません。こうして失敗をくり返しながら紙芝居を作り、それと同時に子どもから遊びを教わっていきました[*1]。

加古里子は、子どもが素直に表す「つまらない」「おもしろい」という反応を真摯に受け止めることで、子どもにとって本当に魅力のある絵本を創りだしていった。こうめ文庫のプログラムでも、子どもたちの「おもしろくない」という声や態度に直面し失敗をしながら、どこに魅力が足りなかったのかをみんなで考え、また新しいプログラムをつくり、挑戦を繰り返し、子どもにとって魅力のあるプログラムを考えていった。とはいえ、「先生とは違った存在と認識してもらいたい、絵本を楽しい自由な雰囲気のもとでよみたいと願い、怒ったり注意するのはできるだけやめよう、という方針をとっていた。しかし、それはもう、とても本をよむ空間とは思えない」という記録からは、直面する状況とこうめ文庫の方針の狭間で悩む様子が伝わってくる。そこで、「文庫中は部屋からでない」「お姉さんが前で話をしているときはきくこと」「本を大切にする」の三つの約束が、こうめ文庫での最低規則となり、園児にはその年度ごとに第１回目のプログラムの前に確認されるようになっている。しかし、こうめ文庫の基本方針は、何か発見したらその発見を躊躇なく自由に発言できる雰囲気、つまらなかったらつまらないといえる雰囲気を大事にするほうに重きを置いている。

例えば、子どもたちがおこられて、「大人」の目を気にしてきくようになることは、こうめ文庫のめざしていることとぶつかってしまう。

♣『なぞなぞな～に　はるのまき』と『おなら』:「あきのまき」より簡単なのか、なぞなぞのこたえをすぐにあてる。先生が「質問を最後まできいてからにしなさい」と言ったりしたので、静かにしすぎて、全く盛り上がらなかった。子どもたちが騒いでくれることを期待していたよみ手のほうが、動揺してしまった。『おなら』をよんでも、先生の目が光っており、「おなら」ネタでは騒げなかったようだ。座り型も姿勢を正してぴしっとしていた。（下線筆者）　（年長　1999.10.14）

子どもというのは「大人」の目を察知して、どうふるまうべきかを判断する。姿勢を正して静かにきく、真面目な態度をとるということが、時にユーモアのあるプログラムの魅力を半減してしまうことがあった。

こうめ文庫の活動を見学したいという保護者の方にそれを遠慮してもらっているのは、同じように子どもたちが「大人」の目を意識してしまうことがないようにというこうめ文庫の方針からである。

Ⅲ プログラムの実際

1）テーマ別

a．絵本作家

継続して行なわれているプログラムとして、ひとりの作家の絵本、例えば「センダックおじさんの絵本」「長新太の絵本」という絵本の作り手をテーマにもってくるものが、まずあげられる。子どもはあまり絵本がどの作家によってつくられたか意識しないかもしれないが、テーマでとりあげ、作家の紹介などすると、親しみがわくようである。

スタッフは、児童文学・絵本を研究する梅花女子大学の児童文学専攻の学生がほとんどのため、絵本作家や作品の研究を論文のテーマとして関心をもっている者が多い。こうめ文庫に参加する動機が、「卒論の研究に役立てるため」であることもあるし、こうめ文庫に参加し子どもと絵本をよみあうことで作家の魅力に気づかされ、意識的にとりあげ研究テーマにしていく場合もある。どちらかというと初期の5年間ほどは、子どもたちがどういったものを喜ぶのか考えながらよんでいくうちに、「この絵本作家の作品なら！」というのがみえてきて、その後、自分のテーマにしていったという経緯が多い。初期5年間の活動をまとめた『きょうはこうめのひ』には、そのようにして「発見」していった「トミー・ウンゲラー」「モーリス・センダック」「長谷川集平」「林明子」が、こうめ文庫でよくよまれた絵本作家としてとりあげられている。

スタッフが関心をもつ絵本作家については、絵本の棚に特別のコーナーをつくったり、蔵書にも積極的に購入することができ、子どもがどういうふうに反応するかを知る手がかりになっている。絵本の作家別コーナーの変遷は以下のようになっている。1996年度から作家別コーナーができた。

1996-1998年度：センダック、バーニンガム（2人）

1999-2000年度：センダック、バーニンガム、ウンゲラー、長谷川集平、長新太、にしまきかやこ、林明子、さとうわきこ（8人）

【表3】絵本作家をテーマにしたプログラム

	年度	年.月.日	学年 （クラス）	プログラム内容
1	1999	1999. 6 .17	年長	テーマ：加古里子 詩「おならはえらい」 『どろぼうがっこう』 大型絵本『からすのパンやさん』
2	2000	2000. 7 . 6	年長	テーマ：ウンゲラー 手あそび「奈良の大仏さん」 『ゼラルダと人喰い鬼』 『すてきな三にんぐみ』 手あそび「奈良の大仏さん」
3	2000	2001. 3 . 8	年中	テーマ：長新太 『キャベツくん』 『キャベツくんとブタヤマさん』 『へんてこへんてこ』 『キャベツくんのにちようび』
4	2001	2001.10.11	年長	テーマ：荒井良二 荒井良二の紹介：ポスターをみせてどんな人か紹介し、荒井良二のバンドのＣＤをかける。 『はじまりはじまり』 『そのつもり』 『スースーとネルネル』

2001年度：センダック、ウンゲラー、長谷川集平、長新太、にしまきかやこ、林明子、さとうわきこ、かこさとし、あらいりょうじ、スズキコージ（10人）

2002年度：2001年度にとりあげている作家から、スズキコージを除いた作家（９人）

プログラムをつくるときに、「どの絵本をとりあげるか？」を決める際に、まず考えられるのが、自分が「すき」「おもしろい」と思うかということが案外成功の秘訣である。自分がその絵本に出会ったときの「この絵本すごいな！」という感動、「すき！」と思える気持ちが、熱意となって子どもに伝わることは確かなようである。私自身の絵本作家との出会いは、アンソニー・ブラウンの『すきですゴリラ』であった。絵本の時間に子どもとよんだときに、思ってもいなかった絵本の絵のしかけを子どもの指摘によって気づかされ一緒に楽しめたことや、主人公のハナの感じる心情が、大人の私と幼稚園児である子どもがそれぞれに共有でき、この絵本への思い入れが強くなった。

b．季節

季節に合わせてプログラムをつくるというのも、よく考えられることである。こうめ文庫では、春に『はらぺこあおむし』、秋に『おおきなおおきなお

【表4】季節をテーマにしたプログラム

	年度	年.月.日	学年（クラス）	プログラム内容
1	1997	1997.5.15	年長	テーマ：あおむしからちょうへ ①レタス・キャベツを見せる。 ②野菜の名前や野菜にすむ虫について話す。 ③大型絵本『はらぺこあおむし』をよむ。(担当者は人さし指に顔を書き、あおむしを演じる。) ④黄色のビニールテープを指に結び、ちょうちょをつくる。
2	2002	2002.1.9	年長	テーマ：冬 ①『ふゆめがっしょうだん』 ②『そりあそび』 ③『ゆきのひ』
3	2002	2003.1.23	年長	テーマ：クリスマス ①パネルシアター「クリスマスの12日」 ②『ゆきだるまストーリーブック』 ③本の紹介『さむがりやのサンタ』 ④『クリスマスにはおくりもの』 ⑤『まどから★おくりもの』

【表5】からだをテーマにしたプログラム

	年度	年.月.日	学年（クラス）	プログラム内容
1	2000	2000.10.26	年長	テーマ：からだ 『はなをほじほじいいきもち』 『あしのうらのはなし』 『はははのはなし』(裏表紙のみ) 『ぽちぽちいこか』 『そら、はだかんぼ！』

いも』をとりあげることが定着している。シーズンになると本屋に並ぶ「節分」「ひなまつり」「七夕」「お月見」「クリスマス」などを特に意識して蔵書にいれていないこともあって、季節をメインにしたプログラムはそんなに多くはない。

ただ、幼稚園の行事による影響という面は考慮している。ひとつは、「内科検診」の日、もうひとつは「運動会」である。内科検診の日のプログラムは「からだ」をテーマにした例えば【表5】のようなものである（第6章参照）。

c．科学絵本をとりいれて

こうめのスタッフが梅花女子大学文学部の児童文学専攻の学生・卒業生で構成されている為もあって、好み・関心は「物語絵本」にいきがちである。その例として、こうめ文庫1年目の1994年度は全蔵書51冊のうち、「科学絵本」といえるのは『けんこうだいいち』の1冊のみだったことからもうかがいしれる。しかしながら、貸出ランキング（巻末参照）や絵本の時間のよみあいから、科学絵本の魅力に気づいていき、蔵書の科学絵本の欠落を補ってきた。しかし、10年間でそれぞれのスタッフによって創意工夫をこらし多様なプログラムを試みてきたが、科学系のプログラムは極端に少ない。今後の文庫活動において課題となるだろう。

その少ないプログラムの例の一つとして、2002年12月5日に年中のすみれ組で行なわれた「恐竜」のプログラムがあげられる。これは担当のスタッフが恐竜について事前に学習し、それをもとにパネルシアターにして、子どもと会話しながら興味をひきだしていくものであった。その後、『ほね、ほね、きょうりゅうのほね』をよみ語り、恐竜の本の紹介をした。

少し長くなるが、具体的にどういうふうにプログラムをすすめたか、子どもがどんな様子だったかを知るために、プログラム担当者の「こうめだより」の報告から引用してみる。

> 「きょうりゅうのあし！」部屋に入ってきた子どもたちはホワイトボードに貼ってある画用紙の恐竜の足跡を見つけ、集まってきました。一体何が始まるのだろうと興味津々です。

【表6】科学絵本をとりいれたプログラム例

	年度	年.月.日	学年 (クラス)	プログラム内容
1	1997	1997.6.5	年中	テーマ：むし 詩「十ぴきありさん」 ストーリーテリング「むかでのおつかい」 『とべバッタ』 本の紹介：『昆虫ちいさななかまたち』『虫のかくれんぼ』
2	2000	2000.6.8	年長	テーマ：からだ 『はなをほじほじいいきもち』 『みんなのからだ』 『おなら』 『はなのあなのはなし』
3	2002	2002.12.5	年中 (すみれ)	テーマ：恐竜 パネルシアター「恐竜について」 『ほね、ほね、きょうりゅうのほね』 恐竜の本の紹介

恐竜のプログラムといっても、きちんとした台本があるわけではありません。こうめ文庫にはいっている『はじめての恐竜大図鑑』と『絵でみる世界大恐竜地図』、他にも恐竜について文献を読み、何週間かで身につけた知識を総動員して作った原稿があるだけでした。

まず恐竜の大きさ、いつ頃いたのか、何を食べたのか、どんな種類の恐竜がいたのか、そしてどうしていなくなったのか、順に追って話していきます。参加型のプログラムにするため、用意していたパネルなどを使って、子どもたちの興味を引きます。(中略) ダンボールにカラーコピーの恐竜を貼ったものをひとつひとつ見せて、「これは何を食べた？葉っぱかなあ、お肉かなあ」と聞くと、子どもたちは口々に答えます。

(黄野瀬知子「れんげ・すみれ午後のひととき」「こうめだより」2002.12.12発行)

科学絵本は一般には「学習用」のイメージが強いかもしれない。しかし、科学絵本には、子どもの「知りたい」という好奇心を刺激したり、子どもが自分の体験を確認したり、知っている知識を再確認する喜びを誘い出す要素がある。こうめ文庫の絵本の時間の記録にも、そういったたくさんの発言がみられる。物語がないだけにそれぞれの物語を反映できるという自由さがある。ただ、プログラムでとりあげるとなると、多くの子が発言し、担当者が柔軟にそれをひきだし統制をとりながら、即興的にコミュニケーションをすすめていく必要性がある。その柔軟性と即興性がないと子どもたちが我先に発言し、無秩序になっておわってしまう。その無秩序さを楽しむ姿勢もいるが、プログラムをすすめるうえではバランスが必要でそこがスタッフにとってしり込みする理由かもしれない。また自分の興味が理科系にいかないため、「やりたい」という気持ちがでにくいのかもしれない。しかし、この「恐竜」のプログラムは、子どもたちがとてもいきいきと楽しめる魅力のあるプログラムである。梅花幼稚園では、自然に親しむ教育がとても大切にされ、子どもたちも知的好奇心をもっている。今後、それにこたえていくようなユニークな科学系のプログラムに意識的に取り組む必要性を感じる。

d．ことば

絵本の文章は、短いために詩のように凝縮された美しいものが多く、耳できいて心地よい。また、絵本にでてくる「くりかえし」の言葉はリズミカルで、自分で口ずさんだり体を揺らしながらいうことで、音の響きを楽しむことができる。『わたしのワンピース』の「ミシン　カタカタ　ミシン　カタカタ」や「ラララン　ロロロン」、『にんじんばたけのパピプペポ』のこぶたの名前「パコ、ピコ、プコ…」などを何度も自分でいって楽しむ姿もみられる。また、子どもたちは、絵本のなかのおもしろい言葉に注目することもある。こうめ文庫では、他に「方言」に注目させることもある。【表７】は、「ことば」に関するプログラムの例である。

e．国際理解

梅花女子大学・大学院の留学生による「国際理解」のプログラムには【表８】のようなものがある。

幼稚園児には難しいテーマのように思われるが、留学生という「本物」の人にふれあうことで、子どもたちはこのプログラムをとても楽しんでいる。

【表7】ことばをテーマにしたプログラム例

	年度	年.月.日	学年（クラス）	プログラム内容
1	1997	1997. 6 .12	年中	テーマ：ことばあそび 詩「ねこたらねごと」 詩「ちがいくらべ」 『これはのみのぴこ』 手あそび「小さなはたけ」
2	2000	2000. 5 .25	年中	テーマ：ことばがおもしろい話 『どどどどど』 『がたんごたんがたんごとん』 『そしたらそしたら』 手あそび「あたまのうえでポン」 手あそび「ちいさな畑」
3	1998	1999. 1 .28	年中	テーマ：方言 『はせがわくんきらいや』 『はなたれこぞうさま』（手作り） 『ぼちぼちいこか』
4	1999	1999.11.18	年長	テーマ：関西弁 『版画のはらうた』 『大阪ことばあそびうた』 『あしたは月よう日』 『じごくのそうべえ』

保護者のアンケートにも、この国際理解をテーマにしたプログラムは「こうめ文庫ならでは」「他では出会えない絵本と出会える」と評価が高い。

f．いろ・かたち・え

いろ・かたち・えというテーマのプログラムには【表9】のようなものがある。

以下は【表9】の2のプログラムに対する子どもの反応である。

♣「○」がでてくる本だよ、といって表紙をみせる。「まる！」「まあ～る！」と叫び声。タイトルをよみ上げただけでころがって笑う子やガーッとはげしくうなりながら笑う子などすごく反応。色がかわるところではまじめな顔できいていて「みどりになった」と口々にいう。

（年中　1999.11.11　『あおくんときいろちゃん』）

【表 8】国際理解をテーマにしたプログラム例

	年度	年.月.日	学年 （クラス）	プログラム内容
1	1999	1999. 6 . 3	年長	テーマ：タイのおはなしをきく 地図でタイの位置を確認する。 タイと日本の違いについて話す。 タイの手遊び。 タイ・日本の早口ことば 『クンダーヌアドーヤオー（ひげながじいさん）』
2	1999	2000. 2 . 3	年中	テーマ：国境を越えて！ ネパール・中国・韓国の紹介。 国のあいさつ。 韓国・中国の「なぞなぞなあに」 ネパールの遊び「鬼決め遊び」
3	2000	2000. 6 . 8	年長 （りんどう）	テーマ：韓国を知る ストーリーテリング「おおきなかぶ」 『やっぱりおおかみ』 『アズキがゆばあさんとトラ』 『かにむかし』 韓国のわらべ歌「犬のうた」

【表 9】いろ・かたち・絵をテーマにしたプログラム例

	年度	年.月.日	学年 （クラス）	プログラム内容
1	1997	1997. 9 .25	年長	テーマ：おかしな絵・おかしな話 『ゴッホの絵本うずまきぐるぐる』 ストーリーテリング「ほしいほしいのはなし」 『もじゃもじゃしたものなーに？』 『にらめっこ』 『ピカソの絵本あっちむいてホイッ！』
2	1999	1999.11.11	年中	テーマ：かたちの不思議 ストーリーテリング「○おじさんと△おばさん」 『あおくんときいろちゃん』 『さよならさんかくまたきてしかく』 『目だまし手品』

♣「こんどは△！」とか「△おじさん！」という声がした。おばけがでてくると床にひっくり返ってはげしく笑ってよろこんでいた。耳をつんざく

ような金切り声をあげてうれしがっていた。

（年中　1999.11.11 『さよならさんかくまたきてしかく』）

♣目の錯覚で長くみえたり短くみえたりするシーンのみを拡大コピーして紹介した。だましに見事ひっかかってくれてもりあがった。たねあかしをすると「ふしぎィー、おもしろいね」とAちゃんが反応した。

（年中　1999.11.11 『目だまし手品』）

上の記録をみるとわかるように、子どもたちは、「かたち」のおもしろさにとてもよく反応している。また、このプログラムが行われた日に、それぞれこれらの絵本が貸出されている。この「いろ・かたち・え」のテーマは、絵本の棚のテーマにもしているが、あまり目立って注目はされていない。プログラムにとりいれることで、子どもたちにそのおもしろさに気づいてもらえる可能性がある。

2）プログラムの構造

a．導入の工夫

プログラムにおける導入の大切さというのは、集団の子どもによむときに、かなり重要である。おはなしをきく雰囲気のできないままに始めても、うまくいかないことが多い。「なにかおもしろいことが始まる」という期待感によって、よみ手のほうに顔を向けてもらうことはプログラムをすすめるうえで大きなポイントである。導入の工夫については、「知識」として頭にいれたうえで、子どもとよんでいくなかで、かなり早い段階で実感できることであると思う。

①声かけ

一番、手軽にとりいれる方法として「声かけ」の導入がある。例えば、モーリス・センダックの『まよなかのだいどころ』ではミッキーという男の子が主人公だが、「センダックおじさんはミッキーマウスが好きだったんだよ。だからこの絵本にでてくる男の子の名前はミッキーっていうの」というと「ミッキー！」と子どもが声にだして叫んだりして興味をもつ。またアンソニー・ブラウンの『すきですゴリラ』だったら「みんなはどんな動物がすき？」と問いかけ、子どもたちが口々に発言した後、この絵本にでてくる女の子はなんとゴリラが大好きなんだって！」と子どもたちに絵本と少し関係したことを問いかけてよみはじめることで注意をひいたりする。題名や表紙の絵を利用して、子どもたちと会話を楽しむことで、絵本への導入になる。

②手遊び

手遊びをすると、子どもにとって「ただきくだけ」の受動的な態度から、「一緒に参加する」という能動的な活動になる。こうめ文庫の活動が、お昼ご飯を食べた後のエネルギーのあふれる時間に設定されているため、子どもたちにとって「じっと静かにきく」という気分はもちにくい。そこで、子どもに能動的に「参加」してもらうことでプログラムに誘いこむことができる。例えば『マフィンおばさんのパンや』をよむときに、「メロンパンひとつくださいな」というテーマに関連した手遊びをする。テーマと関連のある手遊びの例として【表10】のようなプログラム例があげられる。

【表10】手遊びを導入にとりいれたプログラム例

	年度	年.月.日	学年（クラス）	プログラム内容
1	2001	2001. 7. 5	年中	①手遊び「わたしはねこのこねこのこ」 ②『11ぴきのねことへんなねこ』 ③『にゃーご』
2	2001	2001. 6. 7	年中	①手遊び「ひよこのうた」 ②『たまごのあかちゃん』 ③『とりかえっこ』

例としてあげたのは、年中児のプログラムである。私の経験では、手遊びというのはどちらかというと年中児に有効なようである。年長児になると、「手遊び」を幼稚だと感じる子どももいるようだ。予定に手遊びをいれていなくても、子どもたちがザワザワしてなかなか集中できないときは、テーマに関連なく、手遊びをして、ひきつけることもある。そういうときのために、いつでもできる手遊びを１つか２つ覚えておくとよい。

③小道具

小道具を用意するというのは、準備に少し手間がかかる場合もあるが、「物」に目がいくわけであるから、子どもたちをプログラムへひきつけるためにかなり効果的である。例えば『かいじゅうたちのいるところ』の人形を導入でつかった場合の記録には「こうめの部屋においてあって、いつも振り回している人形がでてくるとあって、みんなの期待がぎゅうっと絵本へ向かうのが伝わる。」とある。他の例もあげてみる。

♣「だ～れのうんちでしょう？」と大きなうんちの写真をみせる。「ぞう！」「犬！」など声が上がる。答えをみせたあと、その他のさまざまな動物のうんち写真をみせると前にすわっていたＢくんら３人が立ち上がる。さわりたかったのか？みんなに注意されてすわる。ほとんどの子がちゃんとみていた。絵本への導入として、ちょうどよいもりあがり方!!

（年長　2001.10.4）

子どもが発言したり、ひきつけられている様子がよくわかる。

【表11】の３のプログラムは、ただよむだけではなかなか集団の子どもをひきつけることは難しいと思われる絵本を導入の工夫で成功した例である。このプログラムは大学院でロシアの絵本を研究しているスタッフがおこなったものだが、雰囲気をだすために赤い花模様のロシアのスカーフをかぶり、ロシアで購入したマトリョーシカ人形をもってきた。

♣マトリョーシカ人形をみせ、秘密があると話し、絵本をよむと秘密が分ると前置きして始めた。調子の良い言葉で楽しい雰囲気。いよいよマトリョーシカがはずれて中から小さい人形が出てくると、思った通りという満足があったようだ。マトリョーシカ人形を分解してみせるとどっと前に集まり、小さな赤んぼ人形がみえないと興奮していた。

（年長　2001.9.13）

導入の工夫に加え、よみ手のロシアの絵本を「伝えたい」という気持ちが子どもたちに伝わったのではないだろうか。

【表11】小道具を使った導入をとりいれたプログラム例

	年度	年.月.日	学年 (クラス)	プログラム内容
1	2000	2000. 9 .27	年中	①オカリナで不思議なメロディを吹く ②『まどのそとのそのまたむこう』 ③『ピエールとライオン』 ④『まよなかのだいどころ』
2	2001	2001.10. 4	年長	①手遊び「みみずのたいそう」 ②いろいろな動物のうんちの写真を見せる（『おおきなポケット』2001年10月号より）[*2] ③『うんちしたのはだれよ』 ④『そら、はだかんぼ』
3	2001	2001. 9 .13	年長	①ロシアの地図を見せてから、マトリョーシカ人形を見せる ②『マトリョーシカちゃん』 ③マトリョーシカ人形を開けて、小さい人形をだしていく ④『ゆきむすめ』 ⑤『セルコ』 ⑥マトリョーシカ人形を戻していく。

3）「参加型」のプログラム

次にとりあげるプログラムは、こうめ文庫で通称「参加型」とよんでいる絵本のよみかたで、子どもたちが好むため、毎年何度か取り扱われている内容である。「参加型」の絵本とは、子どもたちがおはなしを静かにきくのではなく、文字通り「参加」することを奨励される。発言したり、一緒によむことに参加したり、自由に自分を表現することを目指しているこうめ文庫で、とても大事にしている手法である。子どもとよみ手の双方でつくりだし、にぎやかな楽しいプログラムになる。

a．こたえをせまる絵本

絵本構造そのものが、きき手の参加を想定したものものに、ジョン・バーニンガムの『ねえ、どれがいい？』(❶) がある。「どれなら　食べられる？くものシチュー、かたつむりのおだんご、虫のおかゆ、へびのジュース」と「究極の選択」をせまる本で、子どもたちは口々に私は「これがいい！」ぼくは「あれがいい！」と大声で叫びもりあがる。ただ、子どもが口々に発言し興奮状態になり収拾がつかなくなることもある。

♣みんな盛り上がって興奮状態。カーペットをひっぱりまわすわ、歩きまわるわ……　(年中　1996.11.14)

♣ほぼ全員が参加し、盛り上がるエネルギーがありあまっており、本や私を押し倒す勢い。最後の方本のページがムチャクチャになるほど。　(年長　1996.11.14)

❶『ねえ、どれがいい？』表紙

♣『ねえ、どれがいい？』で、押し寄せてくる。すわっていう子と立って押し寄せる子と、うしろでこける子など、ばらばらになってしまう。はっきりいってめちゃくちゃになってしまう。　(年中　2001.11.15)

♣一言で言えば大騒ぎ。追いかけられるなら～とか、住むなら～の反応が特によかった。お父さんやお母さんなど、身近な人物のもしも～が楽しかったのではないか。　(年中　2002.9.12)

記録には、「ムチャクチャ」「めちゃくちゃ」という言葉が使われ、子どもたちは興奮しておもしろがっている様子がよく伝わってくる。

バーニンガムは、2000年度参加のスタッフが大学院修士論文のテーマにとりあげるなど、スタッフにとって評価の高い絵本作家であるが、この絵本以外の絵本は、絵の線が繊細であるため、プログラムではとりあげられることが少ない。しかし、『ねえ、どれがいい？』は、文庫活動の初期から現在にいたるまで、プログラムによくとりあげている（【表2】よくとりあげられた絵本上位16の5位）が、誰がとりあげても、「究極の選択」のおもしろさで、子どもに語りかけ必ずひきつけることのできる絵本である。家庭で親子でよみあって、自分一人でまたは親子で「これがいい」「あれがいい」というのもちろん楽しいが、クラスの仲間と大声で競うように「私はくものシチュー！」「ぼくはへびのジュース！」と叫んだり、「絶対、二万円でお化けやしきがいいー」

「私もー！」と友達に負けじと主張し合うことが楽しいようである。このときに、スタッフは「絵本をよんでるのに、静かにしなさい」とは決していわないことにしている。

友達とこたえを競い合うのが楽しい絵本として他に「なぞなぞな～に」シリーズがある。このシリーズは、『なぞなぞな～に　はるのまき』のように、春夏秋冬に合わせて４冊のシリーズになっている絵本で、題名どおり「なぞなぞ」を扱っている。子どもたちに、「ひるまはみじかくてゆうがたながくなるものな～に」（『なぞなぞな～に　なつのまき』）のように直接語りかけ、答えをうながす作りになっている絵本である。いまきみちのはっきりした色とデザインをつかった絵（登場人物が大きな目で読者をみつめてくるように感じる）も、子どもたちをひきつけることに一役かっている。この絵本をよむと、子どもたちは口々にこたえをいいあい、時には絵本をはなれて、自分たちが考えついたなぞなぞを出題するという一幕もある。もしくは、こたえを知っていて次々に大きな声でいっていく場合もあり、こたえがあっているかよりも、大声で他の子と競って誰よりも先にこたえをいうことに楽しさを感じている場合もある。大声で叫び、気持ちを開放できることから、こうめ文庫では「発散型」のプログラムとよぶこともある。プログラムは、７月だったら「なつのまき」、11月だったら「あきのまき」と季節に合わせてとりあげているが、子どもの「もっとよんで！」という声に合わせて、その時期の季節以外の絵本をとりあげる場合もある。

「すごく反応がよかった。みんな立ち上がって口々に答えをいっていた。よみ終わった後、みんなが本を借りたがって、特に２人の女の子が取り合いになってしまった」（年中　1999.10.14）というように、この絵本の記録は「反応がいい」「ものすごく盛り上がった」という記述にあふれている。そして、プログラムで集団でよんで心の底から「楽しかった！」と体感した絵本を家に持ち帰り、再体験したいという気持ちを強く引き起こすようである。プログラムにとりあげられる前はあまり貸出のない「なぞなぞな～に」シリーズは、プログラムの後に貸出が急激に増えていることも多い。2000年度の年長ではプログラムにとりあげたことで子ども達の間に「なぞなぞ」の絵本をかりたい子が目立ち、蔵書に「なぞなぞ」の絵本を増やした。このように、プログラムで子どもたちに注目された絵本の影響で蔵書が構成されていくことも多い。

「なぞなぞ」に関連して新しく蔵書にした絵本に、『なぞなぞえほん　1のまき』などの「なぞなぞえほん」シリーズ3冊、『なぞなぞのたび』『なぞなぞあそびうた』などがある。ただ、『なぞなぞのたび』以外は小型判の絵本のうえ、線の細いタッチで絵を描いているため、「なぞなぞな～に」シリーズと比べて多人数でよむプログラムには不向きである。また『なぞなぞのたび』は、年長組のプログラムにとりあげたところ、「わさわさする。難しくて、なかなかわからない。」(年長　2001.10.25) とあるように、問題が「なぞなぞな～に」のようにすぐ大声で叫べるほど単純でないためか、もりあがりに欠けるようである。記録は「収拾がつかなくなって、『さる・るるる』をよむ」と続いている。

貸出記録からみても「なぞなぞな～に」シリーズは、ほかのなぞなぞの本より圧倒的に子どもたちから支持を得ているが、福音館書店より1989年に「こどものとも・年少版」として発行され、1995年に単行本として出版されたが、2005年現在では手に入らなくなっている。

絵本の時間においてはこれらの絵本から発展して、子どもたち同士、またスタッフを巻き込んで「なぞなぞ」をする姿が記録されている。子どもは、絵本をただよむだけでなく、自分なりに発展させ絵本を楽しんでいる。

b．子どもたちのエネルギーを発散させる絵本

「参加型」プログラムには、『ねえ、どれがいい？』や「なぞなぞな～に」シリーズのように、きき手にこたえをせまる絵本ではなく、子どもたちを絵本のよみ語りに巻き込む方法もある。

『きょだいなきょだいな』の「あったとさ　あったとさ　ひろーい　のっぱら　どまんなか　きょうだいな　○○　あったとさ」の繰り返しや『ピエールとライオン』の「ぼく、しらない！」、『おおきなかぶ』の「うんとこしょどっこいしょ」など、絵本の文には声にだして、またきくのに心地よいリズミカルな繰り返しがある。くりかえしでてくるフレーズに子どもたちを誘うように体全体でよみ、時には「せーの！」と声をかけて、子どもたちの参加をうながすようにしていくと、よみ手ときき手である集団の子どもたちの大合唱になり、集団でよむ一体感を感じられる。大きな声で叫ぶことで心と体が開放され、ここちのよい繰り返しのリズムが気持ちよく、エネルギーが発散されるように感じられる。

♣「あったとさ」のリズムに反応し、語感を楽しんでいた。絵本をよみ出したときは「絵本なんかきいてやるもんか」という雰囲気だったが、だんだんひきこまれてきき始めた。（中略） よみ終わると「もう１回！」の声、反対する声もなかったので、もう１回よんだ。せっけんをおしんこに、電話を携帯電話に、ビール瓶を電球、ももをりんごに、ももたろうをりんごたろうに、扇風機を掃除機に、など子どものアイデアにそって、変えてよんだ。 （年長　1999.9.9）

あまりきく雰囲気のないところから、子どもをよむことに巻き込むことで、パッとひきつけることに成功し、子どもの反応に柔軟にあわせて絵本の文章を変化させバリエーションをつけることで発展させていることがわかる記録である。子どもはこのように絵本どおりによむのではなく、変化をつけてよむことも好む。

「あったとさ……」のフレーズを叫ぶだけでなく、スピードをつけていってみるバリエーションもある。そのほか、きょだいなトイレットペーパーの登場するページでは、子どもが裸で描かれ、「はだか」「うんち」「おしり」と普段の生活ではタブー視されている言葉を集団で叫ぶことで開放感を味わったり、きょだいな電話から「おばけ」のでてくる場面で「じごくにおちたいかたはどなたかな」という問いかけで「こわさ」を感じ、ひきつけられている様子も記録されている。

プログラムにとりあげられている回数が最も多い『ピエールとライオン』

は、「発散型」プログラムの代表といえる絵本である。この絵本は1997年度にとりあげられたあと、2002年までに20回もプログラムにとりあげられ（【表2】プログラムによくとりあげられた絵本　上位16の1位）、1年に複数回以上とりあげられていることになる。

♣よみ始めたときはそんなに期待もない、という感じだったが、「ぼく、しらない！」で爆笑。「ぼく、しらない！」の繰り返しがおもしろいらしく、途中から子どもたちも声をそろえていいだす。……最後の教訓が気に入らないらしく、「えー!!」の声があがったので、もう一度、「ぼく、しらない！」の繰り返しをして終わった。（年長　1998.5.21）

『ピエールとライオン』は、特に「ぼく、しらない！」という反抗的なピエールのセリフを大声で叫ぶことが楽しいようだ。最後の「はい、わかりました」というピエールのセリフに納得できず、最後まで「ぼく、しらない！」とセリフを変えて反抗し続ける。この点に関して、10年間このプログラムを続け、子どもとよむことで『ピエールとライオン』に注目しているスタッフ（小澤）は、「センダックの小型絵本 *Pierre* 論「教訓物語」を逆転させる構造」*3の中で、以下のように述べている。

『ピエールとライオン』を、幼稚園の5、6歳の子どもたちと読むと、物語がすすむにつれ、場は興奮した雰囲気に少しずつ変化していく。大人への反抗心が芽生える成長段階にきた子どもたちは、親に反抗するピエールの姿に共感し、「ぼく、しらない！」と一緒に繰り返し、その声は次第に大きくなっていく。大人への反抗を意味する言葉を子どもが実際に口にするのは勇気がいることのようだが、読み手との対話の形で何度も繰り返すうちに、自然と笑いがおき、多くの子が「ぼく、しらない！」と声を合わせていいだし、なかにはわざと「ぼく、しってる！」と言う子もいる。作中の「ぼく、しらない！」はお囃子のような効果をもっており、大勢で声を合わせて言っているうちに、気持ちのいい発散効果をもたらすようだ。

友達と一緒に、多少ふざけた雰囲気の中で、反抗的に「ぼく、しらない！」

とお腹の底から大声で叫ぶことは、家庭ではみられにくい子どもの姿かもしれない。センダックの絵そのものやライオンに食べられてしまうという「こわさ」（第５章参照）も、子どもたちをひきこむ力になっている。

『わっはっは』『ごろごろにゃーん』の２冊は、それぞれユーモラスでエネルギーあふれる田島征三と長新太の絵とともに「わっはっは」「ごろごろ　にゃーん　ごろごろ　にゃーん　と、　ひこうきは　とんでいきます」という同じフレーズが続いていき、ストーリーはない絵本である。これらも子どもたちに参加をうながすようによみ、たいてい、昔話やストーリーテリングなど比較的長く子どもの集中力を要する絵本のプログラムのあとに、子どもの心を開放するためにプログラムにとりこんでいる。以下の記録は、ストーリーテリング「ちいちゃいちいちゃい」などの後に『わっはっは』をよんだ時のものである。

♣「じゃあ、さいごに笑おうか」というとすごい勢いで笑い出す。「わっはっは」と声をそろえて「はっはっは」もついてきて「わはは　わはは」でも笑いまくり、「じゃ、わっはっはって笑いながらおとなりに行こう」というと、本当に「わっはっは」と口々にいいながら、あっという間にいなくなった。
（年長　1998.11.19）

これらの絵本は、新人スタッフがコチコチになって生真面目によむと、字面だけ追う単調な絵本になりさがり、子どもは参加したくてもしきれない中途半端なプログラムになってしまう。よみ手は力をぬいてリラックスした気分で、子どもたちが心を開放できるようなユーモアを漂わせてよむ絵本である。どのようにこういったナンセンス絵本を子どもたちによめばいいかは先輩スタッフをみながら覚えていくことになる。

みんなで声を合わせ、エネルギーを爆発させるように力一杯おなかの底から声をだして叫んだり、反抗的な言葉や普段の生活ではタブーである言葉を叫んで絵本を楽しむことは、家庭で親とよんだり、ひとりでよんで楽しむのとは違い、集団でよみあうプログラムにおける魅力といえるかもしれない。

長新太の『キャベツくん』シリーズの「ブギャ！」や『ドオン！』にでて

くる家から追い出される程いたずらものの「オニのこ　ドン」と「にんげんのこ　こうちゃん」が競って叩く太鼓の音「ドンドコ　ドンドン　ドン！」、『へんてこへんてこ』にでてくる動物を「ねーこー」と合唱することもある。よくプログラムにとりあげられている絵本作家のひとりとして長新太があげられるが、長新太の絵そのものが子どものもつエネルギーを開放させるのに一役かっている。ナンセンスなおかしさとエネルギーがあふれんばかり絵を描く長新太の作品は、子どもとよみあうことによって、いかに子どもがひきつけられるか発見し、その魅力に気づいたという文庫のスタッフは多い。

またストーリーはなく、抽象的な絵でイメージとことばのおもしろさが楽しめる『もこ　もこもこ』『カニツンツン』なども子どもが「よむ」ことに参加できる絵本である。

「参加型」「発散型」のプログラムにとりあげる絵本は、子どもたちをプログラムにひきこむのに力を発揮することが多い。お昼ご飯を食べたあとのエネルギーあふれる時間に実施される文庫では、夜寝る前によむ静かでおだやかな気持ちになる絵本（例えば、『おやすみなさいフランシス』）より、大きな声で叫んだり、自分も「よみ」に参加できる「参加型」絵本でもりあがることを好む。また、雨の日で外で遊べない日など気持ちがもやもやしている時、運動会や発表会の練習で緊張や疲れがたまっている時など、おはなしをじっくりきくのが難しい日に、これらの「参加型」絵本は成功することが多い万能選手のような絵本である。

また、じっくりおはなしをきくことがなかなかしにくい子どもにとって、この種のプログラムは参加しやすい。例えば、Ｃくんは、年中から入園した男児で、年中のときは欠席も多かった。プログラムが始まっても、部屋に入ることができず、廊下に置いてある遊具などで遊んでいた。またスタッフがなんとか参加してもらおうと、無理矢理連れて行こうとすると「いやいや！」と叫び、スタッフの手を噛んだり、体を蹴ったりしてはげしく抵抗していた。しかし、彼の場合も『カニツンツン』などことばの響きが楽しいプログラムだと以下のような反応をしている。

♣『カニツンツン』のことばの響きに一番敏感になっていて、すごくうれしそうに繰り返していた。Ｃくんがすごくうれしそうだったので、私もうれしかった。（年長　2001.10.1）

物語絵本など、おはなしをききにくい子も、声をだしてみんなで参加できるプログラムには、とても楽しそうに参加することが多い。

ｃ．絵本で遊ぶ

みんなで一緒に叫んで「参加」する方法以外に、絵本を使って遊びながら絵本の世界に「参加」するプログラムもある。

①ごっこ遊び

『11ぴきのねこふくろのなか』は、11ぴきのねこたちが、「はなをとるな」「きけん、はしをわたるな」など看板に書いてある禁止事項を次々破っていく。絵本をよみ語りしたあと、「わらうな」「おどるな」など禁止事項を書いたカードをひき、それと反対のことをして劇のようにして遊ぶ。

♣「ねこのはなしを知っている子は鼻をつまんでください」と言うと、みんな鼻をつまんだ。また、花がでてくる場面で鼻をつまんだ。花で連想して手遊び「小さな畑」の大きな花が咲く「ぽっ」と手をひろげていた。４歳はそのままのリズムで「はなをとるな」をいうが５歳は早口で繰り返した。（中略）カードで「わらうな」で笑いをこらえてがんばっていた。「おどるな」では恐いくらいに踊りだしていた。女の子（年中）で禁止されたら全くできない子がいた（この遊びのねらいは、禁止されたらしたくなる、という前提で「わらうな」とカードをひくと、げらげら笑おうという遊び）。（年中・年長　1999.10.7）

『11ぴきのねこふくろのなか』で遊ぶこのプログラムは、いつもきちんとして、真面目である子どもに、時には羽目をはずしたり、タブー視されていることをこっそりやってみようよという「おふざけ」をねらっている。11ぴきのねこは、どんどん禁止事項をやぶっていくうちに「ふくろにはいるな」で袋に入り、ばけものウヒアハに捕まってしまう。ある小学校の会で、これはルールを守らなかった11ぴきのねこに対する罰であり、ウヒアハから逃れた後、最後の場面で、広い道路にでたねこたちが「わたるな」という看板をみてわたらない（文章では「おお！11ぴきのねこ、どうろなんかわたらない。だってほら、こちらにほどうきょうがあるんだもの。」）ことから、ルールを守るようになったと解釈し、子どもにルールを守らなければということを教えるのにつかえるという教諭の発表があった。同じ絵本を扱っても、こうめ文庫でのとりあげ方と正反対で驚いたことがある。こうめ文庫では、「ラストもＤちゃんは「渡るんだ！」などといって、まんまとひっかかっていた。」（年中　2002.10.31）とあったり、また「「わたるな」で「わたると思うか、思わないか」と聞き、「わたると思う子は足をあげて、思わない子は手あげて」というとみんな、足があげたくて、ひっくりかえって足をあげていた。」（年中　1999.10.7）とあるように、子どもたちは最後まで11ぴきのねこは書いてあることと反対のことをするのではないかと予想していた。

絵本を使ったごっこ遊びのプログラムは、他に、『かいじゅうたちのいるところ』でかいじゅうになりきってめちゃくちゃに踊ったり、『できるかな？あたまのさきからつまさきまで』をよんだあと絵本に描かれているようにポーズをとったり、『パパ、おつきさまとって！』で、はしごをみんなで紙に描き、それをつなげていってはしごを作り、画用紙で作った大きな月（大きさは子どもたちがのれるほど）まで上って劇遊びをしたりする内容がある。

絵本をつかって遊びに発展させていくことは、プログラムでスタッフの先導によって行なわれるのみではなく、絵本の時間であるが、大型絵本『からすのパンやさん』を使って、何ヶ月にもわたってお店やさんごっこを子どもたちだけでし続けたという事例もある（第３章参照）。大人がしかけなくても、子どもたちが自発的に絵本を使っておはなしを発展させて遊んでいる例である。

遊びまで発展しなくても絵本の言葉を日常生活で、使うこともよく観察される。『ピエールとライオン』の「ぼく、しらない！」をスタッフに注意されたときに反抗的に使ってみたり、『ぼちぼちいこか』の口まねを普段の生活の中でするという例もある。これは家庭で絵本をよみ、生活するなかでもよく観察されることであろう。

②えかきうた

「えかきうた」も、遊びをとりいれたプログラムで、1996年度の初期の頃から毎年くりかえしとりあげられている。プログラム担当者と一緒に歌って絵をかくという参加型プログラムで、必ず成功するプログラムのひとつとなっている。伝承遊びを伝えたいというこうめ文庫の思いも実現できる。このプログラムは、どちらかというと絵本がメインではないが、『くれよんのはなし』『ぼくのくれよん』『うちがいっけんあったとさ』などをとりあげ、「絵をかく」ということでつなげることもある。えかきうたがひとつ終わるごとに、次のえかきうたが始まるといったように「きりかえ」ができ、子どもたちも「かきたい！」という思いが強いのでしっかりきく。何人かはじめは慣れないでうまくかけないことを気にして「できない」と発言する子がいるが、スタッフが「ちょっとくらい変になっても大丈夫だよ」「うまいね！」など声かけをすることで気にしなくなる。

③絵本カルタ

絵本の内容から発展した遊びとはいえないが、絵本そのものを使った遊びとして、正月明けの文庫の日に1999年度から始めた「絵本カルタ」というプログラムもある。これは、こうめ文庫にある絵本を絵札のように床に並べ、絵本の題名などをスタッフがよみあげてクラス対抗で子どもたちが競う絵本をつかった「大型のカルタ」のような遊びである。幼稚園であるから、字のよめない子もいるが、子どもたちは、絵をよむことができるので、驚くほどの速さで絵札（絵本）をとることができる。ほぼ全員の子どもたちが知っている人気のある絵本については、絵本の題名ではなく、「コロッケのでてくる絵本」（『11ぴきのねことあほうどり』）、「じごくへいってしまう本」（『じごくのそうべえ』）のように簡単なヒントから題名を考え、絵本をとったり、あまり知られていない昔話などは子どもがとったあと、簡単に内容を話し、紹介している。子どもたちは自分のお気に入りは、「絶対にとりたい」と熱心に楽しそうに取り組んでいるが、時にはその気持ちが勝ってくやし泣きする姿もみられるほど熱中している。

④絵本と工作

絵本をよんだあとに工作をするというプログラムも「参加型」プログラムの一種といえるかもしれない。「こうめだより」には「こうめ文庫では、あくまで絵本が中心です。が、絵本により親しみ、その世界を身近なものにできるよう、絵本と関連した工作をプログラムの中に取り入れていきたいと考えています。」(1997.6.5　発行) とある。

プログラム例として、『おおきなおおきなおいも』を、おいもが巻物状におおきくなっていくように加工した絵本をよんだあとに、模造紙をつなげて、おおきなおいもをつくったり、『フレデリック』をよんだあとに、ねずみとどんぐりを画用紙でつくり、背景を描いた模造紙にはったりするものなどがある。できた作品は、文庫の部屋の壁に貼って、装飾にしている。

工作のプログラムはいつもこちらの思い通りにはすすまない。子どもが勝手に自由に発展させる場合もある。例えば、『とべバッタ』をよんだあとに、小さく切った画用紙を使って、ピョンピョンはねるバッタをみんなで作ろうという企画をしたが、子どもは、それぞれの空想世界をひろげ、バッタを作らず、自動車やうんちに変えて「ピョンピョン工作」を作ったりする。また、大型絵本『はらぺこあおむし』をよんだあと、食べ物の形にカットしたいろんな色のくだものを食べて (破って)、模造紙に描いた大きな蝶の羽に貼るというプログラムでは、紙をやぶくという行為で興奮した子どもたちが大暴れし、最後に予定していた絵本がよめなくなることもあった。めちゃめちゃになることも多いが子どもにとっては楽しいプログラムになっている。

工作のプログラムは、こちらの想定していなかった子どものいきいきした想像力に驚かされることも多く、絵本をよむだけではみえない子どもの姿を感じることができる。

Ⅳ 課題の残るプログラム

1）昔話・創作民話

ほうっておくと手に取らない絵本の代表に昔話・創作民話絵本がある。その紹介もかねて、年に数度、プログラムに昔話・創作民話絵本を積極的にとりあげている。比較的、長い時間おはなしをきくことを要求するので、子どもたちが文庫に慣れ、おはなしをきく姿勢ができる２学期の運動会の後などにとりあげられることが多い。

何度もプログラムにとりあげられている昔話絵本に『かにむかし』『くわずにょうぼう』『三びきのやぎのがらがらどん』『てぶくろ』などがあげられる。

反対に、子どもたちが、プログラムに全く集中せず、「おもしろくない」という反応があった絵本として『へっこきあねさがよめにきて』や『島ひきおに』『ごろはちだいみょうじん』がある。その要因は複雑で明確にすることは難しいが、こうめ文庫のプログラムとそれに対する子どもの反応をみることで一つのよみの結果として提示したい。

『へっこきあねさがよめにきて』は太田大八、『島ひきおに』『ごろはちだいみょうじん』は梶山俊夫という実力のある画家が描いている。しかし、日本の昔を表現するためか筆を使った波打ったような細い線、また背景が細々と描かれていて登場人物にぱっと目がいかないという特徴がある。貸出が１回もない『島ひきおに』(❷)の表紙は、画面いっぱいに島ひきおにの絵が朱色で描かれているが、まわりの背景にとけこんでいて目をひきにくい。また、おにの目は、気弱な性格を表すためか左下方向をみていて、子どもを物語の中に引き込んでいくのが難しい。

❷『島ひきおに』表紙

♣はじめからきく気のない子が多かった。「へんなおに」「へんな話」という声が多かった。最後まで聞いていたのは前列１列だけだった。……牙が出てくるところで、Ｔくんが私の「みんなが牙をもってる？」の問いに「お父さんがもっている」という。「どんなの？」とたずねると「くろくて、やわらかい」といわれて私は？？となってしまう。あとの反省会で、きっとひげのことだろうと思いついた。（年中　1998.10.22）

『島ひきおに』の貸出をみてみると、97年度に蔵書に加わった後、2003年度まで貸出は０回である。同じように貸出回数が少ない『へっこきあねさがよめにきて』についての記録は以下のようである。

♣『へっこきあねさ……』はだめだった。（年中　2000.10.5）

♣『へっこきあねさ……』ほとんど聞いていなかった。（年長　2000.10.5）

♣がさがさしている子がほとんどだったが強行する。４分の１ぐらいの子は真剣にきいてくれたが、終わった時「長かったね」と言われる。（年長　2000.10.19）

『へっこきあねさがよめにきて』は1996年度の蔵書に加わった。1997年度に年中のプログラムでとりあげたが、「おならだけ反応」という１点のみの記録しかない。おそらく、全くきいていなかったということだと思うが、それはなぜかを考えた形跡はない。３年後の2000年度にまずは年中クラスでとりあげ、同じ月に年長クラス各１クラスごとでとりあげている。そして３回とも「きいていなかった」とある。貸出を調べてみると、プログラムにとりあげた蔵書に入った1996年度から考えて８年間において、2000年度に２回のみである。プログラムにとりあげられたために貸出されたと推測され、手に取られない絵本を紹介することができたということで評価できるととれなくもない。ただ、失敗をおそれすぎることはないが、大部分の子どもがプログラムではきかなかった事実を受け止め、それはなぜだったかを考え、今後プログラムにとりあげる昔話絵本について考えることは必要だろう。

昔話絵本『へっこきあねさがよめにきて』、創作民話絵本の『ごろはちだいみょうじん』の冒頭を例としてみてみよう。

◉『へっこきあねさがよめにきて』

〔表紙〕

絵：主人公のあねさが真ん中に描かれる。おはなしの中のもりあがりである、あねさが屁で船を吹き飛ばす場面がえがかれ、右下にそれに驚くあにさがいる。あねさの表情は情けないような、おどけたような感じで口はひょっとこのようになっている。

❸『へっこきあねさがよめにきて』表紙

〔扉〕

絵：左下におしりをつきあげて屁をこく姿勢をとったあねさがいる。

〔第１場面〕

文：「とんとんむかしな、あるところに、ばばさと　あにさとあって、あにさが　としごろに　なったもんで　よめさんを　もらったってや。」

絵：右端に輿入れをする馬にのった姉さが小僧にひかれて、あにさの家にやってくる。左端に家があり、ばばさがいる。あにさは、おそらく小僧の前にいる荷物を持った男か？背景は、山と稲が実っているような田んぼが渋い色合いで描かれる。

表紙、扉の絵は主人公のあねさがきき手にしっかり示される。あねさの表情は大人からみてなかなか味わいがあるが、園児には少し複雑なものでとっつきにくいかもしれない。文章は、大川悦生で、昔話のリズミカルな気持ちのよい語り口調である。

しかし、第１場面の絵は、登場人物が示されているものの、ページ全体として人物が小さく、背景にも溶け込んでいる。また、表紙・扉で描かれた蓑がさをかぶり、作業服をきて、おしりをつきだす土臭くひょうきんな感じのするあねさとは結びつかない、上品な表情をした（小さくて見えないかもしれないが）花嫁姿のあねさが描かれている。渋い色合いで細かい風景描写と、どこにいるか分からない（どこを見たらいいか視点が定まらない）登場人物の描き方が、園児をおはなしの世界にひきこむのを邪魔しているように感じられる。

◉『ごろはちだいみょうじん』

❹『ごろはちだいみょうじん』表紙

〔第１場面〕

文：「ごろはちだいみょうじん　いうても、かみさんの　ことやない。 たぬきのはなしや。」

絵：モノクロで日本家屋の家、腰の曲がったおばあさんと向かい合うようにして庶民的な女児が描かれている。

〔第２場面〕

文：「べんてはんの　もりの　ごろはちは、えらい　てんごしいの　たぬきやった。
てんごしい　いうのは、つまり　いたずらもんと　いうことや。
むらの　ひとやらは、 きやすう　てんごされては　かなわんさかい（中略）あんまり　わるさ　せんでおくなはれや。 あんじょう　たのんまっさ」

絵：茶色を基調として、木々と岩の前にごろはちが左下に描かれる。場所は村はずれ。神社の鳥居もみえる。

文章は、奈良県出身の中川正文によるやさしい感じのする奈良の方言で語られ、梶山俊夫によるごろはちは、やわらかい線で描かれ、ユーモアのただよう魅力的なたぬきである。しかし、子どもは以下のような反応をみせる。

♣今日は方言特集をしようとして始めた。本当は最初は『ごろはちだいみょうじん』をするつもりだったが、子どものブーイングにより断念。
（**注**：プログラム表では、テーマ：方言①『ぽちぽちいこか』②『はなたれこぞうさま』③『くわずにょうぼう』に変更されている。）　（年長　1999.1.28）

♣『ごろはちだいみょうじん』がよめなかったのが残念。やはりひきつける力がなかったらしく、座ってみてくれなかった。途中から目立って暴れようとする子がいなくなり、きいている子はきいている子で集中でき

たのでは？　　　　　　　　　　　　　　　　　　　（年長　1999.1.28）

♣最初まとまりがない。集中させるのが大変。１ページのモノクロをみて
Ｅくん「おもしろくない」という。　　　　　　　（年長　1999.1.28）

１場面には、主人公のごろはちが描かれないうえで語られるうえ、モノクロである点で絵のどこに注目したらいいかわからず、気持ちがそがれる。２場面でごろはちが登場するが、背景の景色と同系色で描かれるため、インパクトにかける。また、ストーリーは、初めて汽車をみる村人が「かぶとむしのおばけみたいなもの（汽車）」をみて「ひょっとしたら、こら　ごろはちにだまされとるのとちがうやろか」と思い、線路の上にとびだすが、ごろはちが汽車の前に立ちはだかり村人を救うというものである。しかし、その「出来事」にはなかなかたどりつかず、何場面も使って、ごろはちと村人の交流、ごろはちがどのように村人をだますかが、ユーモラスに語られる。つまり文章が多いわりに、登場人物のアクションが少ないのである。

プログラムに何度も取り上げられる昔話絵本の冒頭もあげてみる。

むかし、三びきの　やぎが　いました。なまえは、どれも　がらがらどん　と　いいました。
あるとき、やまの　くさばで　ふとろうと、やまへ　のぼっていきました。　　　（『三びきのやぎのがらがらどん』）

おじいさんが　かぶを　うえました。
「あまい　あまい　かぶになれ。おおきな　おおきな　かぶになれ」
（『おおきなかぶ』）

絵についていえば、マーシャ・ブラウンの『三びきのやぎのがらがらどん』（❺）は、まず表紙には踊るように躍動感あふれる３びきのやぎのがらがらどんが示される。見返しは、太陽の光かと思われる黄色く光る山にたくさんのやぎが楽しげに飛び回る様子に目を引かれるし、扉にははっきりと迫力のある絵で３びきのやぎが描かれる。１番おおきながらがらどんと２番目のがらがらどんの目線が、きき手のほうを向いて、はなしに誘っている。

『おおきなかぶ』の絵は、佐藤忠良によるものである。表紙には、登場人物

である「おじいさん」「おばあさん」「まご」「いぬ」「ねこ」「ねずみ」が、しっかり過不足なく描かれる。扉は濃いピンク一色のデザイン的なかぶに、白抜きで題名「おおきなかぶ」が示され、第１場面では、白い背景に小さいかぶを覗き込むように見つめるおじいさんが動き出しそうな感じで描かれる。はっきりと簡潔な文章とともに、おじいさんがきき手の目にはいってくる。

❺『三びきのやぎのがらがらどん』表紙

『かにむかし』も【表２】プログラムによくとりあげられた絵本上位16位の９位にはいっているように、主人公のかにに注目できるような絵が描かれている。背景が描かれいる場面もあるが、かにに比べて少しぼかし気味に描かれ、適度に単純化してあるので視点（かに）がぶれない。『かにむかし』の色彩は墨絵のような黒と朱の濃淡、ほぼ２色のみであるが、大勢でよむのにふさわしい迷いのない視点を定めてくれる絵であるといえる。

またプログラムにとりあげて成功している昔話絵本は、物語の構造が「くりかえし」ていること、行動で物語がすすんでいくことがあげられるかもしれない。

食べられてしまうかもしれないという「こわい」という感情をきき手にひきおこす『くわずにょうぼう』や、トロルという怪物にやっつけられてしまうかもしれない「こわさ」を感じる『三びきのやぎのがらがらどん』は子どもたちをひきつけているひとつの要因は「こわさ」といえる。（「こわい」絵本については、第５章を参照）

対して、プログラムにとりあげても受け入れられにくい例の３冊は、集団でよむ際、絵のうったえる力が幼稚園の園児にとっては弱いこと、さらにおはなし自体も「くりかえす」構造を持っていない、行動より心情を描いている点など、はいりにくい絵本であるようである。筆者の印象論になってしまうが、小学校でよんだ経験からいうと、『へっこきあねさがよめにきて』は「へや」（屁屋＝部屋）の語源話・こっけい話として受け入れられたし、『島ひきおに』は４年生の学習発表会の劇の題材になったりして、鬼の心情に共感する様子がうかがいしれた。『ごろはちだいみょうじん』も含めて、これらの本は、幼稚園より上の年齢の子にとっては魅力のある絵本になりえるのでこうめ文庫でとりあげることに難しさがあったといえる。

さて、昔話・創作民話を絵本自体の問題として考えてみたが、次にプログラムの構成の仕方について考えてみたい。昔話は、長年人々に語り継がれてきたという点で物語のおもしろさをかねそなえている。しかし、今の子どもにとって、昔の風俗が、時にききなれない言葉や言葉づかい（方言）で語られるため、とても遠い世界に感じられる。そういうことから、何か自分と結びつくことや知っていることを発言して、よみに参加していくことは難しく、静かにきくということを強いられる。そのうえ、たいていの昔話・創作民話は文章がたくさんあり、きく時間が長く、とても緊張を強いられることになる。

そういう緊張を強いる場合は、とくにプログラムの構成の仕方が大事ではないだろうか。例えば、1997年度に次のようなプログラム構成の例がある。

【表12】昔話絵本をとりいれたプログラム

	年度	年.月.日	学年（クラス）	プログラム内容
1	1998	1998.11.13	年中	テーマ：昔話絵本をよむ ①『かちかちやま』 ②『パンのかけらとちいさなあくま』
2	1997	1997.11.13	年長	テーマ：昔話絵本をよむ ①『かちかちやま』 ②『かさどろぼう』

♣うしろ半分がざわついてなかなか集中しなかった。先生がきてくれて少しおさまった。　（年中　1998.11.13『かちかちやま』）

♣『かちかちやま』より、やや集中良く始まった。最後の方で、少し集中が悪くなった。聞いていたのは半分位？

（年中　1998.11.13 『パンのかけらとちいさなあくま』）

♣年中よりは集中していた。こちらもよむのが２回目ということでよみやすかったのかもしれない。　（年長　1997.11.13 『かちかちやま』）

子どもに緊張を強いる長い文章の昔話絵本を２冊続けてよんでいるが、長い絵本を２冊も続けてきくことになり、「緊張＋緊張」のプログラムになり、発散型の絵本を使っていないため、きくことが難しかったようだ。

５）ストーリーテリング

ストーリーテリングは、初期の頃から積極的にとりくんできたプログラムのひとつである。1996年度には、長年ストーリーテリングをしてきた講師をよんで学習会もひらいている。年に数回、とりあげてきたプログラムであるが、北館にうつった2001年度からはとりあげる回数が減っている状況である。

記録をみていくと、昔話を選んでいる場合は多いが、昔話絵本より成功している（子どもの興味をひくことができている）ようだ。一つには、「おはなしのろうそく」という小道具を使っていることと関係があるかもしれない。特別なことが始まるという期待感と、おはなしに入りやすい雰囲気ができていく。

♣やはり、まず、ろうそくの注目度は高い。そしてお話が進むにつれ、Ｆくん以外ぐっとひきつけられていた。おおかみのおなかに穴が開いたーで笑いがおこる。　（年中　1996.12.12 「あなのはなし」）

♣おはなしのろうそくで雰囲気をだし、天気（くもり）も効果をだしたためこわそうにする。　（年長　2001.10.11 「フォックスさん」）

♣恐そうな反応。最初の血の海 etc。「酒だるって何？」以外質問少ない。だんだん慣れ「そんなことないでしょう」等繰り返しを一緒にいう。

（年長　2000.9.14 「フォックスさん」）

ストーリーテリングは、語るだけにリズミカルに繰り返す文があり、参加型にもなっている例である。

♣長い名前をいう時喜ぶ。「すごい、なんでそんなに早くいえるの！」という声があがる。　（年長　1998.6.25 「ながいなのむすこ」）

ここでは「早くいえること」に驚いているが、「全部おぼてるの？すごい」とおはなしを何も見ないで語るところに感動する子どもも多い。

♣ストーリーテリングをやっていると子ども１人１人の表情や風のうごきまでが感じてきて、不思議な気持というか、とにかくやっていてとてもいい気持になった。絵本をよみあう時より子どもたちが身近に感じてきた。　　（年長　2000.5.25 「おおきなかぶ」）

ストーリーテリング独特の魅力をいいあてている記録である。子どもたちの顔にしっかり視点をあわせることで、子どもの集中力を手助けすることができ、例えばちょっと騒ぎだす子どもにも、視点をあわせ「あなたに語っているのよ」と、無言でメッセージを送ることができる。

もちろん失敗も多々ある。ろうそくを使って雰囲気をつくろうとしても、逆にろうそくを誰が吹き消すかでもめたりすることも何度もあった。ただ、自分がおもしろいというおはなしを選び、しっかり練習して自信をもって子どもの目をしっかり見ながら語ると、たいてい成功していて、絵本以上に子どもとおはなしを共有し一体感を味わえる醍醐味がある。もちろん、人数は20人程度が限度であるので2002年度など人数が多すぎる場合は困難であるとは思うし、練習には時間がかかりまた披露するのもかなりの緊張をしいられるかもしれないが、「えいっ！」と気合をいれて挑戦する価値のあるプログラムである。

構成については、昔話絵本と同様に、絵がないおはなしを自分の頭で描くというきき手に緊張を強いるものであるから、緊張をしいる絵本などとくみあわさないで、発散型でとりあげた絵本などを使って、きき手をリラックス

【表13】ストーリーテリングをとりいれたプログラム例

	年度	年.月.日	学年（クラス）	プログラム内容
2	2001	2001.10.11	年長（こすもす）	テーマ：ストーリーテリング ①おはなしのろうそくに火をともす ②ストーリーテリング「フォックスさん」 ③『カニツンツン』 ④『もこ　もこもこ』

させて終わらせるといい。

例えば、【表13】のような例で「緊張＋発散」型になっている。

2）幼年物語・よみもの

こうめ文庫は、様々なプログラムに取り組んできたが、あくまで、その中心にあるのは絵本である。ところが、1996年度に数回、幼年物語をとりあげている。1996年10月３日に『オバケちゃん』のおはなしから年長に、『ちいさいモモちゃん』のおはなしから年中に、11月14日に『ねこによろしく』のおはなしから年長に、『ちいさいモモちゃん』より「にげだしたにんじんちゃん」を年中に、11月28日に『くまの子ウーフ』より「ウーフはおしっこでできてるか？」を年長・年中によみ語りをしている。

♣きいている子は５人くらい。あとはきかずに遊びまわる。

（年中　1996.10.3　『ちいさいモモちゃん』「モモちゃんがうまれたとき」）

♣ひとにぎりの子がよみ手のまわりに集まってきいていた。他の子はもう……。（年中　1996.11.14　『ちいさいモモちゃん』「にげだしたにんじんちゃん」）

♣今日は卒論で「ウーフ……」をとりあげる学生の頼みで、『くまの子ウーフ』をよんだ。きいているのはごく一部。彼女ははじめてこうめに参加。それで前にすわってノートとペンを持ち子どもが言ったことを書きとめる姿がいかにも、という雰囲気が漂って、少し違和感を抱いた。

（年中　1996.11.28　『くまのこウーフ』「ウーフはおしっこでできてるか？」）

残念ながら、このプログラムでは子どもたちをひきつけることができなかったことがわかる。11月14日は、おはなしに入る前に『ねえ、どれがいい？』をとりあげていて、このプログラムの構成は明らかに失敗である。当時の記録にも以下のような記述がある。

♣みんなが『ねえ、どれがいい？』で興奮状態にあったためか絵のない絵本に関心がいかず、パニックになってしまった。　（年長　1996.11.14）

♣『ねえ、どれがいい？』ですごく反応がよかったので、集中度大と期待していたが、「知ってるー」「もってるー」「絵―ないー？」と大騒ぎ。４、

5人横にいたが、その子たちにもきこえているのかわからないぐらいだった。……さし絵をみて「絵あるやん」「おーい、絵あるでー」みんなをよんでいる子もいる。やはり絵がある方が嬉しいのだと思う。4章ずつよみたかったが、2章で終わってしまった。内容は少ないのに……。

（年長　1996.11.14）

幼稚園の子どもにとって、絵のない「おはなし」は、その世界に入っていきにくいのかもしれない。後の『はらぺこおなべ』（年長　1999.10.12、年中2000.2.17）は、スタッフが手作りで紙芝居にすることで成功している。また、同じ絵がないおはなしでも、ストーリーテリングのプログラムは、初期の雰囲気作りができていなかった時期をのぞいては、比較的成功をおさめている。幼年物語をよみ語ることと、子どもの目をみながら語ることの違いや、ひとりの作家の創作をよみ語ることと、語られ続けてきた昔話を中心としたストーリーテリングの違いかもしれない。

ただ、字をよめる子の多い梅花幼稚園では年長児になると「字の多い本はないの？」という声も少なからずあり、1998年度には『おふろかいじゅうカルルス』、2002年度には蔵書として『エルマーのぼうけん』シリーズ、『もりのへなそうる』『なぞなぞのすきな女の子』などが入っている。絵本を中心として遊び・工作・うた・ことばあそびなどとつなげてひろがりをもつプログラムをこころがけてきているが、今後、幼年文学のプログラムをどのようにとりあげていくかは議論が必要だろう。

Ⅴ　プログラムの効果

こうめ文庫は、10年間子どもと絵本をよみ続けてきた。おはなしの時間で集団で絵本をよむこととはいったいなんなのだろうか。一つは、おはなしの時間で、集団でよむのに適している絵本、適しにくい絵本というのが、みえてきた点である。しかし、ここでそれを定義づけすることは危険だと考える。なぜなら、絵本には多様な楽しみ方があり、様々な背景をかかえるひとつの文庫での実践だからである。これまであげた絵本のなかには、こうめ文庫のおはなしの時間では、子どもたちが集団で楽しめたものであり、１つの限られた実践の成果である。

ここで注意したいのは、絵本の魅力は、集団で楽しめるか楽しめないかではない点である。こうめ文庫でも、今後、蔵書を構築していく際に、おはなしの時間で楽しめる本という選書と、並行してひとりで、少人数で、子ども同士で楽しむ絵本の選書をしっかりとらえておきたい。

こうめ文庫のおはなしの時間は、子どもとの「双方向のコミュニケーション」を大事にしてきた。ただ絵本をよむ人がいて、きく子どもたちがいるだけではなく、絵本を媒介にして、よみ手もきき手も自由な雰囲気で楽しむことを奨励してきた。そこで、みえてきたのが、Ⅲの3）で述べたようにこうめ文庫で「参加型」といっているプログラムである。プログラムでよくとりあげられた【表２】絵本上位16には、『ピエールとライオン』『めっきらもっきらどおんどん』『ねえ、どれがいい？』『へんてこへんてこ』『きょうだいなきょうだいな』『キャベツくん』「なぞなぞな～に」シリーズなど、「参加型」プログラムでとりあげられる絵本が多くランクインしている。こうめ文庫プログラムにおける絵本の楽しみ方を示したが、絵本の楽しみ方は、個々のひとりひとり、またその場で違ってくるという点は、今一度おさえておきたい。Ⅲの3）でとりあげた「参加型」の絵本の楽しみ方は、集団で絵本を楽しむ醍醐味であろう。しかしながら、集団でよむことでうまれるダイナミズムはそれだけではない。エネルギッシュでもなく、笑いをさそうわけでもないが、何度もプログラムにとりあげられ成功する絵本がある。

『おおはくちょうのそら』『ラチとらいおん』『すきですゴリラ』『おっきょちゃんとかっぱ』は、物語絵本であるが、お昼のエネルギーあふれる時間帯でも子どもたちを間違いなくひきつけ、集団でよむことでより魅力のでるものとして、あがってくる。

旅立ちのときに病気になった白鳥の子どもを、一旦は置いていく決心をする家族の白鳥のドラマを描く『おおはくちょうのそら』の記録をみてみる。

♣よみ始めても、さわがしかったので、一度絵本を閉じて注意すると、しんとする。よんでいくと、みんなあまり私語をしなくなる。絵本についてのコメントは、(なかまのいなくなったみずうみの場面で、「しずかです」の言葉に)、「そりゃ、とうぜんだよ」とＧくん。(花がさいた場面)「たんぽぽもさいている」とＧくん。こどものはくちょうがとべないのをうけて、「なら、だっこではこんだらいいよ」とＧくんと数人、Ｈちゃん、Ｉくん。「すっごくがんばってやったらできるよ」と力説するＧくん。Ｊちゃんは、「羽はとぶのにつかうから、だっこできないから、足を使ったらいいよ」。とびたつときに決めたとき、「子どもはいっしょに行けないのかな？」と不安そうにいう子もいる。それで一度とび立った親が、戻ってきたとき、「どうして？」とＧくん。戻ったのがわからなかったようだ。また、最後の方で、「いっしょに来ることのできなかったこどものこと」で、「あれ？死んじゃったの？」(Ｉくん)。よみおわっても静かだった。

(年長　2002.11.7)

たくさんの発言があり、みんな感じることがあったことがわかる。何もいわない子も友達の発言で気づいたこともあるかもしれない。

次に、よわむしのラチ少年が小さな赤いライオンに出会い成長し別れる『ラチとらいおん』の記録をとりあげる。

♣「すごーい」など、「こんなライオン家にいたらいいなぁ」この本わりと毎年素直な反応。知っている子が多いはずだが、「知っているからいや」ということもなかった。(中略) 成功！　(年長　1998.12.10)

♣絵本によく集中していた。何もいわずにじっと絵本をみて真剣な顔できいている子たちと、それでいて絵本に対し茶々を入れてふざけてくる子たちに分かれた。小さい絵なのだが、みんなよくみている。らいおんが「たいそう」をする場面では、Ｋくんが「いち・に・さん！」と言って体を動かす。まっくらな部屋にクレヨンをとりにいく場面では、「しっぽがのびてる！」という発言。また、くらやみ（まっくら）なのに、何で見えるんだよ、というコメントもあった。「らいおんのてがみ」では、しーんとなってきいていたが、最後の「じゃ、さよなら」のところで、しんみりしたムードに反応してか、数人の男の子たちが、わーっとしゃべりだした。（年長　2002.3.7）

この2冊以外にも、いつも孤独な少女が、いそがしい父親の代わりにゴリラと真夜中にでかける『すきですゴリラ』、河童の子ガータロとおっきょちゃんの友情と別れを描く『おっきょちゃんとかっぱ』は、「さみしさ」「かなしさ」「せつなさ」などしんみりとした感情とともに「心があたたかくなるような」感動をひきおこす絵本である。子どもたちは絵本を通じ、主人公と同化し、おはなしに描かれるドラマに共感するが、そういったおはなしに引き起こされる気持ちをみんなで一緒に感じることによって一体感を味わえる。『すきですゴリラ』はゴリラのおもしろさなどに注目する記録が多く、気持ちに共感しているかどうかの記録は残っていなかった。『おっきょちゃんとかっぱ』も河童に囲まれる場面や家に帰ることができないかもという「こわさ」に注目した記録が多かった。しかし、これらの絵本の登場人物に共感し、感動を共有するというのも集団でよむことのダイナミズムを感じているのではと推測できる。

また、ここでとりあげた絵本は年中児クラスでもとりあげられているが、「きけなかった」という記録が複数あったり、「年長にむいている」という記録があり、年長児がより物語や登場人物の心理に共感できるようである。

おわりに

こうめ文庫10年間のプログラムについてふりかえり、集団で絵本をよむことについて考えてきた。そこでみえてきたことは、プログラムというのは、担当者が一方的に「よみきかせる」ものではないということである。時に、「ねえ、どれがいい？」と子どもの発言をうながしたり、「あったとさ　あったとさ！」と一緒によむことに巻き込み参加してもらったり、「あ、キャベツくんの下におさかながいるよ！」と自分ひとりでよんでいては気づかなかった作家の絵のしかけに子どもによって気づかされたり、子ども同士で友達の発言からまた新たな楽しみ方を発見していることに気づいたり、「つまんなーい」とブーイングをうけ、自分の選んだ絵本の集団でよむ際の弱点に気づかされたり、みんなで一体となっておはなしの世界に入り、例えばおおはくちょうの家族の悲しみを体験したり……ありとあらゆる形で、子どもと双方向のコミュニケーションをすることが、プログラムまたは絵本・おはなしを共有するということなのではないかと感じられた。もちろん家庭や、その他のいろいろな場所で絵本をたのしむことは可能であるが、集団でよむことでうまれる独特の魅力があるようにおもう。集団でよむことで生まれるエネルギーをいかしたプログラムは、よみ手が絵本をよみ、きき手が静かにきくことだけでは成り立たず、きき手である子どもの参加をうながすことで、開放的な気分になったり、タブーを破ったり、反抗心をあおったり、創造性をうながすことで、よみ手ときき手双方が相互に影響し合ってできあがる魅力がうかがえた。また、絵本のなかのドラマに共感したり、冒険を一緒に体験することでうまれる、よみ手と子どもたち、また子どもたち同士の一体感や親密感を味わえるプログラムも集団でよむからこその醍醐味となっていた。

それから、プログラムを考えるときに気をつけなくてはいけない面も多少みえてきた。おはなしをきく雰囲気をつくり、何かおもしろいことが始まるという注意をひくために、プログラムに入る前に会話をかわしたり、手遊びをしたり、小道具の工夫は重要であること、園児はおはなしの中にぐっと入り込むことが可能であるが、それゆえにその緊張感は長くは続かないので、プログラムの構成は緊張を強いるものを重ねないということなどである。そして大人がひとりでよむとわかりにくいと考えられる『ごろごろにゃーん』『わっはっは』『カニツンツン』などの絵本や手遊びなど参加型のプログラムを構成することで、子どもの反応は違ってくることに気づいてきた。

大勢でよむ際に受け入れられやすい絵と受け入れられにくい絵の存在もある。センダックや長新太は、よみ手の工夫があまりなくても、子どもの心をがっちりとらえて離さない集団でよむ際の強さがある。『かぜはどこへいくの』『おやすみなさいおつきさま』などはとても魅力のある美しい絵と美しい言葉でなる絵本であるが、昼食を食べたあとの元気な時間帯の集団にはあまりふさわしくない傾向がみうけられた。そうだからといってその本が優れていないというわけでは決してないが、常に集団で楽しむ際に適しているかという視点が大事である。線が細く繊細な絵や、背景などが細々と描かれどこに視点を置いたらいいか迷ったり、登場人物の行動ではなく、心情をしみじみ描くような絵本は、繊細な絵がはっきりみえる距離と静かな時間に、例えば子どもを膝にのせながらよむといった就寝前の時間に楽しむことはできるが、昼間のエネルギーあふれる集団でよむのには難しいことがわかった。そういうことをしっかり自覚しながらも、もし「よみたい」という気持ちがあるならそれが伝わるような工夫が必要である。導入の大事さである。

もし、こうめ文庫の子どもと絵本をよむ機会を得なかったら、私は、男児の内面世界を扱った難解ともおもわれる『すいみんぶそく』やナンセンスが魅力の長新太の『キャベツくん』、言葉の響きがおもしろい『もこ　もこもこ』の魅力には全く気づくことはなかったのではないかと思う。絵本というものは、かわいく美しい物語絵本と勝手に頭の中で限定して、幼稚園の園児には幼児言葉で話しかけるのではないかと当初思っていた私が、５歳の男児と『すいみんぶそく』をよみ、「夜眠れないことってあるよね？」といわれ、ちょっとたじろぎながらも「そうだね」と相槌をうつという場面にでくわすとは思わなかった。そういった「子どもと絵本についてのあらゆること」に驚きながら体験的に学び発見し、実感できた３年間だった。

こうめ文庫には、今後も子どもに一方的によむのではなく、子どもとコミュニケーションをとりながら、みんなでつくっていくことを念頭に、また子どもの求めているものを大人の思い込みやこれまでの経験にしばられすぎないで、チャレンジするプログラムをめざしてもらいたい。私も小学校という「教育」の場にいて、つい「静かにきく」という秩序を保とうとすることもあるが、こうめ文庫で出会った子どもたちのエネルギーにあふれ無秩序で自由で豊かな様子を心に描き、子どもと本をつなぐ学校司書の仕事に関わっていきたいと思う。

注

＊1　加古里子『絵本への道―遊びの世界から科学絵本へ―』福音館書店　1999年、18頁

＊2　現在は、『う・ん・ち（福音館の科学シリーズ）』（なかのひろみ著、ふくだとよふみ写真、福音館書店、2003年）として単行本で購入できる。

＊3　小澤佐季子「センダックの小型絵本 *Pierre* 論　「教訓物語」を逆転させる構造」（絵本学会研究紀要「絵本学」No.3　2001年）、19－29頁

小澤は、この論のなかで、結末が「ぼく、しらない！」ではなく、「はい、わかりました」となっていることに一部の子どもが納得しないことについて、原文の“I don't care !”と“Yes, indeed I care.”のニュアンスを伝えることが困難な翻訳上の限界についても指摘している。

第3章

子どもと絵本とのかかわりと
絵本をめぐるダイナミズム

1998年度入園児の3年間を中心に

はじめに

週1回のこうめ文庫ではあるが、毎年、子どもたちは、私たちに絵本を通して様々な成長をみせてくれる。5年前、『きょうはこうめのひ』において、初期の参加者であった1994年度入園児の3年間を考察した。年少児には、幼い時期ならではのこだわり（自分へのこだわり、同じ本に対するこだわり、小さいものへのこだわり）がみられ、言葉や音に反応したり、絵をみてなぞったり触ったり食べる真似をするなどのよみ方などが特徴的だった。年中・年長児になると、自分自身の内面と絵本が結びついてくるのがみえ、躍動感あふれる絵のもつエネルギーに心を動かされたり、怖さや暗さのみられる絵本が受け入れられるようになった。また、特定の子の影響で人気がでた絵本や、多人数でよまれる絵本、子どもたちの絵本選びの背景（おはなしの時間、幼稚園行事からの影響など）などについてもまとめている。

ここでは、これらの視点を踏まえながら、1998年度入園児たちの3年間にスポットを当て、年少・年中・年長の3年間、こうめ文庫を通して子どもたちはどのように絵本と接し、楽しんでいたのか、絵本記録、貸出記録、アンケートなどを中心にして、考察したい。

Ⅰ 1998年度入園児について

1）クラス編成

今回対象としたのは、1998年に入園した子ども21名（途中転出3名を除く）である。1998年に入園した子どもたち（以後、1998年度入園児と呼ぶ）は、年少では一クラス、全員が同じさくら組で、こうめ文庫でも全員が一緒におはなしの時間と絵本の時間を過ごした。1999年度には、新たに18名の子どもが年中から入園し、ばら組とすみれ組の二クラスとなった。ばら組は年中からの入園児で、すみれ組はさくら組の子どもたちがそのまま入る形で、構成された。こうめ文庫では、おはなしの時間はクラス別に、絵本の時間は2クラス合同で行なわれた。2000年度には年長になり、1998年度入園児は11名と９名でりんどう組とゆり組の二クラスに分かれ、混在する編成となった。こうめ文庫では、年中と同じく、おはなしの時間は２クラスに、絵本の時間は全員が一緒になる、という形で行なわれた。1998年度入園児たちは、年少・年中を同じメンバーで過ごしている。これは、こうめ文庫10年の中でも、この年度の入園児たちだけに限ったことである。

２）21名について

1998年度入園児たちは、1998年11月より2001年３月まで、こうめ文庫に参加していた。年少：1998年11月より1999年２月末まで10回、年中：1999年５月より2000年２月末まで30回、年長：2000年５月より2001年３月まで29回の計69回の参加である。男女構成としては、男児７名：女児14名である。ここでは、男児７名をＡ～Ｇとし、女児14名をＨ～Ｕとする。なお、引用している記録には、1998年度入園児以外の子どもたちも数人、登場しているため、小文字で示している。

担任の先生のお話によると、年少の頃は、マイペースな子どもたちだったが、年中になって、クラスもちあがりのためということもあって、仲間意識ができ、自分で考えたり表現力やおはなしの考え方に深さがでてきたということだった。こうめ文庫でも、文庫によく慣れており、１学期の頃、スタッフによんでといって持ってくるのは、年少から在園しているすみれ組の子どもたちばかりであった。２学期になると両クラスとも慣れてきて、もう一方のばら組の子どもたちの方が、自分を主張する子が多いため、はめをはずしたり、のりがよいという印象を受けた。だが、すみれ組の子ども（1998年度入園児）たちは、静かななか、自分の世界をもっている子が多いように感じられた。年長になっても、一見目立つのは、年中から入園してきた子に多く、1998年度入園児は、友達同士で絵本をよんだり、ひとりで絵本の世界に没頭したり…というようなタイプの子が多かったが、正直なところ、当時はそれほどこのグループには注目していなかった。

Ⅱ 貸出記録からみる――集団の中での人気絵本――

こうめ文庫では、毎週子どもたちが１冊絵本を借りていき（長期休暇の前には２冊）、翌週返却し、また別の本を借りていく、という形をとっている。その際の貸出記録をみると、その日のプログラムの内容が影響した絵本や、その当時、こうめ文庫内で人気の絵本などを知ることができる。

年中の貸出（【表１】参照）の特徴としては、上位に「11ぴきのねこ」シリーズが並んでおり、このシリーズが、かなりの人気絵本になったことがわかる。また、年長で特徴的なものとしては（【表２】参照）、「なぞなぞな～に」シリーズや「なぞなぞえほん」など、なぞなぞ絵本があげられる。ランキングではそれほど目立たないかもしれないが、年長女児に人気な本として、「のはらうた」シリーズがあげられ、男児に人気なものとして、「はじめての発見」シリーズなどの図鑑や知識・科学絵本などがあげられる。ここでは、これらの絵本が子どもたちの間でどのように何故人気となったか、

【表１】1999年度　年中総合貸出回数　上位27
〔　〕は複本冊数。以後同じ。

絵本名	総計	女	男	比率	
総計	1128	797	331	（女：男）	
11ぴきのねことあほうどり［2］	21	16	5	0.57	0.43
11ぴきのねことぶた	19	11	8	0.36	0.64
11ぴきのねことへんなねこ	17	7	10	0.23	0.77
11ぴきのねこ　ふくろのなか	16	9	7	0.35	0.65
11ぴきのねこ	15	7	8	0.27	0.73
すてきな三にんぐみ［3］	14	8	6	0.36	0.64
おおきなおおきなおいも［2］	13	10	3	0.58	0.42
おばけのバーバパパ	13	9	4	0.48	0.52
11ぴきのねこ　どろんこ	12	3	9	0.12	0.88
11ぴきのねこ　マラソン大会	11	6	5	0.33	0.67
おばけやしき［2］	11	2	9	0.08	0.92
ねないこだれだ	11	9	2	0.65	0.35
ねむいねむいねずみ	11	5	6	0.26	0.74
ばばばあちゃんのアイスパーティ	11	10	1	0.81	0.19
14ひきのやまいも	10	7	3	0.49	0.51
キャベツくん	10	7	3	0.49	0.51
キャベツくんとブタヤマさん	10	7	3	0.49	0.51
はじめての恐竜大図鑑	10	2	8	0.09	0.91
卵（たまご）	10	8	2	0.62	0.38
しろいうさぎとくろいうさぎ［2］	9	7	2	0.59	0.41
しろくまちゃんのほっとけーき	9	8	1	0.77	0.23
なぞなぞな～に　はるのまき	9	7	2	0.59	0.41
ぶたのたね	9	7	2	0.59	0.41
わたしのワンピース	9	9	0	1.00	0.00
昆虫ちいさななかまたち［2］	9	4	5	0.25	0.75
町の水族館町の植物園	9	7	2	0.59	0.41
鳥（とり）	9	5	4	0.34	0.66

考えてみよう。

【表2】2000年度　年長総合貸出回数　上位20

絵本名	総計	女	男	比率	
総計	972	619	353	（女：男）	
おばけやしき［3］	29	12	17	0.29	0.71
あしたは月よう日［2］	20	14	6	0.57	0.43
なぞなぞな～に　あきのまき	14	11	3	0.68	0.32
のはらうた　1［2］	14	14	0	1.00	0.00
エイラトさんのへんしんどうぶつえん	13	12	1	0.87	0.13
なぞなぞえほん　1のまき	13	5	8	0.26	0.74
なぞなぞな～に　はるのまき	13	8	5	0.48	0.52
なぞなぞな～に　なつのまき	12	7	5	0.44	0.56
はなのすきなうし	12	6	6	0.36	0.64
なぞなぞえほん　2のまき	11	3	8	0.18	0.82
なぞなぞえほん　3のまき	11	4	7	0.25	0.75
なぞなぞな～に　ふゆのまき	11	9	2	0.72	0.28
昆虫ちいさななかまたち［2］	11	5	6	0.32	0.68
11ぴきのねことへんなねこ	10	4	6	0.28	0.72
がいこつさん	10	1	9	0.06	0.94
わっこおばちゃんのしりとりあそび	10	7	3	0.57	0.43
14ひきのひっこし	9	6	3	0.53	0.47
これは　のみの　ぴこ	9	8	1	0.82	0.18
ピエールとライオン（小）［2］	9	3	6	0.22	0.78
ぽちぽちいこか	9	6	3	0.53	0.47

1)「11ぴきのねこ」シリーズ

こうめ文庫10年の活動の中でも、常に人気のあるシリーズ作品の一つが、馬場のぼる「11ぴきのねこ」シリーズである［以後、「11ぴき」シリーズと略する］。1967年に第一作『11ぴきのねこ』が出版され、その後『11ぴきのねことあほうどり』(1972年)、『11ぴきのねことぶた』(1976年)、『11ぴきのねこふくろのなか』(1982年)、絵巻絵本『11ぴきのねこ マラソン大会』(1984年)、『11ぴきのねことへんなねこ』(1989年)、『11ぴきのねこどろんこ』(1996年) の全7作品が出版されている。2001年に作者が亡くなるが、その後も刷数を重ね、まさに世代を越えてよみ継がれているシリーズである。

現在、こうめ文庫では年少用の蔵書として『11ぴきのねことあほうどり』が1冊、年中・年長用の蔵書としては全7作品が複本も含めて12冊所蔵されている。

1998年度の年少時には年間を通じて、男児0回、女児5回の計5回貸出され、年少の時から比較的多くよまれていた絵本であった。この10年、常に年中・年長の貸出ランキングでも上位に入っている「11ぴき」シリーズであるが、特に今回取り上げている子どもたちが在籍していた、1999年度(年中)には、貸出ランキングの1位に『11ぴきのねことあほうどり』が入り、1～5

位、9、10位と、すべての7作品が上位10位以内にランキングしている（【表1】参照）。

これは過去10年の中でもこの年だけの突出した人気であり、なおかつ「11ぴき」シリーズが1位になったのは、こうめ文庫の活動開始から現在までの間でこの年だけである。年中・年長のランキング表からもわかるように、その人気は年長でも続くが、圧倒的に年中での貸出が多く、「11ぴき」シリーズは年中時に人気が集中していたと考えられる。

「11ぴき」シリーズの人気は、年中時の学年全体のものであった。だが、1998年度入園児21名中14名が、3年間で2回以上借りており、詳しく個人の貸出記録をみていくと、「11ぴき」シリーズを一時期に集中して借りる子どもが4人いることに気づいた。この4人の貸出記録は非常に特徴的であった。内訳は女児3人と男児1人で、女児3人は、年中時に、一度借りると、その面白さに、“はまった”かのように、4～7回ほどこのシリーズを借り続けている。その後は、自分の中のブームが去ったのか、もしくは飽きるまでよんでしまったのか、一度も借りることがなかったり、思い出したかのようにたまに借りるといった様子である。

しかし、男児1人は年中・年長を通じて55回中25回、「11ぴき」シリーズを借りており、時折他のものを借りることもあるのだが、再び「11ぴき」シリーズに戻るという具合で、「11ぴき」シリーズへの愛着が記録からもよみ取れる。それも年を追うごとにそのよみ方に変化がみられた。

【表3】1998年度入園児の「11ぴき」シリーズ書名別貸出回数

	11ぴきのねこ	あほうどり	ねことぶた	ふくろのなか	マラソン大会	へんなねこ	どろんこ	総貸出数
年少	—	5	—	—	—	—	—	5
年中	9(15)	13(21)	9(19)	10(16)	7(11)	10(17)	9(12)	67(111)
年長	1(4)	3(4)	3(8)	3(8)	4(7)	4(10)	4(6)	22(47)

※( )内の数字は1999年度入園児の貸出数も合わせたもの

では、子どもたちは実際に年少・年中・年長と、どの様にこの絵本を楽しんでいるのだろうか。シリーズ全７作品を出版年順にみながらその理由を探っていく。

a．『11ぴきのねこ』（1967年）

❶『11ぴきのねこ』表紙

「11ぴき」シリーズ第一作目。腹ペコの11ぴきのねこたちは大きな魚がいるという島へでかけ、その魚を捕まえるために策を練り、最後には魚を捕まえて「みんな　みんな　たぬきのおなか」になるほど満腹になった、というストーリーである。この作品が出版される時、作者の馬場のぼるとこぐま社の代表佐藤英和はとても心配したと、佐藤自身が「馬場のぼるさんの絵本の仕事」と題した講演会で話している[*1]。子どもたちは喜ぶかもしれないが、このお話にでてくる大きな魚は何も悪いことをしていないのに、捕まえられて骨だけになるまで食べられるということに、残酷だ、とお母さんや図書館員や子どもの本の研究家から非難がくるのではないかと。では実際にこうめ文庫でこの絵本をよんだ子どもたちはどんな反応を示したのだろうか。

♣ Ａくんが細切れの魚の数を数える。大きな魚がホネだけになった所で、びっくりしたようで「ワハハ」と大笑いした。　（年中　1999.6.24）

この絵本の初版本の“はさみこみ”で馬場のぼるが「ためになりそうもない絵本」と題した文章の中で「怪魚は悪者でないにもかかわらず、ねこたちの餌になってしまいます。しかも、このことは、ねこの側からすればハッピー・エンドです。さて、みなさま方に、ねこの喜びがつたわりましたならば、こちらもまことにハッピーであります。」と書いている。この男児の「ワハハ」という笑い声がその楽しさをよく表している。その他にも魚の数が11ぴきのねこたちそれぞれの分だけあるか数えて楽しんでいたり、まさに作者の思いの通り、子どもたちはこの絵本を喜んでよんでいる。

b.『11ぴきのねことあほうどり』(1972年)

第一作目から５年もの歳月を経て出版された『11ぴきのねことあほうどり』。馬場のぼるがアイデアをだすまでに５年かかったという作品である。簡単にあらすじを述べると、野良猫をやめ、街に住み、コロッケの店を始めた11ぴきのねこたち。最初こそ繁盛していたが、だんだん売れ残るようになりそれを食べなければならない事に飽きてきた。そこへコロッケを求めてアホウドリがやってくるのだが…というものである。

❷『11ぴきのねことあほうどり』表紙

1999年度の子どもたちに一番人気があった作品として、その人気の理由がいくつか考えられる。

まず第一に挙げられるのが“数をかぞえる面白さ”である。これは11ぴきシリーズ全体に共通してもいえることであるが、この作品では他の作品に比べて、数をかぞえて楽しむ部分が多い。まず子どもたちは11ぴきのねこの数をかぞえて楽しむ。またストーリーの後半では同じように11羽のアホウドリも数えて楽しむことができる。次に、「３ばと３ばと２わ」という、きちんと数が数えられない「あほうの」アホウドリに対して、笑って面白がったり、また自分はちゃんと数がかぞえられることをスタッフにアピールする子どももいる。

♣女児Ｈ：よく知っていて、数をかぞえるところで「６コだよ」とか言っていた。（年中　1999.5.20）

♣女児Ｉ：私をみかけるやいなや『11ぴきのねことあほうどり』の本を「よんで」と出しました。Ｉちゃんは、11羽のあほうどりを数えるのがおもしろいらしく何回もかぞえました。そしてよみ終わったら、「またよんでね」といいました。（年中　1999.11.4）

また年少の蔵書にシリーズの中で唯一入っているこの絵本を、年少の子どもたちも面白がり、楽しんでよんでいた姿が記録にも表れている。

♣女児Ｊ：コロッケを売る声や「とりのまるやき」という言葉に反応しけらけらと笑う。コロッケの数を数えたり指をさしたりして楽しんだ。

(年少　1998.11.19)

次に挙げられるのが“ページをめくって変化する面白さ”である。アホウドリの住む島についたねこたちが待つ部屋に11羽のアホウドリの兄弟が次々とやってくる。しかもだんだん大きくなってくる。はじめてこの絵本をよむ子どもはもちろん、何度もよんでいる子どもであっても、ページをめくる前からわくわくしているのが、よんでいる側にも伝わってくる。そして、ページをめくると、いつも子どもはその驚きを率直に表すのである。

♣女児Ｋ：あほうどりが大きくなる所で「大きい！」と反応あり。

(年少　1999.2.14)

♣女児Ｈ：あほうどりの兄弟が出てくるところが待ちどおしかった様子。

(年中　1999.6.10)

さらに３つめとして“失敗する面白さ”が挙げられる。アホウドリを丸焼きにして食べられると勝手に計画していた11ぴきのねこたち。しかし、最後にはアホウドリたちが食べるコロッケを延々作り続ける、といったちょっと間抜けなエンディングに、子どもたちは大笑いし、満足してこの絵本をよみ終える。そして11ぴきのねこたちにさらなる愛着をもつのである。

また、ねこたちの発言に対して、自分も登場人物になっているような以下の記録も面白い。

♣Ｊちゃんも「よんでほしい」というので、また『11ぴきのねことあほうどり』をよみました。ねこたちが、「あーもうコロッケはあきたよ」というところでは、Ｊちゃんが、「かわりに食べて上げる」と言って、食べるふりをしました。　(年中　1999.11.4)

何度もよんでいくうちに、子どもは11ぴきのねこたちを見つめる読者から、登場人物の１人となり、まるでねこたちと同じ目線で会話するかのように、この物語を楽しんでいる。

c.『11ぴきのねことぶた』（1976年）

❸『11ぴきのねことぶた』表紙

アホウドリの島から帰ってきたねこたちは、今度は旅にでる。途中で空き家を発見し、住み着くのだが、「このへんにぼくのおじさんのいえがあるんだが、こちらですかな」とぶたが登場する。ねこたちはぶたを追い返し、自分達の家であることを示す表札まで作る。ぶたは自分で家を作り始めるのだが、次第にねこたちも手伝い始め、終ってみると“11ぴきのねこのいえ”が完成していた。しかし台風によって、新しい家と11ぴきのねこたちはとばされてしまう。

この作品から11ぴきのねこたちの体の色が薄い紫から水色へと変わり、11ぴきのねこたちがよりはっきりと躍動的に感じられる。この作品では、文章では描かれていないが、空き家の絵がぶたの絵からトラネコ大将の絵に変わるなど、絵をみているだけで、今どんなことが起きているのかがわかるようになっている。

♣女児Ｊ：「おもしろいから借りていく」と言った。途中、絵を見て「かぎをかけていればいいのに」などと言っていた。途中、絵を見て「こっちは大丈夫」「もとから建ててるから」など発言。（年中　1999.6.17）

馬場のぼるの“お話に絵をつけたものが絵本”ではなく、“お話を絵で語ったものこそが絵本”という考えがこのような部分からもよくわかる。そして子どもも絵から物語をよみ取っている。この作品に対する子どもの反応は、というと最後の「家がこわれる」ことが印象に残るのか、そのことに関する記録が多い。

♣「こわれたー」と口々にさけんでいました。知ってる子もけっこういたようです。（年中　1999.7.8）

♣女児Ｈ：話を知っているらしく、こっちがねこの家になるねんでと先に言った。ページをめくるのを手伝ってくれた。（年長　2000.6.1）

また上の女児Hの記録のように、すでにこの作品を一度よんで知っている子が、「壊れるんだよ」と先にいってくることも多く、家が壊れ風に飛ばされていく11ぴきのねこたちのかわいそうだけどちょっとまぬけなラストがやはり子どもに「面白かった」という満足感を与えている。

d.『11ぴきのねこ　ふくろのなか』（1982年）

この作品では、人間というものは禁止されると、禁を犯したくなってしまう、“禁を破る楽しさ”がテーマになっている。11ぴきのねこ達は「はなをとるな」「木にのぼるな」という禁を次々と犯していく。ところがそれはウヒアハという化け物の罠であり、ねこたちはウヒアハの城に連れていかれ、そして奴隷のように働かされる。「もうだめだ」となったとき、ねこたちは知恵を出し合い、逆にウヒアハをまんまと騙して、城から逃げ出す、というストーリーである。

❹『11ぴきのねこ　ふくろのなか』表紙

この作品では、禁止事項が書かれた看板を子どもも一緒によむ楽しさ、また禁を次々と犯していくねこたちにワクワクする面白さがある。ちょうど4歳、5歳という年齢はひらがなに興味を持ち出し、自分でよむことへのこだわりもでてくる時期であり、子どもたちにとって、自分も一緒によむ楽しさが味わえる作品である。

♣女児H：いっしょうけんめいきいていた。時々ふだをよんでいた。たてふだをよんでいたが、漢字がよめないらしく「木」でとまっていた。

（年中　1999.5.13）

また、下の記録は、同じ女児Hなのだが、同じ絵本でも半年たって再びよんだ時、注目する視点が変化していることよくわかる。

♣自分からページをめくって、自分から文章もよもうとしていた。11ぴきのねこシリーズを好きみたいで、見慣れた感じでした。トラねこたいしょうは「はなをとるな」と言ってたのに次のページでは花を持っているので、Hちゃんが、「なんでだろうね？花をとるなっていってたのに……もってるよ」と言って「誰かにもらったのかな……」と自分で納得していた。
(年中　1999.11.18)

年中の時には、ストーリーの本筋と禁止の看板の文字に注目しながらよんでいたのが、年長に近づくと、絵本の各場面の細部にまで目が届くようになる。時には、そこで発見したものに自ら疑問をもち「なんでだろう」「どうしてだろう」と物語と合わせながら、考えることもでてくる。この女児Hの場合は、スタッフに問いかけながらも、自分なりの答えを探し出していたのである。

また、集団でこの絵本をよむと違った面白さも引き出されてくる。1999年10月に、プログラムの時間に取り上げたことがある。年中クラスでは、この絵本をよみながら、禁止事項の書いたカードをめくって遊ぶ、といった内容で行なわれた。(第2章参照)

子どもとスタッフが1対1でよんでいる時に、「わらうな」や「おどるな」というカードをみても、我慢できないほど笑いたくなったり、踊りたくなったりする気持ちにはおそらくならないだろう。集団でよむことで、一体感が生まれ、スタッフが怖いと思うぐらい踊りだしている子どもたちの様子には、個々のよみあいでは得ることができないパワーが感じられる。またその一方で、禁止を破って、同じように思い切って動くことのできない子どもの様子には、ウヒアハに捕まるかもしれない(怖いことが待っているのかもしれない)、という怯えがあるのではないかと思われる。まさに、11ぴきのねこたちと同じ気持ちになって、この絵本を楽しみ、また身近なものとして捉えていることがわかる。

e．絵巻絵本『11ぴきのねこ　マラソン大会』(1984年)

この絵本は、一般的な物語絵本と異なり、伸ばすと3メートル近くなる、パノラマ絵本である。文章は全くなく、細部まで描きこまれた絵を、想像力を働かせながらみていくと「物語」がみえてくるといった趣向が凝らされている。1992年に改訂版がだされており、こうめ文庫で所蔵しているものも改訂版の方である。

ねこの国のマラソン大会はスタートしてから、山あり、谷あり、迷路ありと難コースの連続で、脱落者も続出する。沿道にはねこたちの暮らしがたっぷりと描き込まれ、何度みても新しい発見がある１冊である。作者はこの絵本に関して、“はさみこみ”の中でこんな文章を残している。

❺『11ぴきのねこ　マラソン大会』表紙

楽しみ過ぎたせいで、小さい子にはむずかしい場面も、いくつか描いてしまいました。そこで、私から大人の人たちへお願いがあります。「これはなにをしているの。」と、質問を受けた場合には、教えてあげてください。そして、なにも質問されない時には、教えないで、ただ見守っていてください。子どもたちは、ほんとうは自分で発見したいのですから[*2]。

実際、こうめ文庫でもこの絵本に関してはスタッフとよみあうよりも、一人か友人と楽しんでいる姿の方が多くみられる。スタッフが横についていても、スタートからゴールまでその道のりを自分で指でなぞりながら、よんでいる、といった様子で、迷路の絵本に近い楽しみ方をしている。

♣男児Ｂ：『11ぴきのねこ　マラソン大会』を１人でダーッと広げる。

（年中　2000.1.27）

この男児Ｂは１人でこの絵巻絵本を広げ、真剣に目でマラソンをするネコたちの姿を追っていたことが印象的であった。まったく文字はないが、男児の頭の中では、ねこたちのマラソン大会の物語が繰り広げられていたのだろう。よむ子どもによって、全く違うストーリーが展開されているに違いない。

♣女児Ｌ：字がなかったけど、絵をみながら「このネコが好き」とか、「ここにネコのおまわりさんがいる」とか説明してくれた。（年中　1999.11.11）

この絵本の魅力は、なんといっても、絵巻なので１ページを長く広げてよんでいけることである。最初は１人でよみ始めても、広げられた絵巻に惹かれて、次第にその周りに他の子どもたちが集まってくることも多い。自分のマラソンを邪魔されるのを嫌がる子どももいるが、上記の女児Ｌのように自分の発見をスタッフに伝えながらよんでいたり、また複数でそれぞれが道をたどって互いに何か話しながらよんでいることもある。園児同士で何やら相談しながらネコたちと一緒に道をたどり、そして一緒に物語を作り上げているのである。様々な楽しみ方のできる１冊である。

ｆ．『11ぴきのねことへんなねこ』（1989年）

❻『11ぴきのねことへんなねこ』表紙

シリーズ第五作では宇宙ねこが登場する。11ぴきのねこたちの前に、水玉模様のへんなねこが現れる。魚を取るのが抜群にうまくて、でも宇宙船が故障して困っているという。11ぴきのねこたちは、宇宙船のドアの代わりになるというなべぶたをあげる代わりに魚をたんまり取ってもらい、ついでに一緒に宇宙へ行こうとするのだが、おほしさま花火に気を取られているうちに、へんなねこはたくさんの魚と一緒に宇宙へ帰ってしまう、というストーリーである。この宇宙からきたへんなねこは感情によって、体の水玉模様の色が変化し、子どもたちも目ざとくそれを見つけ楽しんでいる。

♣ＡくんとＧくんが、楽しそうにしていた。２人が絵本の先の話を「知っている」といいながらしゃべり出した。へんなねこの体の色がピンクとか黄色にかわるのに反応していた。花火の場面とかよろこんでいた。Ａくんが花火の数をかぞえていた。かぞえるのがすきみたい。

（年中　1999.10.21）

このおほしさま花火をあげるページでは、他にもねこの数を数えて楽しんでいる記録がいくつかあり、ここでもまた、数をかぞえる面白さがストーリーとは別にある。

また、年長では、ストーリーとは別に絵に注目して、こんな記録も残されている。

♣女児ａ：ずっと画面を見ている。へんなねこがでてきたときに、「どこにいる？」ときいたらすぐゆびさしました。もう覚えているのかも…。

（年長　2000.6.15）

♣男児Ａ：最初のページでさかなつりをしてるとき、「このねこは魚逃げられたけど、このねこがつっているから大丈夫」とゆびさしていってきました。

（年長　2000.6.15）

作者の馬場のぼるがあえて文章にはせず、絵で語っている部分に、子どもたちはちゃんと気づき、またさらに自分達でストーリーを作って楽しんでいるのである。

g．『11ぴきのねこ　どろんこ』（1996年）

❼『11ぴきのねこ　どろんこ』表紙

11ぴきシリーズ、最後の作品は1996年に出版された。11ぴきのねこたちは、山で恐竜の子どもジャブに出会い、たちまち仲良くなる。ある日ねこたちがジャブにいたずらをしてしまい、ジャブは姿を消す。しかし、一年後ジャブは子どもたちを連れ再び姿を現す。11ぴきのねこたちを背中に乗せ、ジャブとねこたちは泥んこの中に飛び込んで遊ぶのである。それまでの５作品（マラソン大会を除く）は悲劇で終わったり、どんでん返しになったりしていたのだが、この作品は大団円で終わる。作者はこの作品を「みんななかよくなれそうな絵本」と書いている。

そして、子どもたちもこの作者のメッセージをこの絵本を通じてしっかりと受け取っていることが記録からもよみ取れる。

♣女児４人：11ぴきのねこたちが、きょうりゅうの背中に乗った所で、楽しそうにしていた。

（年中　1999.11.4）

また、どろんこになる、という子どもにとってとても魅力的な行動に反応した記録もある。

♣男児Ａ：Ａくんはとても集中していた。11ぴきのねこシリーズを好きみたい……。どろんこになる場面で喜んでいた。ジャブのしっぽにぶらさがっているネコを見て、「もうちょっと前に座れるのに」と言っていた。おもしろがっていた。（年中　1999.7.8）

さらに年長になるとそのどろんこになってしまうページについて、ただ面白がるだけでなく新たな発見をしている子どももいる。

♣11ぴきのねこがどろんこになったとき、「とらねこたいしょうは？」と捜し出す。私が「みんなどろんこになっているのだからだれがだれなのか知らん」と言ったら、Nちゃんが寝転んでいる１匹のどろんこになったねこを指差しながら「これがとらねこたいしょうよ」「どうして」「だって、青い線がみえるんだもん」と答える。よくよく見たら、本当に青い線がちらっと見える。「すごい」と私が言ったら本人は無表情。女児Ｉが「日本一すごい」といったらすこし照れくさそうな表情になる。

（年長　2001.2.8）

上記の記録からもわかるように、年長になると絵本の細かい部分にまで注目し、また質問に対する答えの理由付けもきちんとできるようになっていた。このシリーズを年中・年長の２年間で最も借りた男児Ａも、年中と年長では成長のうかがわれる、こんなよみ方をしている。

◉年中

♣Ａは11ぴきのねこが大好きみたいでにこにこ。“とらねこたいしょう”とか、頭に花をさしているところなど、笑っていた。素直な反応。

（年中　1999.6.10 『11ぴきのねこ　ふくろのなか』）

◉年長

♣Ａ君の発見には驚いた。「たいしょうの体の模様は他の猫と反対だ！」他に「しゃべるねこっているのかなあ」「２本足で歩くねこっているのかなあ」とも。（年長　2001.1.25 『11ぴきのねこ　どろんこ』）

この男児Ａに関しては保護者からのアンケートにも、このシリーズに関して「何回もよむうちに味がでてきたという感じ」とあり、他の子どもたちが年長になり、年中ほどは手に取ることが少なくなってきても、男児Ａにとってはいつでも楽しみ、発見があったのがこの「11ぴき」シリーズであったといえる。

1998年度入園児たちの間での「11ぴき」シリーズの人気は、貸出においては年中時にピークだったが、時期が集中しているわけではなく、1年間を通じて頻繁に貸し出されていた。年長でもそれは同じである。また絵本の時間のよみあいでも、やはり1年中よまれていたが、プログラムで取り上げた後、園児が持ってくる回数が少し増えていた。絵本の時間ではなくプログラムでの集団のよみあいは、みんなでよむことで、ワイワイと面白く、11ぴきのねこのように自分達も、ふざけながら、騒ぎながら楽しんでいた。同じ絵本でありながら、よみ方によっては全く違う楽しみ方ができることは、このシリーズの持つ力であるといえる。

2）なぞなぞ絵本

21名の子どもたちを含めて、1999年中・2000年長の子どもの間でブームになった絵本というのはいくつかあるが、なぞなぞ絵本もその1つである。年中の1999年10月21日にプログラムで紹介されたのをきっかけに、それ以後徐々に、四季で巻数が分かれている「なぞなぞな～に」(❽) のシリーズの貸出が増え続けた。

その人気を受け、年長の2000年9月に全3巻の「なぞなぞえほん」(❾) が新しく蔵書となった。中川李枝子作・山脇百合子絵という「ぐりとぐら」のコンビで書かれた「なぞなぞえほん」は1988年に出版された。13㎝という小型であることは、子どもたちの心を掴んだようだ。特に蔵書になってすぐは、男児に貸出が集中しており、男児同士で互いに確保しておいて、よんだら交換して、それぞれがまた貸出する、といった裏工作があったり、誰が借りるかでケンカが起こるほどの

❽『なぞなぞな～に　なつのまき』表紙

人気だった。年中と年長の記録を比較してみよう。

❾『なぞなぞえほん　１のまき』表紙

◉年中

♣２人で一生懸命答えを考えている。当たると「勝った！」と喜ぶ。（“は” だけわからなかった）
（年中　1999.12.2　男児Ａ＆女児Ｋ『なぞなぞな～に　はるのまき』）

♣ゆっくりとみんなで考えながらページをめくっていってよみました。このシリーズの絵本は当たるうれしさを味わえるからか、みんなに人気があって、よんでる時はたのしそう。
（年中　2000.1.27『なぞなぞな～に　なつのまき』）

◉年長

♣女児Ｏ：よむ前に「答えが次の頁に書いてるから大丈夫かな」みたいな独り言をいっていた。男児ｂ：途中までいたｂくんが、勝手にクイズの正解した数を指で折って競っていたが、あまりわからなくなって去ってしまった。女児ｃ：Ｏちゃんと声を合わせて答えをいっていた。（簡単な所）楽しそうだった。女児Ｏ：答えが分からない所は次のページを盗みみていた。
（年長　2000.9.28　女児Ｏ『なぞなぞえほん　１のまき』）

♣すっかり答えを知ってる様なので絵をみせずになぞなぞだけよんだ。一生懸命考えて楽しんでいた。男児ｄ：よんでいるなぞなぞをきいて、「え、そんなのあったっけ？」と２回くらい、いっていた。
（年長　2001.1.25　男児ｄ，Ｅ，ｅ，Ｇ『なぞなぞえほん　２のまき』）

年中では、まず単純になぞなぞを解くこと、考えることを楽しんでいる。考えている時も子どもたちは実に楽しそうで、正解だった時には本当に喜びの表情をみせる。また子ども同士で先に答えを当てる“競争”のような楽しさもある。そして年長になるとすでに何回もよんで答えも知っていることが多いので、なぞなぞを解く楽しみから、そこからアレンジして自分達なりの楽しみ方を見つけている。

子どもたちは、同じ絵本を何度も楽しむ。何度も借りてくるために、「また同じ絵本借りてきて……」と不思議に思う保護者もいるようだ。しかし、同じ絵本であっても、3歳、4歳、5歳では見方、よみ方、楽しみ方がかなり違ってくる。子どもたちにとっては、全く別の絵本と感じるほどの面白さが、それぞれの絵本には詰まっているのである。

3）「のはらうた」シリーズ

この1998年度入園児たちの3年間の中で、子どもが詩集を自分で借りて楽しむということが、スタッフのなかで初めて意識され始めた。それが「のはらうた」シリーズである。

今でこそ、すっかり子どもたちに定着した、くどうなおこの詩集「のはらうた」。作者は“くどうなおことのはらみんな”となっており、“のはら住人の声をかきとめた”という形式の詩集になっている。

⑩『のはらうたⅠ』表紙

1998年～2001年の3年間では、こうめ文庫で、『のはらうた』Ⅰ～Ⅲと『版画のはらうた』Ⅰ、Ⅱが所蔵されていた。この「のはらうた」が、初めて文庫に入ったのは1998年で、『版画のはらうた』が6月に蔵書となった。しかし、当初はプログラムの中で詩を楽しむために取り上げることはあったが、子どもに貸出する本としては意識していなかった。プログラムの中でも、絵本としてみせるのではなく、きいて楽しむものであった。ところが、しばらくすると子どもの間から「借りたい」という声があがるようになり、翌年の1999年、新年度のこうめ文庫スタートと共に、今度は『のはらうた』Ⅰ～Ⅲが蔵書に加わった。子どもが詩集を借りて楽しめるのであろうか、というスタッフの心配などをよそに、すぐさま1998年度入園児たちの一つ上の年長の、特に女児たちの間でブームとなり、頻繁に貸し出されるようになった。次第に

「のはらうた」ブームが年長男児にも広がり、そして年中にも伝わり、徐々に貸出されるようになった。この年の10月には『版画のはらうたⅡ』と複本として『のはらうた』の２冊目も入った。これは子どもたちの人気を受けてのことであり、蔵書になってから半年もたたないうちに、「のはらうた」シリーズはこうめ文庫の子どもの間で人気の本となった。

2000年度年長では、『のはらうたⅠ』が年長だけで14回貸出されており、「2000年度　年長総合貸出回数　上位20」（【表２】参照）のうち、３位に入る人気ぶりとなった。

絵本が多くを占めるこうめ文庫の蔵書において、さし絵もほとんどないこの詩集がなぜこんなにも多く貸出されるのか。ここまでのブームになるとはスタッフも予想していなかった。1999年度の「こうめだより」ではスタッフによってこのように書かれている。

> 文庫本と同じサイズで、表紙の色が赤、緑、青（版画版は一回り大きく色はグレー）となっています。この大きさと色がまず子どもたちにとって魅力のようで「赤借りたから次は青」「青がいい」といいながら、手の中に包み込むようにして絵本を持ちます。詩は野原に住む動物や虫たちの作品で、作者が「こねずみしゅん」や「みのむしせつこ」などとなっています。創作者の名前を見て、くすくす笑ったり、「かわいい」とつぶやいたり、名前を繰り返したりしています。自分たちが日頃観察したり、親しんだりしている動物や虫たちが、「詩」の作者となって登場することに大きな関心があるようです。

（斉藤幸代「ゆりぐみ木曜・午後のひととき」「こうめだより」1999）

実際に私自身の経験からも、園児たちとよみあう絵本の時間において、他の多くの絵本と違い、最初から最後までよむことを子どもも望んでいるわけではなく、ぱっと開いたところや、自分の気に入っている詩を二つ、三つ自ら指定してよむと、満足してそのまま貸出へむかったり、別の絵本を選びにいったりするのである。

また詩がすべてひらがなでかかれているので、年長になると１人でよむことができるようにもなる。それに、15㎝という大きさ、原色ではあるがどこか優しさの感じられる色合いの表紙といった、形体のかわいらしさが、年中より年長で、しかもほぼ女児による貸出の多さの理由ではないだろうか。実際に、ブームの火付け役となった、１つ上の年長女児の間では、自分が借りたい「のはらうた」の色指定をしている記録も残されていた。また、この「のはらうた」を持つことに「おとなっぽさ」をも感じていたようで、それが他の女児にも広がったと思われる。現在でも子どもたちに「おとなむきの本」のようだと認識されていることが記録からも伺われる。

♣『のはらうた』を見せて、「大人みたいでしょ」と自慢してくる。

（年中　2002.5.23）

もちろん、形体だけでなく、中身の詩も楽しんでいる。ことばのリズム感に反応したり、『版画のはらうた』では、版画と版画文字による「のはらうた」の詩を１枚の絵として楽しむこともできる。その版画文字の面白さは子どもにもちゃんと伝わっている。

♣大切そうに持っていた『のはらうた』をさしだしてとニッコリ。「この本ね、大好きなの。家でもよんでるの。何回もよんでるの」といい、「中、見て、ほら、おもしろいでしょう」と、版画の文字を指してうれしそうに指摘。２，３篇よむと「ありがとう」といって持っていった。

（年長　2001.2.1）

また貸出をして、「のはらうた」を家へ持って帰った子どもに対して、保護者も文字ばかりである詩集に驚いていた様子がアンケートからもわかる。

♣のはらうたを借りてきたとき、文章ばかりでどこがおもしろいのだろうと思いました。しかしよんでみると文章にリズム感がありめだかのところなどツンタッタツンタッタとおぼえるくらいによんでいました。また「カマキリ」も大好きでその気になって台詞のように語っていました。

（年長　1999年度保護者アンケート）

“意外に思ったこと”という設問に対しては、次のように記述されている。

♣のはらうたを借りてきたとき、「この本の素敵さがわかってるの？」と不思議でしたが、おかげで私が大感激しました。

（年長　2000　保護者アンケート）

♣詩集を借りてきたこと（のはらうたは気に入って購入したほどです）

（年中　2000　保護者アンケート）

この1998年度入園児21名の中では、年中・年長を通じて、計８回、４人の女児に貸出されている。さきほどあげた「11ぴき」シリーズと比べてみると、21名中の14名以外、つまり「11ぴき」シリーズを全く借りなかったり、１回きりだった、７名中の４名であることが判明した。

４人それぞれの貸出記録をみてみると、「11ぴきのねこ」シリーズを一度も借りず、「のはらうた」を年長で２回借りた女児Mは、どれかの本に固執するということはないが、全体的に長めのよみ物が多く借りていた。また同じく「11ぴき」シリーズは一度も借りなかったが、「のはらうた」を年中１回、年長で２回借りた女児Uは昔話や最近出版された物語絵本、言葉遊び、しかけ絵本などから科学よみ物まで、３年間でこうめ文庫のすべての分類から借りたのではないかと思うほど、幅広いジャンルの貸出がされていた。子どもたちにとって「定番」ともいえる「11ぴき」シリーズの面白さだけでは飽き足らなかった女児たちが、いろいろな絵本に接するなかに、「のはらうた」があり、彼女たちの心をつかんだのではないだろうか。

詩をよんで楽しむ以外にも、その詩の中にでてくる様々な四季の動植物の主人公について、子どもはそれぞれの思いをめぐらせ、時にはスタッフに伝えてくれることもある。

♣女児N：本を持って、もじもじ立っていたので、「よんであげようか？」というと寄ってきた。最初は、本ではなく私の顔をみていた。ミミズやカブト虫の詩をよんだ後に、それぞれについて「好き？」「知ってる？」ときくといろいろ話してくれた。「今日、ミミズみたよ」とか。

（年中　1999.5.27.）

私がこうめ文庫に入ったはじめのころは、４～５歳の子どもたちが詩をよんで楽しむということ自体に驚いたものだったが、記録をみてみると、この

3年間において、女児たちにとって他の絵本とは違う、少し特別な本として「のはらうた」が存在していたようだ。それには梅花幼稚園の教育方針としての、子どもたちにとって植物や動物、昆虫に接することが日常である、ということも大きくかかわっているといえる。

4）図鑑よみもの

こうめ文庫の蔵書の中には物語絵本以外にも様々な絵本がある。「のはらうた」のような詩集もそうだが、「図鑑」もそのひとつである。物語絵本と違い、文字があっても説明文ばかりのものもある。しかし、子どもは「図鑑」をよむことが大好きである。絵本の時間に子どもたちに「よんで」といわれると、文庫に入ったばかりのスタッフは戸惑いながらも、次第に「図鑑」をよむことに慣れていくのである。ここでは、具体的に2冊の恐竜図鑑と「はじめての発見」シリーズを取り上げる。

♣『絵でみる世界大恐竜地図』はどういう風によんであげたらいいのかわからなかったが、ページをめくって、指さして色々話していたら、それで満足したようだ。（年中　1999.5.27　佃［1年目］）

♣どうやってよめばいいかわからなかったので、ひこうきのったことある？とか、大きさとかに注目しながら進めていった。

（年中　1999.11.18　『飛行機（ひこうき）』　スタッフS［1年目］）

子どもはスタッフの不安をよそに、自分の選んだ所の説明をよんでもらうのを聞いたり、スタッフと対話しながら図鑑をみていくことを楽しんでいる。子どもにとって、図鑑は画集やカタログのように、めくって、みる面白さがある。

♣『はじめての恐竜大図鑑』をよんでいると、ページの中でいっぱい仕切られて字が書いていたので、「次はここよんで」とかいってくるので、自分の興味のある部分だけをよんで次にいくと思ったら、「まだここはよんでない」と言ってきた。Oちゃんの中でよむ順番があるのかもしれない。

（年長　2000.5.18）

『はじめての恐竜大図鑑』(⓫) は模型の恐竜の写真を使った図鑑である。模型ではあるが、どこか恐竜の生々しさも感じられそうな一冊である。恐竜の名前などが16ポイント、説明文は14ポイントの活字で、他の図鑑に比べて大きくよみやすい。ルビもすべてふられているので、ひらがながよめるようになった子どもであれば、一人でよむこともできる。

⓫『はじめての恐竜大図鑑』表紙

一方、『絵でみる世界大恐竜地図』(⓬) は絵によって恐竜が描かれており、恐竜の歴史や化石の発掘までと網羅されていて、内容が広い。説明もかなり詳しく、また難しくもあり、大人が読んでも興味深い内容が多い。それだけに、『はじめての恐竜大図鑑』よりも園児にとっては絵をみて楽しむ要素が強い。

⓬『絵でみる世界大恐竜地図』表紙

どちらとも36cmという大きさで、他の絵本よりもかなり大きく目立つ。それがまた恐竜の迫力に一役買っているともいえる。先に取り上げた「のはらうた」シリーズとは逆の大きさの魅力である。また実物のものとしてはみることができない恐竜だけに、こどもはより一層興味を示しているのか、他の植物や動物、昆虫などの図鑑に比べて、この２冊の人気は高い。

また同じ恐竜の図鑑であっても、年中と年長では図鑑の見方に違いが見られるようだ。同じ2000年度の記録から、年中・年長それぞれ抽出してみた。

年中は数人でワイワイとあれこれ言いながらよんでいる姿が多く見られる。

♣みんなで絵をみて楽しんだ。ｆくんがテラノザウルスがみたかったらしく捜したけどみつからなくて残念……。恐竜の絵にみんな大喜びでした。

（年中　2000.10.5　『絵でみる世界大恐竜地図』）

また、恐竜の骨をみながら、実際に自分の顔の骨を触って驚くといった記録もある。

♣恐竜の本を読んでいる時、「この骨はどこにあるの？」とｇちゃんが言ってきたので、皆でたしかめる。顔を手でおおって「骨ある？」ときいてみる。「あるある」と言ってきたので、「ボコッとしたとこある？」ときく。「あったー」と言うので「このボコッとした所が骨だよ」と言う。

（年中　2000.10.19 『絵でみる世界大恐竜地図』）

これは、精密な絵や写真で構成されている図鑑ならではの楽しみ方といえる。一方年長になると、具体的な大きさなどを想像しながら楽しんでいる様子がわかる。

♣女児Ｏ：本にしっぽが入り切らなくて、次のページに続いていると思っていたらしく、なかったので、「ない！」と探していました。色々な事が書いてある場所で、「次はここ！次はここよんで」といってよんでいない場所はしっかり記憶していました。

（年長　2000.5.18 『はじめての恐竜大図鑑』）

♣女児ｈ：大きい恐竜を「幼稚園より大きいんだよー」と言うと３人ともとても驚いていた。それに対して「お母さんが来ても、わからないよー」「木を食べるからここ（首の途中を指して）でひっかかるよ」みんな：ビデオでみているので、みんな恐竜に詳しい。（ぴょんぴょんとぶとか知ってる）

（年長　2000.10.19 『絵でみる世界大恐竜地図』）

年中では恐竜の大きさや絵の迫力への驚きが中心であり、年長になると恐竜の具体的な名前を挙げる子も多く、またそれぞれの恐竜の特徴などもよく知っている。子どもは、恐竜の絵をみながらそれにまつわる自分の話（博覧会に行った時の話など）をすることも多い。また、ビデオやテレビなど本以外のもので自分が得た恐竜に関する知識を図鑑をよみながらはなしている子どももおり、興味のあることを追究していこうとする姿が伺われる。

1998年度入園児21名の貸出記録をみていると、1999年度の年中11月から１月にかけて、「はじめての発見」シリーズ『土の下（つちのした）』や『卵（た

【表３】1999年　年中　貸出記録一覧より（網かけ部分は「はじめての発見」シリーズ）

	男児C	男児D	男児B	男児F	男児G
1999.11.4	ピカソの絵本 あっちむいてホイ！	なぞなぞな～にはるのまき	からすのパンやさん	なぞなぞな～にふゆのまき	なぞなぞな～になつのまき
1999.11.11	めっきらもっきらどおんどん	ぼくのにんじん	おふろだいすき	おばけやしき	はせがわくんきらいや
1999.11.18	マフィンおばさんのぱんや	なぞなぞな～にふゆのまき	まよなかのだいどころ	そうべえごくらくへゆく	色（いろ）
1999.11.25	たいへんなひるね	なぞなぞな～にあきのまき	おばけやしき	ハリーのセーター	バムとケロのにちようび
1999.12.2	じどうしゃ博物館	バムとケロのにちようび	てぶくろ	アメリカワニです、こんにちは（小）	はらぺこあおむし
1999.12.9	むしばミュータンスのぼうけん	ピエールとライオン（小）	11ぴきのねこどろんこ	ピエールとライオン（小）	11ぴきのねこ
1999.12.9	卵（たまご）	飛行機（ひこうき）	かまきりっこ	土の下（つちのした）	鳥（とり）
2000.1.13	11ぴきのねこふくろのなか	昆虫ちいさななかまたち	地下鉄のできるまで	じごくのそうべえ	ねずみくんのチョッキ
2000.1.20	にんじんばたけのパピプペポ	鳥（とり）	飛行機（ひこうき）	ぐりとぐらのかいすいよく	おばけやしき
2000.1.27	いそがしいよる	ねむいねむいねずみはおなかがすいた	11ぴきのねこマラソン大会	14ひきのひっこし	ねむいねむいねずみ
2000.2.3	かお	なぞなぞな～にあきのまき	なぞなぞな～になつのまき	14ひきのやまいも	
2000.2.17	ぼくそらをさわってみたいんだ	絵巻えほん　川	ころころころ	11ぴきのねこマラソン大会	はじめての恐竜大図鑑

まご）』『色（いろ）』⓭『飛行機（ひこうき）』が21名中10人の間で集中して借りられていることがわかった。（【表３】参照）

この「はじめての発見」シリーズとは、透明プラスチックシートをところどころに用いた知識絵本のシリーズである。このシリーズの特徴は透明ページの使用である。たとえば『色（いろ）』では、右側の透明ページに不透明なインクで青いペンの絵が印刷されている画面がある。透明ページをめくると、

女児P	女児J	女児Q	女児H	女児I
鳥（とり）	卵（たまご）	いたずらかいじゅうはどこ？	土の下（つちのした）	パパ、お月さまとって
なぞなぞな～にふゆのまき	きょうはなんのひ？	おばけのバーバパパ	卵（たまご）	土の下（つちのした）
あしたは月よう日	からすのパンやさん	たまごのあかちゃん	11ぴきのねこふくろのなか	卵（たまご）
はせがわくんきらいや	ぼくのくれよん	卵（たまご）	ぼくにげちゃうよ	目だまし手品
版画のはらうたⅡ	〈はじめてであうずかん〉しょくぶつ	あおくんときいろちゃん	おにぎり	むしばミュータンスのぼうけん
ぼくのねこみなかった	なぞなぞな～にはるのまき	色（いろ）	かぶさんとんだ	あしたは月よう日
しりたがりのこひつじ	しぜん　きのめ	14ひきのやまいも	ねむいねむいねずみ	きょうはなんのひ？
これは　のみのぴこ	よるのようちえん	こねこちゃんはどこへ	ぶたのたね	きょだいな　きょだいな
ぶたたぬききつねねこ	ちいさなもみのき	のはらうた　Ⅲ	11ぴきのねことぶた	どろんここぶた
だくちるだくちる	マドレーヌといぬ	これは　のみのぴこ	いただきまあす	飛行機（ひこうき）
	いそがしいよる	土の下（つちのした）		たいへんなひるね
ねずみくんのチョッキ	ちいさなもみのき		ひらいたひらいた	ばばばあちゃんのアイスパーティ

ペンの絵に隠れていた様々な青いものの絵がでてくる。それと同時に、めくられた透明ページ側（ペンの外観の絵の裏側）にはペン内部の様子がみられるようになっている。このように、ものの内部を紹介するときに透明ページの特性が生かされている絵本である。また透明ページをめくることで、そのページ上の不透明インクで描かれたものを画面上で左右に動かすことができるようにもなっている（『鳥（とり）』など）。

さらに透明インクが用いられたページでは、色の混合を絵本上で体験することもできる。(青インクで描かれたカエルの絵に、透明シート上に黄色い透明インクで描かれたカエルの絵を重ねると緑のカエルができる、等。)園児たちにとって、一ページごとにはさみこまれている透明シートをめくって、自分の目で、色や鳥の変化を確かめることができる、「めくる」楽しみが非常に効果的に用いられているシリーズである。説明をよんでもらうというよりも、自分でめくってあれこれ発見する喜びの方が大きいようだ。

⓭『色（いろ）』表紙

貸出記録と並べて、絵本の時間の記録をみてみると、やはり貸出の集中している時期と記録の時期が重なっている。そしてそこには、めくって楽しむだけでなく、その内容に関してスタッフと会話をしながらよんでいるこどもの姿がみられる。

♣私が「すごいねー」「知らなかったなぁ」と言うと、「私、知ってるよー」といろいろと説明をしてくれた。(以前テレビで見たらしい) 七面鳥とダチョウの卵の大きさにおどろいておもしろがっていた。

（年中　1999.11.4　女児N『卵（たまご)』)

♣「土の下には何がいるんだろうね？」と尋ねながらよみすすんでいく。Ｉ：時々、前のページをめくって、もう一度確認するようにみている。

（年中　1999.11.11　女児Ｉ『土の下（つちのした)』)

また子どもたちが年長の時に担任の先生から聞いた話では、子どもたちがこうめ文庫以外の時間でも絵本に関する情報交換を行っていることがわかっている。

♣返却するとき、「これを借りた」「○○ちゃんが借りていて、おもしろそうだから借りてみよう」といった会話が交わされる。

（年長　2000年度　アンケートより)

この、一時期、一部の子どもによる「はじめての発見」シリーズの人気も子どもたちの会話から発生したのではないかと考えられる。スタッフとのよみあいの記録からはなかなかわかりにくい、子ども同士の情報交換がこのような貸出記録からみえており、子どもの間での人気やブームを知ることができる。

Ⅲ 絵本をめぐるダイナミズム

Ⅰで述べたように、1998年入園児は、特定の顔ぶれで２年間クラス構成がされていたため、仲もよく、互いの影響関係も強かったと思われる。ここでは、21名中男児７名の３年間をとりあげ、個々の文庫での過ごし方とその影響関係をみていきたい。また、こうめ文庫の時間中、1998年度入園の女児の間で流行した遊びとして、「からすのパンやさん」ごっこというのが存在した。この学年の特徴だと思われるので、以上２つの視点から、とりあげてみる。

1）男児の３年間

1998年度入園児21名の内、男児の数は７名（年長の時には、全39名中15名が男児）であった。梅花幼稚園は、毎年女児の比率が高いクラス編成になっている。また、幼稚園の先生、こうめ文庫のスタッフも皆女性である。こうめ文庫でのプログラムの時間や絵本の時間での子どもたちの様子をみていると、大抵男女のこだわりなく絵本を楽しんでいるが、一部では女児同士、男児同士のみで絵本をよんでいる姿もちらほらみられる。では年少・年中・年長と共に過ごしたこの1998年度入園の男児７名は、こうめ文庫でどのような３年間を過ごしたのであろうか。７人７様、その違いを絵本の時間の記録を中心に個別にみていった。絵本を自分からスタッフに「よんで」と持ってきた回数にも注目している。男児はそれぞれ、Ａ，Ｂ，Ｃ，Ｄ，Ｅ，Ｆ，Ｇと識別する。

◉男児A

彼は、Ⅱの1）においてふれた、最も「11ぴき」シリーズの貸出の多かった園児である。

年少：絵本の時間になかなかよむことに集中できていなかったが、3月頃からよむことを楽しめるようになってきた。スタッフからは「いつもよんでいない子」として注目されていた。

年中：「11ぴき」シリーズにはまりだす。シリーズ中のどの作品もまんべんなく貸出しており、「11ぴき」シリーズとして自分の中で意識していたことが伺われる。絵本の時間は、スタッフと1対1でよむことが多い中、女児Kとなら、うまく互いに会話をしながら楽しむことができていた。絵本に対して、素直な反応や、大笑いする姿があった。

年長：スタッフとは積極的によみ（スタッフに絵本を持ってきた回数は15回と、男児の中では2番目に多い）、また友人同士や1人でよんでいる姿もみられるようになった。

◉男児B

年少：自分で絵本を持ってくる回数は2回と少ないが、他の子に混じっても絵本をきくことができる。3月11日には男児Eと2人、2冊の絵本をよんでもらっている。うさこちゃんが好きで、記録にも3回でてくる。

年中：自分で絵本を持って来た回数が18回と男児の中では一番多い。スタッフと1対1でよむことも多いが、他の子どもたちと一緒にきいている姿も多い。特定の誰かと一緒ということはなく、特にこだわりなくいろんな子ときいている。先生のお話に「おはなしの理解が深い。（省略）男児と遊んでいることが多いが、女の子ともこだわりなく遊べる」とある。また物語への理解の深さが以下の記録からもよくわかる。

♣内容を知っていた。くろうさぎが「何考えてるのかな」ときくと、「ずっとしろうさぎと一緒にいたいと思ってるんだよ」と教えてくれた。

（年中　1999.6.24 『しろいうさぎとくろいうさぎ』）

年長：自分から絵本を持ってきたのは7回。他の子が持ってきた絵本を一緒によんでいるのは13回。１人で絵本をよんでいる姿もよく見られる。また、スタッフの真似をして友達に絵本をよむ姿も目撃されている。

♣スタッフがよむように絵本をたてて、３人の子にみせていた。

（年長　2000.6.8 『はらぺこあおむし』（大型））

またこの男児Ｂは『こいぬがうまれるよ』をよんで、自分の飼っている犬と重ね合わせてみているということもあった。

◉男児Ｃ

年少：スタッフと１対１だけでなく、他の子を交えて楽しんで本がよめる。

年中：様々なジャンルに興味があり、幅広くよむ。物語系が多いが、ナンセンスものも良く借りており、すでに作者、シリーズ物等の意識がある。

年長：ほぼスタッフと１対１、もしくは１人でよんでいる。たまに他の子どもたちと一緒によむこともあるが、特定の友人ではない。自分の読書を邪魔されると怒る姿もみられた。

この男児Ｃは絵本に対する興味が極めて強く、興味を持つジャンルも幅広い。物語絵本に入り込み、その集中力は周りの音がきこえなくなるほどのもので、絵本の時間に帰るのを忘れてよみふけっていることもあった。スタッフに帰る時間を告げられても、まだ絵本がよみ終わらないグループを見つけ、その中に入り、自分の絵本を一人よみ続けることもあった。

◉男児Ｄ

年少：こうめ文庫がはじまってすぐの11月にスタッフと１対１でよみあう記録が３回。いずれも絵本に集中していない。ほぼ毎回長いお話の絵本を借りていた。

年中：２学期には男児Ｆ等と一緒に廊下をでて、絵本の部屋に入らず過ごしたりすることもあったが、３学期になってからは、男児Ｂ，Ｇ，Ｆたちと一緒に絵本をよむ姿があった。特に男児Ｂと一緒のことが多い。なぞなぞを楽しむ姿も。

年長：１学期はよまずに歩き回ったり、落ち着きがない。10月に入ってから、男児のグループの中で絵本をよむ姿が増える。男児Ｆと共にいることが多い。12月以降、絵本の時間の記録にでてくる回数が激減（一人、もしくは友人同士で読んでいる？）。絵本の時間は、よむ日は一日ずっと絵本に集中している。

◉男児Ｅ

年少：欠席が多かったため、貸出も５回だけ。静かに絵本をきいている様子。

年中：自分から絵本を持って来たのは３回。他の子が絵本をよんでいるグループの中にいる記録は５回。絵本に集中している姿。

年長：自分から絵本を持って来たのは４回。他の子が持ってきた本やスタッフからよんだ絵本記録は６回。大抵、集中してよくきいている。しかし、１学期は『おばけやしき』をめぐって、取り合いのケンカをしたり、お話の時間でもぼんやりしていたり、元気がなかったり、と少し様子が違う。９月に入ってからも、絵本を探していたり、よまずにウロウロしていたり、と絵本の時間にあまり集中していない感じ。また１人よみする姿も見られるようになっていた。スタッフを介さず、絵本がよめるようになった。

◉男児Ｆ

年少：絵本の時間の記録は１件のみ。あまり絵本に集中していない。

年中：１人で絵本をよむ姿が多い。自分から絵本を持って来たのは１回。他の子どもと一緒によんでいるのは４回。２月３日にはめずらしく一日に３冊よんでもらっている記録あり。一緒にきいているのは年少から一緒の男児ＢとＤ。

年長：自分から絵本を持って来たのは２回。いずれもなぞなぞの本。他の子どもと一緒によんでいるのは９回。一学期はよまずにウロウロしている子として、２回名前があがり、10月にはよみ手を探している姿も１回あった。11～１月まで絵本の時間の記録が全くないのは、ひとりよみしているからだと思われる。その頃の時期の貸出は、物語絵本ばかりで『ピエールとライオン』や『はなのすきなうし』など長めのものが多い。男児ＥやＤ、と一緒に絵本をよんでいる事が多い。こうめ文庫の最後の日は、普段スタッフによんでもらっていなかった反動か、スタッフに自ら「よんで！」と勢い込んで絵本を持って来た。

◉男児G

年少：自分から絵本を持って来た回数が３回と他の男児に比べて多い。他の子どもと一緒に絵本をきくこともできる。

年中：自分から絵本を持ってきた回数は４回。他の子どもたちと一緒によんでいるのは６回。全体的に絵本の時間の記録が少なく、９月と、11月以降はほとんど記録がない。絵本は集中してきける方。特定の誰かと一緒によむということはなかった。

年長：年長になってから、スタッフとよむ記録が増えた。自分から持って来たのは11回で男児Ｉに次いで多い。他の子どもたちと一緒にきく姿も多く見られ、絵本に関する発言も増えた。一緒に絵本をよむメンバーも特定の誰かということはなく、男児・女児どちらかが多いということもない。注目すべきは、『がいこつさん』の貸出。５回連続借りていて、絵本の時間に他の子が持って来た『がいこつさん』にも一緒に混じってきいている姿がある。

以上７人の男児の学年別こうめ文庫での様子である。７人それぞれ、特徴はあるが、大きく二つのタイプにわけることができる。まず、一つは絵本の時間によくスタッフの記録に名前が上がってくる、男児Ａ，Ｂ，Ｃの３人（Ａグループとする）。もう一つは、年少・年中・年長と年齢が上がるほど、自ら絵本を持ってくることがなくなってくる、男児Ｄ，Ｅ，Ｆ，Ｇの４人である（Ｂグループ）。このＢグループの男児は絵本の時間にスタッフとよんでいる姿が、女児やＡグループの男児に比べると極端に少ない。しかし、だからといって、絵本をよんでいないわけではなく、１人や友人同士で楽しんでいる。以下の記録はそれがよく表されている内容である。

男児Ｄが、一人で『絵巻絵本　川』を取り出してよみ始める。しばらく１人でよんでいると、男児Ｆが加わる。２人で何か話しながら、みている。そこに、貸出手続きを済ませた、男児Ｇが加わる。男児Ｇは、最初の方は、後ろでうろうろしたり遊んでいる男児ｉや男児ｊ（年中より入園）のグループが気になってちらちらとそちらをみているが、次第に『川』の方へ集中していく。３人で額をつき合わすように、ずっと何か話しながら、絵本の時間が終わるまでみていた。かなり周りが騒がしい様子だったが、３人で『川』の世界に入り込んでいた。

この３人の手前で、ずっとスタッフに絵本をよんでもらっていたのが男児Ｂ。最初、１対１で読んでいたが、そこに女児Ｋが加わる。途中、男児Ａも加わるがすぐに去っていく。男児Ｂは、絵本の時間中、ほとんど動くことなく、このスタッフの前で絵本をよんでもらっていた。最後の方は女児Ｋと歌を楽しそうに歌っていた。年中から入園した男児ｉと男児ｊ。たまたまこの日スタッフにうまくよんでもらう機会がなかっただけなのかもしれないが、ずっと２人で部屋中を動き回っていた。上記の男児３人とは対照的である。（年中　2000.2.17　絵本の時間）

男児７人、それぞれ、絵本に対する関わり方は３年の間に様々に変化しているが、共通点として、まず年長になると１人で絵本を楽しむことができるようになるという事があげられる。これは女児にも共通していえることである。さらに男児Ｃのように、あえて１人で楽しみたい、という独自の物語世界を持つことも年長では可能になってくる。しかし、それはスタッフとよむことを拒否しているわけではなく、さきほどの男児Ｃを例にあげると、一人で絵本をよみながら、時折近くにいるスタッフに自分のよんでいる絵本について話しかけたりしているような楽しみ方である。

また、年少時は１対１でないとなかなか絵本に集中できなかったのが、年中になると数人で囲み、また年長になると自ら他のグループに入っていったり、またこども同士で絵本を楽しむことができるようになる。一冊の絵本を皆で共有し、子どもだけで物語世界を作り上げていくのである。

【表４】のＡグループの男児ＣとＢグループの男児Ｄの貸出記録を比べてみてほしい。その内容はとても対照的である。男児Ｃは毎回様々なジャンルの絵本を借りており、集団の中での人気の絵本であろうとなかろうと、自分

【表4】男児C、男児D　貸出記録

年少	男児C	男児D
1998.11.5	三びきのやぎのがらがらどん	三びきのやぎのがらがらどん
1998.11.12	ひとまねこざる	くまのコールテンくん
1998.11.19	ひとまねこざるときいろいぼうし	ぼとんぼとんはなんのおと
1998.12.3	だるまちゃんとてんぐちゃん	すてきな三にんぐみ
1998.12.10	14ひきのあさごはん	ピーターのいす
1999.1.14	とこちゃんはどこ	ひとまねこざる
1999.1.28	ろけっとこざる	はろるどまほうのくにへ
1999.2.04	のぼっちゃう	あさえとちいさいいもうと
1999.2.18	ゆきのひ	ピーターラビットのおはなし

年中	男児C	男児D
1999.5.13	じどうしゃ博物館	絵でみる世界大恐竜地図
1999.5.20	おおかみと七ひきのこやぎ	せかい一わるいかいじゅう
1999.5.27	はじめての恐竜大図鑑	ねむいねむいねずみ
1999.6.3	ドオン	いたずらきかんしゃちゅうちゅう
1999.6.10	絵でみる世界大恐竜地図	ごちゃまぜカメレオン
1999.6.17	ぼくのぱんわたしのぱん	14ひきのやまいも
1999.6.24	ばけものつかい	11ぴきのねこふくろのなか
1999.7.8	すてきな三にんぐみ	ぐりとぐらのかいすいよく
1999.7.8	まんじゅうこわい	11ぴきのねこ　マラソン大会
1999.9.2	11ぴきのねことぶた	昆虫ちいさななかまたち
1999.9.9	わっこおばちゃんのしりとりあそび	ぞうのババール
1999.9.16	いそがしいよる	地面の下のいきもの
1999.9.30	ぼくのぱんわたしのぱん	キャベツくんのにちようび
1999.10.7	やっぱりおおかみ	宇宙―そのひろがりをしろう―
1999.10.14	かおPart 2	11ぴきのねこふくろのなか
1999.10.21	町の水族館町の植物園	14ひきのひっこし
1999.10.28	いろいろないちにち	ぐりとぐらのおきゃくさま
1999.11.04	ピカソの絵本　あっちむいてホイ！	なぞなぞな～に　はるのまき
1999.11.11	めっきらもっきらどおんどん	ぼくのにんじん
1999.11.18	マフィンおばさんのぱんや	なぞなぞな～に　ふゆのまき
1999.11.25	たいへんなひるね	なぞなぞな～に　あきのまき
1999.12.2	じどうしゃ博物館	バムとケロのにちようび
1999.12.9	むしばミュータンスのぼうけん	ピエールとライオン（小）
1999.12.9	卵（たまご）	飛行機（ひこうき）
2000.1.13	11ぴきのねこふくろのなか	昆虫ちいさななかまたち
2000.1.20	にんじんばたけのパピプペポ	鳥（とり）
2000.1.27	いそがしいよる	ねむいねむいねずみはおなかがすいた

年長	男児C	男児D
2000. 2. 3	かお	なぞなぞな～に　あきのまき
2000. 2.17	ぼくそらをさわってみたいんだ	絵巻えほん　川
2000. 5.18	おばけやしき	バムとケロのにちようび
2000. 5.25	ピエールとライオン（小）	ゼラルダと人喰い鬼
2000. 6. 8	こんとあき	はなのすきなうし
2000. 6.15	おばけいしゃ	おばけやしき
2000. 6.22	ぶたのたね	やっぱりおおかみ
2000. 7. 6	目だまし手品	赤ずきん
2000. 7. 6	かまきりっこ	スイミー
2000. 9.14	かお	がいこつさん
2000. 9.21	おふろかいじゅうカルルス	なぞなぞな～に　あきのまき
2000. 9.28	どろぼうがっこう	チキンスープ・ライスいり（小）
2000.10. 5	いたずらカラスのハンス	あしたは月よう日
2000.10.12	妖怪絵巻	なぞなぞえほん　3のまき
2000.10.19	町の水族館町の植物園	きつね森の山男
2000.10.26	じどうしゃ博物館	ぶたのたね
2000.11. 2	ねむいねむいねずみ	まんじゅうこわい
2000.11.16	だるまちゃんとてんぐちゃん	なぞなぞえほん　2のまき
2000.11.30	パイルドライバー	おばけやしき
2000.12. 7	うんちしたのはだれよ	ウィリーとともだち
2000.12.14	おばけじま	へんてこへんてこ
2000.12.14	どうながのプレッツェル	フレデリック
2001. 1.11		なぞなぞえほん　1のまき
2001. 1.25		ピエールとライオン（大）
2001. 2. 1	きつね森の山男	ぼちぼちいこか
2001. 2. 8	あしたは月よう日	ねえ、どれがいい？
2001. 3. 1	あしのうらのはなし	ごちゃまぜカメレオン
2001. 3. 1	あなたのいえわたしのいえ	虫のかくれんぼ

の気に入ったものを選んでいたようだ。一方、男児Ｄは、年中の第１回に『絵でみる世界大恐竜図鑑』を借りたのを皮切りに、1998年度入園児の間で人気になった絵本の題名がずらりと並ぶ。なぞなぞ絵本なども他の子どもの先をいくかのように借りており、彼が借りた絵本から人気や流行が生まれていたのではないかと思わされる。特に年長になってからは、男児Ｄは男児同士のグループで過ごすことが多かったことからも、彼の他の子どもへの影響力を感じさせる。

絵本のよみ方でも、男児Ｃは、いわゆる没頭型で毎回絵本の時間に１人集中してよんでいたのとは対照的に、男児Ｄは男児グループで絵本をよんでいたり、遊んでいたことが、貸出記録の内容にも繋がっているのではないかと思われる。

またその他の男児も含めた貸出記録からは、Ⅱ．2）でも取り上げたが、『なぞなぞえほん』が男児の間だけで回されていたように、男児の間だけで借りられていたりする本が存在していたことがわかった。

年少では、『しろくまちゃんのほっとけーき』と『すてきな三にんぐみ』が年間の貸出回数で一位を占めているが、興味深いことに『しろくまちゃんのほっとけーき』は女児による貸出のみ、『すてきな三人ぐみ』は９割近くが男児に貸し出されている。

『バムとケロのにちようび』は年中の３学期から年長の初めにかけて、先ほどの男児Ｄを含むＢグループの男児４人の間で集中して借りられていたことが、それぞれの貸出記録から浮かび上がっている。ちょうど、４人ともスタッフの絵本の時間の記録にはほとんど名前が挙がらなかった時期である。年中から入園した男児たちではなく、この男児たちだけの間というのが非常に興味深い。Ⅱ．4）でも述べたが、このことからも、やはり普段から互いに本に関する何らかのコミュニケーションを図っていたことを伺わせる。記録にそのやりとりは残されていないが、おそらく互いに「面白かったから、よんでみたら」といった会話が交わされていたのではないだろうか。

一方、14名の女児の３年間はというと、まず年少からスタッフと会話しながら絵本をよんでいる姿が数人みられたが、男児と同じく最初はスタッフと絵本をよむことに慣れない子が多かった。年中では、年中からの入園児にくらべ、絵本をじっくり楽しんでいる女児が増える。ただ、この年度の後半になると、絵本をよまずに、お店やさんごっこなどの遊びを始める女児が現れはじめ、これが年長の絵本の時間にまで影響をおよぼした。

年長になると、“ちいさいスタッフ”であるかのように、プログラムの時間に騒いでいる子に注意をしたり、逆に絵本をよむスタッフに対して注文をつける女児もでてくるようになる。また女児同士で、互いに「なんでだろうね」

「こうだからじゃない？」と会話をしながら、絵本を楽しむ姿が年中よりも格段に多くなっていた。

スタッフとの絵本のよみあいが少ない子どもはどうしても記録に残りにくく、スタッフの印象も薄くなりがちである。しかし、年少から年中、年長へと成長していくほどに、自分たちだけで楽しみたいという思いがでてくる。一人、または子ども同士で絵本をよんでいることは以前からスタッフも理解していたが、その中でどのようなよみ方がされているのか、今後注目していく必要があるだろう。

2）女児の間で流行った遊び“からすのパンやさんごっこ”

1998年入園児たちが年長の2000年、ほぼ一年間、絵本の時間に流行していた遊びがある。それが、“からすのパンやさんごっこ”である。これは、かこさとしの『からすのパンやさん』(大型版）をつかって、子ども同士で店員と客にわかれてお店屋さんごっこを行なうものだった。元々、この絵本では、パンがずらーっと並ぶページで子どもは思い思いに自分の好きなパンを指さして楽しむ、といったよみ方がされることが多い。ただ、この2000年年長児の間ではそれがエスカレートし、スタッフを混乱させる原因ともなった。

ではまず、どうやって、この“からすのパンやさんごっこ”が始まったのか、その流れをみていきたい。

◉年中（1999年）

10. 7：棚の後ろに入ってお店ごっこ（女児Ｎ他多数）

10.14：オルガンの下に入り込んでいて（男児ｊ，ばら組女児ｈ，Ｐ他）本屋さんごっこらしい。
「４人しか入れないのに……」といって少しもめる。

12.22：女児Ｓともう１人の女の子が小さい絵本をいれてある箱の後ろでお店屋さん風に遊ぶ。

1.27：子どもたちが自分たちで絵本をみる姿が目に付いた。(大型)『からすのパンやさん』10～12人がまわりに集まり、たくさんのパンが並ぶところをみている。男児 j 「全部食べていいんだよ！と叫ぶ。女児K：「パンはいかがですか～、一列に並んで！」

小さい絵本とは、センダックの「ちいさなちいさなえほんばこ」のシリーズやビアトリクス・ポターの「ピーターラビット」シリーズのことであり、10㎝～15㎝という大きさが子どもたちにとって格好のおもちゃとなったのである。

年中時のすみれ組の担任の先生のお話でも「本屋になり本とか、小さい本とか喜んで借りているようだ」とあり、すでに年中の時からお店やさんごっこが大人気になる兆しがあった。ただのお店やさんごっこが、『からすのパンやさん』のパンのページのやり取りにうまくはまり、“からすのパンやさんごっこ”はスタートしたのである。

◉年長（2000年）

5.18：Aのプログラムで「からすのパンやさん」（大型本）をよむ。

6.15：「からすのパンやさん」を使ってのお店やさんごっこ、始まる。

その後ほぼ毎週のように行われる。

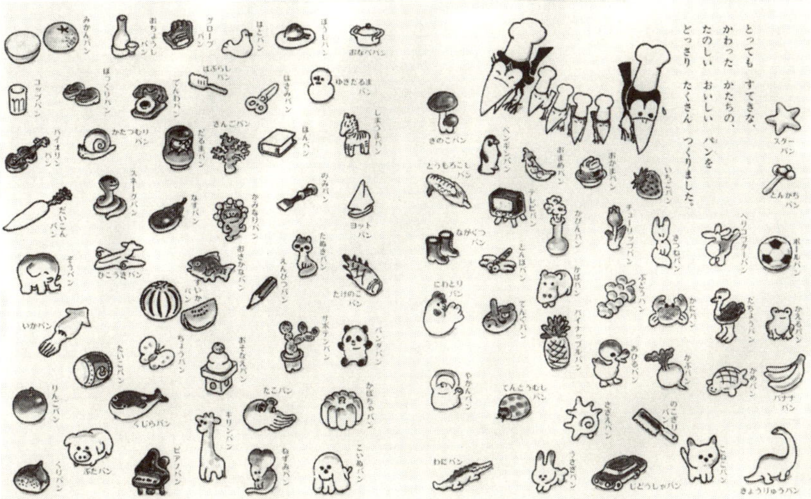

⓮『からすのパンやさん』 9場面目

11.16：お店やさんごっこがうるさくて邪魔になる、とスタッフからの意見がでてくる。子どもたちの騒ぎぶりも最高潮。

12月　：大型本を隠すとそれを探そうとする子がでてくる。

1月　：相変わらず大型本を探す子どもの姿。隠すのが限界で再び出す。

2月　：多少ブームが過ぎたようで、パンやさんごっこも以前より静かになり、盛り上がりも落ちてきた。

年長になると、すでに最初から『からすのパンやさん』(大型版)を使ってお店やさんごっこが行なわれていた。女児を中心としていたが、時折男児も混じり、その仲間に入れる、入れてもらえないといったことでトラブルも何度か起こった。

1998年入園児の中では女児が9名、この遊びに加わっていた。1998年入園男児の参加はほとんどなかった。子どもたちは毎回が全員参加というわけではなく、スタッフと絵本をよんでいることもあれば、ごっこ遊びの方に参加する日もある、といった具合であった。

子どもたちは遊びながら、子ども同士でそのやりとりを楽しんでおり、2000年の9月には女児Qのこんな記録からも、その遊びの様子がよくわかる。

♣女の子が割と大人数で『からすのパンやさん』(大型絵本)を使って、パンやさんごっこをしていた。私は気がついてなかったので、Uちゃんに「さっき予約してもらったパン…」とまくしたてられた時には少し驚いた。メニューといって「ジョニーのかぞえうた」の本をみせられて、「こねこのパンが可愛いですよー」とかいうので、「それを下さい」といい、「高いなー」「負けてよ」といい返したら、「うちのパンは可愛くておいしいから高いんです」とか他にも理由をベラベラとまくしたてられた。言葉遣いも大人びていた。(年長　2000.9.28)

最初はただパンを売るやり取りが、店員と客の会話へと発展し、“パンやさんごっこ”にも進化がみられている。だが、一部の女児が絵本の時間を、このパンやさんごっこにのみに執着していることに問題がでてきた。“パンやさんごっこ”自体がすでに年度当初からでていたにも関わらず、スタッフのこれに対する動きは秋になってからであった。このごっこあそびに参加していない園児たちと絵本をよんでいるスタッフにとっては、この遊びは絵本のよみあいの妨げにもなっていた。子どもたちの間で大盛り上がりをみせていた時期には、すでに『からすのパンやさん』のストーリーは無視され、「パンがずらーっとならぶページ」のみが必要とされていた。毎週その繰り返しであり、今思い返してみると、それをスタッフの介入により他の遊びや絵本に発展させることもできたのではないだろうか。この遊びが、ただ絵本を一緒によむことに飽きてきた子どもたちの、新たな表現であり、絵本を発展させた遊びでもあったことにスタッフが気づいて一緒に楽しめなかったことは残念である。

この年度の場合は絵本を隠してしまうことで、一応の終息はみせたものの、絵本がないことで余計に一部の子どもたちの執着が長引いてしまった。子どもたちにとって、“パンやさんごっこ”より面白いものがないから、遊ぶ方へ行ってしまうのは、やむを得ない状況だったともいえる。年長になると子どもたちは、今までよりももっと楽しいもの、もっと面白いものを積極的に求めてくる。そして、それを自分でみつけようとする。スタッフはそのことを敏感にキャッチして、絵本やプログラムに繋げていくことが今後の課題となってくるだろう。

おわりに

1998年入園児たちの３年間を、貸出記録、絵本記録を中心にみてきたが、21名誰一人として同じものはなく、21名それぞれの個性ある記録が浮かび上がってきた。例え、同じ絵本をよんでいたとしても、その時期や園児自身の状態などによって、受け入れられ方が全く異なることもある。それ故、同じ絵本を何度も繰り返しよむ子どもも入れば、様々な分野の絵本を幅広く楽しむ子どももいる。子どもは、自分で選んだ絵本を、こうめ文庫の時間にはスタッフや友人、または１人で楽しむ。また借りて帰って、自宅で両親や兄弟と一緒に楽しむ。そうして、子どもは成長を遂げていく。今まで、１人でよんでいたり、友人同士でよんでいる子どもたちは、記録に残りにくく、スタッフの中では“よんでもらえない子”という印象を抱きがちであった。しかし、今回そうではないことに改めて気づかされた。今後、私たち文庫スタッフは、絵本のよみあいの中で、子どもの変化に気づき、今よみたいものをうまく一緒に探し、確実に手渡すことができるようにしていきたいものである。

注

＊１　佐藤英和講演記録「馬場のぼるさんの絵本の仕事」①
（「こどもの図書館」児童図書館研究会　vol.49　No.10　2002年）

＊２　馬場のぼる「絵本が生まれたとき」『11ぴきのねこマラソン大会』はさみこみ付録（1984年12月）

〈参考文献〉

・講演記録「馬場のぼるさんの絵本の仕事」①②③　講師　佐藤英和（こぐま社代表）（「こどもの図書館」児童図書館研究会　vol.49　No.10～12　2002年）

・工藤直子　『工藤直子詩集』角川春樹事務所　2002年

第4章

「かわいい」絵本論

はじめに

「かわいい絵本ないの？」といっては、棚の前でうろうろし、なかなか決められない子がいた。それが、毎週続くことから、その子にとって、「かわいい絵本」とは、どんな絵本なのかを考え始めた。そこから、「かわいい」絵本論ははじまっている。絵本を選ぶ時の子どもの発語としてもっともよくきかれるのは、「おもしろい絵本」である。他には、「かわいそうな本」「こわい本」「どうぶつのでてくる本」「恐竜の本」「おばけの本」「全部よんだ、よむものがない」「家にある」などがある。そうした発語のなかで頻繁に聞かれる「かわいい本」選びについては、どれが「かわいい絵本」なのかということが、なかなかつかめず、スタッフが「これぞかわいい絵本」というのを取り出して、「これどう？」といっても、「かわいくない」といわれたり、逆に、まさかとおもわれるようなものを「かわいい」と喜ばれたり、ずれを感じることも多かった。しかし、「こわい絵本」（一時的には、「かわいそう」も）を集めた棚はすぐできたが、いまだに、「かわいい絵本」コーナーはできていない。

「かわいい」という言葉は、一般に、20歳前後の女性が口癖のように頻繁に使い、ものごとに対して「かわいい」と「かわいくない」という二語で反応するということで、社会学者や言語学者の注目するところとなっている。「少女達のかわいい天皇」（「中央公論」1988.12）にはじまる大塚英志の「かわいい文化」論の数々、増渕宗一『かわいい症候群』（日本放送協会　1994）、小原一馬「かわいいおばあちゃん―女子大生の「かわいい」の語法にみられる、ライフコース最終期に関する社会の葛藤する価値観の止揚―」（京都大学教育学部教育社会学「教育・社会・文化」研究紀要　vol.7　25-43　2000）など、さまざまの切り込みがされているが、いずれも「かわいい」という形容詞は、若い女性のものという見方からの論考である。

そうした一般に流布している「かわいい」に対する反応のひとつとして、次のような「かわいい」批判がでてくる。本屋で見かけたお母さんが、表紙をみて、「これはかわいくない」「これはかわいい」と「スパスパと選り分け、かわいいと判断したものだけを買っていった」出来事から論じたものである。

> 大人はなぜ、「かわいい」本を子どもに選ぼうとするのでしょうか。理由のひとつは、文字通り子どもは「かわいい」から、「かわいい」本がいいというものです。……中略……現在軽い意味で使われる「かわいい」は、「愛くるしい」「愛玩」と同じ意味で使われることが多いように思います。この「かわいい」は、子どもの人格を顧みることを忘れた、大人の一方的な愛情を感じさせる言葉です。けれども、経験は不足していても子どもは意志を持って真剣に生きており、子ども自身は「かわいい」本を読みたいと思っている訳ではないのではないでしょうか。
>
> （伊藤明美「絵本のとびら２“かわいい”絵本」母の友　2004.5）

そして、お母さん自身が大人になりきれず、幼児性を求める傾向があるので、「かわいい」本が好きであり、それが、子どもの本選びに投影されると結論づけている。そうであろうか。

確かに、こうめ文庫でも、「お母さんがかわいい本をかりてきなさい」というという子どもの発言は残っている。しかし、「かわいい」絵本を選ぶ要因を、母親の「幼児性」にのみ帰するのは、あまりに一面的な見方であると思われる。「かわいい」絵本を好む子どももいるのである。

そこで、記録を辿り、「かわいい」絵本を求めるのは、どのような理由なのか、また、なぜ、子ども自らが、「かわいい」絵本をよみたいと思っているのかなどを探ってみたい。さらにいえば、若い女性特有と誤解されている「かわいい」ものへのまなざしは、幼児期にも、老人にもみられ、人間すべてがもっている、ひとつのものの見方、志向であるといえるのではないか。そう考えるようになったプロセスを、文庫の「かわいい」絵本にまつわる記録をもとにして述べてみよう。

Ⅰ「かわいい」絵本とは、どんな絵本か

手始めに、蓄積したデータ検索フィルターを使って、文庫の記録から、「かわいい」を取り出してみた。20927件のなかから、192件があがってきた。その内、絵本と子どもに対するスタッフの発言（17）、絵本ではないものに「かわいい」という発言（10）、書名に「かわいい」が入っている『3びきのかわいいおおかみ』（12）を除くと153件が考察の対象となる。その内容を6つの角度から、分析してみよう。

分析の手がかりになるのが、次のような形容詞「かわいい」という言葉の特徴である。

> 形容詞「かわいい」は、対象そのものの属性に焦点のある属性形容詞と、表現主体の心理的な内実に焦点がある感情形容詞の二つの範疇に属する特徴を兼備している。対象と感情との二面からの接近を求めているのである。（井上博文「若年層女性における形容詞「かわいい」の意味の記述」「佐賀大国文」23号　1995　202−203頁）

つまり、「かわいい」には、かわいいと「表現させる対象の形状や性質」という面と、かわいいと「感じる表現主体の感情の内実」という二面からの考察が求められるのである。

1）「かわいい本」を求める

このデータでは、「かわいい本ない？」といっているのは、すべて女児である。ただ、「かわいい本」（17件）といっているほかに、「おもしろくて、かわいい本」といっているのが、4件あり、また、「きれいで、かわいい」（1件）、「ちいさくて、かわいい」（1件）というのもある。「かわいいどうぶつの本ない？」が3件ある。究極の「かわいい本」を求めるためか、なかなか決められず、最後のひとりになっても、まだ、「かわいい本がない！」といい続ける女児の例があがっている。もう一人、かわいい本をかりたいのだがない、といっている例がある。そういう場合、何か、自分のなかに、イメージがある

ようで、それが、「うさぎ」であったり、「ひよこ」であったりするのがわかると、適書を手渡すことができるときもあるが、なかなかつかめないことも多い。「かわいい」絵本ばかりを求める典型的なケースについては後述する。

【表1】データでみる「かわいい」

分　類	データ数
かわいい絵本を求める発言	25
赤ちゃん・小動物	28
林明子・にしまきかやこ・「マドレーヌ」	21
知識絵本の「かわいい」	12
絵本の一部に「かわいい」と反応する	53
その他「かわいい絵本」関連	14
計	153

2）赤ちゃんや小動物の絵本を求める

「かわいい」という形容詞には、二面からの考察が必要となると述べたが、その両者を融合しているのが、「赤ちゃん」や「小さいもの」への眼差しである。「小さい」「丸い」「やわらかい」「澄んだ目」など、赤ちゃんや年少者は、「かわいい」の基本にあると思われる。

a.「赤ちゃん」の登場する絵本

絵本に赤ちゃんや哺乳瓶が描かれていると、なつかしそうにみて、自分の赤ちゃんであったときの話をしてくれる子どもがいるし、赤ちゃんの図像をみつけると、自然に「かわいい」という言葉が発せられることも多い。『赤ちゃんのはなし』の表紙をみて、「かわいい」と興味を示したという記録は、2件ある。また、『おててがでたよ』にも、「かわいい」といって愛情を示したと記録されている。『あしのうらのはなし』でも、「わたしのあしのうらと赤ちゃんのあしのうら、こんなにちがう。赤ちゃんの足、かわいいね」という発言がある。

b. 動物の「赤ちゃん」の登場する絵本

動物の絵本が好きという子どもは多い。そのなかに、「動物のでてくるかわいい絵本ない？」ときかれることもある。どのページを開いても、「かわいい！」がきかれるのは、『どうぶつのおかあさん』（2件）である。『どうぶつ』でも親子の姿が描かれている場面で、「おとーさん、おかーさん、あーかちゃん、かわいい」となる。『きつね』の赤ちゃんにも「かわいい」の声がかかる。

かわいくふわふわにえがかれた「ひよこ」も、「かわいい」という反応がでる。『たまご』への興味深い反応をあげてみる。

♣女児Ａ：たまごの中のひなをみて、「宇宙人みたい。こわーい！でも、かわいいって、いってあげなきゃ」という。　(年長　1999.12.2)

「ひよこ」イコール「かわいい」という刷り込みとは違う図像をみて、それまでに構築された自分の世界に、それを見事に取り込んでいく瞬間である。

かわいい動物の赤ちゃんで、もっとも多くあがってきたのは、「ほーら、大きくなったでしょ」のシリーズである（13件）。いのちが生まれるところから、少しずつ、大きくなっていくさまを写真で伝える絵本である。文庫には、６タイトルはいっているが、「こうま」への言及はない。「ちょう」と「あひる」が１、「ひつじ」が２、「こぶた」が３で、多いのは「きつね」の６件である。いずれも、「わぁー」「かわいい」という声があがっている。

♣Ｂ君が集中。納得いくまで見入って、ぼくはかわいいのが好きだから、これ借りるといっていた。

(『ほーら、大きくなったでしょ　きつね』　年長　1995.10.12)

♣「かわいい」とにこにこしながら写真をみていた。文をきくより、写真を見て楽しむ方が大きい。　(同上　年長　1995.10.26)

いずれも、「にこにこしながら」とか、「うれしそうに」という表現がはいっている。

ｃ．小動物が主人公の絵本

「かわいい」絵本を求める子が、動物の赤ちゃんだけではなく、小さい動物の出てくる絵本を好むという傾向をもっていることがわかり、主題別の棚を設置したときに、「どうぶつ」のなかに、「うさぎ」の絵本を集めてみた。「かわいい絵本がない！」という子をそこに案内すると、好きな絵本がみつかることが多いというスタッフの声があった。データであがってきたのは、「りす」と「こねこ」である。

『りすのはなし』（３件）では、最初のページの大きく描かれた「りす」に圧倒され、「かわいい！と叫ぶ」(年中　1998.2.5) という記録があるし、眠っている場面にも反応がある。りすの毛なみがさわりたくなるほどふわふわに描かれ、視覚的なかわいさだけでない感覚で伝わる (第9章参照)。「ほーら、大きくなったでしょ」シリーズでも、「きつね」に対する反応が高いのは、この点にかかわっているからであろう。「ひつじ」は、ふわふわ、「こぶた」は、まるまるしている。

『ちいさなねこ』(3件) には、「かわいいー、ちいさいー」という反応が記録されている。表紙のねこの目が印象的で、澄んだ目も「かわいい」という語を引く出す要因と考えられる。

3)「かわいい」絵本のイメージを代表する作家

「かわいい絵本」となると、必ず、あがってくる絵本作家に林明子とにしまきかやこがいる。にしまきかやこの方は、『わたしのワンピース』(10件) のみに集中しているのに比し、林明子の方 (7件) は、ばらばらの書名があがり、同じものも2件のみである。「マドレーズ」のシリーズは、「かわいい本といえば、マドレーヌよ」という熱心な読者がいるので、ここで、取り上げることにする。

a.『わたしのワンピース』の「かわいい」(❶)

『わたしのワンピース』は、1969年の初版以来、ずっと、版を重ねているロングセラーである。貸し出しはしないものの、よんでいると男児からも、声がかかり、「似合う、似合わない」論争がまきおこる。

❶『わたしのワンピース』表紙

「ワンピースの柄がどんどんかわるのが、かわいいといっていた」という記録や、「花柄のところで、笑顔になった」(2件) など、絵本とともに、よみ手もその世界に入り込み、変化していくのを楽しむことができる構成になっている。

♣いろんなワンピースに変わっていくのをそれぞれ反応して、楽しんでい

た。最後の「虹」には、声をあげて笑顔をみせていた。（年中　2000.6.8）

♣「花柄がかわいい」「雨のもようはよくない」などワンピースの柄ごとに反応。歓声をあげるＳちゃんに「ねぇ、この本かりたくなった？でもダメだよ、私が借りるもん」と言っていた。（年中　2003.1.30）

にしまきかやこの他の絵本は、同じような色使いや人物描写をしていても、「かわいい」という反応は記録されていない。この絵本の「かわいい」は、もともとは白い布がうさぎになり、色がつき、模様となって、変化していくのを、楽しむとともに、「うさぎ」というキャラクターそのものの「かわいい」も楽しめるのかもしれない。『子うさぎましろのお話』という1970年刊行の地味なロングセラー絵本も思い起こさせる。「うさこちゃん」も「ノンタン」も「ピーターラビット」も「うさぎ」である。「うさぎ」に対する「かわいい」反応は、小さい弱い動物であることと、毛並のふわふわ感、声を出さないこと、耳が長いという顔の特徴などから生じると考えられる。

貸出統計をみると、年中の女児に50回で男児は０である。年長を入れても70回中に男児が１回のみである。いっしょに楽しめるにもかかわらず、男児が貸出さない（貸出せない）のは、いわゆる「女の子の世界」であるからだろうか。ミシンを踏んで、手づくりするというくらしからうまれた絵本であることを考えると、性差なのか、文化的な刷り込みなのかは、判然としない。料理や裁縫の絵本は女児がよく手に取るということはいえる。

ｂ．林明子の絵本の人気

林明子は、「かわいい」絵の絵本の作者として、多くの子どもに認識されている。「かわいい」本を探していて、林明子の絵本に出会うと、「かわいいから、借りる」となることが多い。『いもうとのにゅういん』（３件）『きょうはなんのひ？』（２件）『はじめてのキャンプ』『おふろだいすき』『おでかけのまえに』『こんとあき』（各１件）の記録をよむと、「かわいい」と反応しているところが、それぞれに違い、描かれた子どものかわいさのみに「かわいい」といっているのではないことがわかる。『きょうはなんのひ？』では、描かれた「こいぬ」に対して、「かわいい」が発せられている。『はじめてのキャンプ』では、「いもむし」を「かわいい」といっている。林明子の絵本も女児の貸出率が高いが、『おふろだいすき』のみ、ほぼ男女同率で、主人公が女児の場合、男児が手に取りにくいことがわかる。

林明子の絵本の人気については、文庫では早くから注目しており、5年目の報告でも詳しく取り上げている（内海幸代担当）。それをよむと10年目のデータとあまりかわらない。

年少では、女児上位トップに『わたしのワンピース』と『あさえとちいさいいもうと』が並んでいる。年少のみの蔵書である『あさえとちいさいいもうと』は、妹が行方不明になった姉の不安な気持ちが絵からよみとれ、スリルのある物語展開と、あさえの家から公園までの俯瞰図による細かな発見があり、何度も楽しむことができる。

年中女児では、『こんとあき』『きょうはなんのひ？』が、年長女児では、『いもうとのにゅういん』がそれらに加わる。

『きょうはなんのひ？』の人気は、瀬田貞二の文と林の絵の相乗効果によるものである。女の子が隠した手紙を母親がさがすというしかけ、家の中がいろいろな角度で描かれ、普段のくらしが違った様相をみせるさま、特に、細細とした小道具のおもしろさは興味をひき、宝さがし効果をあげている。淡い色合いの暖かなかわいい絵という特徴をもちながらも、文とのバランスがよく考えられ、人物の設定が確かで、実在感がでている。みるたびに違った楽しみ方ができるのである。

『いもうとのにゅういん』では、よみ手の関心をもっともひくのが、急に妹が入院し、ひとりでいるときに、天候が悪化し、暗い部屋のなかで雷が鳴るのを震えながら耐えている場面である。内海は、この絵本を「かわいそうな話の本」といっている子どもがいると述べて、「しかし、その恐怖に感情移入する読み方ではなく、かわいそうな女の子を見守りながら楽しんでいるような読み方」になっていると分析している。

もっとも興味深いのは、絵と文を林ひとりで担当している『こんとあき』（❷）の人気である。「かわいい」の記録としては、「ドアの前でお弁当をたべているところと、こんが犬にくわえられるところがかわいい」というのがある。このふたつの「かわいい」は、こんが危機に遭遇する場面である。林明子の絵本を「かわいい絵本」の範疇で考えるヒントになる。文庫の貸出データでは、一般に林の代表作として評価の高い『はじめてのおつかい』が、林作品で、もっとも人気がないという結果がでている。この点に着目して、その意味を考察した論考に、内海幸代「林明子の絵本表現―『はじめてのおつかい』から『こんとあき』へ―」（「絵本学」No４　2002）がある。それによると、『はじめてのおつかい』の林の絵は、そのアングルが、子どもの視点ではなく、物語の展開を傍観する大人の視点になっているのに比し、『こんとあき』は、主人公の感情の流れが色彩によって表現され、読者を内面世界に誘い込むことができる絵本としている。

❷『こんとあき』表紙

貸出統計では、『きょうはなんのひ？』と『いもうとのにゅういん』では、男児の貸出が６，７パーセントであるのに比し、『こんとあき』は、３割近くある。こんとあきが列車で旅をするという「のりもの」の魅力も加味している可能性はあるものの、絵の深みをよみとる読者の力にあなどれないものがあるといえる。

c.「マドレーヌ」シリーズについて

翻訳絵本の主人公は、擬人化されていると、違和感がないが、人物であると、なかなか受け入れられない傾向がある。しかし、マドレーヌは、「大好き」「かわいい」「おもしろい」（３件）と探して借出す固定ファンがついている。おそらく、最初の出会いは、アニメなど動画であったと思われる。マドレーヌの小さく描かれた姿と、元気な活躍ぶりが、男児にも３割近い貸出がある。

「マドレーヌ」に対する発言をひろってみると、「おぼれる犬」「もうちょう」「生徒がちゃんと12人いるか」「ギロチン」などに興味をひかれている。

♣マドレーヌのキャラクターについて、「つよいんだよ」とか「一番小さい

んだよ」とか話はじめる。（年長　2002.5.23）

こうしてみてくると、かわいい女の子の描かれているだけで、「かわいい絵本」という範疇でくくることができないことがわかってきた。

4）絵本の一部や主人公のキャラクターに「かわいい」と反応する

a．知識絵本の「かわいい」

「かわいい」という発語は、いわゆる「知識の絵本」といわれる分野にもきかれる。

『みんなのかお』……特に、レッサーパンダに
『地面の下のいきもの』『土の下』……みみずなどに
『昆虫ちいさななかまたち』……色のきれいなもの、小さいものに
『絵でみる世界大恐竜地図』……コリトサウルスや小さい恐竜に
『オーシャンワールド』……くじらに
『野の草花』……きれいな花に
『トマト』……ミニトマトに

小さいものや、うつくしいものをみると、「かわいい」と感じるということがわかる。

b．さまざまの「かわいい」反応をみる

まず、複数で上がってきた絵本の「かわいい」をみていく。

『どろぼうがっこう』……「かわいいどろぼうがっこうのせいと」という文章に「かわいくない」と反応
『かいじゅうたちのいるところ』……マックスが登場する場面に、怪獣に
『だるまちゃんとてんぐちゃん』……特に、ぼうしや靴の場面で
『からすのパンやさん』……チョコちゃん、ねこのパン
『11ぴきのねことあほうどり』……大きいあほうどりが登場する場面で
『11ぴきのねこふくろのなか』……「にゃご、にゃご」という鳴き声に

その他のものをまとめると、動物と小さいものに対して「かわいい」がでる。

「うさぎ」に対して……『プロプシーのこどもたち』
『しろいうさぎとくろいうさぎ』
『もりのなか』
『うさぎのみみはなぜながい』
『どんなにきみがすきかあててごらん』
『だるまちゃんとうさぎちゃん』

「くま」に対して……『せんたくやのくまさん』
『どんくまさんにふゆがくる』
『くまのコールテンくん』
『ぼくじょうのくまさん』
『ぽとんぽとんはなんのおと』

「かば」に対して……『きょうはカバがほしい』
『ぼちぼちいこか』

「動物のキャラクター」に……『どうながのプレッツェル』
『ひとまねこざるとちいさいぼうし』
『ラチとライオン』(ライオン)
『ふたりはともだち』(がまくん)
『バムとケロのにちようび』(ケロ)
『さるのせんせいとへびのかんごふさん』(へびのかんごふさん)

「もの」に対して……『どどどどど』(トラック)
『14ひきのあさごはん』(ベッドのうえのぬいぐるみ)
『ぼくのぱん　わたしのぱん』(ねこの形のパン)
『ちいさいおうち』(おうち)
『にじのはなさかせよう』(ヒヤシンス)
『そらまめくんのベッド』(花かんむり)

その他、『もりのなか』のかくれている動物や、『妖精画談』のかえるのようなこうもりのような妖精に対しても「かわいい」といっている。

5）その他の「かわいい」反応

「かわいい」という言葉は、あまりに頻繁に発せられるので、記録として残っているものの数は、非常に少ないと思われる。しかし、「『まどからのおくりもの』は絵をみて前後のストーリーとかかわりなく絵そのものを面白がったり、かわいいといったりしていた」（年中　1995.5.25）とか、「『リボンのかたちのふゆのせいざオリオン』は、１ページ目から、かわいいとうけていた。みんな集中してきいた」（年中　1998.6.25）などで、絵本に対して「かわいい」という反応は、珍しくなく、日常的に発せられていると推察できる。

♣Ｃちゃんが、「お母さんが気に入るかわいい絵本じゃあないとイヤだ」と気になることをいう。借りたのは、『すてきな三にんぐみ』

（年長　2002.9.19）

♣『パパ、お月さまとって！』で、主人公の女の子が月であそんでいるのをみて、「かわいい……」とポツリといった男の子が、いったものの自分の発言にびっくりしたためか、「やっぱりかわいくない」と言い直した。

（年長　2002.10.3）

この二つの記録は、ジェンダーにかかわる問題を示唆している。保護者のかたへのアンケートでも、「かわいい絵本」でないものを借りてきたわが子にとまどいの感想がよせられている（第８章参照）。絵本は「かわいいもの」という「常識」が前提にあるので、なかには、子どもに対して、「かわいいものを借りてきなさい」という要求がなされる場合もあるのだろう。

男の子が、自分の「かわいい」反応に驚いているというのは、それが、性差なのか、後天的な文化的刷り込みなのかを、考える具体例である。

「若年層女性」の「かわいい」を分析した井上論文（p.198）では、「かわいい」を次の三つにわけて、アンケートを整理している。（下位分類としてａ．人間　ｂ．動物　ｃ．植物　ｄ．物　ｅ．聴覚的なもの　ｆ．その他）

Ａ（主体そのもの）

ａ．赤ちゃん　幼児　子ども　年下の子　後輩　妹　好きなタイプの人　友達　自分の彼氏　好きなタレント　ｂ．動物　小さな動物　動物

の子ども　ペット　犬　子犬　飼っている犬　猫　子猫　飼っている猫　鳥　小鳥　飼っている鳥　c．植物　花　小さな花　小さい野の花　チューリップ・ひまわりの芽　新芽　自分で育てた花　d．ぬいぐるみ　キャラクター商品の小物　人形　服　鞄　帽子　花柄の傘　赤ちゃんや子どもの服や靴　子どもっぽい服　文房具ミニチュア　おもちゃの食器セット　子どもの遊び用の家　小物　アクセサリー（ピアスイヤリング　指輪）　時計　e．オルゴールの音色　ピッコロの音色　スタッカートのついた曲　小さく高い音　f．お伽話　女の子の文学

B（本体の部分や部位）

a．赤ちゃんの手足　子どもの赤いほっぺた　赤ちゃんや子どもの目　女の子の髪型　人の顔立ち　人の小さな爪　b．動物の目　馬の目　牛の目　犬の目　象の目　猫のしっぽ　猫の手足　犬や猫のふわふわした毛　d．服装　洋服のデザイン服の柄や色使い　ピンク色　三角屋根の家　赤やピンクのフリルの付いた服　動物の絵の入ったもの　e．子どもや女の人の声　子どもの話す大阪弁

C（しぐさや行為）

a．赤ちゃんの表情　赤ちゃんのしぐさ　赤ちゃんのミルクの匂い　小さい子どもが遊んでいるさま　小さな子どものしゃべり方　仲良くおしゃべりしながら歩いている幼い子どものカップル　オシャレな人　素直な態度　にこにこよく笑う人　自分に愛想のいい人　茶目っ気のある人　恋をして一生懸命な女の子のしぐさ　好きな人の事を一生懸命話している姿　物事を一生懸命にするさま　健気さ　人が照れているさま　おばあちゃんがゆっくり歩いて買物をしている姿　b．動物のしぐさ　犬のしぐさ　猫のしぐさ

長々と引用させていただいたのは、文庫での「かわいい」発言の内容と、女子短大生300名のアンケートで上がってきた分析結果が驚くほど一致していることを、確認するためである。何に「かわいい」と反応するのかに、年齢差が認められないのである。小さいもの、赤ちゃんや小動物のまるまると

した感じや人間や動物の目への関心に共通な点が見出されるのは、特に、絵本との関連では、注目される点である。

Ⅱ「かわいい」絵本を借り出す子どもたち

このテーマを研究会で取り上げ、特定の「かわいい」絵本に固執する子どもがいるかどうかで、話し会ったとき、スタッフの口から、すぐさま、10人近い名前があがった。また、「かわいい」絵本と子どもたちに認知されているのは、なにかという問いには、林明子の絵本、「マドレーヌ」のシリーズ、「ピーターラビット」のシリーズ、小動物、特に「14ひき」のシリーズが挙がってきた。話し合っていくうちに、「かわいい」絵本を好むのは、女児というのは思い込みにすぎず、男児にも、いつも「かわいい動物」の絵本を求める子がいるし、林明子ものを探している子もいると具体的な名前があがってきた。そこで、ここでは、「かわいい」絵本を積極的に求めた子どもの具体例から、考察することにする。

1）「かわいい」志向の女児の場合

まず、典型的な「かわいい」絵本志向をもっていると思われる女児の貸出の実態を調査し、女児に特徴的なものを探ってみよう。

「かわいい」絵本を求め続ける女児は、各クラスに必ずといっていいほど存在するが、[表]として3年間の貸出記録をまとめてみた。Dは、3年間、ずっと、「かわいい」絵本を求めていた。64回の貸出すべてが、「かわいい」絵本とい

【表2】Dさんの貸出した絵本　年少—年長（97〜99）

からすのパンやさん	2
きつねやまのよめいり	2
きょだいなきょだいな	2
ぼくにげちゃうよ	2
まどから★おくりもの	2
ミリー	2
版画のはらうた　Ⅱ	2
〈はじめてであうずかん〉こんちゅう	1
〈はじめてであうずかん〉しょくぶつ	1
11ぴきのねことあほうどり	1
アンガスとあひる	1
いちご（新宮晋）	1
いちご（平山和子）	1
いつかはきっと……	1
いもうとのにゅういん	1
うさぎさんてつだってほしいの	1
うさぎのみみはなぜながい	1

ってもいいだろう。『マクスとモーリツのいたずら』は例外といえるが、本人にとっては、「かわいい」ものであったかもしれない。

a．年少での貸出

年少では、『アンガスとあひる』に始まり、『わたしのワンピース』『しろくまちゃんのほっとけーき』と続いている。『からすのパンやさん』を２回続けて借り、『いちご』(❸)『ちいさなうさこちゃん』『わたしとあそんで』『マクスとモーリツのいたずら』が入る。注目すべきは、その次に借出した『ぽとんぽとんはなんのおと』である。彼女は、音やことばのリズムに鋭敏であり、繊細な感覚をもっている。年少の最後に借り出したのが『まこちゃんのたんじょうび』で、『わたしのワンピース』と同じ、にしまきかやこの作品である。にしまきかやこの描く「かわいい」絵本は、女児だけに貸出されることは、前述したが、この二冊の貸出はＤが典型的な女児の「かわいい」絵本派として文庫活動に参加していることの証明にもなっている。

おでかけのまえに	1
かあさんのいす	1
きょうはなんのひ？	1
くだもの	1
くまのアーネストおじさん　あめのひのピクニック	1
ぐりとぐらのえんそく	1
こんとあき	1
さよならさんかくまたきてしかく	1
しずくのぼうけん	1
しろいうさぎとくろいうさぎ	1
しろくまちゃんのほっとけーき	1
すてきな三にんぐみ	1
ちいさなうさこちゃん	1
ちいさなねこ	1
どろんこおそうじ	1
なぞなおな～に　なつのまき	1
なぞなおな～に　はるのまき	1
なぞなおな～に　ふゆのまき	1
ねずみくんのチョッキ	1
ねむいねむいねずみ	1
のはらうた　Ⅰ	1
のはらうた　Ⅲ	1
はじめてのおつかい	1
ぶたのたね	1
ふんふんなんだかいいにおい	1
ぼくのぱんわたしのぱん	1
ぽとんぽとんはなんのおと	1
マクスとモーリツのいたずら	1
まこちゃんのおたんじょうび	1
まりーちゃんとひつじ	1
もりのえほん	1
ラチとらいおん	1
りんご	1
わすれられないおくりもの	1
わたし	1
わたしとあそんで	1
わたしのぼうし	1
わたしのワンピース	1
三びきのやぎのがらがらどん	1
赤ずきん	1
総　計	64

b．年中での貸出

年中になって、最初に借り出した『ふんふんなんだかいいにおい』も同じにしまきかやこの絵本である。『ぽとんぽとんはなんのおと』と同じような感性を必要とする絵本であり、音の「かわいい」も選書の要件にはいっているのは確かである。年中で注目される点は、「うさぎ」の登場する絵本を探しては、「かわいい」の確認をしていること、林明子の絵本を発見していること、知識絵本の「かわいい」をみつけていること、後半になって、本格的な物語絵本の世界をひらいていること、同じものを借りていないこと、などである。

「かわいい絵本がない」といい張る子に困ったとき、スタッフが紹介するのが、「うさぎ」の絵本がはいっている棚である。この問題解決法を明快に教えてくれたのがDの「うさぎ」の登場する絵本探しであった。年少では、『ちいさなうさこちゃん』だけであったのが、年中では、『うさぎさんてつだってほしいの』『しろいうさぎとくろいうさぎ』『うさぎのみみはなぜあかい』『ぼくにげちゃうよ』を見つけている。他に動物関連では、ねずみ：『ぐりとぐらのえんそく』『ねむいねむいねずみ』、くま：『ふんふんなんだかいいにおい』『くまのアーネストおじさん　あめのひのピクニック』、ひつじ：『まりーちゃんのひつじ』、ねこ：『ちいさなねこ』『11ぴきのねことあほうどり』、きつね『きつねやまのよめいり』がある。

「かわいい」絵本を探している子どもが、必ず出会うのは、林明子の絵本である。Dのケースでは、年中の『きょうはなんのひ？』と『いもうとのにゅういん』に始まって、年長のはじめころそのピークをむかえている。

物語絵本が主であるものの、4回に1回程度の間隔で、『いちご』(❹)（平山和子）『くだもの』『〈はじめてであうずかん〉こんちゅう』『〈はじめてであうずかん〉しょくぶつ』『わたし』がはいっているのも、彼女がいかに考えて選書しているかを語っているだろう。同じ絵本も全く借り出していない。

もうひとつ指摘できるのが、秋ごろから『かあさんのいす』『すてきな三にんぐみ』『しずくのぼうけん』(❺) といった個性的な物語絵本のおもしろさを発見していっていることである。翻訳絵本は、表現や描かれる風景、特に人物に、なじみがないこともあって、なかなか、自ら手に取られることがない。Dが自分の好みにあう翻訳絵本をみつけていることは、対象をよく見つめ、吟味していることがうかがわれる。「かわいい」というキー・ワードの範疇が広がったのか、どこかに「かわいい」がみつかったのか、「かわいくない」になりそうなぎりぎりのところで留まっているのか、いろいろの解釈を許容するようである。

❸『いちご』表紙

２月に入って、『版画のはらうた　Ⅱ』を借り出している。6月に『さよならさんかく』が出ているが、Dの言葉の響きに対する感度のよさが、くどうなおこの詩と（美しい小型本の装丁も含めて）共感することに繋がっている。『のはらうた』への傾倒は、年長へと持ち越されている。興味深いことに年中では、同じ絵本をかりていないのに比し、『ぼくにげちゃうよ』『ミリー』『きつねやまのよめいり』『版画のはらうた　Ⅱ』『まどから★おくりもの』は、年長で、もう一度借り出されている。

❹『いちご』表紙

❺『しずくのぼうけん』表紙

c．年長での貸出

年長の最初の貸出は、林明子『はじめてのおつかい』であった。『こんとあき』が一ヶ月をおいて、間をおいて、１月と２月に『おでかけのまえに』と『ぼくのぱんわたしのぱん』が入っている。林明子にまた戻ってくる間に、Dは、３つの違ったタイプの「かわいい」絵本を楽しんでいる。

一つは、「のはらうた」のシリーズである。同じものや同じような絵本を殆ど続けて借り出さないTが、6月に『のはらうた　Ⅲ』『のはらうた　Ⅰ』『版画のはらうた　Ⅱ』と3週連続で「のはらうた」を借り出しているのだ。「のはらうた」のクラスでの流行については、すでに、考察されているが（第3章参照）、一般に、幼児のものとは考えられていない詩集を、それぞれに楽しんでいる状景は、文庫のなかでもよく見受けられる。絵本の棚の分類のなかに「ことば」があり、なぞなぞの本や、詩の本を蔵書に入れ大切にしてきた分野である。詩をよみあう楽しさは、文庫のプログラムでも、意識的に取り組んでいる。保護者アンケートで、詩集を借り出してきた我が子に驚きながら、おかあさんも「はまる」という体験を書いていただいたことがある。ことばを楽しむという体験は、『なぞなぞな～に　なつのまき』と『なぞなぞな～にふゆのまき』の貸出ともつながっている。また、年長で2回貸出しているたった一冊の絵本『きょだいなきょだいな』の楽しみとも同質のものといえる。声を出してよむと、誇張されたナンセンスな内容とあいまって、ことばのリズムがおもしろく、身体がひとりでに動いてくる。ナンセンスなおもしろさでは、『ぶたのたね』が入っているのが注目される。「ぶた」は、その丸い形態から、「かわいい」動物にいれることはできるものの「うさぎ」や「りす」とは違ったキャラクターである。推測の域を出ないが、ことばに鋭敏なDにとって「ぶたのたね」というありえないものに好奇心が動いたのではないか。ナンセンスのおもしろさでは、『ねずみくんのチョッキ』『どろんこおそうじ』も入っていて、ナンセンス絵本を発見する時期であったといえる。また、知的な遊びの入っている『まどから★おくりもの』もなぞなぞ遊びの延長線上にあるのかもしれない。

次に、グリムの『赤ずきん』と『ミリー』に注目したい。昔話絵本としては、『三びきのやぎのがらがらどん』の貸出もあるが、なぜ、年長になってからなのかと考えると、いわゆる「かわいい」絵本という範疇に入らなかったのが、ここにきて、その壁が少しゆるみ、みかけはかわいくなくとも、やぎが橋を渡っていくときの音のおもしろさなど、許容できるものになったのではないだろうか。

グリムの昔話は、よく知られているように思われているが、実際は、きちんとした昔話の形式をふまえたもので流布しているとはいえない実態がある。文庫でも、昔話は、子ども自らが手に取らない「代表格」のジャンルなので、できるかぎりうまく紹介して物語の魅力にふれてもらおうとしている。しかし、あまり成功していない中で、「かわいい」絵本一辺倒のDが、年長になって、こうした絵本に手を伸ばしたことは、注目されるのである。

『赤ずきん』は、バーナディット・ワッツの「かわいい」絵であるので、Dの路線である。しかし、『ミリー』は、どうだろうか。この作品は、ヴィルヘルム・グリムが母親を亡くした少女に手紙でおくった物語にモーリス・センダックがさし絵をつけたものである。深い森に一人ではいっていくミリーの大変さと聖ヨゼフとの出会い、家への帰還が語られた文章量の多い作品である。センダックの描く少女は、これまでDが親しんできたような「かわいい」ではなく、母の言葉と神の加護を信じて真剣に生きようとする決意が伝わるような芯の強さを感じさせる像である。Dがこの絵本にこだわり、じっと、見つめている姿をスタッフの一人が記憶していて、Dから真剣な感じをうけたという。

もう一つの特徴は、年中でもみられたことであるが、『いつかはきっと……』『わすれられないおくりもの』『ぼくにげちゃうよ』『ラチとらいおん』など、個性的な翻訳絵本をみつけていることである。

あと一冊、10月に貸出された佐野洋子『わたしのぼうし』は、淡い色調のため「かわいい」絵本といえるものであるが、明らかに、表面の「かわいい」印象で論じられるものでなく、自分のものであった「ぼうし」との別れが象徴しているものを、考えさせるところがある絵本である。新しい汚れていないぼうしを買ってもらったのに、なかなか自分の「ぼうし」と認められない少女の物語は、Dが、表面的な「かわいい」から、内面的な「かわいい」に目が向けられるようになったといえるかもしれない。

Dには、一年年上の姉が同じ幼稚園にいた。二人の貸出記録をみてみると、明らかに、貸出傾向がかなり違っている。姉は、年少で『かいじゅたちのいるところ』、年中で『おばけいしゃ』『はせがわくんきらいや』、年長で『じごくのそうべえ』『トリゴラス』など、典型的な「こわい絵本」を借り出している。「かわいい」ものが好きになるのが、若い母親の影響であるとのみ考えるのは単純すぎると思われる事例である。

こうしてDの「かわいい」絵本遍歴を詳細にみていくと、年毎に「かわいい」の内実が深まっているのがわかる。また、音やリズムへの感度のよさも、「ぽとんぽとん」「ふんふん」といった音への反応から、物語や意味内容を伴った言葉遊びへと変化していることがわかる。

2）男児と「かわいい」絵本

女児が好む「かわいい」絵本ではないが、「かわいい」絵本を好んで借り出す男児が、かなりいることにスタッフは、早くから気付いていたので、今回データによる検索を試みてみた。それによると、例外はあるが、主人公が女児で、女性的な仕事（料理・裁縫など）をする絵本は、男児には、貸出されないことや、物語そのものよりも、かわいい表紙やキャラクターなどイメージだけで、訴えるものも、あまり男児が手にしないことがわかってきた。「11ぴき」のシリーズや赤ちゃん・小動物を対象にした絵本には、男女差があまりない。

データ検索を通してあがってきた「かわいい」絵本をよく借りた男児は、５名いた。そのうちのＥくんについては、詳細に検討することにして、あと４名については、その傾向を述べるにとどめる。

a．4名の男児の貸出記録から

◉Ｆの場合（1998-99）

『はじめてのおつかい』３回『こんとあき』３回『ぼくのぱんわたしのぱん』１回『いもうとのにゅういん』１回と、55回中８回が林明子絵本である。『ちいさいきかんしゃ』『昆虫ちいさいなかまたち』『いちご』（平山和子）など、「ちいさい」ものもはいっている。あとは、典型的な男児の貸出し傾向を示す『地下鉄のできるまで』５回、『飛行機』『土の下』などがあがっている。

◉Gの場合（1999-2000）

『おふろだいすき』『こんとあき』『ぼくのぱんわたしのぱん』と林明子のもの、「14ひき」のシリーズ３、『のはらうた　Ｉ』と『のはらうた　Ⅲ』、『いちごばたけのちいさいおばさん』が貸出されている一方で、「おばけ」というタイトルのついた絵本がならんでいる。「かわいい」と「こわい」は、表裏をなしているのかも知れないということを考えさせてくれたケースである。

◉Hの場合（1997-99）

『まどから★おくりもの』３回、「14ひき」のシリーズ２回、『くまさん』『しろくまちゃんのほっとけーき』『ぼくはくまのままでいたかったのに』、『おふろだいすき』『こんとあき』『ぼくのぱんわたしのぱん』、『おたまじゃくしの101ちゃん』『ぐりとぐらのおきゃくさま』『こぎつねコンとこだぬきポン』『たまごのあかちゃん』『のはらうた　Ⅲ』『りすのはなし』があがっている。

知識の絵本と交互に「かわいい」絵本が貸出されている。Hは「おもしろい絵本ない？」と絶えずスタッフに問い掛けているので、「おもしろい」のなかに、「かわいい」が含まれているのかもしれない。また、「かわいい」絵本をみている女児の邪魔をする場面も記録されている。

◉Ｉの場合（2001-２）

Ｉは、『クジラ・イルカ大百科』３回『ＭＯＯＳＥムース』『今森光彦昆虫記』などの合間に『ブライアン・ワイルドスミスのＡＢＣ』２回や『妖怪画談』などが入り、『げんきなマドレーヌ』『マドレーヌといぬ』『あさえとちいさいいもうと』を借り出している。特に、「かわいい」絵本という意識をしていないのか、あるいは、時にはこうしたものがよみたくなるのかは、判然としないが、こだわりなく絵本を選ぶと、こういう選書になることがあると考えられる。

b．「かわいい」絵本の好きな男児の場合

Ｅは、「かわいい」絵本の好きな男児として、スタッフの間でよく知られていた。クラスのリーダー

【表３】Ｅくんの借り出した絵本　年中・年長（98～99）

おたまじゃくしの101ちゃん	3
こんとあき	3
どろんこハリー	3

ころころころ	2
チキンスープ・ライスいり（小）	2
ぶたのたね	2
まどから★おくりもの	2
子うさぎましろのお話	2
あしたは月よう日	1
あな	1
いちご（平山和子）	1
おっぱいのひみつ	1
がいこつさん	1
かおPart 2	1
からすのパンやさん	1
こぐまのくまくん	1
ごちゃまぜカメレオン	1
しろくまちゃんのほっとけーき	1
すいみんぶそく	1
すてきな三にんぐみ	1
ぞうのババール	1
たまごのあかちゃん	1
どろぼうがっこう	1
ねずみくんのチョッキ	1
ねむいねむいねずみはおなかがすいた	1
のはらうた　Ⅱ	1
パイルドライバー	1
ばけものつかい	1
はなのあなのはなし	1
パパ、お月さまとって！	1
ふゆのせいざオリオン	1
ぼく、お月さまとはなしたよ	1
ぼくのぱんわたしのぱん	1
ぼくまいごになったんだ	1
まあるいまあるい	1
まよなかのだいどころ	1
めっきらもっきらどおんどん	1
よるのようちえん	1
わっこおばちゃんのしりとりあそび	1
色（いろ）	1
地下鉄のできるまで	1
飛行機（ひこうき）	1
総　計	53

的な存在で元気のよいたくましい男児である。そして、「こわい本はきらい！」といって、温かみのあるやさしい感じの絵本を選ぶ。プログラムの時間でも、集中度が高く（騒ぐ子がいると注意をする）、お話の世界に入り込み、それを楽しむことができる。また、自由に絵本を選んで、スタッフによんでもらうのも大好きで、「静かに聞いている」「真剣だった」など、その記録だけでも、大量に残っており、文庫での時間をフルに活かしている。

◉年中の貸出記録から

Ｅの特徴は、お気に入りの絵本を繰り返し借り出していることである。５月に借りた『子うさぎましろのお話』を１月に、『ぶたのたね』６月と11月に、『どろんこハリー』を６月と10月に、『まどから★おくりもの』も６月と10月にと間を置いている場合もあるが、『こんとあき』は、２週続きで、『おたまじゃくしの101ちゃん』を３週続けて借り出している。『おたまじゃくしの101ちゃん』には、「感情表現が豊かで、ハラハラしたり泣きそうになったり、全身で絵本をよんでいる。」という記録がある。25回の内、6タイトルが複数回貸出されているので約半数である。

かこさとし『おたまじゃくしの101ちゃん』は、『からすのパンやさん』の人気には及ばないが、どちらかといえば、男児に繰り返しよまれている人気絵本である。かえるのうちに、「まるまると　ふとった　あかちゃんが、なんと……　百一ぴきも　うまれました。」というはじまりから、読者をぐっとつかんではなさない。明るいみどりの丘に囲まれた沼の中央で顔をだしているおかあさんかえるとそのまわりにぐるりと描かれたおたまじゃくし101ぴきの楽しげな様子が物語の進行とともに、危険ないきものとの戦いになるという展開は、おたまじゃくしのかわいい絵とは裏腹に、波乱に富んでいる。⑹ 女児にだけ愛読される「かわいい」絵本との違いがよくわかる作品である。したがってEが好きな「かわいい」絵本は、女児とは、かなり、ニュアンスが異なるのである。

❻『おたまじゃくしの101ちゃん』裏表紙

年中の貸出は『はなのあなのはなし』にはじまっている。『おっぱいのひみつ』『かおpart 2』が物語作品と交互に入っている。『ねずみくんのチョッキ』の次が、『地下鉄のできるまで』、『いちご』(平山和子) の次が『よるのようちえん』という具合である。バランスよくよく考えて借り出しているのだ。したがって3週連続の『おたまじゃくしの101ちゃん』と2週連続の『こんとあき』は、作品への傾倒ぶりがはっきりとよみとれる。保護者へのアンケートに母親が回答しているので、引用してみる。

> 意外というかすべての本が新鮮でした。入園までの絵本はほとんど親やまわりの大人が買い与えたものなので、どうしても「大人が見て子どもがたのしめそうなもの」(かわいい絵、伝えたいことが内容に入っている本など) で、もちろん、子どもも喜んで読んでおりましたが本人が自主的に選んだものではありません。ですから、子ども自身が選んでくる本は親が想

像もつかなかったり「え、こんな絵かわいくなーい」と思うものもあり、
その発見が楽しかったです。

そのあと、「動物が主人公のもの」や「福音館のもの」を選んできたと述べられている。同じ「かわいい」ものといっても、母親の好みとは、違った「かわいい」をEが選んでいることが、この母親の記述から知ることができた。

その他の作品には、『ころころころ』と『まあるいまあるい』がある。物語絵本の合間にはいっている。『飛行機（ひこうき）』の次に『リボンのかたちのふゆのせいざオリオン』が貸出されて年中を終える。家庭の蔵書にはない自分の好みの絵本を探し出すのは楽しかったに違いない。しかし、年中の選書は、『よるのようちえん』を除いては、安定感の得られる母親の絵本観とはずれがあってもそれほど大きくはずれない範囲のものであった。年中で貸出されたもので年長でも再度貸出されているのは、『こんとあき』『ころころころ』『どろんこハリー』の３作品にすぎないが、それらが、「こわい絵本」へも目を向けはじめたなかで、美しさや物語の楽しさなどを再確認するものとして、機能しているようである。

◉年長の場合

、『ぼく、お月さまとはなしたよ』『ぞうのババール』でスタートした文庫活動であるが、年中とは、違った傾向の作品がときおりはさまるようになる。３週目の『がいこつさん』、６週目の『まよなかのだいどころ』、15週目の『ばけものつかい』である。『ぼくのぱんわたしのぱん』『からすのパンやさん』『たまごのあかちゃん』など「かわいい」系の間にそっと挿まれているようである。そして、年長の後半11月から最終まで、次のように貸出になっている。

『あな』
『ぼくまいごになったんだ』
『チキンスープ・ライスいり』（小）
『しろくまちゃんのほっとけーき』
『すいみんぶそく』
『ねむいねむいねずみはおなかがすいた』

『こぐまのくまくん』
『あしたは月よう日』
『めっきらめっきらどおんどん』
『どろんこハリー』
『パイルドライバー』

「かわいい」ものを、主調としながらも、どんどん、「こわさ」の深い絵本へと手を伸ばし、ついに、長谷川集平に行き着くところがよくみえるのである。このことは、表面的には、正反対のものとわれわれが考えている「かわいい」と「こわい」がそれを求める内面では、それほど、乖離したものではなく、道は別々についているが、辿っていくうちに出会うようなものであることを示唆している。

Ⅲ 「かわいい」絵本論

絵本のなかの赤ちゃんや小動物に「かわいい」という声があがることを取り上げて、何を論じることができるのか、全くわからない状態で、手探りしながら、子どもの反応や発語を頼りに「かわいい」の実体に迫ろうとしてきた。データでいえることは、「かわいい」ものを求めることから、絵本の世界に入り込み、安心して「かわいい」と発言し、文庫での活動のエネルギーになっていることである。

哲学的に「子どもはなぜかわいいか」を考察した論文（大久保智「子どもはなぜかわいいか―哲学的人間学の視座Ⅱ」京都文教短期大学　研究紀要　第40集　2001）によれば、子どもがかわいいのは、「「かわいさ」を発散させることによって保護を求めるからである」(62頁) としている。子どもは、「かわいさ」という解発因を自然発生的に発散させている存在であると考えられ、そのため、大人は子どもがかわいいと思うのである。この関係は、なぜ、子どもが「かわいい」絵本を探し、惹きつけられていくのかの関係と類似していると思われる。絵本が誘うのである。

アートの世界でも、「かわいい」の系譜が辿れることが、最近あきらかになってきている。「美術手帖」（1996年２月号）の特集「かわいい」によれば、「ピンク」に代表される「かわいい」絵は、長い間、蔑視され、まともなアートとしては認められなかったのが、フローリン・ステットハイマーやカレン・キリムニクなどの展覧会が開催されるようになったという。この特集の扉に、「「かわいい」の世界は／「さかさまの世界」だ。／弱いものが力をもち／強いものを従わせる．／　中略　／　アートにおけるかわいいのポリティクス／逸脱の意志をもつ小さきものたち。」というリードが掲載されている。「かわいい」という「弱いもの」が力を持つという思想は、現代のものであり、21世紀の哲学でもあるといえる。大人・子ども関係で、「弱いもの」である「かわいい」子どもが、絵本を通して、「かわいい」ものに触れようとするのは、その関係をシュミレーションしているのかもしれない。「かわいい」という感情をもつことが、関係性への第一歩といえるからである。「かわいい」が商品として具象化され、大量に消費される現代社会にあって、「かわいい」の本来の姿は、みえにくくなっているといえる。その中に、「かわいい」絵本を置いてみると、素直な「かわいい」という感情を出すことのできる対象としての意味がみえてくる。

同じ特集に、二等身の「カワイくてキモチわるい」子どもを描きつづけているアーティスト奈良美智が紹介されている。

> 奈良美智は、子どもや動物を「カワイイ」対象としては見ていない。彼にとって、それらは社会的「弱者」の象徴である。この世の中にいまにもおしつぶされそうな、そんな者たちの怯えと恐怖。と同時に、純粋で無垢であるゆえの無知＝残酷さ。（19頁）

奈良美智の子どもの大きい顔にある単純で無表情に描かれた目にみつめられると、みるものは動揺してしまう。その存在の両義的な表現は、ＤやＥが、幼児期にあって、「かわいい」を求めた遍歴の先にみえてきたかれらの内界と通底しているようである。

Ｄが辿りついた佐野洋子の『わたしのぼうし』の世界は、「ぼうし」という具体的な「もの」を通して、主人公のゆらぎを表現することに成功している。Ｅが辿りついた長谷川集平の世界は、日常のなかに潜むグロテスクや不安、恐怖などをみせてくれる。単純な「かわいい」からはじまった彼らの軌跡は、多くのことを語ってくれた。

なにげなく楽しんでいるように思われる「かわいい」絵本の世界であるが、つきつめていくと、人間性本来の深い内実の世界を含んでいることがわかる。「かわいい本がない！」という叫びは、他愛ないものにみえて、そうではなく、切実なものであるかもしれない。また、「かわいい」絵本の遍歴は、意識せずに、自分の内界を広げ、他者への愛を確認することになっているのかもしれない。子どものこころの世界になにがおこっているのか、うかがいしれないが、絵本という媒体を通して、何かが反応し、変化し、関係性を深めていくことができる。

＊　＊　＊

・この論を書き上げたころ、四方田犬彦『「かわいい」論』（ちくま新書　2006）が刊行された。セーラームーンやキティちゃんなど、日本のサブカルチャーの多様性と世界に浸透していくエネルギーに触発されて、日本発の「かわいい」文化を世界的な視野から論じたものである。「かわいい」を「美とグロテスクの狭間」としている観点など、材料は異なるが類似した考察をしているところもあった。「かわいい」を若い女性の好みとする論から、次の段階に「かわいい」論が至っているのを知ることとなった。

・本論は、最初、文庫スタッフとして活動をしていた内海幸代さんが手がけていたものである。研究会にも出席して、詳細なデータを提示したり、論の可能性について言及していたが、途中、出産のため、プロジェクトから抜けることになった。それを筆者が引き継いだ。データ、特に、「かわいい」絵本を貸出する男児については、彼女の抽出したものをそのまま使わせてもらった。その他、示唆を受けたところも多い。

第5章

こわい絵本の魅力

こうめ文庫における「こわいほん」人気を考える

はじめに

文庫を始めて実際に子どもたちとかかわるまで、こうめ文庫のスタッフの絵本に対する見方は非常に一面的なものであった。研究会等を開き子どもと絵本について学ぶ姿勢はもっていたものの、10年前に存在していた絵本についての本や論文も、読者である子どもとのかかわりについて触れたものも少なかった。幼稚園の子どもたちがどのような絵本を好むのか、スタッフが思い描いていた絵本観とは、「明るくてかわいい、ホッとできるような物語絵本」(たとえば『ぐりとぐら』など福音館の絵本などに多くみられる物語絵本)で、当時の蔵書は、そのような絵本で占められていた。けれども、実際の子どもたちと接してみると、「おもしろい本がない」と訴える子がでてきて、その姿から、私たちの絵本観と子どもたちの求める絵本にズレがあることを気づくようになった。子どもは自分にとっておもしろいと思う絵本については、身をのりだして反応をするが、そうではない本に対しては、「おもしろくない」とはっきり文句をいい、全然聞かなかったり、素直な反応を返してくる。そのような子どもたちとのかかわりを通して、様々なタイプの人気の本があることがわかってきたが、そのなかでも特に驚いたのが、絵や内容が暗かったり、おばけのでてくる本など、大人からみると子どもには「こわいのでは？」と思われる本であった。また、毎年のように「こわいほんない？」といってこわい本を真剣に探す姿もみられた。幼い子どもが、暗い内容の本やこわい本にも魅力を感じていることに驚き、「こうめだより」の記事としてとりあげたりすることも多かった。初期5年間の活動をまとめた『きょうはこうめのひ』でも、様々な章で「怖い本」への視点がとりあげられている。その後、「こわいほん」について考える自主研究会の機会をもった年もある。大学の卒業等によって、スタッフの顔ぶれは代わりながらも、こうめ文庫スタッフの関心は受け継がれ、「こわいほん」について関心が続いてきた。

子どもがこわいものが好きだとか、こわい絵本を喜ぶという事実は、子育てを経験した親や絵本にかかわっている人などからすると、特に珍しいことではないに違いない。こわい絵本という切り口で絵本を考察した実践報告は意外に少ないが、最近では、絵本のブックリストなどで「おばけ」の絵本がとりあげられることもある[*1]。子どもにとってどれほどこわい絵本が魅力をもっているということは、実際に子どもとよまない限り、なかなか実感できないものだ。毎年、こうめ文庫でも「こわい本を借りて来ちゃダメ」と我が子に注意する母親がいるのも事実である。この章では、「こうめ文庫」という場のなかで起こってきた、「こわいほん」人気について注目してみたい。

I　こうめ文庫の歴史と絡めて考える

「こわいほん」について考える前に、私たちが「こわいほん」を着目するようになった過程をみていきたい。こうめ文庫のなかでの「こわいほん」への人気は、子ども自身から発展したものであると同時に、こうめ文庫の歴史とも大きくかかわっているからである。ここでは、文庫のなかでどのようにスタッフが子どもたちが「こわいほん」を求めているかを知り、意識してきたか、簡単にその歩みをみていきたい。

1）こうめ文庫10年間から見直す

1994年度：こうめ文庫を開始した初年度の対象園児は年少児のみだった。幼い子だというのに、「こわいのすき」という子がいたり、プログラムで取りあげた『かいじゅうたちのいるところ』『てぶくろ』など、こわい要素のある絵本が、子どもの集中をひきつけることに驚く。

1995年度：新しく始まった年中・年長児クラスに戸惑う。子どもの興味とこうめ文庫で扱う絵本に大きなズレがあり、「つまらない」とうろうろする男児が多かったが、年中では、『ねないこだれだ』や『かいじゅうたちのいるところ』、年長では、『おしいれのぼうけん』などが満足のいく本として受け取られ、「おばけのでてくる本」を子どもが求めていることを実感する。年度末に『はせがわくんきらいや』をとりあげると、これまで絵本をきこうとしなかった男の子たちがひきこまれる。

1996年度：年中・年長向け蔵書に、意識的に「おばけ」の絵本を増やし(『おばけいしゃ』『おばけじま』『ひゅるひゅる』『めっきらもっきらどおんどん』など)、おはなしの時間でも、「おばけ」をテーマとしたプログラムを取り入れ、絵本紹介もしたため、「おばけ」の絵本が人気となる。「おもしろい本がない」という子どもに対して、「おばけ」や「かいじゅう」の本を勧めればよいというような風潮ができていく。一方で、年中で、特にスタッフが紹介していない『ねむいねむいねずみ』が人気となり、年少は、『すてきな三にんぐみ』に固執する子がでてきて、暗いイメージの絵本に子どもが魅力を感じるということをスタッフが意識するようになる。『すいみんぶそく』をプログラムでとりあげると、年長男児の間で人気となり、必死に借り続ける男の子の姿に驚かされる。

1997年度：これまでの経験を踏まえ、スタッフ間の話し合いのなかで、子どもが「こわいほん」を求めているということが共通認識となり、「こわいはなし」というテーマのプログラムをすると、子どもたちから反響がある。2学期、年中で『すてきな三にんぐみ』が子ども間で大流行し、壮絶な取り合いがおこる。同時に『はじめての恐竜大図鑑』『トリゴラス』も人気となる。昨年度に引き続き、「おばけ」の本は人気があったものの、せなけいこの『ねないこだれだ』以外の「おばけ」の本では満足しきれないようで、「おばけ」がでてくるというだけではだめだと思うようになる。3学期、しかけ絵本『おばけやしき』を入れてみると、爆発的な人気本となり、取り合いが続く。

1998年度：1学期、年中・年長共に『おばけやしき』人気が続く。年長では、『おばけやしき』と共に『すてきな三にんぐみ』人気が続き、他のウンゲラーの絵本人気へ広がっていく。プログラムでとりあげた『ピエールとライオン』が好評だったこともあり、センダック絵本も人気となる。年中では、夏休み後『おばけやしき』人気は冷めていくものの、『おばけやしき』=「こわいほん」という認識から、「こわいほんない？」と熱烈に求めてくる女児Aがでてくる。ほかにも「こわいほん」を求める子はいたものの、Aがあまりに毎回聞いてくるので、３学期頃、彼女を意識して「こわいほん」の仮棚を設け、こわそうな本をまとめて置くようになる。

1999年度：「こわいほん」コーナーが子どもの興味をひくので、本格的に本棚の配置替えをし、「こわいほん（おばけ・かいじゅう）」コーナーを設ける。昨年度年中だったＡは年長になってからも、引き続き「こわいほん」に固執し続ける。Ａの影響で、スタッフも「こわいほん」について考えることになる。さらに、初期５年間の文庫活動について『きょうはこうめのひ』をまとめたことで、ウンゲラー、センダック、長谷川集平、『はじめての恐竜大図鑑』、『おばけやしき』、「ねむいねむいねずみ」シリーズなど、こわい要素をもつ絵本の人気を再認識するようになる。

2000年度：年長はそれほどでもなかったが、年中で、絵本の棚紹介の一つとして行なわれた「こわいほん」コーナーでの紹介をきっかけに、『おばけやしき』が年中クラスで極端な人気となり、取り合いが続く。『おばけやしき』をきっかけとして、「こわいほん」「おばけのほん」を求めてくる子が多数でてくる。そのなかで、男児Ｂは『おばけやしき』に固執し、男児Ｃは「こわいほん」を求めるようになる。

2001年度：１学期、年長では、引き続きこわい本が流行していたが、全体としては徐々に冷めてくる。そのなかで、Ｂは『おばけやしき』、Ｃは「こわいほん」へこだわりをもち続ける。Ｃがあまりにさまざまな「こわいほん」を求め続けるので、「こわいほん」コーナー以外にも、一時的にこわい本仮蔵書を彼のために作ってみる。

2002年度：年中で、１学期、「こわいほんない？」と聞く「こわいほん」を求める流行がおこり、２学期になると薄れてくるが、『おばけやしき』、「妖怪」のでてくるものはよく借りられ、男児の間で恐竜の本の流行が起こりはじめる。

2003年度：図鑑・知識絵本、写真集が人気で、蔵書を増やす。年長では、１年間男児たちの間で恐竜の本の流行が続き、年中では、『おばけやしき』と恐竜の本が好まれる。

このように、10年をふり返ると、子どもたちがこわい内容の絵本を好むということを知り、「こわいほんない？」という子どもの発言から、私たちも「こわいほん」という視点をもち、徐々に考え、それが子どもにも影響した。子どもの発言や様子から、スタッフも影響され、視野も広がってきたという相互の影響関係がみえる。学年全体でみるとき、何らかの絵本（あるいは子ども）をきっかけとして、こわい要素をもつ本の流行が起こることが多いが、その流行が１年間続くということは少ない。ある一時期集中的に、集団の子どもたちに人気がでるのである。内面のエネルギーに溢れ、なにか発散したい気持ちが高まったようなときに、こわい絵本の流行は起きることが多い。たいていは、こわい絵本が流行した後には、ナンセンスやなぞなぞなど、まったく違うタイプの絵本が流行するなど、さまざまな領域に広がりをもっていくことが多い。その一方で、特別に「こわいほん」にこだわりをもち続ける個人の子どもというのも確かに存在し、私たちを感化させてきた。その個人の子どもが集団に影響を及ぼしたり、友達同士影響しあったりするような集団のダイナミズムという観点でみると、「こわいほん」が特別に流行する学年と、それほどでもない学年がある。その背景には、学年の個性というようなものもあるし、幼稚園の誕生日会でこわい内容の昔話のビデオをみたことも影響したと思われる年もあった。クラスを担当するスタッフが「こわいほん」を意識している年ほど、その影響が大きくなっていたかもしれない。

２）「こわいほん」コーナー

こうめ文庫では、毎週のように「こわいほんは？」ときいてくる子どもに対応するために、1998年、段ボールで仮の棚をつくり様子をみた（注・このときは、流動的に絵本を入れ替えていたため、残念ながら、どの絵本を入れていたか記録に残っていない）。コーナーづくりが効果的であることがわかり、1999年度から、本棚の一つに、こわそうな本を集め、「こわいほん」コーナーと呼び、定着させてきた（【表１】「こわいほん」コーナー　絵本リスト参照）。「こわいほん」コーナーは、初めのうちは、「おばけ」「かいじゅう」がでてくるもの、一見絵がこわい絵の本などが抽出されていた。「こわいほん」コーナーに置いておけば普段手にとられない本も手にとられる傾向があったので、強引に入れられた本もあった。子どもたちは、その本が本当に「こわいほん」なのかをチェックし、意見を述べたり文句をいってきたので、子どもからの意見等により、変えていく（特に「こわくない！」と文句があがったのは、『まんじゅうこわい』『たすけて』であった）。「こわいほん」コーナーの影響力は絶大だった。おはなしの時間から、コーナーの前に身構える子も多数おり、部屋の隅にある「こわいほん」コーナーは子どもに人気のコーナーとなった。

具体的にみてみると、1999年度からは、小項目を「おばけ・こわい」とし、主に「おばけ」がでてくるもの、絵が恐そうな絵本を集める。2000年度になると、小項目を「おばけ・こわい・かいじゅう」とし、「おばけ」に加え、『せかい一わるいかいじゅう』シリーズなど、「かいじゅう」がでてくる絵本もいれる。同時に、多くの本を他のコーナーに分散させた。例えばタイトルに「こわい」がつくからと強引に入れてい

【表１】「こわいほん」コーナー　絵本リスト

書　　名	年度
おしいれのぼうけん	1999－
ねないこだれだ	1999－
花さき山	1999－
おばけいしゃ	1999－
おばけのバーバパパ	1999－
おばけやしき	1999－
かちかちやま	1999のみ
さよならさんかくまたきてしかく	1999－
じごくのそうべえ	1999のみ
しばてん	1999－
ひゅるひゅる	1999－
まんじゅうこわい	1999のみ
めっきらもっきらどおんどん	1999－
よるのようちえん	1999－
そうべえごくらくへゆく	1999のみ
そうべえまっくろけのけ	1999のみ
たすけて	1999のみ
ばけものつかい	1999 2001－
いたずらかいじゅうはどこ	2000－
かいじゅうたちのいるところ	2000－
せかい一わるいかいじゅう	2000－
ゼラルダと人喰い鬼	2000－
妖怪絵巻	2000－
おばけじま	2000のみ
くわずにょうぼう	2001－
スースーとネルネル	2001－
すてきな三にんぐみ	2001－
ポキポキ森のトケビ	2001－
めがねなんか、かけないよ	2001－
モチモチの木	2001－
絵巻えほん　妖怪の森	2001－
がたごとがたごと	2002－
夜がくるまでは	2002－
幽霊画談	2002－
妖怪画談　愛蔵版	2002－
妖精画談	2002－
おしいれおばけ	2003－
おばけめぐり	2003－
ナイトシミー	2003－
ねむる	2003－
よる　わたしのおともだち	2003－

た落語絵本『まんじゅうこわい』や、『じごくのそうべえ』も糞尿地獄で笑うことが多く、むしろ「おもしろい」印象の方が強かったので、落語絵本としての位置づけを重要視し、移行することになる。また、『かちかちやま』も昔話のコーナーに移動し、昔話絵本としての位置づけを優先するようになる。2001年度には、文庫活動の場所が幼稚園から北館に移行したことにより、大幅に蔵書を増やす。水木しげるの『絵巻えほん　妖怪の森』や韓国のお化けがでてくる未翻訳の本『ポキポキ森のトケビ』など、異色の絵本も登場する。2002年度は、主にこれまでの「こわい本コーナー」にあった人気本の複本を充実させると共に、水木しげるの『絵巻えほん　妖怪の森』が子どもに反響のあったことから、『妖怪画談　愛蔵版』や、いわゆる子ども向けではなく、大人の図書として出版されている岩波新書の『幽霊画談』『妖精画談』なども入れてみたところ、子どもたちに受け入れられ、よく手にとられるようになる。こわい本は、夜の設定が多いことから、2003年度には、「よる」の小項目を増やし、『ナイトシミー』『ねむる』『夜にみちびかれて』『よるわたしのおともだち』等夜をテーマにした本を増やす。

2001年度より、「こわいほん」コーナーの隣に大型絵本のコーナーとし、恐竜の本や写真集を増やした。恐竜等は、「かいじゅう」の「こわい」イメージとも共通項があったから配置を近くにしたのであるが、「こわいほん」コーナーの隣に位置づけられていることも影響されたとみえて（ただし、1997年入園児の恐竜ブームは、棚の位置の関係はない）、それ以後は、恐竜人気が著しくなっていく。

絵本を、どこに置いたら一番子どもにアピールするか、と同時に、スタッフも覚えやすいかという点を考慮して配置しているつもりであるが、複数の領域に所属する本は配置が難しく、年度によって変更することも多い。ただ、やはり「こわいほん」コーナーがあるということで、「こわいほん」が、子どもにアピールし続けているのは事実であり、子どもたちの「こわいほん」のイメージも形作っているようである。

3）貸出から

巻末付録として載せてある〈年中・年長貸出データ〉の「1995－2003年年中・年長総合貸出回数上位30」（363頁参照）で、上位にあがってくる書名をみると、こわい要素のある絵本が多い。

圧倒的な人気があるのは、『おばけやしき』で、97年度以降の蔵書にもかかわらず、第１位となっている。次に多いのが『すてきな三にんぐみ』で、学年によって流行もあるが、比較的毎年好まれて借りられていることがわかる。２冊の大型絵本『絵でみる世界大恐竜地図』『はじめての恐竜大図鑑』も、1997年度以降の蔵書にもかかわらず数字を延ばしてきている。「11ぴき」シリーズが多くみられるが、特に上位にあるのは、自分たちが食べられそうになる『11ぴきのねことあほうどり』と悪者に連れ去られる『11ぴきのねこふくろのなか』で、「11ぴき」シリーズのなかでも、こわい要素が大きい２冊である。モーリス・センダックの『ピエールとライオン』『まよなかのだいどころ』、林明子の『こんとあき』、佐々木マキの「ねむいねむいねずみ」シリーズ『ねむいねむいねずみ』『ねむいねむいねずみはおなかがすいた』、『めっきらもっきらどおんどん』『ねないこだれだ』など「おばけ」がでてくるもの、体に関係する『むしばミュータンスのぼうけん』『がいこつさん』もあがっている。

次に、「1994－2003年年少総合貸出回数上位21」（358頁参照）をみてみる。年少向け蔵書は、ほとんど「こわいほん」を意識して蔵書を揃えていなかったため、年中・年長に比べると、こわい要素の絵本が少ない。それでも、『すてきな三にんぐみ』は１位であるし、『おおかみと七ひきのこやぎ』『三びきのやぎのがらがらどん』などの昔話絵本、『かいじゅうたちのいるところ』『11ぴきのねことあほうどり』など、こわい要素のある絵本が数冊挙がってきている。

これらの蔵書を並べてみると、こわい要素として、いくつかの共通項がみえてくる。これらを【表２】にまとめてみた。

【表２】ランキング上位絵本にみるこわい要素の共通項

	夜のイメージ	狙われている感覚	違う世界にいく	でてくるこわいものが	孤独	食べられる	身体変化
おばけやしき	○	○	○	様々なおばけ	○	○	○
すてきな三にんぐみ	○	○		三にんぐみ			
絵でみる世界大恐竜地図		○		恐竜		○	
はじめての恐竜大図鑑		○		恐竜		○	
11ぴきのねことあほうどり		○	○	巨大なあほうどり		○	○
11ぴきのねこふくろのなか		○	○	ウヒアハ			
ピエールとライオン	○			ライオン	○	○	○
まよなかのだいどころ	○		○	パンや		○	
こんとあき			○	犬	○		
ねむいねむいねずみ	○	○	○		○		
ねむいねむいねずみはおなかがすいた	○		○	へび	○	○	○
めっきらもっきらどおんどん	○		○	おばけ	○		
ねないこだれだ	○	○	○	おばけ	○		○
むしばミュータンスのぼうけん		○		ミュータンス			○
がいこつさん				がいこつ			○
おおかみと七ひきのこやぎ		○		おおかみ		○	
三びきのやぎのがらがらどん		○		がらがらどん		○	
かいじゅうたちのいるところ	△	○	○	かいじゅう		○	

ａ．夜のイメージ

『すてきな三にんぐみ』『ねないこだれだ』『ねむいねむいねずみ』の表紙を並べてみると、黒や青が占める割合が多く、強烈なインパクトがある。どれも夜が背景とされていて、子どもにとって夜はこわい時間である。たとえば、『ねないこだれだ』の夜９時をさす時計の場面から、次のような記録がある。

はじめの時計が描かれたページで、何人もの子が夜の自分についての話をする（昨日は遅くまで起きていたとか、いつも夜は寝ているとか）。Ｄくんは、夜は寝る時間だよ、と主張。暗闇に光る目だけが描かれているページで、「こんなじかんにおきているのはだれだ？」とスタッフが言うと、ほとんどの子が「黒猫！」と叫び、Ｅくんだけは「ふくろう」と答える。泥棒が登場すると、Dくんは少し笑って自分は寝ているから大丈夫だというようなことをつぶやいていた。　(年中　2003.6.25)

一方で、夜は、こわいだけではなく、子どもにとって、不思議で神秘的な時間でもある。『すてきな三にんぐみ』の黒い絵からは、こわいだけではない暗さの魅力のようなものが感じられる。文庫の時間、夜の本を探す子どもがいることからもわかるように、夜は子どもにとって魅力的な時間である。

b．狙われている感覚

これらの本には、読者が狙われているというような感覚が感じられるものがいくつもある。たとえば、『すてきな三にんぐみ』の表紙の三にんぐみの目は読者を見つめ、絵本のなかへとひきつけていく。『おばけやしき』からは、常に狙われている感じがあり、頁をめくると飛び出すしかけから、さらなる臨場感が感じられる。最後のこうもりや、のこぎりに襲われる危険を感じさせる。

c．違う世界へ入っていく

別世界とまではいいきれないものの、違う世界へ行くものが多い。そのなかでも、3つのタイプがある。『かいじゅうたちのいるところ』のように「行って帰ってくる」タイプ。「ねむいねむいねずみ」シリーズの場合は、「通り過ぎていく」タイプ。『ねないこだれだ』や『おばけやしき』の最後から推測されるように「行きっぱなし」のタイプ。最後の「行きっぱなし」のタイプが一番こわく、読者に不安を与える。

d．こわいものがでてくる

ほとんどの本に、子どもにとってこわいものが登場しており、このキャラクターこそが、何よりもの魅力となっている。『三びきのやぎのがらがらどん』『おおかみと七ひきのこやぎ』など昔話では、最後こわいものをやっつけるが、他の絵本は、こわいものを悪者という扱いではなく、こわいものそのものとして魅力的に表現されていることが多い。

e．孤独

1人でどこかへ行くというのは孤独で不安なものである。『ピエールとライオン』の親に置き去りにされたピエールや、一人旅をする『こんとあき』の不安は、子どもにとって共感できるものである。ただ、「ねむいねむいねずみ」は、孤独を楽しんでいるようなところもあり、孤独も魅力の一つなのであろう。

f．食べられる

意外に多いのが、「食べられる」という要素である。『おおかみと七ひきのこやぎ』は弱肉強食の世界で、小さくて力のないこやぎ達が食べられてしまうし、『11ぴきのねことあほうどり』では、本来食べるつもりだったあほうどりに食べられそうになるという逆転の発想がおもしろくもありこわい要素となっている。『絵でみる世界大恐竜地図』『はじめての恐竜大図鑑』で子ども読者が興味を示すのは、「肉食恐竜か」「草食恐竜か」ということであり、人間である自分も食べられるのかという不安にもつながっている。

g．身体変化

『むしばミュータンスのぼうけん』のように、虫歯になって死ぬかもしれないという身体にかかわるこわさもあげられる。さらに、身体が変わっていくというのもこわいものである。たとえば、『ねむいねむいねずみはおなかがすいた』は、身体が大きくなったり小さくなったりするし、『おばけやしき』の立体ででてくる宇宙人のような物体のぐるぐると延びた触角の部分を気に入る子がいるが、身体が大きくなったり伸びたり縮んだりするというものも、こわいものの一つではないかと思われる。

ランキング上位にみられる絵本には、子どもにとってこわいと思われる視点がちりばめられている。いかにもこわそうに表現されているものもあれば、こわそうな雰囲気だけ描いているユーモアのあるタイプのものもある。

Ⅱ 「こわいほん」とはなにか？

1）子どもの求める「こわいほん」とは？

a．子どもの発言から

ここでは、子どもにとってどのような絵本が「こわいほん」なのか考えるべく、こうめ文庫の絵本の記録にみられる子ども自身の「こわい」という発言を抜き出してみた。たとえば次のようなものである。

♣「赤ちゃんがさらわれるんだよ」と言ってゴブリンを指さして「こわい」と言っていた　　　　(年中　1996.3.14『まどのそとのそのまたむこう』)

このような記録からみられるように、「こわい」という発言は多数残されている。次に、「こわくない」という発言も、その絵本自身が「こわい」と思わせる何かをもっていると捉えた。例えば、次のような記録である。

♣Ｆくんが友達を引き連れて来て、「『ゼラルダと人喰い鬼』はこわくなかったよ」と報告した。　　　　(年長　2000.5.25『ゼラルダと人喰い鬼』)

本当にこわくなかったら、よみ手に対してあえてこのような報告は必要ではないはずで、彼のなかでこわいという気持ちがあったからこそ、友達を引き連れてまで報告にきたわけである*[2]。

年齢別に、「こわい」「こわくない」という発言のあった記録をみてみると、83冊もの書名があがってくるのに驚かされる(【表３】参照)。これらのなかには、ワニや蜂など、物語の内容に直接かかわらない生き物をさして、「こわい」といっているものもあれば、一見こわさとは縁遠そうな本でも、その子にとってはこわい本となりうる。例えば、『さる・るるる』の記録をみてみよう。

♣２つのグループによんだ。竹馬のとき、一度よんだことがあるのか、「こわい」と言っていた。最後にベットでねているところで病院でねているみたいだと言っていた。　　　　(年中　1996.09.06)

この子は、竹馬の場面で、自分が竹馬に乗って落ちそうだった時の恐怖感を思い出したのだろう。また、竹馬から落ちてケガをするというのも、子どもにとって身近な不安なこととして存在している。ユーモラスな表情をしている『しずくのぼうけん』も「こわい」という発言がみられる。

♣Ｈ：自分の絵本がよんでもらえるのでうれしい！といった感じ。表紙の

【表 3】記録にみる「こわい」「こわくない」という発言のあった絵本名

〈年少〉	〈年中〉	〈年長〉
・おおかみと七ひきのこやぎ ・かいじゅうたちのいるところ ・ぐりとぐら（ワニ） ・三びきのやぎのがらがらどん ・14ひきのあさごはん（蜂） ・すてきな三にんぐみ ・てぶくろ ・どうぶつ（トラ、ライオン） ・ピーターラビットのおはなし（人間） ・ひげのサムエルのおはなし ・フロプシーのこどもたち ・もりのなか	・アズキがゆばあさんとトラ ・今森光彦昆虫記（蜘蛛の巣） ・絵でみる世界大恐竜地図 ・絵巻えほん　妖怪の森 ・おしいれのぼうけん ・おばけのバーバパパ ・おばけやしき ・かお ・恐竜にあいにいこう ・くわずにょうぼう ・COHJIZUKIN PICTURE SHOW（大型絵本） ・さる・るるる（竹馬） ・じごくのそうべえ ・しずくのぼうけん（空から割れ目に落ちる場面） ・スースーとネルネル ・すてきな三にんぐみ ・せかいいちわるいかいじゅう ・ゼラルダと人喰い鬼 ・せんたくかあちゃん（かみなり） ・だいくとおにろく ・とべバッタ（ヘビ） ・トリゴラス ・ねないこだれだ ・ねむいねむいねずみ ・ばけものつかい ・はじめての恐竜大図鑑 ・はせがわくんきらいや ・ピカソの絵本 ・ひとまねこざる ・ポキポキ森のトケビ ・ぼくはあるいたまっすぐまっすぐ ・まどのそとのそのまたむこう ・まどのむこう ・マドレンカ ・まよなかのだいどころ ・まんじゅうこわい ・むしばミュータンスのぼうけん ・めがねなんか、かけないよ ・めっきらもっきらどおんどん ・モチモチの木 ・ゆきむすめ ・妖怪絵巻 ・妖怪画談　愛蔵版 ・よるのようちえん ・わすれられないおくりもの（洞穴）	・絵でみる世界大恐竜地図 ・おしいれのぼうけん ・おばけいしゃ ・おばけやしき ・かさぶたくん ・恐竜にあいにいこう ・きょだいなきょだいな ・くわずにょうぼう ・ごちゃまぜカメレオン ・こんとあき ・さるのせんせいとへびのかんごふさん（ヘビ） ・じごくのそうべえ ・しばてん ・すいみんぶそく ・すきですゴリラ ・すてきな三にんぐみ ・ゼラルダと人喰い鬼 ・とべバッタ ・ねむいねむいねずみ ・はせがわくんきらいや ・はははのはなし ・バムとケロのにちようび（虫） ・ピーターラビットのおはなし ・ぼくはあるいたまっすぐまっすぐ ・ほね ・まどのそとのそのまたむこう ・まんじゅうこわい ・もけらもけら ・もっちゃうもっちゃうもうもっちゃう ・ゆきおんな ・妖怪絵巻 ・妖怪画談　愛蔵版 ・夜がくるまでは ・ラチとらいおん ・三びきのやぎのがらがらどん

※部分的なもののみを指す場合は（　）で具体的なものの名を入れている。

しずくの絵をおかしがる。ケタケタと笑う。途中、友達とじゃれあうこともあるが、話はよく聞いている。「えっ！こうなっちゃうの？」としずくの境遇をあわれむ。

♣Ｎ：しずくがかわいそうと思ったり、空から割れ目に落ちていく場面では、本気で悲しそうにしていた。「こわ…」とつぶやく。

（年長　2001.05.31）

つまり、大人がみてこわいと思わない本でも、子どもからみると、「こわいほん」になりえるわけである。９年間の貸出ランキング上位にみられた林明子の『こんとあき』も、ある子にとっては、非常にこわい本である。

♣Ｊ：『こんとあき』を出した途端、嫌そうな顔をして、「これ家にあるし、こわい本だからイヤ！」と後ろにさがって全然きいてなさそう。それまではきいていたのに、急にソワソワする。（年長　2001.12.13）

これらの絵本をみてみると、絵に迫力があるもの、グロテスクなもの、内容がこわいものなど、さまざまであるが、先程貸出上位の絵本で分類したこわさの要素と、つながっているようである。

ｂ．年齢別にみる特徴

◉年少児

年少児は、物語の内容よりも、表紙の絵のインパクトが強いものほど、手にとる傾向がある。絵から受ける視覚的こわさが大きく、『もりのなか』のモノトーンの絵をみて「こわい」とつぶやく子もいるなど、黒い色をこわがる子がいる。おそらく、黒が夜や暗闇を連想させるのであろう。そのような意味でも、『すてきな三にんぐみ』が手にとられるのは、よくわかる。

同時に、『どうぶつ』『てぶくろ』『おおかみと七ひきのこやぎ』など、大きな動物がでてくる本がこわいようで、特に「おおかみ」の存在はこわいものの象徴的なイメージとなっている。小さな自分達が「食べられそうになる」ということで、常に大人から守ってもらう存在だと認識していることからくるのかもしれない。架空のものがでてくる『かいじゅうたちのいるところ』『三びきのやぎのがらがらどん』もこわい絵本であり、「かいじゅう」と遊ぶのは勇気がいることであるし、トロルの存在に対して何度も「こわい」という声があり、トロルがやっつけられる場面では、息をのむ。こうめ文庫では、もともと、年少向け蔵書と年中・年長向け蔵書は異なっているので、一概にはいえないが、幼い年少児には、この「こわいもの」をやっつけることが必要とされているのかもしれない。

年少児に人気の小さな絵本、「ピーターラビット」シリーズも「こわいんだよ」という発言が意外に多く、うさぎ達が捕まりそうになること、食肉としてうさぎをみる人間、マクレガーさんの存在について話す子がいる。

◉年中児

年中でも、絵から受ける視覚的こわさが大きい。『すてきな三にんぐみ』の黒い表紙や、血のついた武器、三にんぐみの目を「こわい」と指さす子がいる。また、同じ作者の『ゼラルダと人喰い鬼』では、さらにこわさが増している。『COHJIZUKIN PICTURE SHOW』の迫力ある絵、幽霊をこわがる様子もみられる。

年中児になると、こわい本をよんでいても、本気でこわがるというよりも、こわがる自分を演出し、嬉しそうにこわがる様子がみられる。たとえば、『おおかみと七ひきのこやぎ』など、悲鳴をあげたりしながらこわがることを楽しむことが多い。

「食べられる」という要素のある本『赤ずきん』『三びきのこぶた』『ゼラルダと人喰い鬼』『くわずにょうぼう』『おおかみと七ひきのこやぎ』もこわい本となる。

『おばけいしゃ』『かいじゅうたちのいるところ』『おしいれのぼうけん』など、こわい架空の登場人物がでてくる本が求められる。死につながるイメージをもつ『じごくのそうべえ』『しばてん』なども手にとられている。

◉年長児

年長児になると、「こわい」という発言よりも「こわくない」という発言の方が圧倒的に多い。こわいものを余裕をもって楽しめるようになり、たとえこわくとも、「こんなんこわくない」と強がってみせる子が多い。「こわくない」といいながら、新しいこわさに挑戦しているような姿がみられる。

たとえば、『絵でみる世界大恐竜地図』で恐竜を「かわいい」と表現したり、草食恐竜か肉食恐竜か、こわい恐竜とこわくない恐竜に分類したりする子が多い。ただ、次の記録をみる限り、こわくないふりをする背景には、こわいと思っている心理がよみとれる。

♣Kちゃん：絵をみて、「お父さんの方がこわい」といっていた。他の子がくるとつまらなさそうにしていた。Lちゃん：きょうりゅうの本、図鑑を持っているらしく、いろいろなきょうりゅうの名前を知っていた。

♣Mくん：こわそうな恐竜をさして、「これ火ふくねん」小さいのをさして、「これうんこはくねん」といっていた。

（年長　1999.10.21　『はじめての恐竜大図鑑』）

ここにでてくる男児Mは、いつもスタッフにわざと悪い言葉をいったりするのだが、非常に繊細な感性をしていた。ここでも、「うんこはくねん」とわざと汚い言葉を使っているのも、こわさの裏返しである。

また、年長児にとっても『くわずにょうぼう』に関しては、心底こわいとみえ、「こわくない」という発言さえなく、ひきこまれる。『しばてん』の死人や、『すいみんぶそく』のカガミちゃんが燃える場面をじっと見つめる子もおり、深いこわさと向き合っている。『おおかみや七ひきのこやぎ』や『三びきのやぎのがらがらどん』など小さな自分が「食べられる」というこわさは、年少・年中児の方が強く、年長児には『ゼラルダと人喰い鬼』の方が人気である。『ばけものつかい』『妖怪画談』『三びきのやぎのがらがらどん』など、おばけがでてくる本などをみて、「こわくない！」と友達とスタッフに強調し、強い自分をアピールすることが、こわい本とのたのしみ方のようである。年少では、狼だったが、年長ではゴリラの凶暴さなどに「こわい」という発言がみられる。「こわい」＝「きもちわるい」という意味も含んでおり、言葉のもつ意味あいがひろがっているかもしれない。

2）「こわいほん」のたのしみかた

a．集団でよむ

「こわいほん」は、集団でよむと、こわさの緊張感が増し特別な場ができる。

①『ゼラルダと人喰い鬼』

表紙をみせると「こわい」と口々にいう。人喰い鬼が崖から落ちるところは、笑いがおこる。料理にはすごく反応する。「それなに？」「おいしそう」。子どもを食べるというのが、こわかったようだ。集中しているような印象。

♣Ｎ：「こわいならボクんとこにおいでよ」と女の子の気をひく。2，3人に抱きついてもらっていた。　（年中　2002.10.10　おはなしの時間）

この男児は、大人からみると、いつも些細なことでよく泣く子なのだが、強いふりをして楽しんでいるようだった。

②『おっきょちゃんとかっぱ』

♣とても静かにきいていた。でもけっこうこわかったらしくて、となりの子にだきついたり、ビクビクしたりしていた。よみ終えたらみんななんかボーとしてて、少し心配だった。　（年中　2000.11.16　おはなしの時間）

③『三びきのやぎのがらがらどん』

♣よく聞いていた。女児Ｏも、落ち着きがないという声があったが、よく聞いていた。 初め、わらわらしていたからよみにくかったが、知っている子もいたり、トロル登場から集中してよく聞いていた。 女児Ｐ：すごく心配で「食べれちゃうんじゃないの？」「トロルこわっ」と絵に反応し、トロルの言葉「ひとのみにしてやるぞ」に「えーっ！」と反応。 男児Ｑ：「最後に大きいのがくる」と先のあらすじを言う。 2匹目はお母さん、3匹目はお父さんだと誰かが言っていた。 大きいやぎの大きさに反応。　（年少　2002.1.17　おはなしの時間）

これらの記録からもわかるように、こわい本について、いろいろ話したり、身体を近づけたりしながら、緊張感を共有することで、皆でこわさを味わう楽しさがある。また、こわい本が伝わっているかどうかは、子どもたちの表情や場の緊張感でわかり、よみ手に直接伝わってくる。

b．子ども主体でよむ

『おばけやしき』や『かお』などしかけ絵本、恐竜の本などは、子ども自らがよむことがたのしいタイプの絵本である。文章をよまなくても参加できるため、子どもたちは積極的にめくったり発言をしてたのしむ。『おばけやしき』の記録をみてみよう。

♣争いになりそうだったので、みんなでよもうととりあえずみんなでよむ。どんどん集まってきて「見えない」の合唱。おもしろがっているというより真剣でよみ終わってからも本に群がっていた。（年長　1998.3.12　10名）

♣ＳとＴ：表紙のドアから出ている手に反応。 Ｓ：「キャ～！手が出てる！こわい！Ｔくん、やっつけて！」 Ｔ：なぐるまね、やっつけるまね。
　私が「ギー」とこわそうにドア（表紙を）を開けると、それにのって「キャー！」と数人。 Ｓ：「やっつけて！」 Ｔ：やっつける、のくり返し。
　何人か：しかけを動かして、そこにかくれたものがパッと出てくるたびに、悲鳴をあげたり、うれしそうに叫んだり、みんな気分は『おばけやしき』に釘付けという感じ。大勢がこの騒ぎにひかれて集ってきた。

（年長　2001.5.31　10名）

この記録からも伺えるように、『おばけやしき』は、子ども同士で盛り上がり、よみ手の大人はあまり必要とされていない。基本的に、子どものペースでめくったりと、子ども主導で絵本よみが進められていくことが多い。恐竜の本に関しては、自分の知識や話をきいてもらう相手として、よみ手が必要とされる。

『はじめての恐竜大図鑑』では、知っている恐竜をみつけては、しきりに「こわくない」と主張してみたり、興奮してよまれることが多い。

c．ひとりでよむ

文庫の時間、ひとりでよむ姿もよくみられる。

♣Ｕ：こわい本コーナーで、『しばてん』をこわそうに開き、死人とかこわ

ごわみていた。　　　　　　　　　　　　　　　（年長　2002.1.24）

こわい本コーナーや部屋の隅で、ひとりでこわい本を開く姿はよくみられる。部屋の真ん中で開いている子もいる。それから、スタッフのそばで１人でみているケースもある。

♣スタッフのそばでよんでもらうでもなく、一人で自慢げにみている。

（年中　1998.10.15）

ずっと１人でみている子もいれば、その１人の子に影響されて他の子がよってくる場合もある。ひとりでみている子は、よみ手であるスタッフの人数不足でよんでもらえないという場合もあるが、大抵は、自分にとって絵本に気になる部分があり、１人で絵本の世界に入っていける子である。友達やスタッフがよむペースに合わせるのではなく、自分のペースでゆっくりと絵をみている子が多い。

３）「こわいほん」を求め続けた子

「こわいほん」を求める子どもたちはとても多い。集団のなかで、ある一時期流行することもあるし、その子にとって、「こわいほん」がよみたくなる時期というのもある。Ⅰ．1）でもふれているように、こうめ文庫10年のなかでも、特に「こわいほん」について固執する子が存在した。ここでは、こうめ文庫スタッフにも影響を与えた２人、ＡとＣについてみてみたい。

ａ．特別に「こわいほん」を求め続けた女児の場合

Ａは、1997年度から３年間参加した女児で、「こわいほん」にこだわり続けた１人である。年少の時は、『いちご』『はらぺこあおむし』で食べる真似で大騒ぎしたりするものの、文はあまりきいていないことが多かった。年中になっても、「絵本のお話はほとんどきかず、絵にのみ反応する」という記録があり、５月初めから『すてきな三にんぐみ』を探すなど、こわい雰囲気の絵にひかれている。６月末より、「こわいはなしがいいの」とスタッフにつきっきりで毎週のように主張した。７月、人気の『おばけやしき』を皆でみることを楽しみながら、「こわいほん」を主張する。９月、『おばけやしき』を歓

声をあげて10人位でよむ。10月も『おばけやしき』をよもうと友達を誘うが、他の友達は冷めてきてのってきてくれない。彼女は友達と「こわいほん」を一緒に楽しむのが何よりも楽しかったようだ。「こわいほん」に関心を持ち続けたAは１人寂しい思いをし、スタッフにすねたりする。他の子にあわせてクッションで遊んだり、人気の『なぞなぞな～に』を友達とたのしもうとするが、うまくのれない。11月、元気がなく「おもしろいほんないし、みんなが無視する」といっていじける。12月には元気が戻るが、２月頃、借りる本が選べなくなってくる。年長になると、壁に貼ってあった表紙から『めがねなんてかけないよ』に興味をもったり、『もけらもけら』の真っ黒いページを「こわいー」といったりする。卒園まで「こわいほん」と求め続け、さまざまな絵本を「全然こわくない」と強調しながら卒園していった。

【表４】女児Ａの年中貸出リスト

５月	おもいついたらそのときに！
	わにがわになる
	おおきなきが　ほしい
６月	ヘクター・プロテクターとうみのうえをふねでいったら
	ねむいねむいねずみ
	せかい一わるいかいじゅう
７月	すきですゴリラ
	まどのむこう
９月	モチモチの木
	おばけじま
	パンのかけらとちいさなあくま
10月	ごちそうさま
	おばけやしき
	かおPart２
	くわずにょうぼう
	なぞなぞな～に　はるのまき
11月	なぞなぞな～に　ふゆのまき
	わっこおばちゃんのしりとりあそび
	じごくのそうべえ
	そうべえごくらくへゆく
12月	かいじゅうたちのいるところ
	ぐりとぐらのかいすいよく
１月	めっきらもっきらどおんどん
	おばけやしき
	まんじゅうこわい
２月	ばけものつかい
	どろんここぶた

Ａの借りている本をみると、確かにこわい内容の絵本が多い（【表４，表５】参照）。年中で、『ねむいねむいねずみ』『せかい一わるいかいじゅう』と軽いこわさの本から、徐々にこわさのレベルが深まっていき『くわずにょうぼう』までいくと、『なぞなぞな～に』になる。年長でも、『くわずにょうぼう』の次は『ぼくのぱんわたしのぱん』と全然違う本である。『しばてん』は２回借りていて気になる本のようだが、続けて同じ作者である田島征三の『たすけて』を借りるなど、絵をよくみていると思われる。彼女の求める「こわいほん」とは、単におばけがでてくるタイプの絵本よりも、『まどのむこう』『か

ちかちやま』『しばてん』など、心理的な物語や、深みのある絵のもつ暗さにひかれていたようである。Aは、小学校受験も控え毎日習い事をするという忙しい日々だったようで、疲れていることも多かった。強烈にこわい絵本を求めていた理由には、背景にあるストレスとも関連するものではなかったかと推察している。

【表5】女児Aの年長貸出リスト

5月	かちかちやま
	めがねなんか、かけないよ
	はせがわくんきらいや
6月	月おとこ
	おしいれのぼうけん
	しばてん
	パイルドライバー
7月	かいじゅうたちのいるところ
	はなのあなのはなし
9月	鳥（とり）
	まどのそとのそのまたむこう
	ねえ、どれがいい？
	どろんこハリー
10月	へんてこへんてこ
	からすのパンやさん
	わたしのワンピース
	がいこつさん
11月	えんどう豆の上にねむったお姫さま
	のはらうた　Ⅲ
	おしいれのぼうけん
12月	しばてん
	たすけて
	くわずにょうぼう
1月	ぼくのぱんわたしのぱん
	むしばミュータンスのぼうけん
	エミールくんがんばる
2月	だいくとおにろく
	どろぼうがっこう
3月	まどのむこう

b．特別に「こわいほん」を求め続けた男児の場合

次に、2000年度から２年間参加した男児をみてみたい。Cは、６月の年中クラスで紹介した『おばけやしき』をみて、借りたいのに借りられず、泣いて主張した。年中クラスでの『おばけやしき』の流行が去ってからも、『おばけやしき』から「こわいほん」へこだわりが広がったようで、「こわいほんは？」といい続ける。彼が「こわいほん」として納得したのは、『ねないこだれだ』『がいこつさん』『かお』『ばけものつかい』『くわずにょうぼう』等である。年長になってからも、「こわいほん」を求め続けるが、11月『なぞなぞのたび』を気に入り、「すごくこわいほん」「すごくおもしろいほん」や「おもしろいほんかこわいほんない？」と表現が微妙に変化していく。借りた本は、確かにこわい本が圧倒的に多いが、それほどこわすぎないレベルの本で抑えている印象がある（【表６，表７】参照）。

年中の頃、母親が「こわがりなのに、こわい本を借りてきて意外だ」とアンケートに記しているように、大人しく弱い印象の男の子だったのに、こわい絵本を借り続け、強い自分をめざして精進していたようだった。年長では別人のようにしっかりした男児に成長していく。年長ではスタッフにも悪い言葉をいってみたり「悪い子」をめざしている印象だった。彼の求める「こわいほん」のタイプは、『すてきな三にんぐみ』『おばけやしき』『妖怪の森』など、ストーリーよりも、絵本の表紙や絵のインパクトで借りる絵本を決める傾向があり、妖怪やおばけがでているかが重要視されている。

【表6】男児Cの年中貸出リスト

5月	よるのようちえん
	めがねなんか、かけないよ
6月	すてきな三にんぐみ
	いたずらかいじゅうはどこ？
7月	かおPart 2
	おばけやしき
9月	しょうぼうじどうしゃじぷた
	お日さまとお月さまになったきょうだい
	おばけやしき
10月	おばけいしゃ
	まどから★おくりもの
	がいこつさん
	すてきな三にんぐみ
	はじめての恐竜大図鑑
11月	あしたは月よう日
	トリゴラス
	トリゴラス
	おばけじま
12月	めっきらもっきらどおんどん
	てぶくろ
1月	みんなうんち
	めがねなんか、かけないよ
	ばけものつかい
2月	めっきらもっきらどおんどん
	絵巻えほん　妖怪の森

Cの場合、「こわいほん＝妖怪やおばけのでてくる本」を指しており、「こわいほんを借りる」ということ自体に意味をもっている。困ったスタッフが思わず「どんなのがこわい本なの？」と聞いてみるが、本人も「わからない」とのことだった。彼のいう「こわいほん」とは、「おもしろいほん」の同義語で、「すっごくこわいほん」との出会いの期待を持ち続けながら卒園していった。

2人のケースをみてみると、求めている「こわいほん」が微妙に違っている。「こわいほん」を求め続けた子ども自身、具体的なイメージがあったわけではなく、自分にとっておもしろい「こわいほん」というものがあったのだろう。

4）特別な絵本4冊

「こわいほん」を求め続けた子どもたちの存在と同様、特別に考えさせられた絵本も存在している。ここでは、こうめ文庫の蔵書のなかから、スタッフの絵本観に影響を与えた特記すべき4冊『すてきな三にんぐみ』『ピエールとライオン』『おばけやしき』『すいみんぶそく』について、もう少し詳しくとりあげ、そのこわさの魅力を分析してみたい。

【表7】男児Cの年長貸出リスト

5月	花さき山
	ポキポキ森のトケビ
	くわずにょうぼう
6月	すてきな三にんぐみ
	妖怪絵巻
9月	おしいれのぼうけん
	ゼラルダと人喰い鬼
	かお
	めがねなんか、かけないよ
10月	HALLOWEEN　MOON
	あしたは月よう日
	ゆきおんな
	ちのはなし
11月	絵巻えほん　妖怪の森
	かお
	どろぼうがっこう
12月	なぞなぞのたび
1月	月おとこ
	妖怪絵巻
	どろぼうがっこう
	ゆきおんな
2月	バムとケロのにちようび
	妖怪絵巻
	おしいれのぼうけん

a.『すてきな三にんぐみ』

『すてきな三にんぐみ』は、「1995-2003年中・年長総合貸出回数」では上位2位、「1994-2003年度　年少総合貸出回数」では上位1位にあり、こうめ文庫のなかで最もよく借りられている特徴的な1冊である。この本をめぐって取り合いになることも多い。『きょうはこうめのひ』をまとめた際、「よく読まれた絵本作家とその作品」として、「『すてきな三にんぐみ』論――トミー・アンゲラーの「暗やみ」の世界――」というタイトルで、浅野法子によってまとめられている[*3]。「暗やみ」「怖い」という点について注目された論なので、浅野の論を下敷きとして、ここで取りあげたい。

『すてきな三にんぐみ』は、全体に青や黒といった暗い色彩が用いられていることや、グロテスクな絵に特徴がある。表紙の上半分に背景として青が、下半分に三にんぐみのマントとして黒が使われている。表紙で、はっきりと目立つのは、背景の暗さとは際立って強調されている目であり、三にんぐみの視線は読者を向いているため、この絵本を手にするものは、三にんぐみに「にらまれている」ようにみえる。「おどしのどうぐ」のひとつである「まっかなおおまさかり」の赤色も、暗い背景のなかで強調され、強く印象づけられている。浅野は、「三にんぐみの両側の2人と中心の1人の視線を結んだ点に、この絵本を手にするものがいる構図がとられて」いると指摘している。これらの特徴的な色彩の配色と、強い視線が、構図にも同調し、不気味な雰囲気を醸し出している。

♣女の子が宝を見つける場面の三人組を見て「目がこわい」と言う。　（年中　1998.06.11）

♣Ｖ：もってきた時、「これこわい本やと思うねんけど…」と言う。こわいを連発。看板のシーンで「３つある！」「誰？」「すてきな３人ぐみ！」　（年少　2002.11.01）

❶『すてきな三にんぐみ』表紙

このように、『すてきな三にんぐみ』は「こわいほん」という認識で手にとられることが多く、子どもたちは絵本のなかにでてくる「こわいもの」をよくみている。特に人気があるのは、「おどしのどうぐ」が出てくる頁で、指をさしたり、道具の説明を求められたりする。が、その後は、最後の三にんぐみの塔の場面まで、不思議と発言が少なく、黙ってきいていることが多い。

♣静か、これに尽きる。よみはじめから終わりまで全員が座って集中している。表紙を見て「おばけ？」「おおまさかりってなに？」「えものって何？」「動物？」「人間ちゃうん？」と発言がある。　（年中　1995.09.14）

♣声を低くしてよんでいると絵の暗いイメージと重なったのか、「こわいねえ」と言っていた。まわりをうろちょろしていたＷちゃんやＸくん、Ｙくんも集まってきて、一緒になって聞いていてくれた。真剣な顔でとても集中してきいていた。　（年少　1995.02.06）

♣みな静かにしっかり聞いていた。「ラッパじゅうってなに？」とＺくんが尋ねた（こちらも答えた）が、しーっという子がいた。（年長　2001.11.08）

絵本をよんでいるときに、何かを話したくなるタイプの絵本も多いが、この本は、逆に友達と一緒によんでいても、静かにきくことに意味があるようである。１対１でよんでいるときは、子どもが自分なりストーリーを作っていたとか、すてごやみなしごについての発言があるときもあるのだが、「最初から最後まで静かにきいていた」というよまれ方は、この本の一つの特徴だといえるだろう。

この本をよんでいると、よみ手はきき手がわかっているのか不安になることがある。浅野は、『すてきな三にんぐみ』をよむときは、よみ手ときき手との間に一定の距離が存在し、「子どもたちがこの絵本から何らかの恐怖を感じとっていることはわかっても、物語世界を共有できずにいることが多い。」*4という。

また、この絵本の基調としている暗い色彩は、ウンゲラー自身の子どもの頃に感じた恐怖の感覚が表現されていることを指摘している。

> 子どもの時、「暗やみ」っていうのにひかれていたんだ。こわいのとわくわくするのと両方でね。子どもの時って、暗やみはわくわくどきどきだよね。ものがはっきりと見えないんだから。それに暗やみって、考えてみると、明るいときより空想の世界に近いんだよね。この本は暗やみの本で、影の本で、子どものころに持っていた恐怖をそのまま反映した本なんだ。（訳は浅野）*5

作者のウンゲラーは意識的に『すてきな三にんぐみ』のなかで「暗やみ」を表現し、その恐怖と魅力を描いているのである。子どもたちが、静かにみているのは、この本の「暗やみ」の世界なのかもしれない。ウンゲラーは次のようにも言う。

> もうひとつ絵本に入れ込みたいものがあるんだよね。それは、官能に訴えるってこと（= sensuality）。ほとんどの絵本にそれってないんだ。ものを食べるとか、おっぱいが大きい女の人とか…、うん、そう、怖がることとか。なにか、こう、…怖いって、すごく感覚を刺激するものだと思うんだ。それって、つまり、五感を働かすことになるってことだし、ほんと、このことがぼくの絵本にほしい。で、そうしたいから、ぼくの五感を表に出すことになる、視覚的になったり、身体やらなにやらのなかにあるものをだしてくる。五感がちゃんとそこに出てほしいし、それって大事なことなんだよね。子どもたちに感じてもらうことが。それこそ

人間なんだから。(訳は浅野)*[6]

多くの子どもたちが、ウンゲラーの絵本のもつ「sensuality」にひかれ、絵からじっと味わっているのかもしれない。

さらに、官能に訴えるこわさを描きつつも、この本の結末は、孤児を引き取り皆で一緒に暮らすというユートピア的な明るいものとなっている。絵本のこわさが「脅し」で終わらず、三にんぐみが子どもの味方であることに、子ども読者は安堵感と喜びを感じる。意外でありながら落ちつく結末を用意しながら、ウンゲラーのインパクトのある構成とデザインは、子ども時代のこわさの感覚が存分に表現しており、読者をひきつけて離さない。

b.『おばけやしき』

❷『おばけやしき』表紙

ジャン・ピエンコフスキーによるしかけ絵本『おばけやしき』は、こうめ文庫の年中・年長クラスにおいて、もっとも人気のある絵本である。『おばけやしき』が蔵書に加わったのは、1998年2月(1997年度末)で、園児が発する「こわい本は？」という声をスタッフが意識しはじめ、それを聞いた三宅教授が寄贈されたものを入れたのがきっかけだった。このようなしかけ絵本は異色だったのだが、はじめて『おばけやしき』をみた園児達は、4,5人で本を囲み、子ども同士で貴重な美術書をのぞきこむかのように目を輝かせて、おそるおそる手にしていた。その後も、誰かが『おばけやしき』を広げていると、数人でのぞきこんでは皆で触りたがるので、たちまち本はボロボロとなり、ゴリラの手やワニなどしかけがとれてなくなっても、「こわれているところがまたこわい」といって、よまれたり借りられたりした。貸出をめぐって取り合いになることも多く、皆の憧れの本で、年中・年長と引き続いて23回借りた男児Bもいる。

園児の要望から1998年度1冊、1999年度1冊、と徐々に増やしていき、2002年度には蔵書冊数が6冊となっている。6冊もあるので、ランキング上位にあがってきやすい条件にあるといえるものの、実質的に蔵書に加わったのは1998年度からなのに、９年間の統計でも１位ということからも、この人気は著しいといえるだろう。固執性の強い年中児が特に借りることにこだわりをもっているので、年中の方が貸出数が高く、男女ともに人気があるが、強いていうなら男児に絶大な人気のある絵本だといえる。

『おばけやしき』のよまれ方の特長として、物語絵本のように文字を大人のよみ手によんでもらってきいているのとは違い、「子ども読者が主体となって楽しむ本」であるということがあげられる。

♣よみ手は頁をひらいたりしかけを動かしたりするだけだった。何かがうごくだけで歓声や悲鳴をあげる。 （年中　1998.9.3）

♣ボロボロの『おばけやしき』を持ってきて、よむというより一緒に遊んだ。はじめは、おとなしかったが、途中から３人でギャーギャー遊んでいた。 （年中　1999.11.11）

このように、テキストをよむよみ手はそれほど必要とされず、この絵本の文章をよむのを嫌がる子さえいる。みているうちに興奮して、自分達のペースでどんどん頁をめくっていき、スタッフに「よんで」といってもってきたとしても、引っ張ったり、めくったり…としかけをさわるのは子ども自身である。少しこわいので、そばにはいてほしいけれど、口では「こんなん、こわくないわ」と自分の強さを誇示したりする。子どもたちは、数ヶ月に渡って『おばけやしき』をくり返してみている。はじめの数回は、しかけ部分を引っ張ったり、扉をめくったり…という単純なしかけを楽しんでいるが、くり返していくうちに、作品に描かれた細かな部分を発見していく。『おばけやしき』がこれほどまでに人気があるのは、一見シンプルにみえるこの作品が、多層性をもち、それを子ども読者がよみとっているからだと思われる。

子どもたちは、初めのうち、まず、単純な「しかけ」に注目し、数回に渡ってしかけを堪能した後、作品の背景に描かれている細かなものを発見する過程へと移っていき、ネズミや宇宙人、爆弾などみつけていく。その後、「ケーキを食べるとワニになって、タコを食べたら治る」とか、「ドクロのついた薬でお化けをやっつけることができるんだ」とか、「この屋敷の主人は黒猫だ」とか、独自のよみへと発展していく。

この作品は、ドアから入って「おばけやしき」を探検した後、ドアから出てくるという構成で、部屋を一つ一つ進むにつれ、時間は昼間から夕方、夜、深夜、明け方と経過し、朝になってお化け達がいなくなる設定となっている。橋爪伸也は、実際のお化け屋敷の特長の一つに「たまり場」という「内と外との中間領域」として設定されたスペースがあると述べている[*8]。迷路の一部に組み込まれているが、そこでは悲鳴をあげて出てくる他の客の様子などをうかがったりしながら、客が自分のタイミングで次の場面へと移行できる場である。この作品の全体構成をみると、１場面の「たまり場」的空間から、２、３、４場面へと続き、５場面で「たまり場」…と、その展開にはメリハリがある。立体のしかけも、１、２、３、４場面とだんだん大きくなり、５場面で一度平面になり、６場面では最高潮に迫ってくる危険性を感じさせる。構成のメリハリと同時に、出てくるものも、タコやスパゲッティなどそれほど危機感のないものから、ワニ、骸骨、幽霊…と、出現するもののこわさは増していく。子ども達が『おばけやしき』をみているうちに、悲鳴をあげたり、興奮してくることが多いのは、このような作品構成にも触発されているのではないかと思われる。

子どもにとって、この作品の最大の魅力は、作品のもつ「こわさ」にあり、死へ通じる感覚のようなものを子ども読者は受け取っている。例えば、ネズミが後にネコに食べられるように「食べられる」感覚である。子ども達は、カエルの口に指をつっこんで食べられる遊びをしたり、のこぎりを触ったりして、「自らの消滅を示す死」にも繋がるような危機感を、本のなかで挑戦している。フロイトの「快感原則の彼岸」によると、人間の無意識には、生へと向かうエロスと、死へと向かうタナトスの衝動が存在しており、子どもは幼い時から「いた／いない」という反復を繰りかえして成長していると述べられている。子どもたちが「隠れているものが現れ、消える」というしかけを面白がること自体も、エロスとタナトスの問題に通じるように思うが、さらに「骸骨」や「お化け」を初めとして、多くのタナトスと繋がる存在が、こわさの効果を高めているのである。目が動くしかけが多く、ネコがネズミを狙うように、一貫して読者がみられ、狙われている感じがするなか、子どもたちはこわいものと対決していく。けれども、この作品は、絵にユーモアがあってお化けたちの表情はコミカルだし、血がどろどろと出たりすることなく、こわいものをドアで封じ込める工夫など抑制がきいていて、「こわいのだけどこわすぎない」バランスがとれているので、これほど多くの子が安心してみることができるのである。また、本であることも効果的で、自分のペースで進め、「紙だからこわくない」と発言する子もいたりして、余裕をもってこわいものと対決できるようだ。

この本は、多くの子が叫んだり笑ったりしながらよむことが多いが、なかには、ひとりでじっくりとのぞきこんでいる姿もみられる。卒園前の最後の文庫の時間、この本を友達とよんだあと、１人でじっとのぞきこんで「オレ、砂漠に行ったことがある」とふともらした年長男児Ｅがいた。

♣Ｅ：三宅先生と話したところによると、砂漠で旅をしていて、がいこつがいたりさめがいたり、砂漠に落ちたりしたらしい。こわいものをいっぱい見ているという印象を受ける。 （年長　1999.3.11）

Ｅの話によると、広大な砂漠で怪獣と闘うのだけれど、その怪獣はやっつけてもなかなか死なないのだという。彼の砂漠の世界は、おそらくＥ自身が生きている世界であろう。砂漠の場面はこの作品には登場しないが、彼は『おばけやしき』の本を媒介に、自分自身の内面の世界を旅しているのかもしれない。

このように、１冊の本を通しても、その子のみている世界は異なっており、さまざまなレベルで絵本をよんでいるということがわかる。多様なたのしみ方を許すのも、この作品のもつ力なのではないだろうか。

ｃ．『ピエールとライオン』

『ピエールとライオン』は、小さいサイズの絵本にもかかわらず、集団でたのしめる絵本である。1996年度末年中のおはなしの時間にとりあげて以来、特別な手応えのある１冊となった。もともとこの本は、子ども自身が絵本の時間にもってきて、おもしろそうにきくので、後におはなしの時間にとりあげることとなる。はじめてとりあげた時、子どもたちは「ぼく、しらない！」を一緒にいい、最後まで「ぼく、しらない！」のコーラスをいい続けて帰っていった。その子たちが年長になってから、もう一度とりあげている。その時の記録をみてみよう。

❸『ピエールとライオン』表紙

よみ始めたときはそんなに期待もない、という感じだったが、「ぼく、しらない！」で爆笑。「ぼく、しらない！」の繰り返しがおもしろいらしく、途中から子どもたちも声をそろえて「ぼく、しらない！」と言い出す。行間さえあれば「ぼく、しらない！」。ライオンが食べるというところでは「ぼく、死なない！」に変化（こわそうな雰囲気にかわる）。ライオンがピエールを食べてしまうあたりではしーんとしている。が、すぐに安心して笑い出していた。最後の教訓「はい、わかりました」が気に入らないらしく、「えー!!」の声があがったので、もう一度、「ぼく、しらない！」の繰り返しをして終わった。FとG、後ろでぽかんと口をあけ、完全に集中。「ぼく、しらない！」と叫ぶこともなく真剣にきいている。Hちゃんは絶対前に座らないが絵本にのめりこむ。

（年長　1998.5.21）

このように、「ぼく、しらない！」という言葉を繰り返すことがおもしろさの醍醐味で、とにかく盛りあがることが多い。「ぼく、しらない！」が合言葉のようになって、絵本をよむ時間以外に流行したこともあった。「戸を閉めてね」とか「うるさくしないで」などというと、わざと「ぼく、しらない！」といったり、廊下ですれ違ったときに、「ぼく、しらない！」といったりする子もいた。お囃子のように繰り返される子どもの声に、よみ手も盛りあがりの手応えを感じ、いつのまにかどんどんのってきて声色を変えたりしてよむことが多い。

♣こうめに慣れ、全く緊張しなくなった4歳の子どもたち。もちろん、ハメをはずすことが多くなった。『ピエールとライオン』は、そのエネルギーの発散に適していた。「ぼく、しらない！」と大声を出し、ケラケラと笑いながら、タイミングをはかって一声に「ぼく、しらない！」じっと集中してきくよりも、（どんな面白いお話を聞くときよりも）かがやいていた。

（年中　1998.11.26）

この集団での盛りあがりは、単に楽しいからではなく、作品のなかのこわさからきている。

この作品は、親に反抗する少年がライオンに食べられる話である。まず、幼い子にとって、「ぼく、しらない！」と親にいうこと自体、勇気のいることである。それも、母親にも父親にもいい続け、家に置いていかれるのである。多くの子は、みなで一緒に大きな声でいうことで、そのこわさを発散している。ライオンに食べられる場面では、緊迫感が増し、突然場は静かになり、不安そうな表情で展開を見守る。そして、ピエールが無事にライオンから出てきたところでホッとした表情に変わり、「ぼく、しらない！」を繰り返す。はじめてよんだ時には、躊躇して「ぼく、しらない！」といえず、それでも気になる子は、おはなしの時間が終わった後で、もう一度みていることが多い。

♣ＪとＫ：『ピエールとライオン』では「ぼくしらない！」と言わず黙ってきいていたが、絵本の時間でもう一度よむ。何か残っていたよう。そのときも黙っていた（Ｊくんはぶつぶつ文句を言っていた）。その後、Ｊくんはもう一度違うスタッフによんでもらい、そのときはじめて（3回目にして）「ぼくしらない！」と言えたよう。その後、幼稚園への帰り道、Ｊくんにつられて「ぼくしらない！」と口々に言う子がいた。（年長　2003.6.26）

子どもが成長するにつれ、大人に反抗したいという気持ちが湧いてくる。『ピエールとライオン』は、子どもの内面に芽生えた独立心とそれに伴う不安が描かれており、子どもの心を捉える一冊となっているのだろう。

『ピエールとライオン』をよむときの子どもの姿勢は、だらりと足をのばしたり、寝っ転がっている子もいて、自然と行儀の悪いきき方をしている子が多い。いわゆる静かで心休まる「絵本のよみきかせ」とは程遠く、自由で多少行儀が悪くても許される雰囲気というのが必要となっている。記録をみていても、「途中で、先生が入ってきたとき寝そべってみていた男の子も姿勢を直し、みんなシャキっとしながら「ぼく、しらない！」と言った」など、その姿が変化する。この本は、家庭や日常生活とは離れたところでよむと、そのおもしろさにふれることができるのかもしれない。

d.『すいみんぶそく』

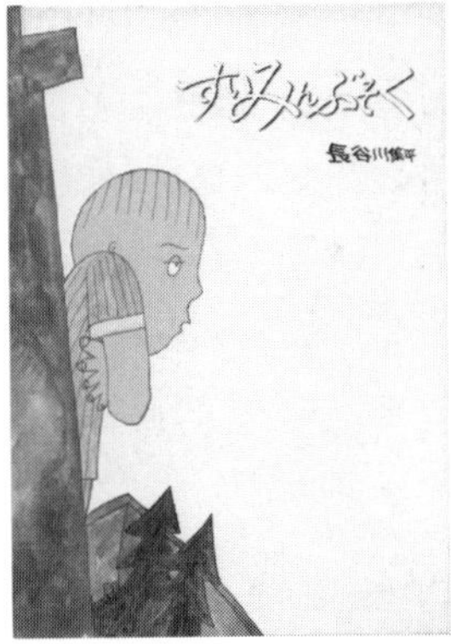

❹『すいみんぶそく』表紙

長谷川集平の本は、1995年年長クラスで『はせがわくんきらいや』を取りあげて以来、こうめ文庫にとって、信頼のおける作家の１人となっている。『トリゴラス』や『パイルドライバー』も子どもと一緒によんでいて、楽しく、手応えを感じることが多い。ただ、これらのなかで、スタッフの絵本観へ最も影響を与えた作品をあげるなら、『すいみんぶそく』であろう。『すいみんぶそく』は、死への不安、性への意識など、主人公の少年の内面に現れてきた鬱々としたものがストレートに描かれている。睡眠不足や恋わずらい、腎臓結石という大人の使う用語が使われており、いわゆる一般書店に並ぶ幼児向けの絵本のイメージとは異なっている。そのため、正直にいえば、スタッフ自身も躊躇する面もあったのだが、長谷川集平という作家への信頼はあったので、『すいみんぶそく』の本が出版された1996年に蔵書に加えた。しばらくの間、子どもの手には取られなかったので、12月にプログラムでとりあげてみると、たちまち注目される１冊となる。その時の記録をみてみよう。

♣「すーっ」という音などに反応していた。３分の２位はじっくり集中してきいていた。残りはうしろで遊んでいた。落ち着かなかった。２回よむ。「すー」という音などに反応していた。3分の2はじっくり集中してきいていた。わからない言葉がありながらも、ピンとくるものがあるようで目が輝いていた。もう一度というので繰り返した。2度目なので「すー」っと息をすったり、はいたり合わせていた。カガミちゃんを食べている場面だけはシーンとしてだれも何も言わなかった。

（年長　1996.12.12　おはなしの時間）

『すいみんぶそく』は、強烈なインパクトがあったらしく、よみおわるともう1回よみたいという声があがり、2回くり返してよんでいる。2回目からは、ため息の場面で一緒に「すーっ」といってみたりして参加し、多くの子は、「ああ、おもしろかった」という感じで、この日のプログラムを終えたのだが、なかには、何かいいたげな顔をしてよみ手から離れなかった年長男児Lがいた。次の週から、彼の『すいみんぶそく』へのこだわりが明らかになってくる。翌週は、他の子が借りてしまったので、くやしがって棚の位置などをスタッフに確認し、翌々週からは、真っ先に本棚から『すいみんぶそく』をみつけだし、すごい勢いで借りるようになった。あまりにLが必死で借りるので、他の子も借りたがったのだが、Lは、まるで『すいみんぶそく』を借りるためにこうめ文庫に来ているのだというようなくらい、必死に毎回この本を勝ち取った。当然のことながら他の子からは文句がでて、1度だけ本の取り合いに負け、違う本（『くわずにょうぼう』）を借りているが、その次からは、この本を他の子に貸すことを絶対に譲らなかった。他の子たちも、借りることはできないものの、数人で共にスタッフによんでもらっていた。

♣ Lくんは言葉を覚えているようで、間違えると訂正してくれた。絵にみいっていた。よんでいると、2、3人集まってきた。「恋煩いって何？」と聞かれたが、Lくんが「恋だよ、恋」と言うと、Kくんが「Lくんの好きな子、知ってるぞお」と言う話になった。『すいみんぶそく』はやはりすごい人気である。Lくんはよみたい人には貸してあげているみたい。

（時間内だけ。一部の人だけかもしれない。）（年長　1997.2.13）

この記録からもわかるように、「恋わずらい」という言葉に対してもわかって聞いている。毎週のようにＬと一緒によんだというスタッフの話によると、１対１でよむと、ほとんど言葉はなく、黙って聞いているのだが、奥深いところで通じ合っているような感じがしたという。結局、Ｌは、おはなしの時間でとりあげた後から卒園までの８回の文庫のうち、６回借り続けた。Ｌは、卒園したらよめなくなるからと家庭でもこの本を親に買ってもらったのだという。スタッフはこの経験を通して、年長の子どもたち、特にＬにとって、この本のもつ魅力がいかに大きいかということを実感し、「こうめだより」にも『すいみんぶそく』について２度取りあげている。

最近、年長さんの間で流行した『すいみんぶそく』には驚きました。あのような絵本を、子どもたちが好きになるとは思わなかったからです。私にとってその絵本は、よくわからない、難しい、変な話といった感じで、特に面白いとは思いませんでした。ところが、今まで、見向きもされなかったあの絵本が、お話の時間で読まれてから、急に注目を集めだし、私はそれに、ただただ驚くばかりでした。

けれども、子どもたちといっしょに何度も『すいみんぶそく』を読んでいるうちに、その本の面白さが、子どもたちを通して感じてきました。漠然とした不安、夜も眠れぬ不安、すいみんぶそく、死、ためいき……。そのようなものが、この絵本に漂っていて、子どもたちはその空気に引き付けられています。かつて私も子どもだった頃もあるのに、どうして、おとなの感性と子どもの感性では、こうも掛け離れてしまうのでしょう。

（横山智子「Pick Up！「えほんのへや」「こうめだより」1997.2.13発行）

なぜ、子どもたちがこの絵本が好きなのかは、難しいところです。ゲームの場面が魅力的なだけの子もいるかもしれません。が、一見奇抜に見えて、人間の本質をついたこの絵本から、死と生を自然に感じ取っているのではないでしょうか。４～６歳の時はまだ、「死」が分からないといわれています。日頃漠然と抱えている、「死」という分からないものへの恐怖心を絵本を読んで共有することで、発散しているように思います。

（鈴木穂波「小梅小咄」（三）「こうめだより」1997.9.25発行）

『すいみんぶそく』は、1年を通じてずっと手にとられるタイプの本ではないのだが、ある一時期、子どもにとって非常に魅力的な本となるようである。「この本をよむと子どもが集まってくるように思う」という記録もある。この本に惹かれた読者として、印象的な子がもう1人存在している。年長男児Mは、多様なタイプの絵本をよむ子で、この日も『しろくまちゃんのほっとけーき』という全然違った内容の絵本を持ちながら、真剣な顔で1人で絵本をのぞきこんでいた。スタッフの1人が声をかけ、一緒によんだ時の記録である。

♣他の本をかりて、あとでパラパラめくって1人でみていたので「よもうか」とよんだ。「こわくない？」ときいたら「こわくない」。「時間がないからここでいい」と、ゲームの場面から。かがみちゃんがもえるところで「少しこわいかも」と発言。途中から別の男の子がちらちらみていた。

（年長　1999.11.25）

本をよんでいるときには、あまりしゃべらなかったのだが、よみおわってから、Mは1度教室に帰りかけ、もう一度わざわざ戻ってきて、スタッフに話しかけてきた。その時の記録である。

♣「ボク、のうしんとうになったことある」もっとすごいのもある。「コウネツオウトゲリ」になって、うつるからダメといわれてプールに入ったら、やっぱりいとこにうつったんだとか。お母さんにもうつったらしい。『すいみんぶそく』をよみおわってから、よく話してくれた。

（年長　1999.11.25）

Mは、『すいみんぶそく』をよんでいて、自分が風邪をこじらせて「高熱嘔吐下痢」の症状が悪化し、入院したというこわい記憶が呼び起こされたようである。次の週も、他のスタッフと1対1で3回続けてよんでいる。『すいみんぶそく』をよんでいると、他の子も集まってきてしまい、1対1でよんでほしいと思っていたMには迷惑に感じたようだ。

♣M：ヒューッとかスーッとか一緒に言う。「ゲームの場面もう1回見る！」と言う。カガミちゃんを食べるシーンで「こわいね」という。みんなが集まってくると「みんな、なんで集まってくるのー？」と迷惑そうに責めるように言う。周りの子（Nちゃん）が「睡眠不足て何？」と聞いてきたので答えると、Mくんが「僕も眠れないことがある」と言った。Oちゃんも「眠れない時ある！」と言っていた。あとは何時に寝るとか、どんな人形と寝るとか教えてくれる。Oちゃんが、「恋わずらいってなに？」（『すいみんぶそく』の中のセリフから）と聞くので意味を教え、そのときに「好きなひといる？」と聞いてみると、Mくんは「この幼稚園にはいない。今はいない。」と答えた。Oちゃんは「いる！」と言い、誰であるかも教えてくれた。Mくんが気になるくらい『すいみんぶそく』を繰り返し、何度も何度も見ていた。Oちゃんは無邪気に自分の話をよくする。

（年長　1999.12.12）

この時、同じ本をよんでいても、他の子とMの感じ方が違っているようである。一緒によんだスタッフによると、Mはずっと黙ってただ一緒に頁をめくっていただけだったので、スタッフはこれでいいのだろうかと不安に思ったらしい。よほど気になったとみえ、彼はこの後１人でもう一度よんでいる。スタッフと一緒によみ、安心してよめるようになってから、ひとりで人形を背負い、別の本を手にしながら、絵本と向かい合っていることは興味深い。おそらく、Mにとって『すいみんぶそく』は、自分が過去体験したことにある死をも意識させるずっと気になっていた記憶を呼びおこさせたのだろう。病気や睡眠不足、恋のテーマなどは、彼にとって、気になるテーマでありながら、非常にこわいものでもあったに違いない。そして、絵本を何度もよむことで、自分のなかにたまっていた不安のようなものを発散させていたのではないだろうか。Mは、１人で繰り返してよんだあと、この本を借りて帰った。

長谷川集平の絵本は、女児にも人気があるが、特に男児にアピールする要素をもっている。なかでも『すいみんぶそく』は特徴的である（「1995－2003年度総合貸出回数」をみると、男女の比率は、女児0.12：男児0.88となっている）。『すいみんぶそく』に描かれている暗さは、特に男児の成長のうえで共通の心理葛藤や不安感、恐怖と共通するのではないかと思われる。作者の長谷川集平は次のように述べている。

> 小学校１、２年のころだったろうか、ぼくは自分が死ぬということがどういうことなのか、すごく気になってこわくてねむれない夜をいく晩もすごした。手を見ては、この手が風呂上がりにそうなるようにしわしわになって年老いていくさまを想像した。手はやがて枯れ、動かなくなり、燃やされるだろう。
>
> そもそも生まれる前、ぼくはどこにいたのだろう。背後に横たわる底知れない闇、死ねばまたそこに帰っていくのだろうか。悩みを打ち明けることもできないまま、睡眠不足の日々が過ぎていった。
>
> 子どもたちは健康ならば、いずれ死の恐怖にとらわれる時期を迎えるはずだ。それはナルシスズムの芽生えであり、自己の発見であり、愛しい自分を失うことへの恐れだと考えることもできるだろう。（中略）
>
> ぼくの絵本はこれまでもずっとラブストーリーだったけど、今回の『すいみんぶそく』が一番「純」かもしれない。読者の深いところに届いてくれたらと願う*9。

ここで長谷川が述べている、死への恐怖、愛の問題は、決してネガティブなものではなく、健康な人間なら誰でも直面する葛藤である。絵本へ描かれた作者の思いを、子どもたちはよみとっているように思われる。けれども、これらのテーマは向かいあうのには勇気が必要で、非常にこわいものでもある。成長に伴って、こわいと思いながらも、この本が魅力的に感じる子がいる一方で、激しく拒絶した女児がいたのも事実である。『すいみんぶそく』をおはなしの時間でとりあげた際、補佐のスタッフにしがみついて顔をそむけ、スタッフが「危険」だと感じるほどだったという。この本が、彼女の内面にある引き出したくないものを引きだそうとする強い影響力が働いたため、全身で拒絶したのではないかと思われる。この件があってから、スタッフも『すいみんぶそく』がもたらす強烈な影響力を知り、子どもの顔ぶれと時期を考慮して、本を手渡すタイミングを考慮するようになったし、全員に向けてよむことはしていない。『すいみんぶそく』は、これほど子どもをひきつける力のある本ではあるが、貸出ランキングなどで上位にあがってはこない。『すいみんぶそく』は、多くの絵本のなかでも、特定の子に受け入れられる傾向があり、それぞれの子の成長の時期にかかわって、求められている１冊のようである。長谷川集平の絵本は、一般にはヤングアダルト向けだととらえられていると思われるが、彼の絵本を求めている幼児がいるのは事実であるし、またある子にとっては危険ともなり得るほど、特別な影響力のある１冊である。

Ⅲ 「こわいほん」の分類

これまで、こうめ文庫で子どもたちがどのように「こわいほん」を求めてきたかについて述べきた。それでは、最後に、「こわいほん」について分類し、なぜ子どもにとって魅力があるのか考察してみたい。

さきほど、ランキング上位絵本にみるこわい要素の共通項について、夜のイメージ、狙われている感覚、違う世界へ入っていく、こわいものがでてくる、孤独、食べられる、身体変化などを挙げた。さらに、年齢別での捉え方の違い、こわさのレベルがあることもわかってきた。これまでの考察をふまえて考えてみたい。

１）「こわくておもしろい」絵本

まずはじめに、貸出上位にみられる、多くの子どもの支持を受けている「こわくておもしろい」絵本をとりあげる。

何度もとりあげているが、こうめ文庫で、特に人気なのが『おばけやしき』である。『おばけやしき』の記録をみると、友達同士でのぞきこんでしかけを動かして楽しむ様子が多く、集団でよんで歓声をあげながらこわさを発散できる効果がある。『すてきな三にんぐみ』も、『おばけやしき』と同様、多くの子に人気があり、友達同士で絵本の世界に漂う暗さをたのしむ。

スタッフがそれほど意識していなかったのにもかかわらず人気が続いている本に、佐々木マキの「ねむいねむいねずみ」シリーズがある。『ねむいねむいねずみ』では、おばけやしきにねずみが迷いこみ、こわい体験をする物語だが、やはり、〈おばけやしき、夜〉という設定が魅力的で、ねずみが１人で旅をする孤独感が絵にも漂っている。

多くの子に好かれる３冊に共通しているのは、いかにもこわそうな演出がされているにもかかわらず、コミカルな絵の効果により、こわすぎることはなく、安心して「絵本という枠組み」のなかで楽しめるということである。

２）想像から出てくるイメージが描かれたもの

次に、おばけや妖怪など、人間の想像からでてくるイメージが描かれた絵本があげられる。『ねないこだれだ』は、こうめ文庫をはじめた当初からよく手にとられてきた１冊である。黒と白のコントラストのきいた印象的な絵と、主人公がおばけの世界に連れていかれるという設定は不安定で、はじめてみた子のなかには泣きそうになるほどこわがる子もいる。何度もくり返してよむことで、やがて、そのこわさを楽しめるようになり、笑い飛ばす余裕がでてくる子もいる。

渡辺茂男は、恐怖の意識が生まれるのは成長と関係していると述べている。

> 大昔、私たちの祖先のホモ・サピエンスは、洞穴の壁に野牛や鹿の絵を描き、それらの絵にむかって、野生の動物の増殖や、狩りの成功を願いました。そして、願いをくりかえしているうちに、壁に描かれた絵（イメージ）そのものに希望や恐怖をいだくようになりました。つまり呪術的作用が働き始めたのです。この呪術的畏怖感が超自然な存在への畏敬の念に変わり、他の生命の息づいていない神秘的な空間で感じた恐れは、後の世の人間に神社や寺や教会のような祈りの場所を作らせました。幼児が、過去の記憶や現実の生活体験と無縁に、ある種の人形や、お化けの絵（わが家のホモ・サピエンスは、一時期せなけいこさんの描いたお化けでもこわがりました）や、闇をこわがるのは、まさに、子どもの内部で、成長にと

もなう、本能的な呪術作用が働きはじめたからではないのでしょうか*10。

子どもが『ねないこだれだ』のオバケをこわがるということは、渡辺のいう「呪術的作用」が働いた証拠であるといえるのではないか。つまり、夜とか暗闇をこわがり、おばけやかいじゅうなど想像上の生き物が登場する絵本がおもしろくなるのは、子どもの成長に伴って想像力がでてきた証拠だと考えられる。

『よるのようちえん』は、白黒の写真が現実の幼稚園を表現し、カラフルなおばけ達が非現実の世界を表現し、これらが混じり合うことで、現実・非現実が表裏一体となっており、夜と誰もいない園舎の神秘性を描いている。

『妖怪画談　愛蔵版』は、いわゆる絵本ではないので、こうめ文庫にとっても異色の１冊である。468頁の分厚い単行本で、１頁毎に一つ水木しげるの描いた妖怪達が登場する。妖怪についての解説がついていて、文字が多いが、スタッフに文章をよんでもらいたがる子は少ない。むしろ、絵をみて自分なりに想像してみていく方がおもしろいようだ。ある年の文庫最終日に、この本を囲んでいた年長児４名（男児１名・女児３名）がいた。彼らは、一頁毎にゆっくりと妖怪の絵をみていき、「これはこわくない」だの「この女の子はさっきでてきた」など語りながら、熱心に本をのぞきこみ、おしりに目がある妖怪など変わったものがでてくると、おもしろそうに笑っていた。４人のなかには、「14ひき」シリーズなど、どちらかというとかわいい絵本を好む女児もいて意外だったのだが、その女児が中心となって、本の輪をもりたてていた。このお化けは「カンガルーに似ている」とか、「サルみたい」等知っている動物に例えたり、「たたりもっけ」や水の精霊「ヴォジャノーイ」など愛嬌のある絵をみては「これ、かわいい」と叫ぶ。一方で、「あの世」に近い箇所になると、発言が少なくなり、落ち着かなくなる。けれども、地獄のこわい場面が続くと、次には浄土が現れるなど、こわさを和らげているので、この本の構成も巧みである。彼らは、30分位、この分厚い本を１頁も抜かすことなく飽きることなくめくり続け、最後までみると満足そうに帰っていった。水木しげるの想像力から形作られた妖怪達は、子どもに身近に受け入れられているといえるだろう。

3）野生を触発するもの　内在する野生への意識

年中後期頃、子ども達の求めてくる「こわいほん」の質に変化がみられる。幼稚園の集団にも馴染み、自我が芽生え、これまでは大人に従順だった子ども達が、自らの意志を持ち、人間としての個の自分を確立する過程において、子ども達は自らに内在する動物的な野生や性的なエネルギー等とうまく折り合いをつけていく必要がある。このような時期から、「こわくないぞ」とか「全然こわくない」と強がる自分をみせる子が多くなる。村瀬学は『なぜ大人になれないのか　「狼になること」と「人間になる」こと』において、大人になるということは、「人のかたち」を得ることだが、その過程には、「狼になること」も含まれているという[*11]。この論は、主に少年時代から若者へと成長する時期に注目してのものではあるが、幼稚園児の成長の過程のなかでも同様の変化が起きているのではないだろうか。『赤ずきん』や『おおかみと七ひきのこやぎ』をよんでいて、幼い年少児ほど狼の存在そのものをこわがる声が多い。が、年長児になると、『やっぱりおおかみ』の狼の孤独に共感したり、暗さを魅力に感じたりもしている。年長児に人気のある『ゼラルダと人喰い鬼』は、少女が１人で出掛け、人喰い鬼に食べられそうになるという「赤ずきん」を連想させる物語である。大男の人喰い鬼に食べられそうになる緊張感のなかで、少女がおいしそうな料理を作るという設定は、性的な要素も感じさせる。ある年長クラスでよんだときの記録をみてみたい。

♣『ゼラルダと人喰い鬼』：よくきいていた。すごく意見が出た。P：「知ってる」「女の子と鬼の話や。」鬼の意見が多い。「鬼ちゃうやん」１場面：「きばないし、つのないやん。人間と一緒や」ナイフがこわかったみたい。２場面：子どもが隠れてると指さしにくる。３場面の人喰い鬼：「ゼラルダのお父さん」という声。「なんで鬼が人間の言葉をしゃべるんだ」病気のお父さん：「人喰い鬼や」と逆に説明される。お父さんが人喰い鬼やと解釈する子がいる。料理の場面：あれや、これや。これ食べたい。チョコレートソースが人気。それぞれが選ぶ。「シンデレラやって」「靴掃いてる」人喰い鬼だらけの場面：お父さんはどこいったん？村の人達は仲良くなりました：Ｓくん：すぐそんなに仲良くなれるわけないやん。鬼が人と暮らせるわけがない。最後の頁：「とっくに鬼なんて死んでる年や」年齢差に疑問。「お父さんはどこへいったん？」

（年長　2003.1.30　おはなしの時間）

人喰い鬼を特別視せず「人間と一緒や」と捉えたり、ゼラルダの父親だと捉える子さえいる。物語を勘違いしているとはいえ、少女を「狼」が狙っているというような男性性の深層心理にあるものを感じ取っているかもしれないことに驚かされる。そして、幸せな結末に納得がいかないのも鋭い指摘である。ラストの絵で、人喰い鬼とゼラルダ夫婦の子どもの１人が赤ん坊をみてナイフとフォークを隠し持っていることからわかるように、よみ方によってはハッピーエンドとはいえない。この本をよんでいて感じるのは、年少児が『おおかみと七ひきのこやぎ』の「食べられる」存在であるこやぎに同一化するように、読者がゼラルダ側に立ち人喰い鬼に食べられそうになるスリルを感じる一方で、人喰い鬼自身の凶暴性にも魅力を感じているということである。この絵本をよんでいた年長女児が、突然、よみ手の髪の毛を引っ張ったり、腕をかんだりしたことがあった。よみ手は、こうめ文庫に初めて参加した学生スタッフだったので非常に戸惑ったという。特に子ども達が反応する、ぶたの丸焼きや、存在感ある料理の数々に食欲を刺激されてのことなのかもしれない。ウンゲラーの野性味溢れる絵は、読者の野生を触発するのであろう。

絵本のなかの野生の問題を考えるとき、恐竜の本を欠かすことができない。『はじめての恐竜大図鑑』は、こうめ文庫の蔵書に初めて入れた恐竜の知識絵本だが、徐々に子どもの間で人気の本となった。この本はよむというよりも、口々に知っている恐竜の話をすることが多い。絵本をみて興奮し、「がおー」と恐竜の真似をしたり、「恐竜なんてこわくない」といって各頁の恐竜をたたき、やっつけようとする子もいる。その攻撃は、「人間である自分が食べられるのでは」というような不安ともつながるようである。自分が自然界の弱肉強食の世界で「食べられる」存在であることを想像し、「人間を食べたら恐竜のおなかのどのあたりにはいるのか」という質問をした子もいた。「草食恐竜」か「肉食恐竜」かを気にし、肉食恐竜が一面にアップになる場面で、頭をつっこみ、自分が食べられる真似をする子もいる。これは、〈食べる存在－食べられる存在〉という自然界での究極の力関係を、人間になってみたり動物になってみたりして、ごっこ遊びとして再確認しているのではないかと思われる。そして、恐竜の本を何度もよむ子のなかには、意外にも女児、それも大人しいタイプの女児も多くみられる。

♣Qちゃん：「恐竜なんて恐くない」と言って各ページの恐竜をにぎりこぶしでたたき、やっつけようとする。「Qちゃん強いね」といいながら絵本を広げて「わー！」とおどかすような大きな声で絵本を顔に近づけると「ひやー！」といって驚く。 （年中　1998.5.28）

この本は、子ども同士でのぞきあうこともあるが、スタッフを介して盛り上がっていく事も多い。家でお父さんとよんでますます恐竜についてくわしくなっていく子もいる。普段表面では大人しい子だからこそ、絵本を通してのみ、隠されているものを表出できるのかもしれない。

4）内界の冒険を扱っているもの

次に、「行って帰る」型の構造をもつ内界の冒険が扱われている絵本をとりあげる。『おしいれのぼうけん』では、「おしいれ」という暗闇のなかで、空想の「ねずみばあさん」と闘う物語は、スリルに満ちており、こうめ文庫が始まって以来、「こわいほん」がないと探し回っている子にこの本をみせると借りていくことが多く、スタッフからも信頼の厚い１冊である。「おしいれ」は、現実と別世界と繋がる境界であり、『おしいれのぼうけん』というタイトルを聞いただけで興味をひくようである。この作品には、「おしいれ」の「穴」の奥、「トンネル」と、異世界の境界が、いくつも現れる。黒とオレンジの鮮やかな表紙のなかに、白黒の頁が続きこわさを演出する。「ねずみばあさん」に追いかけおいつめられる場面は、まるで悪夢をみているかのように読者にリアリティをもたらす。

他に、内界の冒険を扱っている人気のある本に『めっきらもっきらどおんどん』『かいじゅうたちのいるところ』があげられる。

子どもと本をよんでいてよくきかれるものに、その物語が「ほんとうのはなし」かそうでないかという視点がある。『めっきらもっきらどおんどん』をよみ終わった時、よみ手は、神社の木のそばで呪文を唱えれば本当にお化けの世界に行くのかどうか、「ほんとう？」と詰め寄られたことがある。また、先程取りあげた恐竜の魅力も、かつて地球上に「本当に存在していた」というところにあるようである。恐竜が本当にいたと聞いて泣き出してしまう子もいる程、重要なことのようであった。現実、非現実が未分化な時期は、ファンタジーの世界と現実が混ざり合っている。そのような時期だからこわい本というのも存在しているようだ。年長になると、多くの子は本のなかの物語とわりきって、身を投じることができる。そのような時期、子ども達は、物語のなかで、「こわいもの」と対決し、勝利することにより、現実での生きる力が備わっていくというような一面もあるのではないだろうか。

5）不安や孤独など、子どもの心理に迫るもの

次に不安や孤独など、子どもの無意識の「闇」の心理に迫るものがある。はじめてこの絵本をみた子が「こわい」とつぶやくことの多い本に『まどのそとのそのまたむこう』があるが、作品の冒頭で、船乗りの父親が家族を置いて家を出、母親も呆然とし、両親から放置された子どもの不安が薄紫色の頭巾をかぶったゴブリンの不気味な絵で具現化されている。児童心理学者ジャーシルドによると、子どもの恐怖のなかには、「独居、放置、孤独」があり、それらは「死の恐怖」へとつながっている*[12]。妹である赤ん坊のかわりに置かれた「こおりのにんぎょう」の顔は青白く、死人を思い浮かべさせ、確かに死の恐怖をもイメージさせる。この本をよむと、不思議に子ども達が集まってきて、5、6人の子に対してよむことが多いのだが、皆絵に吸い込まれたかのように画面に釘付けになり、ゴブリンや裸の赤ん坊に反応する。そし

て緊張は、最後まで続き、家に無事に戻ったところで、子どもたちの緊張も解けてくる。

『ピエールとライオン』は、両親に反抗したピエールが、ライオンに食べられるところでは、それまでは「ぼくしらない！」と繰り返していたのに、ほとんどの子が無言になり、絵本にひきつけられる。子どもの心理に迫っている本だといえる。ジャーシルドによると、「想像上の生物、暗闇、ひとりぼっちでいること、見捨てられることの恐怖」は、年齢と共に増加するものだと述べられている。

モーリス・センダックは、子どもは、現実の生活のなかで恐怖、怒り、憎しみ、欲求不満などの感情を抱えており、それらの感情をコントロールするために、ファンタジーが必要であると述べている[*13]。成長に伴って沸き起こってくる複雑な感情を、絵本の絵としてまず客観的にみつめ、物語と共に解決することは、子どもの内面で、重要な意味をもつと思われる。

6）死につながるこわさが描かれているもの

最後に、死へつながる究極のこわさが描かれている本として、『くわずにょうぼう』と『すいみんぶそく』をとりあげる。これら2冊は、貸出ランキング上位にみられるというわけではなく、借りていく子はむしろ少数である。『くわずにょうぼう』をよんでいると、こわすぎて体が硬直してしまう子もいるほど、子どもにとってこわい本のようで、年中児にはこわすぎてしまい「こわい」という発言すら少ない。年長児になると「こわくない」という声もでてきて余裕もでてくるようである。特に、「くわずにょうぼう」が頭から米を食べる場面、男をつかまえにいく場面と次の場面で、子どもの表情が変化する。集団でよむプログラムでとりあげると、集中させる力をもつ絵本ではあるが、絵本の時間に実際に手にとる子は少ない。年長女児Ｓは、一時期、小学校受験と弟か妹の誕生が重なったことも影響し、自らのなかの暴力を押さえられず、文庫の時間中も友達を叩くなど問題になることが多い子だった。そんな彼女が文庫のプログラムで珍しく反応をみせたのが、『くわずにょうぼう』だった。「くわずにょうぼう」のもつ野生・凶暴さ・食欲は、人間の本質にもかかわるこわい要素である。推測ではあるが、自分の中にわき上がる得体のしれない「もやもやとした激しいもの」と通じる感情を絵本のなかでみ、その「くわずにょうぼう」が結末で滅びることで読者はカタルシスを感じ取るのではないか。

本稿を書きながら、子どもにとってのこわい本について考えるとき、特に「死」の問題について避けることはできないはずではあるが、対象が幼稚園児ということもあって、十分に踏み込めずにきていたことに気づかされる。どこまでつきつめていいものなのか、大人はつい戸惑いをもちがちであるが、長谷川集平のように自分の内面にある子どもの感覚を思いだしながら、子どもたちと向きあうなら、避けてはいけないものだったかもしれない。と、同時に、安全性という面から考えると、「死」の問題を扱う際は、大人側の十分なケアの意識も必要で、ある程度の覚悟も必要かと思われる。今後の課題としていきたい。

以上のように、「こわいほん」には、子どもの内在している「なにか」と通じる魅力をもっている。子どもは、自分のなかで整理のつかない「なにか」を、「こわいほん」を通して、具現化されたイメージとしてみることにより、自分と向き合うことにも成功する。こわいものと向き合うことで、もともと内在していたエネルギーが表出していくのかもしれない。「こわいほん」は、自分を超える未知の何かに向かっていく成長の過程のなかで、沸き起こる内在化していた感情やイメージを意識化させ、絵本のなかでの擬似体験として克服したり昇華させることで、さらなる成長へと導く役割をもっているのではないかと思われる。

おわりに

さまざまなこわい絵本と子どものかかわりをみていくと、これらは、どれも子どもの成長に伴って起こる内面の心理とかかわっているのではないかと考えられる。成長するということは、知らない世界へたった１人で進んでいかなくてはならないことである。弱い小さな自分が、内面世界に生じてきた何らかの障害とつきあったり戦ったりしながら、自らの課題を乗り越えていく。また、成長するということは、決して優しいことではなく、村瀬がいうように、時には獣である「狼」を経て、人間になっていかなくてはならない。その獣としての自分が感じる世界感は、自然界のなかでのアニミズムの世界とも似ている。

民俗学の立場から、学校の子どもの間での怪談や噂話を子どもたちの創造力（想像力）と捉えている常光徹は、『学校の怪談』のなかで、筆者自身の子どもの頃には、「身近な生活のなかに“こわさ”や“不思議”を実感できる空間と物語」があり、「まっ黒に塗り込められた闇夜の深さも自然に納得していた」と、自らの子ども時代を回想し、河童がいるといわれる川や、何里もはなれた村まで通じているときかされている岩穴、闇夜がすぐ近くに存在していたという前提で、次のように述べている。

> 近年、不思議話や怪談がさかんに話されるのは、子どもたちの生活の場からこうした“こわさ”や“不思議”を実感できる空間と物語が失われつつあることの裏返しのような気がしてならない。闇が日常から遠ざかるにつれ、闇の世界や異界への、あこがれと欲求を怪異話の世界に追い求めようとしているのではないだろうか[*14]。

確かに、自然が少なくなった現代の都会の子ども達のそばから、「闇」は失われているといえるだろう。小松和彦も、現代人が「光り」の世界に住むことを好んだことにより、「闇」の文化が失われたこと、「闇」にも、深みと意味があったことを述べている[*15]。

「こわいほん」は、この「闇」の領域にかかわるものが多い。なぜ、こうめ文庫で「こわいほん」が求められるかといえば、幼稚園でもなく家庭でもないという意味において、非日常に近い場となっているのだと思われる。教育の場は、どちらかといえば、明るい日常の世界である。先生方も熱心に保育をされているので、子どもたちのなかでも正統な場として確かな位置づけがされている。週１度のこうめ文庫は、むしろ、その裏側に位置づけられており、子どもたちは、こうめ文庫スタッフに対し、悪い言葉を使ってみたり、ふだんの生活ではタブーとされているようなことを試してみたがる。これらの多様な絵本と、多様な絵本のある空間が、それを許す雰囲気をもっているのであろう。そのようななかだからこそ、「こわいほん」が流行したり、求められたりするともいえる。子どもたちは、日常から少し離れたこの空間で、友達同士で「こわいほん」をのぞきこんでは歓声をあげてこわさを共有しあったり、わざとスタッフに甘えてみたり、あるときは、一人でじっくりと対峙している。

こうめ文庫の実践を通して、子どもの求める絵本は本当に多様であるといえ、大人は、より広い絵本観を必要とされているということに気づかされた。

注

＊1　おばけの絵本として『ねないこだれだ』の絵本を子どもが恐がりながらも強烈に好むという実践の報告は、佐々木宏子『増補　絵本と想像性』（高文堂出版社　1989）、佐々木宏子・中村悦子編著『集団保育と絵本』（高文堂出版社　1976）などにみられる。河合隼雄・松居直・柳田邦男『絵本の力』（岩波書店　2001）の対談のなかで、「絵本と恐怖」のテーマについて語られている。舟橋斉『絵本の住所録：テーマ別絵本リスト　新版』（京都・法政出版　1998）では、「おばけ」「鬼」「怪獣」の項目などがみられ、プーさん文庫『絵本のあるくらし：プーさん文庫』（吉備人出版　1999）でも、「おばけ」をテーマにした絵本紹介がされている。

＊2　ただ、なかには、本当に「こわくない」と捉えられるものもある。

Ｇちゃんがもってきた。「こわいものなにかな？」のところで「こわくないよお」とＧちゃんは怒ったように言う。「ここがおばあちゃんの家かな？」のところで「そんなわけないじゃん」と３人とも怒っていう。（年中　1996.12.12　『ぼくはあるいたまっすぐまっすぐ』）

読者への問いかけとなっている「こわいものなにかな？」という文章に対して「こわくないよお」と言っているこの例は、子どもにとって「こわいほん」とするのには、例外であると思われるが、憶測で削ることをせずに、ここでは入れてある。

＊3　浅野法子「『すてきな三にんぐみ』論―トミー・アンゲラーの「暗やみ」の世界―」

『きょうはこうめのひ』153-162頁

＊4　『きょうはこうめのひ』155頁

＊5　「Tomi Umgerer: Story Teller　トミー・アンゲラーの絵本論」ヤマハミュージックメディア　翻訳・監修　今江祥智　遠藤育枝（Weston Woods 1981）に附されている英文のスクリプト収録の冊子

＊6　＊5に同じ

＊7　『きょうはこうめのひ』161-162頁

＊8　橋爪紳也『化物屋敷　遊技化される恐怖』中公新書　1994　157-159頁

＊9　長谷川集平「純なラブストーリーをどうぞ」「母の広場」（童心の会　1996年3月号）

＊10　渡辺茂男『心に緑の種をまく　絵本のたのしみ』新潮社　1997　213頁

＊11　村瀬学『なぜ大人になれないのか　「狼になること」と「人間になる」こと』洋泉社　2000

＊12　ジャーシルド　大場幸夫ほか訳『ジャーシルドの児童心理学』家政教育社　1972　412-462頁（「恐怖と不安」）

＊13　モーリス・センダック「コールデコット賞受賞挨拶」『センダックの絵本論』脇明子・島多代訳　岩波書店　1991

＊14　常光徹『学校の怪談――口承文芸の展開と諸相』ミネルヴァ書房　1993　60-61頁

＊15　小松和彦『妖怪学新考』小学館ライブラリー　2000　134-153頁

※本稿は、2001年度こうめ文庫有志スタッフによる「こわい本とは何か？」研究会を経て、2002年11月、大利かおりと2001年度梅花女子大学・大学院児童文学会研究発表会にて、2002年6月、伊東舞と2002年度絵本学会での共同発表を経て（発表タイトル：幼稚園児と「こわい」絵本―こうめ文庫の実践から考える―）、最終的に小澤が個人の責任でまとめた論である。この論をまとめるにあたって、関わった皆様に、ここに記して感謝したい。

第6章

体に関する絵本のよまれかた

加古里子、柳生弦一郎の科学絵本より

はじめに

科学絵本や科学よみもの、科学の本は、調べて知識を習得する教材と捉えられがちで、一般に教育的で難しい印象をもたれている傾向にある。絵本ときいてすぐに連想するのはストーリーのある物語絵本であり、科学絵本や知識絵本とは耳慣れない言葉だったのは、こうめ文庫に参加する前の筆者にも当てはまった。しかし、科学絵本には知識を得るのみでない様々な見方・楽しみ方のあるのが徐々にわかってきた。

数ある科学絵本の中でも、とりわけ「子どもとよみあって、楽しいもの」を作り出すクリエーターとして名前を挙げられるのが、加古里子（かこ・さとし、1926〜）*1と柳生弦一郎（やぎゅう・げんいちろう、1943〜）*2であろう。こうめ文庫のおはなしの時間プログラムでも度々取り上げられている。また、絵本の時間によみあった『むしばミュータンスのぼうけん』や『たべもののたび』、プログラムの『はなのあなのはなし』に興味をそそられた子どもはいろいろと反応し、科学絵本の多様性に気付かせてくれた。そして、筆者が体に関する絵本（からだの本）へ注目する契機となったのである。

ここでは、こうめ文庫の蔵書にある体に関する絵本のうち、子どもの疑問関心に知的でユーモラスな態度でこたえ、生きる喜びや自己の存在確認へ結び付けるものとして、加古里子の『むしばミュータンスのぼうけん』と柳生弦一郎の『おっぱいのひみつ』を中心に、こうめ文庫で体に関する科学絵本がいかによまれ、またどのような役割を果しているか考察する。

Ⅰ こうめ文庫にある「からだ」の本

1）蔵書をみる

こうめ文庫では、つちのへやとそらのへやの各部屋に、体に関する絵本を集めた「からだ」の棚（コーナー）を設けている。これは、年中・年長児のみの蔵書構成であり、生物・地学・食物・文化などを絵本のテーマに扱った知識絵本、乗り物絵本、言葉と絵が主題の絵本などと共に、「科学・知識絵本」の列に位置する。

「からだ」のコーナーに入っている絵本には、大別すると、『うんちがぽとん』『みんなうんち』『おなら』など排泄にかかわるもの、『おっぱいのひみつ』『おんなのこってなあに　おとこのこってなあに』など性を扱ったもの、『赤ちゃんのはなし』『たまごのあかちゃん』など赤ん坊の誕生を絵本にしたもの、『あしのうらのはなし』『ほね』『たべもののたび』など身体構造に関するものがある。これらのジャンルに沿って「からだ」の棚の絵本を分け、それぞれ並べたものが【表1】である。

2）体に関する絵本の役割

日常世界を科学的なものの見方で表現したもの、あるいは、自然科学的・社会科学的な知識で構成されたものとその領域を指す科学絵本の中で、体に関する絵本がもつ重要性を考える。ここでは、「からだ」のコーナーの4つに区分にそって、それぞれが担う役割を少し掘り下げてみたい。

a．排泄を扱った絵本

うんちやおしっこなどの排泄物に関連する事柄は、日頃から周りの大人に「下品だ」「汚い」といわれ嫌がられることが多い。そのために「うんち」と発言したり好んで関心を向けたりしてはならないという自制心が身に着いた子どももいるであろう。しかし、スカトロジーの分野に至らなくても、人間の内から外へ出るものは時に複雑な性質を具え、それらを考え合わせて心に潜む別の感情がみえることがある。子どもの幼少期のトイレット・トレーニングとかかわる部分も大きい。児童青年精神医学や医療福祉学などを専攻している佐々木正美は、幼い子どもの心理は特有であると次のように主張する。

たとえば体についているものとか、自分の体内にあるものとかを、不潔なものとかきたないものとは、けっして思っていないのです。それどころか、自分の体の一部ですから、排泄物にも愛着さえ感じているのです。子どもにとっては自分の鼻水であるとか、おしっこだとかうんちだとか

【表１】こうめ文庫の「からだ」の棚に入っている絵本

書名　作者名　画家名　訳者名　出版社名　初版年　（受け入れ年月）
《排泄を扱った絵本》
『うんちがぽとん』　アロナ・フランケルえ・ぶん　さくまゆみこやく　アリス館　1984（1996.4）、（2001.5）
『うんちしたのはだれよ！』　ヴェルナー・ホルツヴァルト文　ヴォルフ・エールブルッフ絵　関口裕昭訳　偕成社　1993（1996.4）、（2003.5）
『おなら』　長新太　あかね書房　1978（1995.5）
『こいぬのうんち』　クオン・ジョンセン文　チョン・スンガク絵　ビタン・キジャ訳　平凡社　2000（2001.2）、（2001.5）
『はなをほじほじいいきもち』　ダニエラ・クロート・フリッシュさく　たかはしようこやく　偕成社　1997（1998.12）
『みんなうんち』　五味太郎　福音館書店　1977（1995.5→2003破損による廃棄）、（2001.5）、（2002.5）、（2003.5）
《性を題材にした絵本》
『おっぱいのひみつ』　柳生弦一郎さく　福音館書店　1989（1996.4）、（2002.5）
『おんなのこってなあに　おとこのこってなあに』　ステファニー・ワックスマン著　山本直英訳　福音館書店　1992（2003.5）
『そら　はだかんぼ！』　五味太郎　偕成社　改訂版はじめてよむ絵本1987／ちいさいえほん1979（2002.5）
《赤ん坊を描いた絵本》
『赤ちゃんのはなし』　マリー・ホール・エッツぶん・え　坪井郁美やく　福音館書店　1982（2002.5）
『いないいないばあのえほん』　安野光雄　童話屋　1987（1996.4）
『たまごのあかちゃん』　かんざわとしこぶん　やぎゅうげんいちろうえ　福音館書店　1987（1996.4）
『バイバイベイビー』　ジャネット＆アラン・アルバーグ作　佐野洋子訳　文化出版局　1990（2002.5）
『ママがたまごをうんだ！』　バベット・コールさく　ちばみどりやく　ほるぷ出版　1994（1996.4）
《身体構造に関わる絵本》
『あしのうらのはなし』　柳生弦一郎さく　福音館書店　1982（1995.5）
『かさぶたくん』　柳生弦一郎さく　福音館書店　1997（2001.5）、（2002.5）
『たべもののたび』　かこさとし　童心社　1976（1997.4→2003破損による廃棄）、（2001.5）
『ちのはなし』　堀内誠一文・絵　福音館書店　1978（2001.5）
『はなのあなのはなし』　柳生弦一郎さく　福音館書店　1981（1995.5）、（2001.5）
『ほね』　堀内誠一さく　福音館書店　（2001.5）
『がいこつさん』　五味太郎作　文化出版局　1982（1999.5）、（2002.5）
『むしばミュータンスのぼうけん』　かこさとし　童心社　1976（1995.5→2003破損による廃棄）、（2001.5）、（2003.5）

というものは、「自分のもの」なのですから、子どもにとってはだいじなものなのです*3。

しかし、早くおむつを取ろうと考える親は、子どもを長時間でも強引に便器へすわらせ排便を急ぎ立てる。このトイレット・トレーニングの強制は、感情や衝動を抑制する自律性の発達を妨げるばかりでなく、コントロールされて生じる無力感を助長する。さらに、排泄物を自分の分身のように思っている幼い時期の子どもには、自己の人格が否定されたと感じかねない。佐々木正美は、「しつけをするときにたいせつなことは、くり返しきちんと教えて、それらが実行できる時期はゆっくり見守ってあげながら、できるだけ子どもまかせにしてあげるということなのです」と繰り返し、「人を信じ、尊敬し、自分に誇りや自信をもつための基本的な感情は、このように育てられると思います。」*4と考えを述べる。また、『みんなうんち』などの絵本作家、五味太郎はあるインタビューの中で「うんちというのは、ウサギでもヒトでも、そいつを通過したそいつなんだよね。うんちを見ると、もとの動物の生きていた感じは明らかで、それゆえにごく魅力的。」と話している*5。

排泄を扱う絵本の形態を通して描かれるものを確認することは、幼少期に抱く生理的な欲求や好奇心を開放し、その抑圧や制限を払拭する役割を果すといえるだろう。

b．性を題材にした絵本

規制は性や身体を扱う絵本にも同様にある。中でも『おっぱいのひみつ』はストレートに性にかかわる本であり、人によってはタブーへ触れる印象を受ける。幼稚園児は年齢的にそれまで自分のものであった母親のおっぱいから距離を置くよう促される段階にあり、子ども自身の中にも羞恥心や自粛の感情が芽生える。しかし、性（異性）へ向けた興味関心や母親のおっぱいに対する執着心が消失しているわけではない。

性は心と身体をつなぐもの、あるいは二者の中間に存在するものとしての意義をもつ。新たに生命を生み出す建設的なイメージを抱く反面、最もいやらしく汚れたものと感じられやすい。臨床心理学者の河合隼雄は、その理由を「人間が他の動物と異なる『精神』をもち、それを高めようとするとき、それをおびやかすものとして、つまり精神のコントロールを一挙に突き崩すものとして性が体験されるから」と説明し、「性は青年にとって憧れやどうしても手に入れたい対象として意識されるとともに、怖さ、不安などの対象でもある。はずかしさもそれにからんでくる。このようなバランスによって、人間は自分の欲望によって簡単にゆり動かされないようにできているのである。」と述べている[*6]。性の問題は人間存在の根本にかかわり、技術文明によって歪まされていない本能的な性質である「野生（wildness）」[*7]と結び付く。しかし、性を大人の観点からのみ捉えるがために、その性に対して排他的な感情を示す大人は多くないだろうか。子どもの成長段階や個性の違いによって、対象となる性や性への見方もまた変化する。そして、それは人間そのもののあり方と深く関係している。

c．赤ん坊を描いた絵本

幼稚園児にとって赤ん坊（赤ちゃん）の存在は、ほんの少し前の自分を思い起こさせる親近感や愛着のあるものである。「からだ」の本ではないが、『はせがわくんきらいや』の見返しにある哺乳瓶が並ぶ絵から、興奮して歓声をあげたり赤ん坊の頃にもっていたと口々に話したり懐かしんだりする反応がよくみられる。

また、科学絵本『こいぬがうまれるよ』を通して、小さくか弱い対象である赤ん坊に愛情を向け続けた子どももいる。ダックスフントの出産の様子と子犬の成長をモノクロ写真で追ったこの『こいぬがうまれるよ』を絵本の時間に女児６人とよんだ記録を次に挙げる。

♣うまれる瞬間、みんな黙ってじっとみている。子犬を手で包むようにもっているところで、Ａちゃんが「ちっちゃーい！」と、かなり驚いて繰り返し叫んだ。うまれたばかりで目がみえない耳がきこえないなどの説明を、みんなじっと真剣にきいていた。（中略）　子犬が成長して散歩をしている場面で、Ａちゃんが、「いいな、Ａちゃんもしたいなー」といってうらやましがっていた。　（年長　2003.6.12　『こいぬがうまれるよ』　6人）

女児Ａはまた、人の胎内で生命が誕生してこの世界へ生まれるまでの過程を柔らかい色調で写実的に描いた『赤ちゃんのはなし』をみて、「最初の卵のページで『ちっちゃいね』と発言」（年中　2002.6.20）して笑ったり、物語絵本の『どんなにきみがすきだかあててごらん』の最終場面で、安らかに眠るチビウサギのそばで横になって微笑むデカウサギを指して「おかあさんなのかな？」と嬉しそうに呟いたり（年中　2002.11.21）するなど、自分より小さな存在・命へ慈愛に満ちた目を向けている。

以上のように、赤ん坊を描いた絵本は、母親との絆や暖かさの記憶と共に過去を想い起こさせる。それは子どもが自身の成長の喜びを実感することにもつながり、時にこれから未知の世界へ進むステップとなるであろう。

d．身体構造にかかわる絵本

幼稚園の年中・年長頃になると、自分の身体機能や内部構造などに強い関心をもち始める。４歳頃からは、目でみることのできない体内の様子をイメージして周囲の様々な情報から身体像をもつことができるようになる。

> 自分自身の運動感覚、触覚的感覚、視覚的感覚、内臓感覚など、自分の側でつくりだされた情報からではなく、からだについての親や教師、あるいは絵本など、外部からの正しい情報を得ることによって、子どもは適切な身体像をつくりあげていきます。そして、それが子ども自身による、からだづくりの実践のエネルギーともなるのです。しかも、この身体像をもつということは、他とは違った自分というものを意識化することにもつながっていきます[*8]。

次の二つの記録は、『たべもののたび』をこうめ文庫でよんだ時のものである。

♣口から入って、通路を通って、「こうやって行くんだー」といいながらみんなで一緒になって絵をなぞった。（中略）「ここだよ」とおなかの上の方をさすると、「すごい!!」とうれしそうだった。胃の泉の水って何なの？とか、胃に入るとどうなるのとか、腸はジェットコースターになっていて、「すげー、迷路になってるんだよな」とＢくんが口を出してきたり、体のことに興味津々で、よんでいて楽しかった。

（年中　2002.5.30 『たべもののたび』）

♣みんな真剣な表情で見入っていた。「しょうちょうジェットコースター」に、子どもたちは本当にこんなものがあるの？体のどこにあるの？ときいてきた。また、食べ物がおしっこやうんちになることに驚く。「どうやっておしっこが出るのかもう一回教えて、もう一回いって」など、再確認する子が数人いた。　（年中　2002.10.10 『たべもののたび』 9人）

人間の身体構造を描いた科学絵本をきっかけに、子どもは自分の体の各部に目を向け、それらが大事な役目を果すと気付く。歯や鼻の穴など最も身近なところにいくつもの不思議があり、一つの疑問から体全体への関心や「知りたい」と強く思う知識欲と同調する。このように、絵本で明らかにされる科学の世界と日常における自分自身との間の往復をしながら双方の理解を深め成長するのであって、その意味で自己を発見・確認する入り口となり、人間のもつアイデンティティと深い部分で関連すると仮定できる。

何かを手掛かり（引っ掛かり）に自分自身へ興味関心が生じた子どもは、日常世界から科学の世界へと飛翔する。その分岐点となるには、体に関する絵本の作り手が、「子ども」と「科学の本質」を見極める力、さらに両者を関連付ける巧みな表現力を兼ね備えていなければならないと加古里子は指摘する*9。そして、その上で科学絵本がその科学の真の面白さを伝達でき、子どもの知識欲を刺激するのである。

以上、体に関する絵本の役割を4つに分け考察したが、本稿のⅢとⅣで詳しく取り上げる『むしばミュータンスのぼうけん』と『おっぱいのひみつ』の2冊にも重複するため、性、赤ん坊、身体構造などは、再度それぞれの論に沿って後述している。

3）よまれ方の違い

絵本の時間において、体に関する絵本は、文庫スタッフとよみあうよりも一人または子ども同士でみる傾向にある。記録に本の内容や子どもの心情の核心に深く迫るものはないが、そのようによむ姿がしばしばみられた。特に

2001年度の年長児には一学期よく手に取られており、毎回誰かが「からだ」のコーナー前にすわって棚の絵本を吟味していた。２週連続で柳生弦一郎の『かさぶたくん』『はなのあなのはなし』『たまごのあかちゃん』や他にも体に関する本を何冊か棚から出し、真剣な表情で念入りに眺めていた女児Ｃは、周りの人によんであげたり仲の良い女児Ｄと別のクラスの男児を含めた３人で『かさぶたくん』をみながら「自分たちのひじをみたりみせあったりして（かさぶたを探している？）楽しんでいた。」（年長　2001.6.7）

このように、就学前の文字を知らない幼児が、よみ手を介さず一人もしくは友達同士で絵本をみて何かを知識として吸収し納得・満足できるのは、科学絵本の特長である。体の本以外にも、視覚的に訴える写真絵本や食物の描かれた本、虫や車や恐竜などの図鑑、しかけや探し絵などの遊びの要素のある本が子どものみで度々よまれる。それらは子どもが主体となって本の世界へ入り込み、存分に楽しめるものといえる。

しかし、科学絵本を他者とよみあうことで、絵本のもつ別の魅力に気付くことがある。「子ども文庫」という大勢が寄り集まったダイナミズムを通して、１冊の体に関する科学絵本を開く楽しさは、時に一人よみでは得られない特別な意義をもち得る。そして、このエネルギーの集合体ともいえる集団の中で１冊の本を開くことが、文庫が家庭と大きく異なる特徴である。

４）ダイナミズムを通してよむ――プログラムとの関係

こうめ文庫のおはなしの時間では、担当スタッフが選んだプログラムをクラス、もしくは学年全体で一斉によむ。1996年度から2003年度のプログラム表より、体をテーマに行なったプログラムを抜粋した。（【表２】）

1999年度以降より、「からだ」をテーマにしたプログラムを積極的に取り入れている。扱った絵本とその回数は、体に関するテーマに限ると、絵本紹介や裏表紙の利用を含めて回数の多いものから次の通りである。『はなのあなのはなし』６回、『はなをほじほじいいきもち』６回、『あしのうらのはなし』４回、『はははのはなし』（加古里子ぶん・え、福音館書店）３回、『おっぱいのひ

【表２】1996－2003年度　おはなしの時間で体をテーマに行なったプログラム

	年度	年.月.日	学年 （クラス）	プログラム内容
1	1996	1996. 6 .13	年長	テーマ：「足・歩く」 ストーリーテリング「むかでのおつかい」 絵本紹介『あしのうらのはなし』 『ぼくはあるいたまっすぐまっすぐ』 手遊び「おべんとうばこ」
2	1999	1999. 9 .30	年中 （ばら）	テーマ：鼻のはなし 手遊び「ぞうのじいさん　鼻が手だよ」 『はなをほじほじいいきもち』 『ぽちぽちいこか』 手遊び「ぞうのじいさん　鼻が手だよ」
3	2000	2000. 6 . 8	年長 （ゆり）	テーマ：からだ 『はなをほじほじいいきもち』 『みんなのからだ』 『おなら』 『はなのあなのはなし』
4	2000	2000. 6 . 8	年中 （すみれ）	テーマ：からだ 『はなをほじほじいいきもち』 『みんなのからだ』 『おなら』 『はなのあなのはなし』
5	2000	2000.10.26	年長 （りんどう）	テーマ：からだ 『はなをほじほじいいきもち』 『あしのうらのはなし』 『はははのはなし』（裏表紙のみ） 『ぽちぽちいこか』 『そら、はだかんぼ！』
6	2000	2000.10.26	年中 （ばら）	テーマ：鼻 『はなをほじほじいいきもち』 『はなのあなのはなし』 『ぽちぽちいこか』
7	2001	2001.10. 4	年長 （合同）	手遊び「みみずのたいそう」 いろいろな動物のうんち写真をみせる 『うんちしたのはだれよ！』 『そら、はだかんぼ！』

8	2001	2001.10.18	年長 （合同）	『どろぼうがっこう』 『はははのはなし』（裏表紙のみ） 『むしばミュータンスのぼうけん』
9	2001	2002. 1 .31	年中 （合同）	手遊び「鬼のパンツ」 『むしばミュータンスのぼうけん』 『はなのあなのはなし』
10	2002	2002. 6 .20	年長 （こすもす）	『おっぱいのひみつ』
11	2002	2003. 1 .30	年長 （こすもす）	手遊び「からだあそびのうた」 『はなのあなのはなし』 『はははのはなし』 『あしのうらのはなし』
12	2003	2003. 6 .19	年長 （すずらん）	「ぶらぶらグ～の体操」 『ちのはなし』 絵本紹介『かさぶたくん』 絵本紹介『あしのうらのはなし』
13	2003	2003. 6 .19	年長 （こすもす）	『きょだいなきょだいな』 絵本紹介『はなのあなのはなし』 絵本紹介『はなをほじほじいいきもち』
14	2003	2003. 6 .19	年中 （れんげ）	手遊び「５つのメロンパン」 絵本紹介『赤ちゃんのはなし』 『おっぱいのひみつ』 絵本紹介「ぐりとぐら」シリーズ

みつ』２回、『おなら』２回、『そら、はだかんぼ！』２回、『むしばミュータンスのぼうけん』２回、『みんなのからだ』（ミック・マニング、ブリタ・グランストローム作、百々佑利子訳、岩波書店）２回、『赤ちゃんのはなし』１回、『うんちしたのはだれよ！』１回、『かさぶたくん』１回、『ちのはなし』１回。

ａ．内科検診との関係

2001年度以降から毎年、こうめ文庫では幼稚園の内科検診の時期に合わせてプログラムで体に関する絵本を紹介している。

内科検診は午後の文庫の時間まで長引くことが多く、時間的な問題で片方のクラスが不参加であったり文庫自体が短くなったりしたことも度々あるが、子どもが検診を受けた影響により、体への興味関心や自分の問題としての共感が得られやすいとの記録がある。

♣身体検査だったので、体の本と思いよんだ。今日の気持ちとちょうどつながっていて、うれしそうに「うんち」や「おまる」に反応していた。

（年中　2001.6.14『うんちがぽとん』）

♣内科検診があったので、体に関連したものをやりました。（中略）普段は恥ずかしくて大人（スタッフ）も子どももおっぱいの話はしにくいと思うが、今日は双方素直に「おっぱい」のことを話せてよかったです。

（年長　2002.6.20『おっぱいのひみつ』）

b．自己の発言を引き出す科学絵本

科学絵本は、既成の物語をもたない分、自分の内にある物語を反映することができる。柳生弦一郎の『はなのあなのはなし』は、鼻の穴の形や機能がユーモラスな絵と文章で描かれているが、本に対する子どもの反応は非常に大きく、鼻血の場面で特に盛り上がる。そこでは自らの体験を語る子、鼻血を出したきょうだいや友達の話をする子、ティッシュを小さく切り離して丸めて鼻に入れると血がとまると教える子などがおり、鼻血が身近な問題であるとわかる。

♣『はなのあなのはなし』を出して表紙をみせたとたん、笑いと発言がわっと飛び出した。発言が多く、みんな口々にしゃべっていたが、絵本はよくみていた。おならのところで笑う子、ゴリラが鼻水をはがして食べるところで、いやそ～な顔をする子や、ヒエ～！（本文にも同じ言葉がある）と同時に叫ぶ子がいるなど、各ページにノリのいい反応。鼻の中の断面図のところで、私が、ここで鼻と口がつながっていると説明すると、「知ってるー」という声。また、鼻毛に笑ったり、耳はどこかときいてきたり、興味をもってみていたよう。　　（年中　2002.1.31　おはなしの時間）

また、一人の男児の「鼻血はどこから出るの？」という問いから、「どうして鼻血が出るの？」「鼻血って血？」など疑問が次々と出たことがある（年中　2002.10.26　おはなしの時間）。そして、このことに触発された別の女児が、自分の腰の辺りをさして「きっと、ここからずーっとつながっているんだよ」

と話している。このように、同一の空間を共有する人々や個人の発言や言葉そのものから、絵本の枠を越えて広範囲に話題が膨らんでいく。

c．プログラム担当者の意識

「からだ」をテーマにプログラムを組み立てる文庫スタッフは、選書の際にテーマ性を考えることが多い。こうめ文庫のおはなしの時間の記録用紙には、本を選んだ理由（プログラムに取り上げた理由）や、プログラム内容が子どもに適していたかを評して書く欄があり、そこから担当者の意識がうかがえる。

♣科学絵本を使って遊んでみようと思った。体というテーマで、いろいろ遊びながら本をよむと、みんな集中してきいてくれた。楽しんでいたと思う。体を動かしたがっている感じがしたので、体を使いジャンプをしたり骨をさわったりして、エネルギーが発散できたのではないかと思った。（年長　2000.6.8 『はなをほじほじいいきもち』『みんなのからだ』『おなら』『はなのあなのはなし』）

しかし、一方で「からだ」をテーマに行なったプログラム担当者の一人が、「体の話、教育的でしんどかったみたい。とにかく色々話したい子が多い。もう少しよみ手が会話をとったらよかった」と反省を記録したものもあり、以下のように述べている。

♣体に関心が高いことがわかったので「からだ」をテーマにこの３冊にした。全体的に男女共に関心は高かったのではないかと思う。（中略）よんでいるときに出てくる発言をうまく取り入れつつ、その発言をしっかり受け止めることが今回できなかったので、発言の欲求をためてしまった。自分の話をしたいという気持ちが強く、それぞれが口々に話をしているのが多かったと思う。（中略）もう少し、子どもの発見を受け止めながらゆっくり進むとよかった。（年長　2003.1.30 『はなのあなのはなし』『はははのはなし』『あしのうらのはなし』）

先述したが、体に関する絵本は内在する興味を掘り起こし「知りたい」という知識欲を生む。子どもは体への関心の度合いに比例して強く絵本に共感し、発言欲求を高める。それを制御し中途半端な状態で留めると、子どもの内に未消化な部分が残り、うっぷんが溜まる原因となる。欲求を十分に発散し開放できるプログラム構成、しっかりした担当者の姿勢と文庫全体の体制が求められる。

Ⅱ こうめ文庫にある加古里子と柳生弦一郎の絵本

1）蔵書をみる

こうめ文庫の蔵書にある加古里子と柳生弦一郎の絵本は、2003年度末で【表3】に示す通りである。科学･知識絵本に限定しなければ、加古里子のものは年中・年長組の20種類29冊と年少組の4冊が入っている。柳生弦一郎は年中・年長組にある5種類8冊で、年少組の蔵書にはない。

【表3】こうめ文庫の蔵書にある　加古里子と柳生弦一郎の絵本

	受け入れ年月	書　名	作　者 出版社	大項目	小項目
1	1995. 5	あなたのいえ　わたしのいえ	加古里子　ぶん・え 福音館書店	生活	せいかつ
2	1996. 4	宇宙—そのひろがりをしろう—	加古里子　ぶん・え 福音館書店	世界	せかい
3	1997. 4	おたまじゃくしの101ちゃん	加古里子　絵と文 偕成社	作家	かこさとし
廃	1995. 5、2003廃棄	からすのパンやさん	加古里子　絵と文 偕成社	作家	かこさとし
4	2001. 5			作家	かこさとし
複	2002. 5			作家	かこさとし
複	2003. 5			作家	かこさとし
5	1997.11	からすのパンやさん（大型絵本）	加古里子　絵と文 偕成社	大型	おおがた
6	2003. 5	かわ	加古里子　さく・え 福音館書店	世界	せかい
廃	1997. 4、2003廃棄	たべもののたび	かこさとし 童心社	体	からだ
7	2001. 5			体	からだ

複	2003. 5			体	からだ
8	2002. 5	だるまちゃんと うさぎちゃん	加古里子　さく・え 福音館書店	作家	かこさとし
9	2000. 4	だるまちゃんと かみなりちゃん	加古里子　さく・え 福音館書店	作家	かこさとし
複	2001. 5			作家	かこさとし
10	2002. 5	だるまちゃんと だいこくちゃん	加古里子　さく・え 福音館書店	作家	かこさとし
11	2000. 4	だるまちゃんと てんぐちゃん	加古里子　さく・え 福音館書店	作家	かこさとし
複	2001. 5			作家	かこさとし
12	2004.1	だるまちゃんと とらのこちゃん	加古里子　さく・え 福音館書店	作家	かこさとし
13	1995. 5	地下鉄のできるまで	加古里子　さく 福音館書店	乗物	のりもの
複	2001. 5			乗物	のりもの
14	1998.12	地球―その中をさぐろう ―	加古里子　ぶん・え 福音館書店	世界	せかい
15	1995. 5	とこちゃんはどこ	松岡享子　さく 加古里子　え 福音館書店	作家	かこさとし
16	1999. 9	どろぼうがっこう	加古里子　絵と文 偕成社	作家	かこさとし
複	2001.5			作家	かこさとし
17	1996.11	にんじんばたけの パピプペポ	加古里子　絵と文 偕成社	作家	かこさとし
18	2002. 5	マトリョーシカちゃん	加古里子文・絵 ヴェ・ヴィクトロフ、イ・ベロポーリスカヤ原作 福音館書店	民族	みんぞく
廃	1995. 5、 2003廃棄	むしばミュータンスのぼうけん	かこさとし 童心社	体	からだ
19	2001. 5	〃	〃	体	からだ
複	2002. 5	〃	〃	作家	かこさとし
複	2003. 5	〃	〃	体	からだ
20	1997. 4	ゆきのひ (かこさとし)	加古里子 福音館書店	季節	きせつ
1	1994.10	からすのパンやさん	加古里子　絵と文 偕成社		(年少)

2	1994.10	だるまちゃんと かみなりちゃん	加古里子　さく・え 福音館書店		(年少)
3	1994.10	だるまちゃんと てんぐちゃん	加古里子　さく・え 福音館書店		(年少)
4	1994.10	とこちゃんはどこ	松岡享子　さく 加古里子　え 福音館書店		(年少)
1	1995. 5	あしのうらのはなし	柳生弦一郎　さく 福音館書店	体	からだ
2	1996. 4	おっぱいのひみつ	柳生弦一郎　さく 福音館書店	体	からだ
複	2002. 5			体	からだ
3	2001. 5	かさぶたくん	柳生弦一郎　さく 福音館書店	体	からだ
複	2002. 5			体	からだ
4	1996. 4	たまごのあかちゃん	かんざわとしこ ぶん やぎゅうげんいちろう え 福音館書店	体	あかちゃん
5	1995. 5	はなのあなのはなし	柳生弦一郎　さく 福音館書店	体	からだ
複	2001. 5			体	からだ

2）1995～2003年度の年中・年長児の貸出から

年中・年長組における加古里子と柳生弦一郎の絵本の貸出を、こうめ文庫の1995年度から2003年度にかけて追う。受け入れ年月や複本の数に差はあるが、単純に年度に注目して貸出回数をみると、人気本といえるのは『からすのパンやさん』『むしばミュータンスのぼうけん』『地下鉄のできるまで』『たべもののたび』『おっぱいのひみつ』『どろぼうがっこう』『はなのあなのはなし』である。（【表４】参照）

【表５】は、【表４】より年中児と年長児、女児と男児、男児と女児における貸出回数の比率を表したものである。学年（年齢）差が大きい本は、年長児の貸出数が多い『どろぼうがっこう』と、年中児に手に取られやすい『地下鉄のできるまで』『おっぱいのひみつ』である。次に性別による貸出の違いをみると、差の顕著なものは明らかに男児に人気の『地下鉄のできるまで』『宇宙―そのひろがりをしろう―』、貸出回数は少ないが比率で男児が高い『地球―そ

【表4】1995－2003年度の年中・年長児を合わせたものの年度ごとの貸出から

書　名	総計	1995	1996	1997	1998	1999	2000	2001	2002	2003
総計	16339	694	1653	1492	1620	2033	1818	2267	2782	1980
あなたのいえわたしのいえ	28	7	7	5	0	3	4	1	1	0
宇宙—そのひろがりをしろう—	16		6	0	1	5	1	1	0	2
おたまじゃくしの101ちゃん	32			8	10	8	4	1	1	0
からすのパンやさん	179	13	16	12	4	19	14	31	46	24
たべもののたび	65			9	2	11	13	14	11	5
だるまちゃんとうさぎちゃん	7								5	2
だるまちゃんとかみなりちゃん	16						2	5	7	2
だるまちゃんとだいこくちゃん	5								2	3
だるまちゃんとてんぐちゃん	14						3	5	4	2
地下鉄のできるまで	82	7	13	10	8	4	10	9	18	3
地球—その中をさぐろう—	6				0	2	2	1	0	1
とこちゃんはどこ	21	4	8	3	0	1	3	2	0	0
どろぼうがっこう	51					11	2	11	8	19
にんじんばたけのパピプペポ	24		2	2	1	5	4	3	5	2
むしばミュータンスのぼうけん	90	8	18	8	7	6	9	17	14	3
あしのうらのはなし	26	5	6	2	1	2	5	3	1	1
おっぱいのひみつ	53		4	11	8	5	4	9	3	9
かさぶたくん	26							11	10	5
たまごのあかちゃん	33		4	9	4	11	2	2	0	1
はなのあなのはなし	50	7	6	4	6	4	6	8	7	2

の中をさぐろう—』などが挙げられる。

そして、【表5】から加古里子と柳生弦一郎の体に関する科学絵本を選出し並べたのが【表6】である。男女比に大差はないが、全体的に男児の方が高いといえる。『おっぱいのひみつ』は、男児対女児の比率が0.59対0.41であり、男児の貸出数がわずかに多い。

【表５】【表４】から年中児／年長児、女児／男児、女児と男児における貸出回数の比率

	年中	年長	女児	男児	比率	
総計	8407	7932	10123	6216	女児	男児
あなたのいえ　わたしのいえ	11	17	15	13	0.41	0.59
宇宙―そのひろがりをしろう―	5	11	1	15	0.04	0.96
おたまじゃくしの101ちゃん	16	16	17	15	0.41	0.59
からすのパンやさん	87	92	125	54	0.59	0.41
たべもののたび	33	32	41	24	0.51	0.49
だるまちゃんとうさぎちゃん	2	5	4	3	0.45	0.55
だるまちゃんとかみなりちゃん	12	4	11	5	0.57	0.43
だるまちゃんとだいこくちゃん	0	5	3	2	0.48	0.52
だるまちゃんとてんぐちゃん	9	5	9	5	0.53	0.47
地下鉄のできるまで	58	24	5	77	0.04	0.96
地球―その中をさぐろう―	2	4	1	5	0.11	0.89
とこちゃんはどこ	9	12	15	6	0.61	0.39
どろぼうがっこう	8	43	31	20	0.49	0.51
にんじんばたけのパピプペポ	10	12	15	9	0.51	0.49
むしばミュータンスのぼうけん	53	37	51	39	0.45	0.55
あしのうらのはなし	18	8	15	11	0.46	0.54
おっぱいのひみつ	36	17	28	25	0.41	0.59
かさぶたくん	11	15	16	10	0.50	0.50
たまごのあかちゃん	16	17	23	10	0.59	0.41
はなのあなのはなし	26	24	28	22	0.44	0.56

【表６】【表５】より　加古里子と柳生弦一郎の体に関する絵本をとったもの

	年中	年長	女児	男児	比率	
総計	8407	7932	10123	6216	女児	男児
たべもののたび	33	32	41	24	0.51	0.49
むしばミュータンスのぼうけん	53	37	51	39	0.45	0.55
あしのうらのはなし	18	8	15	11	0.46	0.54
おっぱいのひみつ	36	17	28	25	0.41	0.59
かさぶたくん	11	15	16	10	0.50	0.50
たまごのあかちゃん	16	17	23	10	0.59	0.41
はなのあなのはなし	26	24	28	22	0.44	0.56

Ⅲ 反応を総合的に引き出す『むしばミュータンスのぼうけん』

『むしばミュータンスのぼうけん』（❶）は、1976年10月から翌年11月にかけて出版された〈かこさとし・からだの本〉シリーズ（全10巻）の１冊である。表紙の縦×横の寸法が23×20㎝、全32頁の多色刷りの絵本で、作者の加古里子自身が〈けんこう身体のえほん〉と位置付ける[*10]。

❶『むしばミュータンスのぼうけん』表紙

１）絵と構成について

絵本の絵は太い線で明快に表される。登場人物は２～３頭身で、親しみやすくユーモラスな漫画の手法を活かした動きのある線描画である。主人公のむしばミュータンス（バイキン）の描かれ方は、つり上がった目、とがった頭（ツノ）、４本のきば、そして全身毒々しい紫色だが、しぐさを含め滑稽で愉快なキャラクターとなっている。さらに、テレビのヒーロー番組に出てくるような姿形をしており、背中には赤（橙）色のマント、胸にはむしばミュータンスの頭文字か「M」の文字をつけてさっそうと読者に向かう。背景は全て薄い緑色（抹茶色）と白の２色で塗り分けられ、子ども読者の好奇心を計算に入れたシンプルな画面処理がされている。表紙（❶）には、最終場面と同じ格好のむしばミュータンスと二人の子どもを配置し、ミュータンスはこちらに視線を投げ、本を手にする子どもへ呼び掛けるように左手を上へ挙げる。見返しは淡い茶色で素朴な感じである。

次に、見開き２ページを１場面とした場面構成を簡単に追う。第１場面：タンスの上で手を挙げて立ち、高らかに自己宣伝をするむしばミュータンス。この登場の仕方には、加古里子が大学時代に研究し上演した児童劇から派生した演劇で使われる登場場面を思い起こさせる。小道具としてタンスと怪獣とロボットマンが描かれ、絵本の文章と呼応する。第２・３場面：住んでいる所は人間の口の中。目にみえないほど微小だが、食べかすを餌に次々と増殖すると二人のおとな（「いばって　いる　えらい　ひと」と「すまして　いる／おじょうさん」）を登場させて絵と歯の図で表す。第４・５場面：従って歯を磨かれると力を失うが、砂糖の入った甘いものが好きな日本の子どもとは大の仲良しという。様々なお菓子が描かれ、それを食べる子どもと大喜びするミュータンス。第６・７・８場面：なぜなら砂糖を素に歯を溶かす「さん」を作り出し、その「さん」がむし歯を進行させるからである。きれいな歯が順を追ってむし歯になっていく過程を、３場面続けて並べ巧みに示す。第９・10場面：２場面に渡り100人の子どもの顔を並べ、その中からむし歯のない子を探すという遊びのページ。第11・12場面：むし歯は歯医者に行かず放置すると後々まで影響を与えることを、歯医者を嫌がって逃げる子どもと、さらに悪化し歯の根元が腐った絵で知らせる。第13・14場面：むし歯から病気になった子どもの姿を少し誇張して描き、むし歯が心と身体に与える悪影響や健康との関係を表す。第15場面：全体を総括し、表紙と同じ絵のむしばミュータンスが再び正面を向いて、子ども読者に「はやく／むしばだらけに／なってくれたまえ。」と呼び掛ける。ここで本文は終わり、次のあとがきのページには、女児と男児と加古里子らしき男の人がむしばミュータンスを蹴り飛ばす絵がある。

以上のように『むしばミュータンスのぼうけん』は、一貫性をもって展開すると共に、絵本の効果を考慮した構成がなされている。

２）遊びの要素――探し発見するたのしみ

場面構成の部分で述べたように、第９・10場面は遊びのページである。「子どもの顔がずらっとならんでいる絵が好きらしく、むし歯のない子を一生懸命探していた。」（年長　1996.5.30）、「みんな絵本によってきて、必死にさがしていた。」（年中　2003.9.11）という記録が多数残る。絵本がかかれた当時に日本の子どものむし歯率が98パーセントであったためか、むし歯のない子どもは100人中わずか２人である。これが４ページに渉っているところに加古里子の工夫があり、初めの場面では全員むし歯で、文章でも何人いるか明言していない（必ずいるともいっていない）ために、さんざん探して「いない」と思った子どもがページをめくるとまだ遊びが続いており、そこに二人のむし歯のない子がいるというひっかけがある。『とこちゃんはどこ』のデパートの場面にも同様の仕掛けがみられ、ここにページを繰る・めくるという絵本の効果が活きる。

また、笑っている顔、怒っている顔、驚いている顔、困っている顔など、描かれる子どもの表情がユニークで、ページ全体に並列しているため選ぶ楽しさがある。文庫で一緒によんだ時も、どの子がよいか一つ一つ順を追って顔を吟味したりむし歯の本数をチェックしたり、また、20頁の左から５列目・下から２列目の歯が一本もない子どもを指して「赤ちゃんだからまだ生えていない」「全部むし歯になって抜けた」（年長　2001.2.8）と意見をいい合うなど、探す楽しみと共に、絵をじっくりみて話し込める図鑑的な魅力をもつ。表情が豊かでページの隅々まで眺める要素は、『からすのパンやさん』『とこちゃんはどこ』や他の加古作品に共通する。例えば、『どろぼうがっこう』の最終場面（第15場面）で、「牢屋の中で泣いているどろぼうがっこうの生徒をみつけ、『泣いてる！』と指摘。そして、他の生徒たちの顔を一つずつみて、表情に反応したり動作を真似したりして笑っていた。」（年長　2003.6.12）とあるように、子どもの目線は登場人物の顔つきや持ち物、服装、見返しの足跡など絵の細部へいく。また、「前によんでもらった時は、気がつかなかったけど、白い風車がある」（年長　1995.10.26　『からすのパンやさん』）と話すなど、子どもは各所に注目して、そこから常に新しい発見をするようである。

年少児と『からすのパンやさん』をよむと、「ヘリコプターパン」や「ゆきだるまパン」、「いちごパン」など様々な形のパンが見開き一面に並ぶページ（第９場面）で、大部分の子どもが歓声をあげてめいめい自分の好きなパンを選ぶ。また、「からす100ぴきいる」と発言して「からすの数の多さに驚き、その多さを楽しんでいた」（年少　1997.2.27）との記述や、『だるまちゃんとてんぐちゃん』の「うちわやくつやぼうしがたくさん描いてあるページで歓声をあげる。」(年少　1998.1.22) からもうかがえるが、年少児は、話の内容や絵本の筋よりも、ずらりと並んだものの多さ自体にひかれるようである。人は年齢が幼いほど、一つ一つの対象物を観察する力に長けているという印象が強い。そして、品物にも表情がある加古里子の遊び心のある描写と、絵本の「発見する」ドラマ性が相まって、子どもが細部に渉る絵を楽しみ、絵本を丸ごと満喫できるのかもしれない。

♣おおきなだるまどんが、だるまちゃんのために用意したものをたくさん並べているところに反応し、絵をじっくりみてそれぞれどんなものがあるとか、どれが気に入ったとか、友達同士、また筆者ともコミュニケーションをとりながらわいわい話し盛り上がった。うちわのところでは、ピンクの羽根のものや、よく知っている普通の（夏につかう）うちわ、日の丸のものに、ぼうしのところでは自分のかぶりたいものを各々が指さす。9ページ右端の2列目にある花のついた黄色のかわいいぼうしにみんなの人気が集中。そのあと、シルクハットやサンタクロースのぼうし、海賊のぼうしを指摘し「フック船長のぼうしだ！」などという。次の場面、だるまちゃんのおわんのぼうしに驚き、もう一度前の場面にページを戻して目で確認した。くつの並んだところでは、全員がハイヒール（全員：女の子）。13ページの白いハイヒールをさして、Eちゃんがおかあさんのに似てる、と発言。赤いハイヒールは、数人の子が、おとなになったらはくのだと教えてくれた。そのあとピンクのサンダルや赤い厚底のかわいいゲタが人気。　(年少　2002.1.24 『だるまちゃんとてんぐちゃん』)

一定のテーマに沿ってものを数多く収集し、それらを均等に並列して一覧にしたものには、「ものづくし」（あるいは「づくし絵」と呼ぶ）がある。これは、江戸時代から明治時代初期にかけて子どもを対象に出版された錦絵の「おもちゃ絵」の一つにもみられ、子どもの娯楽をつくり出した。加古里子は各地の伝承遊びや昔話などの調査研究を続ける児童文化研究者でもあり、「日本の好んだ文化を、子どもたちに伝えたい」という思いを絵本に込めたのであろう。子どもを魅了する楽しさの質は今も昔と変わらない。『からすのパンやさん』は1973年、『むしばミュータンスのぼうけん』は1976年に出版されたが、加古里子の遊び心が散りばめられた親しみのある画風は、時代を超えて受け入れられ、人々に広く好まれている。

他方、子どもは物語や絵本自体の要素を用いて、物語の内容とは異なる別の遊びに変える力をもつ。こうめ文庫で年中児と『からすのパンやさん』をよんだ時に、子どもが仕掛ける形で「カルタとり」をした記録がある。

♣本をネタに遊ぶのが楽しいようだった。途中からはパンの名前がたくさんあるページでカルタとりの遊びをした。熱中して30分くらいやっていた。（年中　1996.2.8）

そして、年長になると、「本来の文から離れて子どもたちの間で話がつくられていった」（年長　1997.10.30 『地下鉄のできるまで』）というように、絵本をもとに自分なりの楽しみ方を打ち出す。面白いことを新たに創出する独創性と、真によいものを自分のものとして取り込み吸収する順応性をもっているのが子どもであり、時に個人や少人数グループから、さらに大きな集団での遊びへと発展させる。2000年度の年長児では、女児の数人グループ間で『からすのパンやさん』の絵本から派生させてパン屋を始める遊びが流行し、毎週のようにパンを売る店員と選んで買う客の役にわかれて楽しそうに「ごっこ遊び」をしていた。（第3章参照）

子どもは網羅的なものを好む。日常生活に目を向けると、並列する店の商品や詳細な家の設計図などカタログの類をじっくりみる楽しさと通じる。子どもの内で分散していたもの（世界）を統合することは、概念・認識を培う上で重要である。そして、それは加古里子が科学絵本の備えるべき要素と挙げる、総合的な科学的全体像をまとめることに共通する。ばらばらの要素が、全体とどう関連していて、自分（人間）とどのようにつながっているかを明解に表す結果、「今までに既に知られていたり、あるいは今いろいろの分野で開拓された貴重な部分的な知識や工夫や経験を総合してみよう。間隙なく子どもたちをとり囲んでいる自然や社会のように、個々の科学ではなく科学性をもって全体像を提供」*[11]しようと加古は考えている。広大なものの中に自分の存在を認識することは大切である。さらに、絵本の絵画表現は「写実的具象的であるけれど写真のような画像にとらわれず、もっと自由で、主点を整理したり、見やすくとらえた」もので「子どもの経験と認識の度合い、そして心理の発達を前提に絵にすることが基本」とした[*12]。このように、カタログ的な要素と科学絵本の根源的要素を、加古里子は楽しさを織り交ぜつつ一点に集約しているのである。

3）笑いの要素――ユーモア、逆転の発想

絵本の主人公の名前「ミュータンス」とは、ストレプトコッカス・ミュータンス（あるいは単にミュータンスと呼ぶ）という連鎖球菌のバイキンを指すが、どこか奇妙で少し悪そうで滑稽なこの名前は、むし歯のキャラクターにぴったりのネーミングであると思う。味わいを出して知識を伝えるためにフィクションの形式を用いており、命名されることで読者は親しみを感じる。例えば、おはなしの時間に本を出した途端に子どもから「あっ！ミュータンスや」「ぼくミュータンス知ってる」と声があがる。また、『からすのパンやさん』の「オモチちゃん、レモンちゃん、リンゴちゃん、チョコちゃん」の名前を面白がって繰り返し呼ぶ子どもが大勢おり、「4羽のからすたちの名前を覚えると、出てくるたびに名前をいっていた。」（年少　1994.11.21）このように、子どもは名前によく反応する。「ヤマおばさん」「チリチリばあさん」「マゴマゴじいさん」などの名前にうけて部屋中が騒がしくなることもあった。

むしばミュータンスは、冒頭で次のように自己宣伝をする。

> わがはいの　なは／むしばミュータンス。／ほんとうは、／もっと　ながくて／むずかしい　なまえだけれど、／きみたち　こどもは／そうおぼえて／くれたまえ。
>
> ミュータンスと　いったって、／きものや　ふくを　しまって　おく／タンスなんかとは　ちがう。
>
> わがはいは、かいじゅうや／ロボットマンなんかより、／ずっと　つよくって／ずっと　こわい／すごい　ばいきんなのである。（2-3頁）

このように一人称の視点による読者への直接的な語り掛けでつづられ、「にっぽんの　こどもは、／わしら　むしばミュータンスの／いちばん　なかよしだ。／なぜって、にっぽんの　こどもは／あまい　ものが　だいすきだからである。」(10-11頁) とあおる。逆手をとられた子どもが否定し「ミュータンスに反抗して『そんなことしないよ』とかいっていた。」(年長　2003.2.6) また、『どろぼうがっこう』の「かわいい　どろぼうがっこうの／せいとたちが」の文章を受けた子どもが「かわいくないよ！」と笑って訂正することが何度もある。そして、『むしばミュータンスのぼうけん』は、むし歯のバイキンが語り手という設定にこの絵本の醍醐味があり、悪役であるむしばミュータンスの視点から一切が語られるために倒置が起こり、悪が善、また逆に善が悪として描かれる面白さがある。次に、最終場面の一文を抜き出す。

わしたちの　ために／はを　みがいたり／しないように。
そして、／あまい　おかしを／むしゃむしゃ　たべて／わがままを　いって　はやく／むしばだらけに／なって　くれたまえ。
それから、この　ほんを／おかあさん　なんかに　みせると／おこって　とりあげられて／しまうかも　しれないから、／そっと　ないしょで／なんべんも　よんで　くれたまえ。
では、わがとも／むしばの　こどもたちよ／さらば。
きょうあく　むざんな／むしばミュータンスより。(30-31頁)

以上のように、むしばミュータンスがリズミカルな文章で絵本を語り、さらに彼自身が滑稽でユーモラスなキャラクターであることも作用して、奇妙なおかしさが生まれる。随所に盛り込まれた楽しさは、子どもの笑うツボをおさえ反応を扇動する。「ミュータンスのせりふ (文章) を、Fくんがマネしてくりかえしいい、笑っていた。」(年中　2002.1.31)、「最後にミュータンスがむし歯をつくるようにと子どもたちに向かっていうせりふにいちいち答えていた。『いやー！』など。」(年長　1996.5.30)、「身近でおもしろいらしくみんなで茶々を入れながらよんだ。」(年中　1998.3.12　6人) など、子どもはミュータンスの言葉に便乗し、一緒にふざけ、反論する。そして、文章にはないが、

「さとうをたべて／むしばになろう」「はみがきやめて／むしばになろう」というポスターが貼ってあるのを発見し指摘する愉しみも用意されている。

4）こわい要素――むし歯の恐怖

しかし、「みんな、いかに日頃歯磨きしているか強調していた。はらはらしているよう。」（年中　1997.6.12）と記録があるように、むし歯は子どもにとって恐ろしい存在である。きれいな歯が徐々に侵され汚れていく絵に目を見張り、第7場面で発生する「うじゃうじゃ　ふえた／むしばミュータンスのなかま」や「はを　とかす／くすりの『さん』」が歯に付着していくことにショックを受けたり少々おびえた様子で心配そうに真実か確かめたりするなど、こわい要素をこの絵本は含む。「『こわい、こわい』の連発。」（年中　1996.1.25）という記録もある。

♣男児Gは『むしばミュータンスのぼうけん』をよみだしたとたん、一番うしろから一番前へ来て、自分がいかに日頃はみがきをしているかを私に（ミュータンスに？）強調。よくしゃべる。「むし歯」がこわいのかな？

（年長　2001.10.18　おはなしの時間）

第6・7・8場面では、歯の絵を並べてむし歯の進行の様子を6ページに渉り図解、3ページに連続させて経過を巧く捉え、さらに絵本の「めくる」ページ効果を出した。また、色を使い分けて把握しやすいよう工夫している。この場面に真剣な顔でじっと見入る子どもや、また、「むし歯の歯のうつりかわりの絵をなんども見たがる」女児がいる（年長　2002.6.13）など、注目される場面でもあり、こわい要素には何かしら興味をそそるものがあることは否めない。

しかし、加古里子の絵本には、絵の描写の仕方や全体の雰囲気から、この「こわさ」を包み込む「安心感」を感じ取ることができる。

♣ミュータンスのセリフに、「イヤー！こんなの、なりたくないー。」といった。私が、あとがきのページをさっと飛ばそうとしたら、下の絵に気づいて、「（ミュータンスを）やっつけてるー！」と教えてくれた。

（年中　2003.9.11）

最後のあとがきページに載せた絵の中でミュータンスが人間に退治されることにより、子どもは満足感と安心感をもってこの本をよみ終えられるだろう。一貫して、こわさの魅力と共に、そこから安全に守ってくれる存在を個々に感じ取ることができる。子ども読者を突き放さず、常に近い距離で絵本が語られることで生じる「信頼感」が、加古里子の作品には確実にある。

5）幼児期の子どもの関心——成長過程にある子どもと変化する体

本稿Ⅰの2）のdからもわかるように、加古里子は絵本づくりにおいて子どもの経験と認識の度合い、心理の発達を前提に考えている。子どもはある時期になると、自分の体に関心をもつようになる。「そんな時、時間がたつとおしっこが出る、なぜだろうな、というような子どもの疑問にこたえ、興味をそそりたい」[*13]と意図したのが、『むしばミュータンスのぼうけん』や『たべもののたび』などの〈かこさとし・からだの本〉シリーズである。筆者の体験でも小学校低学年の頃に「食べてからのどの奥に入った食べ物はどうなるのか、体の中で消えてなくなるのか、それともずっと残っているのか」という問いをもやもやと抱いていたことがある。そして、小学校の学校図書館にあった『たべもののたび』は、自分の疑問に的確にこたえてくれた。また、食べ物との旅や説明文が筆者自身の歩みにぴったりと合っていることで不思議に安心感と心地よさを覚えた。そのために「この本は私のために書かれたのだ」と錯覚し、しばらくの間は何度も飽きずみた記憶がある。小学生の頃に筆者が体感したこの絵本に対する揺るぎない信頼感は、前項で述べたものに等しく加古作品の源流にあるものといえよう。

♣女児H：「子どもの歯はむし歯になっても大丈夫だけど、おとなの歯は、むし歯になると生えてこない」といっていた。男児Ｉ：「おとなの歯が生えていない」と私を指さしていった。その他の子：「おとなの歯、生えてるよー」と遠くからいっていた。

（年長　2001.7.5　『むしばミュータンスのぼうけん』）

この記録より、子どもは「おとなの歯」に高い関心をもっているとわかる。それは、5、6歳の時期から、子どもの歯（乳歯）が抜けて大人の歯（永久歯）へ生えかわり始めることも大きく関係する。文庫の時間中や幼稚園の園内において「もう、おとなの歯があるよ！」といって口を開き、誇らしげに歯をみせてくる子どもが多数いる。このように、幼稚園児は日頃から歯に対して興味を抱いているのである。

『むしばミュータンスのぼうけん』を文庫で一緒によむと、歯が痛くなった時や歯医者さんでの体験談が語られたり、友人や周囲にいる誰かと口の中をみせあって確かめたりするなど話題が膨らむ。話を引き出す図鑑の要素を含んでいるために多様な楽しみ方ができる。そして、自分の体の各部が大事な役目を果し、それが体全体を形成していると気付いた子どもは自己の存在に目を向け、さらなる自己発見や自己確認を繰り返し、アイデンティティの確立へつなげていく。

加古里子は、この絵本の対象とする年齢を「意味内容を知り確かめる　抽象概念の把握形成／直接経験の集積と拡大／おはなし、身近な対象への興味」の出てくる時期とした。さらに、「興味性に裏づけられた時、知識は力となる」のであって、その時その本は素晴らしい科学の本となる*14。このように、知識を得ることのみにとらわれない自由な受容ができ、総合的に子どもの反応を引き出す科学絵本として、この『むしばミュータンスのぼうけん』は秀逸な作品といえよう。

Ⅳ　身体的な感情を引き起こす『おっぱいのひみつ』

柳生弦一郎の『おっぱいのひみつ』（❷）は、1982年に福音館書店の月刊予約・科学絵本「かがくのとも」として発行され、1991年に「かがくのとも」から傑作を選び新たに装丁、出版した「かがくのとも傑作集」の一冊となる。表紙の縦×横の寸法は約26×24㎝、28ページの多色刷りの絵本であるが、主に使用されている色は赤、橙、白、黒である。

1）絵と構成について

a．絵の役割

❷『おっぱいのひみつ』表紙

柳生弦一郎の一見らくがき風な絵は、あたかも子どもが描いたかのように単純かつ豪快なタッチで、ユーモラスな表情が楽しい。目・鼻・口・耳の穴・髪の毛・指・足・服の白い部分は黒ペンを用いるが、顔の輪郭や体の線はほとんどなく色を置いて表現する。白い背景には何も描き込まず、主要人物の動きのみ表に出すシンプルな画面処理を行なう。そして、躍動感のある筆跡の手書き文字を活字文へうまく織り交ぜつつ、話し言葉で簡潔に書いている。

描写や色使い、文章表現において柳生弦一郎の作品はオリジナリティをもち独自の絵本形態を確立した。省略・単純化された絵であるが、単にデザインを重視するばかりにムードを前面へ押し出したものではない。デザインが先行する挿絵のように結果から原因を推測したりバラバラに与えられた事実で結集する関係を考え出したり、結果として生じた情緒を切り離し受け止めることは、幼い子どもにとって困難である。『おっぱいのひみつ』の描写は時として極端にデフォルメされ単純化されるが、他方、とてもリアリスティックでもある。母親のおっぱいが備える役割や機能を、子どもの素朴な疑問に端的にこたえながらユーモアや愛嬌のある絵で描き出し、それは子どもの認知に基づく明快な絵である。この人間味のある描き方という点で加古里子と共通するが、二者を画然と分かつのは、柳生弦一郎が画家である点であろう。彼は元々大人向けの雑誌や本の挿絵・装幀を手掛けるイラストレーターとして出発している。

画家が科学絵本の挿絵を手掛けると、加古里子が指摘するように「少々なまな、科学的でありすぎる内容であっても、それを豊かに肉づけし、かたい知識だけの文章にふくよかな芸術性を」[*15]盛り込むことができる。柳生弦一郎は色彩を効果的に使い、朱色に近い濃厚な橙色をした人間の身体からは体温や活力、生命力を感じる。また、背景に置かれた赤色から、心に染み入るような愛情や温かさを感じる場面が『おっぱいのひみつ』にある。画面の大胆な描写、平面性とシンプルな画面構成は、表現する時に余計なものを入れず、極限まで削ぎ落とされた線は、健康的で、性的ないやらしさを取り払う。また、こうめ文庫で柳生弦一郎の絵本をよんだ際に裸をみせにくる子どもが幾人もいたことから、子ども読者のもつ、自らを外へ向け開け放ちたいという感覚的な欲求を喚起する力を備えているといえよう。このような自由開放の思いを促す点は加古里子の作品にはみられない。色を直感的に捉え、作品から開放感・爽快感が生じてくる画家の感性を、柳生弦一郎はもっている。

b．構成

次に『おっぱいのひみつ』の場面構成をみる。表紙（❷）には、白い背景に赤いペンで画面に収まりきれないほど巨大なおっぱいが描かれ、下に「むにゅん　むにゅん／うっぷ　うっぷ」という音（オノマトペ）が手書き文字でつく。絵本のタイトル文字も手書きである。見返しの左半分は赤一色で塗られ、となりの中表紙に「あっ!!／おとこのひとが／ブラジャーをしてる！」と手書き文字でページ全体に書かれているため、表紙を開けた途端に読者の目を引く。第1・2場面：ランニングシャツの上に肌色のはらまきをしていたためブラジャーのようにみえたと同様の構図で場面を追って説明。第3場面：男の人と女の人ではおっぱいの大きさが違うことを表す。第4場面：赤ん坊にお乳をあげるために女の人のおっぱいが大きいと理由を示す。第5・6・7場面：そのようにして女の人の体は赤ん坊を育てる用意をする。10歳頃からおっぱいが膨らみ始め（第6場面）、赤ん坊が生まれると母乳が出るようになる（第7場面）。第8場面：母乳の中には成長に役立つ栄養分や赤ん坊の体をバイキンから守る大事なものが含まれると説明。赤ん坊を抱いて母乳を飲ませる母親とおっぱいに吸い付く赤ん坊を裸で描き、さらに人物を同色で塗り印象深く表す。右側の文章には手書き文字を入れず静かな感じで、赤く塗られた背景の雰囲気は暖かい。第9・10場面：血液でつくられる母乳の出る仕組みを解説。胸の断面図で視覚的に表し（第9場面）、そのおっぱいに赤ん坊が吸い付き「ちゅうちゅうちゅう」と吸うと出てくると説く（第10場面）。この第10場面では第８場面と類似した母子の絵が描かれ、読者は母親の愛情を再度確認できる。第11場面：赤ん坊は、抱かれて母親のおっぱいをぎゅっとつかんだりなめたり思い切り吸い付くことが大好きであり、こういうことは赤ん坊に非常に大切なことだという。第12場面：１年ほど経つと赤ん坊は母乳を飲まなくなり、子ども読者が現在食べているようなものを食べるようになる。母親に離乳食を食べさせてもらう赤ん坊。母子共に服をきちんと着ており、赤ん坊は椅子にすわっている。第13・14場面：赤ん坊の時のことを、人はよく覚えていないが、母親は自分の赤ん坊だった頃をよく覚えているので、「きみは　どんな／あかちゃんだった／のかな？／おかあさんに／きいてみよう！」と語り掛けて本文は終わっている（第14場面、28ページ）。そして、右側のページには「おかあさんによんでもらうページ」として、母乳が出なかったり病気にかかって薬を飲んでいたりしてお乳を飲ませられなかった子どもへ、その理由と母親の子どもに対する思いを伝え、「だから、きみはおかあさんのおちちをのんでいなくても、そんなにすてきな子どもにそだちました。『ぼく（わたし）はおかあさんのおちちをのんでいないんだ』って、ざんねんがったりする必要はないんだよ。」と説明している。このページの文章は、小児科医で診療所所長の山田真[*16]が書いた。

　このように、『おっぱいのひみつ』は科学的な知識から人間のもつ暖かさまで細やかな心遣いによってかかれており、ダイナミックな絵と相まって読者へ親しみを込めて示す。さらに、活字で打ち出したものと手書きの文字の二種類を巧みに使い分けることで、全体に楽しくリズミカルな文章をつくり出している。

（手書き）わたしには／あかちゃん　いませんよお。／でも、おっぱいが／ふくらんでますよお。

（活字体）あかちゃんの　いないひとだって、おんなのひとは／おっぱいがふくらんでいるよ。／なんで、あかちゃんがいないのに　おっぱいが　ふくらんでいるの？

（手書き）ぼくたちのせんせいも、あかちゃんいないのに／おっぱい／おおきいよお。（10−11頁）

また、『かさぶたくん』を絵本の時間に10人の子どもとよんだ文庫スタッフが、「説明調とセリフが絶妙で、テキストにほっとさせるリズムがあるのを感じた。普通の文で緊張しても手描き文字では笑いがおきる。」（年長　2003.1.16）と記すように、柳生弦一郎の絵本は、言葉の表現と絵の表情が見事に解け合う。母親の胸に口をつけた赤ん坊とその赤ん坊を腕に抱いている母親を描き「あかちゃんのからだを　バイキンからまもる／だいじなものも　はいっている。」と母乳について説くところ（第８場面）や、第10・11場面の人物が目を閉じて互いに体を寄せ合う静かで感慨深い場面では、活字体のみで表され、逆に、躍動感のある手書き文字はユーモラスな内容や表情と結びつく。例えば第７場面の、赤ん坊がいなければお乳は出ないという説明文は活字であるが、滑稽に描いた相撲取りを矢印で示して「おとこのひとは　あかちゃんを／うまないから、おっぱいが　こんなに／おおきくても　おちちはでない。」と揶揄するところは手書き文字であり、また、「でない／でない」という力士のセリフも手書きである。（❸）このようにして静と動、真面目と笑い、緊張と開放などをテンポよく効果的に表したといえないだろうか。この手書き文字と活字、文章と絵のコンビネーションは実に巧みであり、役割をわかりやすく語ると同時に体の素晴らしさやテーマに込めた理論を説く。

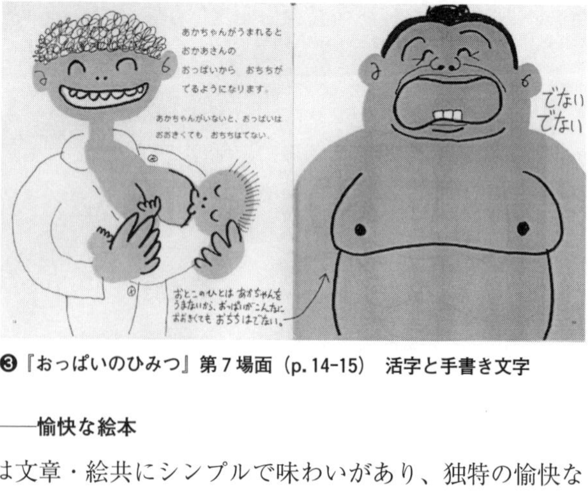

❸『おっぱいのひみつ』第７場面（p. 14-15）　活字と手書き文字

２）ユーモアのセンス――愉快な絵本

柳生弦一郎の作品は文章・絵共にシンプルで味わいがあり、独特の愉快な世界をつくり出している。また、『おっぱいのひみつ』はタイトルにも魅力があり、「ひみつ」を気にして本を手に取る子どもも何人かいた。さらに、リズミカルな口調で絵本が語られる面白さがある。「おとこのひとは　ブラジャーをしないよ。／どうして　おとこのひとは／ブラジャーをしないの？」「だって、おっぱいが　おおきくないもの。」と、登場する子どもの会話で文章が綴られるために、読者と作者が友達感覚で親しみを抱き絵本に賛同できる。そして、裏表紙の「おかあさん　おしえてよ！／わたしどんなあかちゃんだったの？／ぼくどんなあかちゃんだったの？」という二人の子どもの問い掛けは、子どもの側から共感できるものである。

『あしのうらのはなし』は、足の裏の働きを人間と動物で比較してユーモラスに解説する科学絵本であり、こうめ文庫でよむと次のような反応の返ることが多い。「表紙のあしのうらの型に足を重ねて、『ぴったり！』と騒ぐ。Ｊくんは靴下を脱いであしのうらをみながらきいていた。」（年長　1995.9.14）、「かなり共感できるらしい。はだしになったりして、参加型の絵本だと思う。」（年長　1995.9.28）「靴下を脱いで本の絵と見比べていた。」（年長　1995.11.16）これらから、絵本の誘いに乗って生き生きと楽しむ様子が伝わる。柳生弦一郎の絵本は読者の参加を意識してつくられており、例えば『はなのあなのはなし』は冒頭に「この　ほんは、／はなのあなを／しっかりと　ふくらまして／よんでください。」と吹き出しを用いて書かれている。これを受けて「みんな真剣に鼻をピクピクさせてフーフーいっていた」（年中　2000.10.28）とリアクションを起こす。

松岡享子は、ユーモアのセンスを支えるのは「単なるとんちの才ではなく、ありきたりの見方にとらわれず、違った角度からものごとをとらえることのできる頭の柔軟さや、少々いためつけられてもはねかえす強靭な精神、さらにはまた自分の愚かさをも含めて、人間性を暖かく包む心」であり、「それは、ただ人生に彩りをそえるものというよりは、もっと人間の生き方に本質的なかかわりをもつものだといえる」[*17]という。『おっぱいのひみつ』をよんだ際、ある男児が「おれもブラジャーしてる」とふざけていったが、母親が赤ん坊のために栄養を取るところはしっかりきいたという記録がある（年中　2003.12.11）。柳生弦一郎の作品には、奇抜でおどけた部分と真剣で誠実な内容の双方があり、その取り合わせが面白い。そして、このユーモアと真面目さが密接にかかわり合っていることは加古里子にも共通し、そこから安心感や絵本への信頼などが生じている。

3）幼児期の子どもの性への関心——男児と女児の差

こうめ文庫で体に関する絵本をよむと、子どもが文庫スタッフにくっついて離れなかったり体の一部に触れてきたりすることが多々ある。この『おっぱいのひみつ』も例外ではなく、よみ手の胸を触る子どもが幾人もいる。幼児期にある子どもは普段から性に対する関心をもっているが、男児と女児の性別の違いにより、性へ向けた関心もまた異なるようである。

白に赤で巨大なおっぱいが描かれ、「おっぱいのひみつ」と黒いペンで大きく明記されたインパクトのある表紙（❷）は、置くだけで人の目を引く。同じ柳生弦一郎の『はなのあなのはなし』も、おはなしの時間などで表紙を出した途端に笑いが起き盛り上がると記録される。しかし、『おっぱいのひみつ』を平置きにすると、手に取ることを躊躇する年長の男児がいた。

♣男児Ｋ：上に『おっぱいのひみつ』がかざってあって、それを気にしていた。私が、「これいいね？」というと、はずかしそうにして手にとり「うーん、これも、知ってるから……」という。でも気にしている。「そうだ、ママがたのんだやつにしよう」と『むしばミュータンスのぼうけん』に決定！　（年長　2001.6.14）

そして、その日の反省会で、「棚に展示した『おっぱいのひみつ』を気にしている子がいたが、結局借りなかった。次はさりげなく棚に立てているほうがいいのいかもしれない。」と意見が出た。このように、年長児には「おっぱい」が性にかかわるものという認識があり、男児は恥ずかしいと感じやすいようである。『おっぱいのひみつ』をもち歩いていた男児に文庫スタッフが「よもうか？」と声をかけたが、「他の男の子にもばかにされて？恥ずかしがっていた。みんな興味があるのだと思う。」(年長　1999.1.28) という記録もある。

他方、女児の多くは胸が大きくなることへの憧れを感じるようである。男性と女性で胸の大きさが違うという第３場面の右側 (７ページ) に、「おんなのひとの　おっぱいは／おおきい」との文章と胸の膨らんだ女の人、自分の胸へ両手を当てて嬉しそうに笑う女の子と「わたしも／そのうち／おおきくなるわ」という言葉がかかれている。また、第６場面の左側 (12ページ) では、女の人は胸を大きくして赤ん坊を育てる時の準備をしていると述べた下に、「10さいぐらいから、おんなのこのおっぱいは　ふくらみ／はじめます。／おんなのこのからだは、そうなるように　なっているんです。」と、徐々に膨らむ胸の様子を絵で簡単に説明した。こうめ文庫でよんだ際には、「『みんなおっぱいある？』ときいてみたら『ある!!』と答えていたけど、女の子は『だけど小さいの』といっていた。」(年中　1998.5.28　男児２人・女児４人) のように、自身のこととして意識しているようであり、「すごく興味をもっているようだった。絵をみてしきりに騒いでいた」「おっぱいからミルクがでるの？」や「私のおっぱいも大きくなるの？」などと疑問を色々とぶつけた。(年長　1996.11.14　女児２人)

♣２人とも大人の女性やおっぱいについて、強いあこがれをもっている。10歳くらいになると胸がふくらむという説明が絵本の中にあって、それをきいて「はやく10歳になりたい！」と２人とも発言する。２人とも特にＩちゃんは胸に両手をあてて発言している。(中略)「あと６年したら、10歳やでぇ」というとうれしそうだった。(年中　2001.11.8　女児２人)

しかし、貸出傾向をみると、『おっぱいのひみつ』はわずかだが男児によく借りられ、実際に手にも取られている。「『おっぱいのひみつ』をよむと、男の子たちは下を向いてみないふりをしていた。」(年長　2002.2.7) との記録や、また、普段は仲の良い男児２人が、この絵本を絶対に借りたいといって取り合いのケンカをしたことがあり、次のように記されている。

・男児Ｍ・男児Ｎ：『おっぱいのひみつ』を取り合い、ケンカして泣く。子ども同士で話し合う。「じゃんけんし！」「ゆずってあげよう」などといわれるが、Ｍくんはこだわりがあり、ゆずりたくなかった。

（年長　1999.2.4）

これは性に対する関心の強さの表れでもある。男児の多くは絵本に描かれる「裸」が好きで、しばしば激しいリアクションをしながら喜ぶ。男児Ｏが『おっぱいのひみつ』をよんでいる際に「照れながらクスクス笑って『おちんちん』といっていました。」（年中　2003.6.19）という記録もある。『おっぱいのひみつ』を絵本の時間に探していた男児Ｋは、スタッフに教えられ本を手に取ると、仲の良い別の男児のところへもっていき、男児３人で開くと「ニヤニヤしていた。そういう年頃なんだろう。その後も　（中略）　友達に『これ借りた』と伝えてニヤニヤ」していた。（年長　2004.1.29）また、「女の子がもってきて、男の子がとびつき、けっこう人が集まった。興味津々でおもしろがっている。」（年中　1996.10.24　男児３人・女児３人）、「この絵本をよみだした途端、男の子なども集まってきてうれしそうにいろいろ話してくれた。みんな、まだお母さんのおっぱいへのあこがれをもっているらしい。」（年長　1997.9.18　男児４人・女児２人）などの記録からもわかるように、『おっぱいのひみつ』やおっぱいそのものに対する男児の興味関心は高い。

また、「男の子が表紙のおっぱいを飲む真似をする。」（年中　1997.6.19）、「Ｐくんはおっぱいが出てくるたびに本に口をつけ思いっきり笑っていた。」（年中　1997.11.6）、「赤ちゃんがおっぱいを飲んでいるのをみて、絵本に口を近づけた。」（年長　1999.2.4　男児４人）というように、おっぱいを飲むしぐさをするのは男児ばかりであった。ここで性差を一概にはいえないが、胸が大きくなる憧れなど自分の身体のこととして認識する傾向の女児に対して、男児の方が母親のおっぱいへの思い入れを強くもつのかもしれない。

４）母親とのつながりや愛情を感じる――母親の存在

男女に限らず幼少期の子どもが『おっぱいのひみつ』に時に愛しくまた懐かしそうに反応を示すのは、母乳を飲む赤ん坊の描写から、自らが赤ん坊の頃に大好きであった母親のおっぱいとイメージが重なる結果ではないだろうか。「自分たちも成長するんだということを考えて驚く。お母さんを思い出して感動していた。」（年中　1997.1.30）と記録にあるように、過去の自分と母親の関係を再認識できる。幼い子どもにとって、自分を生み守り育ててくれる母親は絶対的な存在であろう。この絵本には、ふくよかな体つきの母親の腕に抱かれておっぱいを飲む赤ん坊の絵が、繰り返し描かれる。（14、16、20、22-23頁。）全て母親と赤ん坊は同じ色をしており、ぴったりとくっついて離れない一体感や母子の絆が表される。また、体を隔てる線をなくすことで、互いにつながり合い命を共有している喜びと安心感を生む。

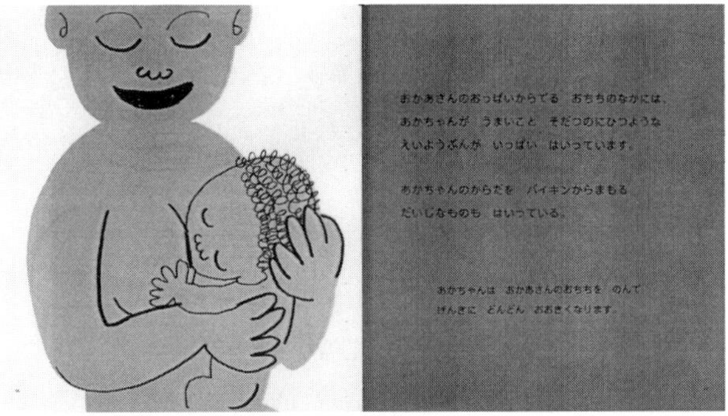

❹『おっぱいのひみつ』第８場面（p.16-17）　母乳の中には赤ん坊を守る大切なものが含まれているという場面

第８場面（16-17頁）では、左半分のページに赤ん坊を抱いて母乳を飲ませる母親とおっぱいに吸い付く赤ん坊を同色で塗って印象深く描く。その母親の表情は観音菩薩像のように慈悲深く穏やかで、生命を守り育てるたくましさを秘めた強さも感じる。円を描くやさしい肩の線、やわらかく丸みを帯びた体つき、温かみをもつ深い色、そして、柔和な表情で静かに目を閉じる母子からは、安らかな息づかいが伝わってきそうである。（❹）

類似した構図の第10場面（20-21頁）でも同様にいえる。「おかあさんのおっぱいは　まるくて　やわらかくて　あったかくて／いいにおいがするんです。／あかちゃんは　そういう　まるくて　やわらかくて　あったかくて／いいにおいのする　おかあさんのおっぱいが　だいすきです。」という文章が21頁にあり、子ども読者の五感を揺さぶる。年長のおはなしの時間プログラムで『おっぱいのひみつ』をよんだ時に、赤ん坊が母親の腕に抱かれておっぱいを触っている絵が４つある第11場面（22-23頁）で、急に静まり返ったことがある。また、文庫スタッフの「おっぱい飲みたい？」という問いに、「ぼくは飲みたい」と素直にこたえた男児は、絵本の中の赤ん坊がおっぱいを飲むシーンを黙ってみていたという。この男児には母親のおっぱいに対する愛しさや憧れなどの強い気持ちがあったのだろう。先にも挙げたが、表紙の絵からおっぱいを飲むしぐさをした年中児や「おっぱいすいたい」と発言した子どもがいるように、おっぱいは自分の母親のイメージとつながる懐かしく身近な存在なのである。

♣『おっぱいのひみつ』をよんでいる時、Ｑくんがとなりにすわってジーッとたまごの絵（自分たちが工作でつくったもの）をみていて、『おっぱいのひみつ』の中でお母さんといっぱいいっていたからかもしれないけれど、私に「おかあさん、ねえねえ」といって間違えていました。

（年中　2003.6.19）

こうめ文庫で筆者が『おっぱいのひみつ』を最初によんだのは、参加年度の1999年度、二学期の絵本の時間に当時年中児であった女児Ｒがもってきた時である。Ｒの物静かな雰囲気と柳生弦一郎の奇抜で豪快なタッチの絵とのギャップを感じた。その日のＲは「真剣にきいていた。（中略）　こちらの問いかけなどにはこたえなかったが、静かによくきいていたと思う。」（年中　1999.10.7）しかし、11月に入ってＲと再度『おっぱいのひみつ』をよんだ時には、「ずっとにっこりとしてみていた。よみながら、私が笑いかけると、すごく嬉しそうに笑った。」（年中　1999.11.4）と変わる。このように、一度目は真面目な眼差しで緊張気味に絵本をみつめていたＲが、日を少し置いて二度目によんだ時には表情を和らげ、微笑んで絵本をみていたことが印象に残っている。Ｒはその後も、絵本の時間にこの本を開くと途中でも輪に加わり、後方からじっと絵本をみていた。また、Ｒのが年長児の記録には、「何かの本を探していたのだけどいわない　（中略）　にこにこしていて、あれ、と指さして　（中略）『おっぱいのひみつ』がいいとささやいた。」（年長　2000.9.14）というものもある。

『おっぱいのひみつ』には、おっぱいを飲む行為を通して暖かい母と子の絆が描かれる。Rのアンケートには、「こうめ文庫から絵本を借りて帰ったあと、どうされていましたか？」という問いに「(母親に対して) 本人が頼むことはほとんどなかったようです」(年中)、「お兄ちゃんと一緒によんでいた」(年長) とある。また、「(図書館や家庭文庫で) 本を選ぶのは誰ですか？」には「本人＆父親」(年中)、年長では利用していないと書かれていた。年長の三学期の反省会資料によるとアンケートには父親が答えており、Rは絵本やこうめ文庫の話題を通じて母親と交流することが少なかったのではなかろうか。Rは多忙な母親の事情で文庫を休んだり早退したりすることも度々あり、欠席が多かった。「記録がほとんどないので、よんでもらっていないと思われる」「教室でもほとんどしゃべらないらしい。文庫でも、絵本を抱えたまま教室の入り口に立っていて、気になっていた」と年中の反省会資料にある。「一学期はほとんど話をせず遠くからみていたが、二学期に入って少しずつ近寄ってきて、誕生会をきっかけに積極的になる。家ではよく話し、(スタッフの名前) の話などもしているそう」とも記されていた。あまり感情を外へ出そうとしなかったRが『おっぱいのひみつ』を続けてよみ、借りたがったのは、この絵本を通して自分の母親の愛情を確かめていたからなのかもしれない。

5）過去の記憶を引き出す――自分が赤ん坊だった頃

『おっぱいのひみつ』の最終場面 (28頁) の文章には「ぼくたちは　あかちゃんだったときのことを　よく／おぼえていません。」と書かれているが、こうめ文庫でこの絵本をよむと、子どもから「『覚えてる』と口々に話してくれた」(年長　1997.11.27) という反応が返ることが多い。筆者が驚いたのは、この絵本を受けて「おちちおいしい」と発言したり (年長　2002.6.20　おはなしの時間)、「私、2ヶ月ぐらいからおっぱいのまなくなったの。おっぱいがのめなくてね」と語ったり (年中　2003.5.22) する子どもが大勢いたことである。

♣「おっぱいどんな味だか覚えてる？」には、Sくんが手をあげて、ふふっと笑っていた。Tちゃんも手をあげていた。赤ちゃんが出てくると、みんな赤ちゃんのことや自分が赤ちゃんだったときのことを話していた。
（中略） Uくんは、「Uちゃんはね、赤ちゃんのときトマトが好きでね、トマトとミルクをまぜてのんだの」　　（年中　2003.6.19　おはなしの時間）

そして、こうめ文庫の過去の記録から、同じように話した子どもが何人もいることがわかった。中には「『赤ちゃんのころのことは覚えていない』といっていた。」（年中　2003.7.3）という記録もあるが、覚えていると話した子どもは、絵本をきっかけに身体的な記憶を思い起こし自ら追体験をしていたのかもしれない。朝日新聞の記事によると、帝王切開で生まれた男児の「おなかに急に包丁が入ってきた」の発言に刺激されて胎児の記憶に興味をもった一人の産婦人科医が、3年をかけて保育園などの母親にアンケートして調査を行なった結果、838人の回答中「おなかの中にいたときのこと」を覚えている幼児は34パーセント、「生まれたとき」は24パーセントに上ったという[*18]。

この母親と子どもだけが共有できる出生時や胎内の不思議な記憶は、人が成長し、大人になるにつれて消えていくものなのだろうか。この世に生まれ出たのがまだ遠くない幼稚園児には、赤ん坊の頃の記憶は懐かしく思い出せるものなのかもしれない。『おっぱいのひみつ』は、その人の内在する感情を触発し呼び起こす力を備える。そして、子ども読者が成長や存在価値を認知すると共に、自分が赤ん坊だった頃に大好きな母親と過ごした温かさの記憶とつながる。以上のように、この絵本は型破りで奔放でありながら繊細でナイーブな要素をもち、人の心情と密接に関わっている。

Ⅴ 体に関する科学絵本のもつ本質

今日までに出版され手に取ることのできる科学絵本の数は膨大であり、主題とするジャンルも多岐にわたる。対象が子どもの場合、その発達段階による理解の度合いや生じる興味の違いを考慮する必要がある。しかし、絵本のつくり手の大多数は、制作過程で子どもの共感を得ることのみにとらわれすぎて、何か大切な要素、必要とする部分を削ぎ落としてはいないだろうか。

０・１・２歳頃の幼い子どもが読者対象のいわゆる「赤ちゃん絵本」はここでは省いて考えるが、子どものもつ知的好奇心や求める個々の知的レベルを考えると、子どもは無知で無欲と思い込み単純で甘く味付けした科学絵本に秀作はない。中には、作者の伝えたいことや制作意図が伝わらないもの、ムードを前面に出しすぎて内容がないもの、子どもの知識欲に十分応えない（そのレベルまで本の内容が達していない）ずれのみえるものもある。逆に、興味付けや楽しさよりも教育的観念や学習に重点がおかれると、ただ知識を詰め込むだけの無味乾燥なものになりかねない。

加古里子は、科学絵本を初めて手掛ける際にそれまでに出された子ども向けの科学の本や図鑑類を研究し、それらに共通して欠落しているが重要である点を幾つか見出した。その一つが原則を先にきちんとおさえて述べることである。「全体を貫く基本の原則、基礎として知っておかなければならぬ大事な法則、普遍的な共通の原理を、まず心得ていないと、（中略）例外で特殊なおもしろさが本当は理解されないのではないか」*[19]と考えた。基本的な所から入って自分とのつながりをもたせつつ意外性や広がりをもった世界へ発展する構成は、子どもの自己確認・自己発見の喜びへ帰結する。加古里子と柳生弦一郎の絵本は、身近なものを入り口に、それが体全体に果す役割を心の発達や成長とかかわらせ言及する。「ふしぎなこと、未知なもの、おかしな現象に心をうばわれ、そのわけを考え、その納得のいく理由を知りたいと思うのが、子どもの伸びてゆく力の一つ」であり、科学絵本と子どもの成長の関係を加古里子は次のようにいっている。

> こうした知識に対する要求、わき上がる好奇心、科学に向かう欲求は、ぐんぐんと知恵を育み、子どもの成長をささえることとなります。子どものための「かがくの本」や「知識の本」が、こうした子どもの要求を満たし、かなえ、したがって成果もまた子どものものとなって帰ってゆく時、それは子どもたちの喜びとして結実してゆくこととなります*[20]。

好奇心は子どもの創造的エネルギーの源である。加古里子が「興味性」に重点を置く理由には、それが「自主的な高揚へと自らをきたえあげる原動力」

「無限の可能性への拡大飛翔する『点火』」となり、「真正面からの科学の理解」をもたらすと考えるからである*21。加古里子と柳生弦一郎の科学絵本は、明解に語られる正確な科学の知識と併せて、ページを繰る快いリズムと楽しさ、読者へ話し掛ける愛嬌のある人物描写と物語性をもつ。科学は日常の生活と決して無縁ではなく、自らと切り離して考えることはできない。感受性豊かな幼児期の子どもは体に関する科学絵本とダイナミックにかかわりながら、人間という広大なドラマへ向けた感嘆と共鳴を抱く。

♣「わたしのあしのうらと赤ちゃんのあしのうら、こんなにちがう。赤ちゃんの足かわいいね」　（年長　1995.9.14　『あしのうらのはなし』）

この発言から自分の成長を喜ぶ女児の気持ちが感じられた。「自然の美しさであれ、社会の複雑さであれ、人間にとってそれが大事なものであることを描く、それが基本」*22だと加古里子は明言する。人が自然や優れた芸術に触れて崇敬・畏怖の念を抱くように、成長し身体が変化することに子どもは喜びと不安、時に恐怖を感じるだろう。それは、体に関連する事柄が人の精神とは無関係でないからである。

自分の身体について科学的に正しい知識を得ることは必要である。しかし、身体は、構造や機能という人間が客観的対象として理解するものと同時に、自分自身が生きる存在としてみる場合の身体といった、二重の意味をもつ。人間を総合的に描くことで、単なる物質的な知識のみならず、子どもが生きている自らに気付き、その認識を深めるきっかけとなる。そして、これが体に関する科学絵本が備え得る本質だと考える。

おわりに

子どもたちは加古里子と柳生弦一郎の科学絵本に絶大な信用を置く。その理由として、読者（子ども）とつくり手（大人）の隔たりのない関係があるように思う。作家・翻訳家・評論家である瀬田貞二は著書『絵本論』の中で、次のように述べる。「絵本の文と絵とは、大人の目を通してすぐれたものになってもらいたい。その際、その大人たちは、子どもの心を持っていてもらいたい。猛烈に大人であって、猛烈に子どもであるようにのぞみたい。そうしてこそはじめて、すぐれた絵本ができるのです。」*[23]この「大人の目」と「子どもの心」の双方を、加古と柳生の作品ははっきりと併せもち、そのために、読者である子どもは大きな信頼を寄せる。先達者として絵本制作へ取り組む彼らの視線の先には、真に面白いものを求め支持してくれる子どもの姿があった。

こうめ文庫の絵本を介した実践の中で、子どもから教わったことが多くある。それは、どんな優れた参考書類よりも鮮明に筆者のもっていた絵本観を肉付け、知識を与えるのが科学絵本という画一的な見方を逸脱する豊かで彩りのあるものへと変えた。科学絵本は、ストーリーの枠にとらわれない多層的な解釈を可能にする。そして、わからなかったことが解明した時、子どもはその新しい事実に目を見張り、まさにキラキラと瞳を輝かせる。「子どもは成長するために生まれて来たわけです。生きる力が食欲になるし、生きているから動き回り、走り回る。そして笑う。これから伸びて行く者の力の表れとして、どんなにさびしい静かな子にも笑いが出る。（中略）そして楽しさとか喜びを画面にメッセージとして送りたい」*[27]と加古里子は述べている。

今回、こうめ文庫の記録をよみ返し、体に関する絵本を考察して、生きる上でそれらがとても大切な役割を果すことがわかった。また、身体的な知的理解だけでなく、今ここに自分が存在している意味や成長する楽しさをどう描き伝えていくか、その子どもに向かう大人としての根本姿勢を教わったように思う。筆者は子どもと子どもの本にかかわる立場から、こうめ文庫の活動を通して学び体得したものを、また新たな子どもの喜びにつなげられるよう歩み続けたい。

注

＊1　加古里子（かこ・さとし）は、1926（大正15）年、福井県に生まれた。絵本作家、紙芝居作家、児童文化研究者、評論家。そして、大学で工学部応用化学科に学んだ工

学博士である。学生時代は演劇研究会に所属し童話劇をつくる。卒業後も研究所勤務のかたわら川崎の東大セツルメント運動に参加し、子ども会のリーダーとして紙芝居、人形劇などの多彩な活動を行なった。セツルメントとは子ども会を中心として子どもの人格形成をめざす運動であり、都市の貧困地区に宿泊所や託児所などの施設を設け金品でなく人との接触を通して人々の自覚を促すという生活向上のための助力となる社会事業及びその施設を指す。加古里子の第一作は1959年に福音館書店から〈こどものとも〉として出された『だむのおじさんたち』である。現在でも子どもに関するあらゆる問題に関心を寄せ、絵本づくりに取り組むと共に、科学技術や昔から親しまれている子どもの文化・教育などに関わり積極的な活動を行なっている。(大阪府立国際児童文学館　開館　20周年記念「子どもの本の未来」2004年5月3日(水)財団法人　大阪国際児童文学館の配布資料における「講師のご紹介」と、その他の資料を参照した。)

＊2　柳生弦一郎(やぎゅう・げんいちろう)は、1943(昭和18)年、三重県に生まれた。絵本作家、イラストレーター。1964年4月28日にマガジンハウスの前身の平凡出版から創刊された週刊誌「平凡パンチ」などでイラストレーターとして活躍した。また、他にもおとな向けの雑誌や本のイラストレーションや装幀を手掛け、1968年頃に「平凡パンチ」に連載されていた五木寛之の青春トラベル小説「少年は荒野をめざす」につけたイラストから、その「イラスト」という言葉を広める一翼を担った。2001年には、赤ん坊から小学生までがおとなも含めて歌って遊べるわらべうたを118曲集めた『にほんのわらべうた』(近藤信子著、柳生弦一郎画、福音館書店、全4巻)の絵も描く。絵本での第一作は1981年に福音館書店から出た〈かがくのとも〉の『はなのあなのはなし』である。その後も〈たくさんのふしぎ〉や〈科学シリーズ〉など、特に体に関する絵本を多数発表している。しかし、柳生自身の個人的な情報は一切表出せず、自分の作品や本に関する講演、評論書の出版等は皆無である。これは教育観念を強くもって広く語り続ける加古里子と異なる柳生源一郎の特徴といえる。

＊3　佐々木正美『子どもへのまなざし』福音館書店　1998　166頁より引用。

＊4　＊3に同じ、175頁

＊5　五味太郎のコメント。「うんち・おしっこの絵本／五味太郎さんインタビュー」「月刊クーヨン　12月号増刊　クレヨンハウス　絵本 town」(クレヨンハウス　2005年)99頁より引用。初出文献は「月刊クーヨン」2002年6月号。

＊6　河合隼雄『子どもと学校』岩波書店　1992　210－211頁より引用。

＊7　野生とは、人間の手による文明の影響を受けず自然の状態にあるものを意味する。

知性をもち文化の発達へ力を注ぐようになると、人類は野生の力を失っていった。野生の思考を、効率を高める目的に即して栽培種化され家畜化された思考とは異なる野生状態のものと捉えたのは、フランスの文化人類学者・思想家のレヴィ＝ストロースである。いわゆる未開社会に広く拡がる知識と思索の形態を収集し、その構造主義の考え方は西洋近代の自文化中心主義への反省と主体の解体を促して現代思想にも深い影響を与えた。（クロード・レヴィ＝ストロース『野生の思考』大橋保夫訳、みすず書房　1976年。原書は1962年にフランスで出版された。）

＊8　野呂正『絵本のなかの幼児心理』青木書店　1982　150頁より引用。

＊9　加古里子「子どもと科学とおもしろさについて」（「科学読物研究」第2号　2000年5月　45-46頁）を参照している。これは、『理科教室』1969年9月号より、著者の許可を得て転載したものと注記されている。

＊10　加古里子講演会資料の付録より。これは、2001年5月3日の講演「遊びの中で育つ子ども」“かこさとしの世界”実行委員会主催、船橋市勤労市民センターにて配布されたものである。

＊11　加古里子『加古里子　絵本への道―遊びの世界から科学の世界へ―』福音館書店　1999　87頁より引用。この本は、加古里子へのインタビューをもとに構成したものである。語られたものを聞き書きし、それらの筆記録を編集部が整理・編集した。また、講演テープを起こしてその一部を挿入した所もある。

＊12　＊11に同じ、133-134頁

＊13　＊11に同じ、113頁

＊14　＊11に同じ、100頁

＊15　＊11に同じ、92頁

＊16　山田真は、小児科や子どもの診療所で治療に従事。障害児運動や公害闘争にも関わる。柳生弦一郎と組んで制作した『びょうきのほん』（山田真文、柳生弦一郎絵、福音館書店、1989年初版）の全3巻は、子ども（読者の対象年齢は小学中学年から）がよむ実用的手引書で病気や身体の仕組みがよくわかる。他にも『かがくのとも版　きゅうきゅうばこ』（福音館書店）など柳生弦一郎と共同で数冊の絵本をつくり出している。2003年に『ワハハ先生のからだの本』（山田真著、いまきみち絵、フレーベル館　2003）を出版。この本の最後に「赤ちゃんの成長」というページがあり冒頭部分と結尾を引用すると、「ぼくは小児科の医者だから、生まれて6カ月目、9カ月目、1年半目の赤ちゃんの健康診断をする。たくさんの赤ちゃんを見ていると、一人ひとりちがっているけれど、『多くの赤ちゃんはこんなふうに大きくなっていくんだよ』といえるような

道すじがある。」と始まり、「きみたちも今は大きくなって、赤ちゃんの時のことなんか覚えていないだろうけど、みんなこういうふうに育ってきたんだよ。どんな赤ちゃんだったか、お母さんやお父さんに聞いてみようね。」で終わっている。

＊17　松岡享子『サンタクロースの部屋―子どもと本をめぐって―』こぐま社　1978所収19頁。（初出は、「朝日新聞」1973年12月10日）。

＊18　斎藤泰生、帯金真弓、今井邦彦、高橋美佐子、長沢美津子、大藤道矢「おかあさんMOTHER 4　胎内記憶　パチパチが聞こえた」（「朝日新聞」2003年１月５日家庭面、27頁）

＊19　＊11に同じ、84頁。

＊20　加古里子「断面を題材にしたかがくの本断想」『だいこん　だんめん　れんこん　ざんねん』福音館書店、1984「折り込みふろく」３頁より引用。

＊21　＊９に同じ、45頁。

＊22　＊11に同じ、115頁。

＊23　瀬田貞二『絵本論―瀬田貞二子どもの本評論集―』福音館書店　1985　99-100頁。

＊24　＊11に同じ、145頁。

第7章

幼稚園文庫で韓国絵本をよむ

はじめに

子ども時代筆者は、一冊の絵本とも出会ってない。もちろん絵本をよんでもらったこともない。絵本という言葉に接することになるのも大人になってからである。絵本の代わりに、村のおばあさんたちから語られた様々な話を通して物語の楽しさを知り、自然や遊びの中から数え切れないほどの驚きや物語を発見し体験することができた。筆者にとって絵本との出会いは、新しい発見であり、子どもとの繋がりを実現させてくれた媒体でもある。

韓国にいる時は、『こいぬのうんち』『ソリちゃんのチュソク』『マンヒのいえ』にはふれていたが、他の韓国の絵本はほとんど日本にきてから接することになった。韓国でこれら３冊の絵本に出会ったのは90年代半ば頃のことであり、その後、児童文学を学ぶために1999年３月に日本に留学してきた。筆者が日本にいた丁度この間には、韓国では絵本に対する発見や試みがありその成果が出て、日本で韓国絵本が翻訳出版された時期と重なる。韓国で生まれ育った筆者は日本の子どもたちとこのような韓国の絵本を日本語や時には韓国語で一緒によむことができ、文庫の子どもがどう受容するのかに興味をもってきた。本稿では、子どもたちの発言をベースに韓国絵本の特徴について考察することにしたい。

さらに2003年には、韓国の男児が梅花幼稚園の年長組に入り、１年間こうめ文庫にも参加していた。本稿の「Ⅲ．韓国の子どもＡ君の絵本よみ」では、Ａ君の絵本よみを通しての言葉の葛藤や変化の１年間を追ってみた。

当たり前のことであるが、こうめ文庫の子どもたちやＡ君そして筆者はそれぞれ育てられてきた環境や背景などがみんな異なる。さらに第一言語として使う言葉も違う。最終的にはそういう差異を持っている者同士がこうめ文庫という同じ空間の中で絵本に出会い共有した意味を探ることを試みる。

なお、ここで取りあげる韓国絵本は韓国で出版され韓国の画家が文を書き絵を描いたものをさし、それを対象にしている。さらに本稿では「韓国語」と「ハングル」を両方用いることにしたい。

Ⅰ 韓国絵本の現状

1）韓国での状況

韓国では1990年代に入ってから絵本の出版が活発になった。韓国内で社会や子どもにかかわることに意識を持って参加した画家や作家の努力、外国の絵本を通して絵本の面白さ、子どもの本の可能性に目覚めた編集者、企画者、画家が積極的に絵本作りにかかわったこと、子どもによりよい本を与えようとする教師、父母たちの努力があったからといえる。イラストレーターのほとんどは美術大学出身が多く、社会的に大きい変革期であった80年代に美術を通して労働運動や社会運動に加わった画家たちが、90年代に初期に絵本制作に参加するようになったことは、今の韓国絵本の活況に欠かせない要因といえる。

1998年に日本に翻訳された『マンヒのいえ』（1995）の権倫徳《クォンユンドク》と2000年に翻訳された『ソリちゃんのチュソク』（1995）の李億培《イオクベ》はその代表的な画家であり、以下の引用はこの２人の言葉からである。

> 安養《アニャン》での地域美術運動が終わった頃、これから何をしながら生きていこうかと悩みました。その時鄭昇珏《チョンスンガク》[*1]さんはすでに絵本の仕事をしていましたが、私は子どもの絵本の仕事があまりにも幼稚であるように思われ、一生をかけてその仕事をするということを好ましく思いませんでした。そういう考えがすっかり崩れてしまったのは「草房《チョバン》」[*2]という子どもの本専門店の地下室の本棚で、数多くの外国の絵本を見たからです。93年当時私が思っていた絵本とはあまりにも違う、新しい絵本と接することができました。これはやってみる価値のある仕事であると思いました。美術運動で夢見た変革の可能性を絵本に見出したのです。
>
> （権倫徳《クォンユンドク》、以下クォン・ユンドクとする）[*3]

> 九〇年代に登場した一群の作家たちは、韓国の民主化のために民衆文化運動、地域運動、教育運動などに参画し、社会変化にたいする強い熱望と、新しい文化を渇望する進歩的な意識をもっていました。かれらは、

> “基本をきちんと守ろう”“私たちの子どもにアメリカ、ヨーロッパ、日本に匹敵できる、ちゃんとした絵本を見せよう”という思いでいっぱいでした。このような時代精神の流れのなかで誕生した絵本は、多くの子ども読者と大人読者から愛されるようになりました。
>
> (李億培《イオクベ》、以下イ・オクベとする)[*4]

一方、日本でも2003年『うさぎのおるすばん』が紹介されているイ・ホベックは、80年代にフランスに留学し数多くの絵本と出会い、絵本の道に入ることを決心したという。

> 韓国のいくつかの出版社が、欧米先進国のような絵本をつくってみようと、さまざまの実験をしだしたのが九〇年代半ばといえます。(中略)一九九四年、私も〈チェミマジュ〉[*5]という子どもの絵本の企画会社を設立し、企画者として、作者として、また絵本のイラストレーターとして活動しながら多様な試みをしてきました。また一方では、たくさんの失敗と試行錯誤を経験した時期ともいえます。[*6]

このように韓国の絵本の90年代は、イラストレーターや編集者、企画者などの作り手の間に絵本に対する発見や様々の試みがなされた時期である。

それでも90年代初期頃までの韓国内の絵本事情は、単行本というより、全集の一冊として出版されるのが一般的であった。しかし、90年代後半頃からすぐれた単行本が多くみられ、21世紀に入ってなお多様な試みが続けられている。

2）日本での状況

日本に韓国の絵本がはじめて紹介されたのは、1990年福音館で出版された『山になった巨人—白頭山ものがたり—』である[*7]。それから再び韓国の絵本が日本に紹介されたのが、家を中心に代々使われて来るものや韓国人の家の内部がありありと描かれた『マンヒのいえ』(1998)である。

続いて、1999年に『あかてぬぐいのおくさんと７にんのなかま』が出版される。これは韓国の古典の随筆を新たに書き直し、絵本にしたものであるが、韓国固有の伝統文化を視覚的な表現でアピールしたといえる。そして、2000年度には『こいぬのうんち』と『ソリちゃんのチュソク』２冊が出版される。『こいぬのうんち』以前までの韓国絵本は、韓国民族の文化紹介が先行しており、視覚的にも一目でみて韓国絵本としての文化コードが多くみられる絵本といえる。韓国の旧暦のお盆であるチュソクを迎えた家族の日常を追った『ソリちゃんのチュソク』は日本で2001年課題図書にもなった。2000年５月５日には国立国際子ども図書館の開館を記念して、「韓国絵本原画展」が開かれ、はじめて本格的に韓国の画家とその絵本が紹介された。

Ⅱ 子どもたちのよみ

筆者が梅花幼稚園のクラブこうめ文庫に参加したのは、1999年で、10年のうち後半の５年である。1999年当時、こうめ文庫の蔵書の522冊のうち、韓国の絵本は１冊も入っていなかった。しかしその後、ちょうど韓国の絵本の出版が活発になってきた時期とかさなり、５年の間で徐々に増やして、現在は、923冊の蔵書のうち11冊が入っている。こうめ文庫の蔵書に入っている韓国絵本のリストが以下の【表１】である。

この中には日本では手に入らない、こうめ文庫の中にのみ存在する絵本も含まれている。日本で正式に翻訳されているのは『マンヒのいえ』、『あかてぬぐいのおくさんと７にんのなかま』、『こいぬのうんち』、『ソリちゃんのチュソク』、『あなぐまさんちのはなばたけ』、『黄牛のおくりもの』の６冊であり、韓国の出版社の企画で翻訳され日本の書店では市販されていない絵本として『アズキがゆばあさんとトラ』『お日さまとお月さまになったきょうだい』の２冊であり、『この世でいちばんつよいおんどり』『パンチョギ』[*8]『ポキポキ森のトケビ』の３冊は日本に出版される前に蔵書に入れたり、和訳されていないためこうめ文庫でのみ出会えるオリジナルの翻訳絵本となっている。

こうめ文庫では集団のプログラムである「おはなしの時間」と、１人または３・４人程の子どもと絵本をよむ「絵本の時間」がある。今から取りあげ

【表1】こうめ文庫の蔵書に入っている韓国の絵本（受入順）

	受入年月	書　名	作者 出版社 出版年	棚配置	備　考
1	2000. 7	アズキがゆばあさんとトラ (팥죽 할머니와 호랑이)	趙大仁　文 崔淑姫　絵 市場淳子　訳 ポリム（韓国）	昔話 （がいこく）	韓国の出版社「ポリム」より日本語訳（1997）されたもの。
2	2000. 7	お日さまとお月さまになったきょうだい (해와 달이 된 오누이)	李圭喜　文 深美我　絵 仲村修訳 ポリム（韓国）1997	昔話 （がいこく）	韓国の出版社「ポリム」より日本語訳（1997）されたもの。
3	①2001.2 ②2001.5	こいぬのうんち (강아지똥)	クオン・ジョンセン　文 チョン・スンガク　絵 ピョン・キジャ　訳 平凡社　2000	動物（いぬ） →2002年度より体（うんち）へ	2000年度プログラムで取りあげてみて手応えがあったので、2001年度より複本を増やす。
4	2001.5	この世でいちばんつよいおんどり (이 세상에서 제일 힘센 수탉)	イ・ホベック　作 イ・オクベ　絵 ［しもはしみわ　訳］ ポリム（韓国）　1997	生物（とり）	こうめ文庫で取りあげた時点では出版されてなかったので、「オリニほんやく会」の知り合いに訳してもらい、ハングルを残したまま日本語訳を貼って子ども達に手渡す。2001年、「新世研」より『せかいいち　つよいおんどり』という題で出版される。
5	2001. 5	あかてぬぐいのおくさんと7にんのなかま (아씨방 일곱동무)	イ・ヨンギョン　ぶん・え かみや　にじ　やく 福音館書店　1999	生活 （みんぞく）	
6	2001. 5	パンチョギ (반쪽이)	イ・オクベ　絵 イ・ミエ　文 ［こうめ文庫　訳］ ポリム（韓国）　1997	昔話 （がいこく）	筆者が下訳をして、こうめ文庫スタッフに日本語の手直しをしてもらいハングルの上に日本語訳を貼って子どもに手渡す。
7	2001. 5	ポキポキ森のトケビ (뽀끼뽀끼 숲의 도깨비)	イ・ホベック　作 イム・ソニョン　絵 未訳 チェミマジュ（韓国）1997	こわい （おばけ）	題名だけを訳して子どもに手渡す。本文は翻訳しないまま。

8	2002. 5	マンヒのいえ （만희네 집）	クォン・ユンドク 絵と文 みせ　けい　訳 セーラー出版　1998	生活 （みんぞく）	
9	2002. 5	ソリちゃんのチュソク （솔이의 추석 이야기）	イ・オクベ　絵と文 みせ　けい　訳 セーラー出版　2000	生活 （みんぞく）	
10	2004. 1	あなぐまさんちのはなばたけ （오소리네 꽃밭）	クォン・ジョンセン　文 チョン・スンガク　絵 ピョン・キジャ　訳 平凡社　2001	動物 （どうぶついろいろ）	
11	2004. 1	黄牛のおくりもの （황소아저씨）	クォン・ジョンセン　作 チョン・スンガク　絵 仲村修　訳　いのちのことば社フォレストブックス　2003	動物 （どうぶついろいろ）	

ようとする韓国の絵本はこういう集団のプログラムと個別のよみからの考察となる。なお、集団プログラムに取りあげた韓国関連の具体的な内容と日にちは【資料】にまとめ本稿の後ろにのせてあるので参照願いたい。

それでは具体的にこれらの絵本が実際こうめ文庫の子どもたちにどのように受け入れられて来たのかみていくことにする。

【表２】は、こうめ文庫2000年度から2003年度までの年中と年長の貸出回数である。この貸出データをベースに「貸出５回以下の絵本」（４冊）「貸出５回

【表２】韓国絵本の貸出―こうめ文庫2000-2003年度　年中・年長の貸出から（貸出回数）＊[9]―

書　籍	総計	2000	2001	2002	2003	年中	年長	女	男
ポキポキ森のトケビ	28		9	10	9	15	13	10	18
こいぬのうんち	19	1	8	4	6	10	9	10	9
アズキがゆばあさんとトラ	17	6	4	4	3	7	10	7	10
この世でいちばんつよいおんどり	7	1	4	2	0	2	5	3	4
パンチョギ	5		3	2	0	0	5	0	5
あかてぬぐいのおくさんと７にんのなかま	4		4	0	0	2	2	3	1
お日さまとお月さまになったきょうだい	1	1	0	0	0	1	0	0	1
マンヒのいえ	0			0	0	0	0	0	0
ソリちゃんのチュソク	0			0	0	0	0	0	0

以上の絵本」（２冊）「貸出10回以上の絵本」（２冊）「貸出20回以上の絵本」（１冊）と分類して考察することにする。

１）貸出５回以下の絵本

ここには、４冊の絵本が入る。その中で『あかてぬぐいのおくさんと７にんのなかま』は４回、『お日さまとお月さまになったきょうだい』は１回、『マンヒのいえ』『ソリちゃんのチュソク』はゼロ回である。そういうことで子どもたちからの発言やそれを残した記録などがほとんどみあたらない。

a.『あかてぬぐいのおくさんと７にんのなかま』

1999年に出版された『あかてぬぐいのおくさんと７にんのなかま』は、スタッフたちの積極的な勧めにより、文庫の蔵書の１冊に加わった。スタッフたちは、「チマ・チョゴリ」など韓国の民族衣装が目立つところに好感を持っているようであった。文庫でのジャンルは昔話になっているが、厳密な意味では、古随筆を元に創作されている。2001年当時入れた時は４人借りており、2004人は年中の女児が借りている。

しかし残念ながらこの絵本に関する子どもたちの反応などの記録はみあたらない。

b.『お日さまとお月さまになったきょうだい』

韓国人の子どもなら、誰もが知っているといっても過言ではない昔話である。絵本を通してというより、普段、家の中で家族の誰かに素語りを通して伝えられている。山あいの家で仕事に出かけたお母さんの帰りを待っている兄妹に、トラがお母さんを食べて、お母さんのふりをして襲いかかる危機感が、ハングル特有のリズム感で語られる。しかし、動詞の前に否定語を置かない日本語としては、動詞の前に否定語がくる場合の多い韓国語のリズムを生かすことは翻訳上難しく、実際日本語訳ではその味が薄れている。また、日本語版の絵本とハングル版の絵の色の濃度のちょっとの違いでも印象がずいぶん違うということをこの絵本で思い知らされたが、ハングル版でみると絵に恐さやインパクトが感じられるのに対し、日本語版が薄い色あいになっているのは少々残念である。

c.『マンヒのいえ』と『ソリちゃんのチュソク』

『マンヒのいえ』は、マンヒという幼稚園に通っている少年を主人公に、現代の韓国の家、家族、伝統を絵本に表現しており生活がだされている絵本である。続けて2000年に翻訳出版された『ソリちゃんのチュソク』もソリちゃんという女の子を主人公に韓国の伝統的な行事で日本のお盆にあたるチュソクのことを知らせており生活感がだされている。

しかし、こうめ文庫の子どもたちには手に取られない。プログラムに取りあげてもそれほど集中してくれないのが現状である。一方、筆者は梅花幼稚園のこうめ文庫以外にも、韓国の文化を紹介する機会が増え、小学校、小学生対象の国際プログラム、大人のために国際プログラムにも参加しているが、幼稚園児と違ってこの絵本を紹介すると興味を示してくれる。この２冊は韓国文化の理解には欠かせない絵本となっているといえるが、こういう外国の生活感が前面的にだされた絵本は幼稚園児より上の年齢の子どもに受入れられる。

d.『あなぐまさんちのはなばたけ』と『黄牛のおくりもの』

【表２】には入ってないが、一番最近こうめ文庫の蔵書に入れた絵本で２冊とも『こいぬのうんち』の文章を書いたクォン・ジョンセンと絵を担当しているチョン・スンガクのコンビである。入れたばかりで子どもたちからの反応はまだみられないが、物語性がある。

2）貸出５回以上の絵本

ここには、『パンチョギ』『この世でいちばんつよいおんどり』が入る。『パンチョギ』は５回、『この世でいちばんつよいおんどり』は７回貸出されている。それでは集団よみである「おはなしの時間」と個別よみである「絵本の時間」での子どもたちの発言や反応を中心に、『パンチョギ』と『この世でいちばんつよいおんどり』の考察に入ることにする。

a.『パンチョギ』

イ・オクベ絵、イ・ミエ文の昔話絵本『パンチョギ』(25.8×21.8　32頁)*[10]の「パンチョギ」とは、体が半分で生まれた男の子の名前である。

❶『パンチョギ』表紙

ストーリーは子どものいないおばさんがお祈りをすると夢の中で神さまが現れ、井戸の中のコイを焼いて食べるように教えてくれ、おばさんはその通りにする。３匹のコイの中２匹は全部食べられるが１匹は猫に半分を取られてしまい半分しか食べられない。それから生まれてきた３つ子の中３番目の子が半分に生まれてしまう。その子がこの物語の主人公である「パンチョギ」である。パンチョギは半分の体で生まれているが超能力のような力と知能を持っており様々の難題に勝ち抜き最後には村の娘と結婚し幸せになるという話である。

それではまず絵本の表紙をみていくことにする。「パンチョギ」というタイトルの左半分の文字がオレンジ色、右半分の文字は灰色で書かれており、その下に緑色の高くて丸い山々があり、その山あいに５匹のトラが真っ赤な口をあけ、真っ赤な舌をだして下を見下ろしている。その下には茶色の大きな岩を紐でしばりつけ担いでいる３つ編みの髪をした韓国の民族衣装をまとった子が一本足でトントン飛ぶように追いかけており、その前を２人の子が必死で逃げている。躍動する動きが描かれており、絵本の中の世界へと誘い込む表紙になっている。

黄色の草鞋に白いパジ（ズボン）の上に赤のチョゴリ（上着）、黒の長い３つ編みにしたパンチョギはパッチリした大きな目玉の少年として描かれている。生まれた時の姿は、赤ちゃんではなく少年に成長した姿が描かれ３つ子の兄弟は板屋根の家を背景に正面を向いている。この場面でパンチョギは片手を頭の後ろに回しており、そのポーズが何気なくユーモラスである。そこにはパンチョギについて「目も１つ、耳も１つ、うでもあしも１本ずつ。口も半分、鼻も半分」[*11]という文章があり、半分で生まれたパンチョギが正面を向いているのはこの最初の紹介の時のみである。以後「パンチョギ」は15場面に半分の方である横姿で登場する。そして時には、片手片足はとても逞しく大きく描かれており、その力強さが絵に表現されている。顔の表情は頬笑んだり笑ったりしており明るいキャラクターとして描かれている。

こういうパンチョギに対する子どもたちの関心は以下の通りである。

♣主人公の身体が半分しかないのにものすごい関心を示す。目も鼻も半分ずつしかない。Ｂくんは「どうして半分なの？」と真剣な顔つきで聞いてくる。（年長　2001.2.1　おはなしの時間）

♣ねこが半分になっているのをみせるとき、さわぐ。「みえない」との声。Ｃちゃん、女の子たち：「こわい」「きもちわるい」→Ｄくん「そんなの気持ち悪くない！」Ｅくん：「静かにしろよ！」みんなよく見ていた。

（年長　2002.1.31　おはなしの時間）

本来、半分というのは欠けているのを差し、韓国語の「パンチョギ」という名前の意味を日本語で逐語訳にすると「半分子」または「半分太郎」であり、今日の日本でそのままだすと差別用語として取られる懸念がある。

以下はまた子どもの発言からの引用である。

♣「パンチョギ」で気になったのはＧくん。はじめの設定などおさえるべきところはちゃんとおさえていて、おもしろいとわかると、興奮して歩きまわるのだとわかった。「かりたい！」と言った後、絵本にあわせて、体に触れるととても喜んでいた。絵本の楽しみを、自由に体で表現しているのだなあ、と感動。（年長　2002.9.5　おはなしの時間）

上記の発言をした「Ｇくん」は、『パンチョギ』から触発され体全体でその様子を表しているが、『パンチョギ』は５人の男児に借りられており、記録にみられる発言もほとんど男児からである。年度末に保護者にだしているアンケートの「文庫を楽しんでいたか」の項目に「家で韓国の絵本『パンチョギ』の話を一生懸命してくれた次の週「パンチョギ」を借りてきてくれました。

(2001年長児男児アンケート)」という文章からもうかがえるように、一部の子ども、特に男児にこの絵本は受け入れられているように思える。

それでは、主人公の「パンチョギ」の魅力はなんであろうか。パンチョギは半分で生まれてきた外見とは裏腹に驚くほどの力持ちであり、優れた知能の持ち主でもあり、思いやりのある親孝行者でもある。蝶が虫から脱皮するように、パンチョギは脱皮まではいかなくとも何人かの男児にはそれくらいのインパクトに捉えられているようだ。たとえば、様式化された牡丹の花を両側に素朴な結婚式を挙げる最後の場面「もうだれもパンチョギを追いかけられなかったと。それからというもの、パンチョギはおじいさんの娘を嫁にもらって、髪が白くなるまで、幸せに暮らしたとさ」[*12]で、花嫁に向かい、片足で左側に立っているパンチョギの横姿に「足が2つになってる！(年長　2002.1.31　男児)」との発言からうかがえるように、本当はそのままの一本足のパンチョギであるが、横に立っている絵からくる錯覚からも考えられるものの、パンチョギが魅力的な人物として受け入れられているからであろう。

❷『パンチョギ』終りの結婚式の場面

それからまた昔話として伝わってきた「パンチョギ」というキャラクターを絵本化するに当たって、各々の想像の世界にだけ存在していた「パンチョギ」を実物する存在のように造形化した画家であるイ・オクベのあたたかい視覚表現の巧みさによることであろう。

このように絵本『パンチョギ』は、異質な存在でありながらもそれに共感をした子どもにそのまま受け入れられ、支持されている。

筆者は、この絵本を年長児のプログラムに3回取りあげた。

2002年1月31日に取りあげた時のことである。絵本をよむ前から、表紙のトラたちを指差し筆者が、「韓国の昔話にはトラが多くでるよ」といい、3人の男のことを「兄弟だよ、こっちがパンチョギ」と紹介する。すると、1人の女児が怪訝そうに「髪が長いから女の子じゃないの？」という。韓国人である筆者は自分が実際に目にしていなくても、『パンチョギ』の表紙に描かれている風景や人間の様子は見慣れているものであり、パンチョギなどの身なりは、男児として当たり前のように考えてきたので、女児の疑問はとても新鮮であった。そこでやっと気づかされた筆者は、「韓国人は男の人でも結婚する前までは、髪を伸ばすよ。それから、結婚すると、こんな風に上に上げるんだ」と身振り手振りを交えて説明すると、1人の男児が「ちょんまげみたいに！」と眼を大きくする。そこで、やっと筆者自身もいわれてみれば、韓国の既婚の男性の髪の結い方がちょんまげに似ていることに気づく。表紙の絵を通して会話が多くでたのは、よみ手であった筆者が説明を加えたためであろう。朝鮮民族の風習を通し、「ちょんまげ」という日本の風習を喚起させ、細かい違いはあるものの日本であれ韓国であれ人間生活の営みの共通点などをこの絵本はその表紙から呼び起こしてくれている。

さらに、翌年の2002年9月5日に年長児の前で行なったプログラムでも、「そこで『パンチョギ』を持ちだして皆に見せ「パンチョギ」と発音すると何人かが笑う」など、その響きに反応して笑いだす子がいる。「パンチョギ」という響きだけで笑いだすこうめ文庫の子どもたちの反応を通してよみ手である筆者は今まで自分が経験してない新鮮さを覚える。「パンチョギ」という響きには今までこうめ文庫の子どもたちが接してなかった響きがあるか、もしくは子どもたちの想像力を刺激した響きであったかもしれない。

この絵本は絵に細かい発見がある上、昔話のテクスト自体が申し子として生まれ、外見から来る判断とは違って親孝行者であり、力持ちでなおかつすぐれた知能の所有者であるパンチョギの成功談と結婚談であるという複雑なテーマを絵本化しているので集団でよむプログラムに取りあげるよりは、自分の好みに合わせてじっくりよめる個人よみにより適しているかもしれない。年長児を対象にこの絵本を紹介しているが、実際に取りあげても興味を示すのは少人数であるが、その少人数の子どもからは熱烈な支持を受けているのも事実である。

昔話絵本『パンチョギ』はこういうテキストの不思議さや意外性によっても十分魅力的なストーリーではあるが、画家のイ・オクベは朝鮮時代の無名の画家たちに描かれ残されている素朴であるが故に力強さがあり洒落や滑稽味に溢れている民画の手法を用いてそこにさらに漫画風のタッチで背景はできるだけ様式化または単純化し、物語に息吹を吹き込んでいる。イ・オクベは、昔話絵本にのぞむ時の気持ちを次のように延べている。

> 私が今まで描いてきた絵本のほとんどは、過去の農村の共同体の社会を背景としているか、または昔話と関わっています。子どものころ、おばあさんやおじいさんから昔話を聞かされたこともなかったので、心の奥深くに残っている昔話にたいする特別な記憶はありません。長い長い冬の夜、火鉢の火に寄り集まって座り、おばあさんから聞かされた昔話の伝統はもう消えました。語り手の消えた今日、その空席を童話や絵本が埋めようとしていますが、なかなか難しいことです。
>
> 私は今まで『お日さまとお月さまになった兄妹』、『パンチョギ』、『しっぽ五尺　くちばし五尺』などの昔話に絵を描きました。ほとんどが民話ふうの形式で、比較的自由に描きましたが、昔話と朝鮮時代の民画は体質的に似ており相性がよいようです[*13]。

『パンチョギ』の中のトラや山の風景、構図、物や花などは民画の雰囲気を連想させ、朝鮮半島固有の図像が随所に描かれている。主人公のパンチョギや異国の風景などに共鳴できるように柔らかな曲線を使い、柔軟なキャラクター像、暖かくて穏やかな色使いなども効果的といえる。テキストそのものは、どこの国の物語であっても適用しそうであるが絵本『パンチョギ』は、こういう画家の努力によって自然の形で朝鮮民族の風習や生活を感じさせてくれるのである。

b.『この世でいちばんつよいおんどり』

イ・ホベック文、イ・オクベ絵の『この世でいちばんつよいおんどり』(26.2×22.4　33頁）は、ハングルをそのまま残した形で下の空間に日本語の紙を貼

❸『この世でいちばんつよいおんどり』表紙

った2ヶ国語の絵本になっている[*14]。これに関して年長児の女の子から次のような発言がでている。

♣Kちゃんが「これ韓国の本でしょ」と持ってくる。「韓国語でよんで」とところところで要求する。韓国語でよむと「なんでよめるの？」（年中　2003.12.11　絵本の時間）

この絵本はプログラムには2回取りあげており、個別よみの記録もいくつか残されている。表紙には赤い鶏冠と黄色い毛並みの見事な雄鶏の横顔が藍色をバックに描かれており端正で凛とした美しさを印象づける。ストーリーは元気のよいひよこが腕相撲などでは適う者なしの強い雄鶏に成長し若い時代は輝かしいばかりであるが、ある日もっと強い雄鶏が現れ主人公の雄鶏は落ちこんでお酒ばかり飲んでしまう。そういう雄鶏を励まし力になってくれる雌鶏のお陰で雄鶏は元気を取り戻したくさんの息子や娘や孫たちに囲まれ還暦を迎えるという話である。

絵本の表紙をめくり見返しをみるとそこには花の模様がいっぱい描かれている。そして表題紙に入るとタイトル文字と一緒にいまにも生まれそうに卵がむくむくと動いている様子が描かれている。絵本全体には赤と黄色と藍色がとても鮮明に使われており、イ・オクベの他の絵本『パンチョギ』でもそうだったように韓国の民画の伝統や図式が意図的に取り入れられている。この絵本を絵に描く時の思いをイ・オクベは次のように語っている。

私が思い浮かべた雄鶏のイメージは、子どものころ村の裏山にあった田舎のわらぶき屋根の棟の上に大きく羽を広げて立っていた、強くて赤いとさかをもった、田舎特有の品種の鶏の姿でした。

少しとぼけていて、人間味あふれる滑稽な表情の雄鶏の姿は、朝鮮時代の民画にでてくる朝鮮の雄鶏の姿と似ていました。（中略）

絵の材料は自然でありながら淡々として古風な感じをだすために、色合いは鮮明になるものの浅い感じを与える水彩画の紙ではなく、色がよく重なり合う構造をもつ粗い伝統の韓紙を選び、伝統の毛筆と東洋画の彩色の絵具を使って描きました[*15]。

特にこの絵本に使われている鶏冠の赤は、堂々さとお洒落な感覚をだし、瞳の一部の黄色は元気の良さを、尻尾の藍色は赤と黄色の２つを重ねたような感じで堂々とした様子を表わしているようだ。

❹『この世でいちばんつよいおんどり』第４場面

子どもたちとこの絵本をよむ時には、腕相撲をする場面と、主人公の雄鶏が若い雄鶏と戦う場面などに反応が多い。女児の中には卵の中からひよこがでてくる場面で物語の内容とは関係なしに「かわいい、かわいい（年中　2003.12.11　絵本の時間）」という発言もみられた。この絵本に関する次のような発言があった。

♣60歳という箇所で、自分が何歳か口々に言いあう。

（年中　2002.1.10　おはなしの時間）

年長女児が、雄鶏が還暦を向かうところの文章「きょう、おんどりは60さいになって」のところで、「ヒエッ！」と驚きの声もあげたりする。たぶん、絵本を通して雄鶏が生まれたときから付き合ったその子は、時間の流れや、雄鶏の一生をちらっと感じたからであろう。このように子どもたちは、卵からひよこが生まれ大きく成長していく様子を感じ取り、主人公の雄鶏がもっと若い雄鶏との闘いで負けてその失望から酒飲みになる人間の弱さや嫌味や変化より、大家族、歳月の流れに魅かれているようにも思われた。

文庫の年度末にだしているアンケートのなかに、この絵本に関する母親のコメントがあった。「こうめ文庫で借りた絵本のなかで意外に思われた点」

に関する項目の質問に対し、2001年度の年中児の男児の母親より「韓国語の絵本をかりてきたこと。親も初めてみたので、驚いたが、色がとてもきれいで、ストーリーもおもしろかったので、何度も読んだ。」とのコメントが寄せられた。

3）貸出10回以上の絵本

11冊の韓国の絵本の中で比較的子どもに多く借りられたのが、『アズキがゆばあさんとトラ』、『こいぬのうんち』で、前者が17回、後者が19回貸出された。

a.『アズキがゆばあさんとトラ』

チェ・スッキ絵、チョ・デイン文の『アズキがゆばあさんとトラ』(25.9×21.6 32頁）は、『パンチョギ』と同じく1997年韓国の出版社「ポリム」で出版された。韓国語の他に英語・日本語・中国・フランス語・ロシア語でも同時に出版されたが、今は英語版以外は絶版になっている。昔話絵本で、日本の書店では市販されていない。2000年度に蔵書に入れてから、2003年度まで17回貸出されている。

筆者は、毎年集団のプログラムとして、この『アズキがゆばあさんとトラ』を取りあげ、2000年から2003年の４年の間に年中・年長合わせて５回紹介した。

山の奥におばあさんが住んでおり、ある夏の日、アズキ畑の草取りをしていると、トラが現れておばあさんに襲いかかってくる。おばあさんはアズキがゆを炊いてあげるからそれを食べてから自分を食べるように頼む。おばあさんがアズキがゆを炊きながらトラに食べられることを悲しんでいると、くり、すっぽん、きり、うす、むしろ、しょいこが次々と現れ、アズキがゆを食べさせてもらい、トラを退治し、おばあさんを助け出すという話である。繰り返しと、擬音語・擬態語が効果的に使われており、日本語訳もリズムがあり読みやすい文章となっている。

次に韓国で1997年に出版されたもう１冊の昔話絵本ソ・ジョンオ文、パク・

キョンジン絵・ポリ出版社の『アズキがゆばあさんトラ』(33.5×25.6　25頁) との比較を通して、こうめ文庫でよまれている絵本の特性について少し触れたい。(❺) がこうめ文庫に入っている絵本であり、(❻) は蔵書に入っていない。

❺ こうめ文庫にある『アズキがゆばあさんとトラ』表紙

２冊の絵本は「アズキがゆばあさんトラ」という昔話をテキストにしており、再話者の違いにより文の細部はすこし相違があるものの物語の構造はほぼ同じである。２冊の絵本の表紙をみるとわかるが、文庫にある (❺) の『アズキがゆばあさんとトラ』は、目と口を大きく開けたトラと、アズキがゆを持って小さく描かれているおばあさんがお互いに向き合っており、おばあさんがトラに食べられるかもしれないという思いを与え、以後繰り広げられる物語への興味を引き立たせる効果があるといえる。一方、(❻) のもうひとつの大型絵本は細部が描かれており、真ん中にトラとおばあさんが大きく描かれているにもかかわらず、両者がどういう関係なのかが伝わりにくいように思われる。この絵本は一部登場者がデフォルメされて描かれており、トラに食べられるはめになったおばあさんの気の毒な立場が当時のありのままの生活に充実した絵としてリアルに描かれている。

❻ こうめ文庫にない『アズキがゆばあさんとトラ』表紙

それに比べ、文庫にある日本語訳のついている (❺) の『アズキがゆばあさんとトラ』は、緑色と黄色と赤色のはっきりした明るい色合いで、トラとおばあさんが面白可笑しく描かれている。背景や細部の表現が意図的に単純化され、食べようとするトラと、食べられる羽目になったおばあさんと、次々と登場する援助者たちの３者の関係に重きがおかれ、トラの表情やシチュエーションが誇張され漫画風に表現されており、生活に根ざしたリアルな絵柄とはいえないものの、ストーリーの面白さが加わり集団よみでも多数の子どもを引き寄せている。

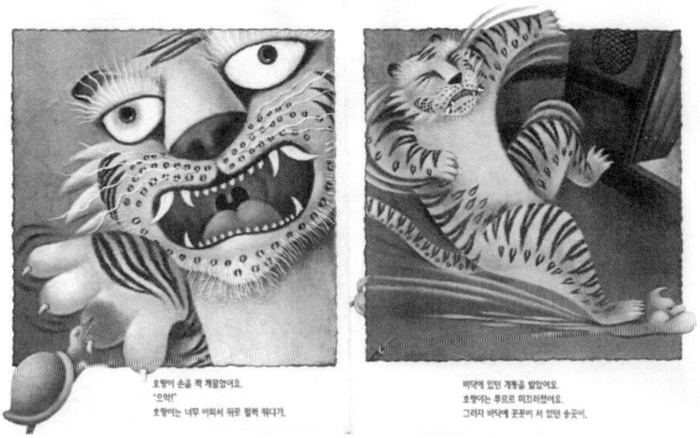

❼『アズキがゆばあさんとトラ』第12場面

そして大きく開けた口と目、白い歯、赤い舌を丸出しにしているこわそうなトラは実は、どこかとぼけており、すべての援助者たちもパッチリとした目や口など擬人化されているもののトラとの勝負の場面でははっきりと根性をみせるという、意外性がある。そしておばあさんと草取りの勝負でカッツポーズをしながらニヤニヤ笑うトラがこういう援助者たちに徹底的にやられてひっくり返ったり、すべったり、きりに刺されて最後には川に落とされる。最初表紙をみせると「こわそうだからやーめた」といって逃げだそうとする子もいるが、きりにお尻を刺される場面にくると「とんがっていていたいねんで」（年中女児　2000.10.19）とトラに同情しているようである。以下はトラに同情する子どもたちの発言からの引用である。

♣「韓国にはトラが住んでるよ」とトラの話をしたら、「トラ見たい」とか言ってトラについてすごい関心を示した。きりにさされる場面でSちゃんとかが、「いたそう」とかトラに同情していた。なによりもトラという動物に反応があった。　（年長　2000.6.8　おはなしの時間）

このように『アズキがゆばあさんとトラ』の面白さを瞬時に感じ取った子どもの中には、援助者が次々と登場する場面で年長男児を中心に「これしっているな（年長男児　2002.1.31）」「さるかに合戦や！（年長男児　2004.1.22）」と物語の構造を見抜く子もいる。しかしこのように日本の「猿蟹合戦」と類似していることを見抜いていても、いつのまにかその発見のことは忘れ、「こわいけどおもしろい」この絵本の世界に入り込んでいくのである。

♣絵本に対する子どもからの質問：Lちゃん：「せんせい、かんこくの本ありますか？」ときいてくる。ものすごく、めずらしい!!『アズキがゆばあさんとトラ』をみせた。手に取ったが、周りで、Mくんが、Lちゃんから、うばおうとする。「それかりるの？」ときく。（年長　2002.2.7）

さらに、上記の記録の引用のようにこの絵本への関心は時には「韓国」という国まで広がる場合もある。しかし、昔話絵本『アズキがゆばあさんとトラ』は、子ども自らがこの絵本を手に取るというより、紹介されてから面白さが発見され、以後の貸出に影響していく。

2000年に初めてこの絵本を取りあげ子どもたちに紹介した時のよみ手であった筆者は、絵本をよむ前から表紙をみせ、意識的に韓国の風習と日本との違い、服装などを強調し絵本をよむ前からこういう説明を通して韓国という異文化を子どもたちに伝えようとしたがそれは必要なかったようである。子どもは絵に描かれている登場人物たちをそのままの形で受け入れ、理解し、本質なところもちゃんと見抜いているようにみえたからである。この絵本は集団よみで取りあげるのに相応しく少し恐いがみんなと一緒にみることによってその恐さが和らぎ、時にはしーんとなり、時にはぎゃーと叫び、時にはおばあさんの気持ちになり心配にふけったり、時には援助者の気持ちになり構えてみたり、時にはトラの気持ちになり痛さを共有したりと、多様な感情を味わう事ができるようだ。

b．『こいぬのうんち』

クォン・ジョンセン文、チョン・スンガク絵の『こいぬのうんち』（23.1×22.9　30頁）は、1969年に短篇童話として発表されたものを1996年に絵本化し、日本では2000年に翻訳出版された。こうめ文庫では2000年度に蔵書に入れ、現在は複本を含め２冊入っている。2003年までの貸出数では19回である。プログラムには４回取りあげている。

なんの役にも立たない汚いうんちだと思っていたこいぬのうんちが雨に溶

けてたんぽぽの花を咲かせるこやしになる話である。高い垣根の下にしゃがんで排便をしている地味な表紙ではじまる『こいぬのうんち』は、そのしぶい表紙と裏腹に見返しをあけると、小さなビー玉のような、街並のあかりのような、星のように赤、青、緑、黄の光るものが描かれているのがすぐ目に入る。そして黒々とした擬人化されたこいぬのうんちが動きだし、たんぽぽと出会い、雨に溶けて土の中に染み込んでいく場面の色玉に子どもたちは自然に「きれい」と発言し、裏の見返しでは「うんち」という発言があり、生命の循環が1冊の絵本を通して自然に受け入れられていくのが伝わる。【表3】がその反応の記録である。

❽『こいぬのうんち』表紙

この絵本は静かな反応がえられるのであるが、キャラクター化されたこいぬのうんちの描き方にエネルギーが感じられ、擬人化されているもののこい

【表3】うんちとお花

ⒶN君：この本が韓国の本だということを知っていて、「うたがついている」のようなことを言うが、ついていないので不思議がっていた。Oちゃん、Pちゃんなど女の子数人：こいぬのうんちが雨に溶けて土の中へ染み込んでいく場面で、いろいろな色の玉のようなものが描かれているのを見て、「きれい」と発言。それまでじーっと絵本に集中していたので、このページで、ふっと自然に声が出てきたように感じた。「また花になる」「本当なの」などと言い、こいぬのうんちが花の栄養になることに感心。（年長　2002.5.23　絵本の時間）	Ⓑタイトルを言っただけで笑っていた。最初のページからは集中してきいていた。次のページのすずめの「きったねえ～」という言葉でも笑っていた。つちくれがわかりずらかったようで、またうんちと区別がつかなかったみたいで、荷車にのせていっちゃうのがつちくれなのに「うんち？」ときいてくる子が2人くらいいた。うんちがたんぽぽを「りょうてでぎゅっとだきしめました」といったらQちゃんが「くるしいと思うで」と言ってくるしそうな顔をしていた。うしろのみかえしのページで「うんち」と言っていた。（年中　2003.5.22　おはなしの時間）

ぬのうんちそのものの独自性がある。土の中に溶け込んでいくこいぬのうんちに子どもたちが共感を起こすのは、こういうこいぬのうんちというキャラクターに生き物の息吹が感じられる描き方がされているからであると思われる。また変化していくこと、そしてその変化の意外性すなわち、表紙の湯気のでる黒い普通のこいぬのうんちが黒々した生き物として動きだしキャラクターとしての「こいぬのうんちくん」になり様々な体験を経て、水晶玉のような綺麗なかけらに変化していく、その過程を子どもたちは受けとめているように思われる。子どもたちはこういう「誕生」「生きる」「死」「新しい誕生」を絵本を通して感じているのが伝わる。

❾ こいぬのうんちがたんぽぽと抱き合う場面

4）貸出20回以上の絵本『ポキポキ森のトケビ』

『ポキポキ森のトケビ』は全部で28回貸出され、絵本に対する子どもたちの反応などの記録もかなり多く残っている。ここではこの絵本に関して詳しく述べることにしたい。

『ポキポキ森のトケビ』（30.2×22.8　34頁）[*16]は、文はイ・ホベック、絵はイム・ソニョンでチェミマジュ社より1997年に韓国で出版された。1991年度に絵が先に描かれ、1995年に物語が付けられ、次にアイデアの提供者がいるなど、何人かの人が加わって完成された絵本である。文を書いたイ・ホベックは「絵本のワークショップで出会った新人画家イム・ソニョンの絵は、非常に自由で可愛らしいものでしたが、（中略）私はこの絵をもとに

❿『ポキポキ森のトケビ』表紙

して１つの物語をつくり、「トケビ」というのがどうやって出来たのか子どもたちに面白い言葉あそびの方法で伝えようとしました」[*17]という。

『ポキポキ森のトケビ』は、まだ日本語で出版されていないので2001年に、本文はハングルのままにしておいてタイトルのみ『ポキポキ森のトケビ』と日本語に訳し、こうめ文庫の蔵書に加えた。本文がハングルになっているため丸ごと１冊の文章をそのままよむのが困難で、集団でみるおはなしの時間には『アズキがゆばあさんとトラ』や『こいぬのうんち』のようには紹介されていない。

しかし、【表２】の貸出回数でもわかるように、2001年から2003年度まで28回借り出されており、韓国の絵本の中では一番人気がある。こうめ文庫の他の本とも比べてもよくよまれている方といえる。

『ポキポキ森のトケビ』は、次のような話である。

「ポキポキ森」には、12種類の体の小さい妖怪のトケビたちが毎日楽しく暮らしているが、向かい側の「ムンギムンギ森」には体の大きいそれぞれ名前の違う11匹のトケビたちが毎日退屈している。ある日、体の大きいムンギムンギ森のトケビたちがあまりにも退屈で欠伸をし、その中のムトゥッティギは口がボタンのようで、大きく口をあけることができず、みんなにからかわれて、逃げ出して迷いこんだところがポキポキ森である。ポキポキ森のトケビたちは、口の小さいムトゥッティギの悩みをきいて、口を大きくしてあげる。するとムトゥッティギはムンギムンギの森に戻り、欠伸を大きくし口が大きくなったことを仲間たちに自慢する。それからみんなウィントィブリという乗物に乗ってポキポキ森に来るが、ちびっこのトケビたちがあまりにも騒がしいので、２匹のムンギムンギ森のトケビが脅かすつもりで食べると、体に変化が起こり踊ったり歌ったりするので、退屈病が治ったと思いポキポキ森のトケビたちを食べはじめる。ポキポキ森のトケビたちは体の大きいムンギムンギ森のトケビたちに食べられ、体の変化をかさねさらに食べる食べられることを続け、長い年がながれ、最後に一匹だけになり、その名前は数えると225文字もあり、あまりにも長いので、一番最初と、真ん中と、最後の文字を取って「トケビ」と呼ばれるようになったという話である。なお、便宜上筆者ははじめから「トケビ」という用語をつかっているが、「トケビ」という名になったのはこの終わりの場面になってからである。

a．子ども同士の影響関係

『ポキポキ森のトケビ』は2001年度に文庫の蔵書に入れると、新しい絵本としての紹介もあり９人に貸出しされた。

♣ハングルのままに入れておいたので、あらすじを紹介した。とてもよくきいていた。紹介が終わったら「かりたい！」と言っていた。

（年長　2002.1.31　絵本紹介　記録：筆者）

２年目である2002年には、特にプログラムに取りあげたり紹介もしていないのに10人に貸出されている。この10人には年中が４人（男児２人、女児２人）、年長が６人（男児４人、女児２人）である。この年の文庫は26回の貸出がありこのうち夏休みと冬休みには２冊貸出された。

2002年度の貸出順で追ってみると、①年長Ｒくん2002.5.16→　②年中Ｓくん2002.5.30→　③年中Ｔちゃん2002.6.27→　④年中Ｕちゃん2002.9.12→　⑤年長Ｖくん2002.11.7→　⑥年長Ｗくん2002.11.21→　⑦年中Ｘくん2002.12.5→　⑧年長Ｙちゃん2002.12.12→　⑨年長Ｚちゃん2003.1.16→　⑩年長Ｂくん2003.1.23である。2002年度文庫一番初めの日に年長児の男児に借り出され、３学期のその年の終り頃（貸出の終り２月27日）に近い日になるまで貸出されている。『ポキポキ森のトケビ』は、いち早く年長児に借りられた後、３回年中児に貸出される。その後上記の下線を引いている2002年度11月７日に男児Ｖくんの目に止まり一緒によんだ後（しかしこの日、Ｖくんは日本人のスタッフに「読み手を探していた子：Ｖくん：「あの韓国の人は？」「『ポキポキ森のトケビ』よめないよ」と2002.11.7」と筆者のことを探していたという）、そこに参加していたはずの年長を中心にブームになる。そして11月７日に一緒に加わりこの絵本をみていたＷくんが次の日に借りている。以下の記録はＴ君が借りて行ったその時の様子である。

♣Ｗ：先々週、Ｖくんが借り、絵本の時間によんだ時、Ｗくんも参加していて、印象に残ったらしく、(中略) 先々週Vくんらと一緒にやっていたトケビたち探しがはじまり、Wくんと２人でやっていたら、Cちゃん、Yちゃんが寄ってきた。頭を近づけて夢中でさがしだした。最初はYちゃんは何をしているのだろうと怪訝そうに思っていたらしいが、誰よりも早くのってきて、次々と探しあて、けっこうもりあがった。とにかく、みんな絵をよく見ていて、Wくんは、トケビのことでいろいろ感心したところが多かったらしく、帰りのときもいろいろ話かけてきた。

(年長　2002.11.21　絵本の時間　記録：筆者)

11月７日にV君と一緒にこの絵本をみてその楽しみがわかったW君が、友だちとのよみを通して初めて『ポキポキ森のトケビ』の面白さを発見し、11月21日にこの絵本を借りてみていると、今度はCちゃんやYちゃんが一緒に加わり、その中でYちゃんが12月12日にこの絵本を借りていく。このように特に2002年の２学期の終わりから３学期にかけては、年長組を中心に一緒によむ、一緒に探す、一緒にみるということや友だちの影響も強くみられた。

さらに、上記の貸出で年長児のZちゃんが2003月１月16日に借りた後、次の週2003年１月23日に「Dくん：絵本の時間の終わり頃、DくんとEくんが、本を探している。２人で同じ絵本を。「Zちゃんが前に借りていて、紫色で、口ががばーっと、こんなに広くてくちばしが小さい絵のやつ」ー『ポキポキ森のトケビ』のこと。２階にあった。渡すと取り合いになったので、ジャンケンをしてもらう。Dくんが勝つと、Eくんはあっさりと引く。2002.1.23」とこの絵本を探し借りているなどこの絵本をめぐっての子どもたち同士の影響関係がうかがえた。

b．トケビたちをみつける

2002年の年長を中心に『ポキポキ森のトケビ』をめぐっての子ども同士の影響関係を辿ってみたが、この絵本は、子ども同士の間で人気がでて、トケビやそのトケビたちを探すことに夢中になって広がる。

♣全部ハングルだったのでよめなかったが、１ページ目が『ウォーリーをさがせ』みたいで、一生懸命「ぼくがみつける！」といっていた。

（年長　2004.1.22　絵本の時間）

このように、かくれんぼをしているのを見つけようとするように子どもたちがトケビを探すのである。以下はこの本を子どもたちと一緒によんだときの筆者の記録である。

⓫『ポキポキ森のトケビ』のポキポキ森の紹介場面

♣『ポキポキ森のトケビ』に関して：Ｖくんがわざわざ、私のところにこの本を持ってきて、詳しく教えてほしい様子。ちいさなトケビたちの名前（クムタククリ）がずらりと並んでいる絵をひろげ、「このこたちをさがせばいいの？」と言って、一番上にいるトケビを指差し、みひらきの絵にかくれているトケビをいちいちさがしていて、私もつられてやっていたら、ＦくんとＷくんが寄ってきて一緒になってさがしだした。そこで私がハングルで書いてあるトケビたちの名前をハングルの発音そのままよんでやると、とてもよくきいていて、Ｖくんが「日本語では何ていうの？」としきりにきいてきた。その後は私が発音する名前のままできいてくれた。とてもこまかいところをこまかく見ていて、私ならすぐあきてしまうようなちいさなトケビたちをいちいちさがしているところでは本気で感心してしまった。また、いっぴき（１人）のトケビたちのちいさな違いも見抜いていてそれぞれをとても大事にしていた。となりの村のムンギムンギ森のトケビたちは体も大きく、絵も大きく描かれていたが、ここでは、ＦくんとＷくんも一緒に参加して、一つ一つのトケビの名前を私の方から言ってもらい、誰が早くさがしあてるか競争していて、それをとても楽しんでいた。トケビたちがあくびをするところも、私が韓国語のまま発音したら、Ｖくんが「これは、これは」と関心が大きかった。終了の時間がせまってきたので、途中で止めるしかなかったが、時間が経つのも忘れてトケビたちの名前をきき、さがすごっこをしていた。この本はしかけ絵本とは違うが、子どもたちは１ぴき１ぴき登場人物のオバケたちを探すことに熱中して一種のしかけになっているような気がする。

（年長　2002.11.7　絵本の時間　記録：筆者）

ボタンほどの大きさのポキポキ森のトケビたちはそれぞれ形がコマ、星、毛虫、蛇、ぶた、カエルなどを連想させ、池か沼のあるポキポキ森を背景に丁寧に描かれており、何万匹も存在し、じっとみていると１人１人が実在する生き物のように思われてくる。子どもはそういうトケビと真剣に向き合い、じっとみつめ、形や名前のそれぞれ異なる１人１人のトケビを探そうとしている。一番の難関ともいえる数え切れないほど存在している体の小さいポキポキ森のトケビたち探しが終わり、次のページをめくると今度は体の大きいムンギムンギ森のトケビが海辺を背景に11人登場して子どもたちを誘い込む。鳥やかぼちゃや蛇やゲームのキャラクターなどを連想させる11人のムンギムンギ森のトケビたちは、体も大きく11人だけなので子どもたちはすぐにその特徴をつかんでみつける。この最初の１枚と２枚目の見開きにはポキポキ森のトケビ12種類とムンギムンギ森トケビ12人の名前も載っている。いくつか例に挙げると「コンバルケビ」「プルカブリ」「チョジャルグリ」「シルカチリ」「ヘロンダリ」「トンセグリ」などであり、韓国語での名前の響きが面白いらしく、上記の記録のように「これは？」と興味を示す子もいる。そして、それぞれ独特の名前のついているポキポキ森のトケビやムンギムンギ森のトケビが描かれている場面に時間をかけて集中し、一々探し当てないと次のページには進めない。さらに、以下の記録の引用のように子どもはさらに新しい形を発見していく。

♣タイトルしかよめなかったので、絵をみんなでみることにする。私も内容をしらなかったが「いっぱいおばけやようかいがでてくる本みたい」と言ってみる。Ｚちゃんが文にあるおばけのカオをみつけ、これが絵の中にあるんじゃないかと指摘。みんなでおばけさがしがはじまる。「くらげ」「いちご」などとオバケの形も指摘。（年中　2002.2.7　絵本の時間）

その中には発見と出会いと遊びの世界が広がっているように思われる。この絵本はこのようなしかけが用意され子どもたちとかかわっていく。

♣やはり自分1人の力でさがすことが嬉しい。Gちゃんは大人しい女の子であるが、少し遅いペースではあったが捜せたら「あった！」と必ず私に確かめさせ、「ほんとだ！」と私が反応するとにっこり。

（年長　2003.10.2　絵本の時間　記録：筆者）

そして、そういう発見や出会いは、自分自身に対する認識や存在する意味、喜びにつながっていく。

c．面白さを共有する

この絵本はこのように大人数で頭を近づけ一緒にみる、または一緒にみたいという気持ちを誘う絵本らしく、7人くらいの子どもがわいわい騒ぎながらトケビ探しにのめり込む場面に筆者も何回か参加し目にしている。そして以下のようにこの本を見つけると静かに自分でめくる、借りるだけで満足するのではなく誰か一緒によむ人を求めるのである。

♣1人でよんでいる子：Hくん：ポキポキ森のトケビを「これかりる！」と数人に訴えるがあまりきいてもらえず、一人でよんでいた。

（年中　2001.9.20　絵本の時間）

♣最初は2人（子ども）だけであったが、ページがすすむにうちにどんどん増えて、トケビさがしに夢中。Zちゃん、Bくん、Iちゃん等がよくさがしあてていた。韓国語のままで訳がついてなかったのであらすじのみ紹介しながらよんだらとてもよくきいていた。あくびをするところでは自分たちもあくびをしながら見ていた。長い名前のところも説明したら理解してくれた。よみ終わったらRちゃんが「おもしろい！」と感心していた。

（年長　2003.1.16　絵本の時間　記録：筆者）

このように言葉に出して「おもしろい！」という子が多く、その面白さを誰かと共有するかのように一緒によむスタッフのよみ手を探して、「よんで！」と絵本を差しだす。

♣『ポキポキ森のトケビ』が本文すべてハングルでものすごく困った。でも妖怪の絵本だったので妖怪を見てるだけで満足してくれた。見開きのところで妖怪がたくさんでてきたところで「キャー」とか「ギャー」とかすごく叫んでた。（年中　2002.6.27　絵本の時間）

韓国語で書かれているという固定観念から個人のよみの時間に子どもから渡されるスタッフも子どももハングルの絵本に最初は戸惑いをみせながらも、ポキポキ森という初めて出会う世界を友だちとともに少しずつ解明されていく喜びを感じ、発見したものをお互いにわかちあっているようである。

d．韓国語がよめる

前述したように『ポキポキ森のトケビ』は、日本語には翻訳出版されておらず、こうめ文庫にあるのは、タイトルのみ「ポキポキ森のトケビ」と直しており、本文はそのまま韓国語になっている。

子どもからこの絵本を差しだせれた日本人のスタッフは、「私これ韓国語だから、よめないよ」という時もあるそうだ。すると子どもは、「うちのお姉ちゃんよめる」「お母さんよめる（年中　2002.12.5）」「お父さんは韓国語よめる（年中　2003.5.29）」と主張する。本文はハングルなのでおそらく、日本人の保護者もよめないのであるが、子どもたちのこの「よめる」という表現には、字をよむということだけではなく、誰かとこの絵本を一緒にみたがっている気持ちとしていっていると思われる。

♣Ｊ：前によんでいた本が絵だけで、この本も私はよめなかったので、最初不満そうだった。途中で私これ借りるもんと言って絵本かばんにしまってしまった。（年中　2002.6.27）」「Ｋくん：『ポキポキ森のトケビ』「なんでよめないの？」と怒られる。韓国語がよめず、うろたえていたら、すぐ本を持って去ってしまった。（年中　2002.12.5）」「みんな：「私これよめないよ」と言うと、「うちのお姉ちゃんよめる」「お母さんよめる」とせめられる。Ｌちゃん＝「金さんよんできてよ！」と怒られた。

（年中　2002.12.5）

このようにこの絵本をめぐって大人の日本人のスタッフはよめない文字としての韓国語が書かれていることに反応し戸惑いを表し、絵本そのものの絵を一緒にみたがる子どもは不満を表すのである。この絵本を手に取っている子たちがこれが日本語だからとか韓国語だからとかこの絵本を選んでいるのではなく、その絵本自体の絵柄に惹きつけられて絵本を選んでいるのが上記の記録からよみとれる。そして誰かと一緒にみるチャンスを得ると子どもたちは韓国の言葉ではトケビとなっている生き物の妖怪探しに突入するのである。

♣一度、韓国語の本を借りてきて「よんで」とおねだりされて困った事がありました。家に英語の本があり、それを読んで聞かせることがあるので同じように思ったみたいです。でも、絵にとてもインパクトがあり（おばけらしき物が主人公だったみたいです）２人でどんな話か想像して楽しみました。　（年中　2001児男児　アンケート）

このようにこの絵本は、個性ある妖怪のトケビの形の面白さからも、絵そのものをみながら楽しむことができる絵本となっているが、時には文章をよむようにいわれる時もある。次は文庫で筆者が子どもたちと一緒にこの絵本を見ていた時の記録である。

♣Mちゃんに「字をよんで！」と要求された。そこで韓国語を日本語に訳して１ページからよむ。フンフンという感じでみんなが意外と耳をすましている。　（年長　2003.10.2　絵本の時間　記録：筆者）

♣最初のページは韓国語でよんだ。２ページ目も読もうとしたらみんな「日本語でよんで！」と。次からは日本語であらすじを説明しながらよみだすとFくんとくんが「面白い！」と言っていた。ボタンくらいのトケビがあくびをするところで、ちびっこたちから口をのばしてもらう場面がもっともウケていた。とても、明るいにっこりした顔でみつけていた。　（年長　2002.5.16　絵本の時間　記録：筆者）

蔵書に入れる当初、妖怪のトケビなど絵そのものでも十分インパクトがあり、また名前がしょっちゅう変わりその表記の難しさという翻訳上の問題もあり、タイトルのみ翻訳して入れたのではあるが、絵本を通して子どもと大人のスタッフのかかわりを重視する文庫の特性を考えると、日本語訳することが課題となっている*[18]。

e．『ポキポキ森のトケビ』の魅力

一緒によむことによってその面白さが再発見されるこの絵本は、オレンジ色と白色が効果的に使われており、森や野原や山や海辺などを背景に登場するほとんどのページにおいて枠に細い筆で白い色の線がなぞられており、背景から浮かび上がらせ、重みを感じさせない形でそれぞれに存在感を与えている。体の小さいポキポキ森のトケビはコンピューターの操作によって同じ種類をコピーしたかたちで増やしているようだが*[19]、それにしてもおのおのが個性的にみえる不思議さを持っている。

他にも、ネーミングの面白さ、変形をかさねていく面白さなどがあり、色や絵にインパクトがある。

さらに、この絵本には様々のコントラストがよみとれる。「おおきい」と「ちいさい」、「たいくつ」と「たのしい」、「たべる」と「たべられる」、「合体」と「解体」、「森」と「海」などである。

また、ぶら下がる、踊る、すべる、のぼる、さかさまになる、乗る、這う、あくびをする、合体する、引っぱる、落す、たべるなど、絵そのものに様々の動きが出されており、みているだけでも躍動感が伝わる。

昔話絵本『アズキがゆばあさんとトラ』がプログラムで取りあげることによってその面白さが発見され以後の貸出に影響していくといえるとしたら、『ポキポキ森のトケビ』は紹介もしていない時期から、子ども自身によって手に取られ、個人よみの時間にもよまれており、子どもたちに発見され支持されている絵本といえよう。それはトケビという名前を借りているものの、不思議な存在の妖怪たちに子どもが視覚的に興味を持ち、子どもが能動的に参加しやすいしかけのような構造をもつ絵本となっているからといえる。

このように『ポキポキ森のトケビ』が子どもから自主的に手に取られているのは、異世界がさもあるかのようにリアルに描かれていること、キャラクターたちが生きていること、参加を呼びかけるしかけの要素があること、ストーリーの面白さと絵の呼吸が合っている絵本づくりになっていることから

であろう。

4）まとめ

貸出の回数を通し、「貸出10回以上の絵本」「貸出５回以上の絵本」「貸出５回以下の絵本」に分け、集団で行うプログラムの時間と少人数でよむ時間の子どもたちの反応を残した記録をもとに取りあげてみた。昔話絵本の『パンチョギ』『アズキがゆばあさんとトラ』、創作童話を絵本化した『こいぬのうんち』『この世でいちばんつよいおんどり』、伝承のキャラクターであるトケビを題材に絵本化した妖怪の話『ポキポキ森のトケビ』は、それぞれジャンルの違いもある。また昔話をテクストにしている『パンチョギ』が少人数向けで年長児対象でじっくりよめる本で、『アズキがゆばあさんとトラ』が多人数で年中年長児男女関係なくよまれる本など子どもたちとのよみには違いが生じることからもわかるように、韓国人が描いた韓国の絵本という共通項があったとしても普通は一緒にして取りあげられることはないことであろう。

しかし、これらの絵本には、その図柄がエネルギーに満ちているのも共通点であり、いずれも絵本に表現されている舞台が山、道端、空き地、野原、畑、路地、森、海辺など外の空間が数多く描かれている。そして、正面から近いところから眺める視点で描かれているにもかかわらず、こういう外を背景に省略と余白を多く取っているためか広がり感を与えるのがその特徴といえる。

またきれいに飾ったような絵柄というより、どこか絵の表現に節度感がありながらも、うんちや妖怪やトラや雄鶏や半分しかないパンチョギにはそれぞれには存在感があり、特に子どもたちに親近感を感じさせる描き方になっている。

さらにこの５冊は昔話、古典、トケビなどの昔から伝わっている精神を題材にしながらも、絵の表現に現代性がみられており、また意外性、変化の楽しさやおどろきが視覚的に瞬時にわかるように描がれている。

Ⅲ 韓国の子どもA君の絵本よみ

A君は、韓国人で、5歳の元気の良い男児である。2003年度に梅花幼稚園の年長児に入園し、1年間「こうめ文庫」に参加した。A君の2003年度の4月の来日当時の日本語力は挨拶程度であった。日本語に対する興味が高く、韓国語と日本語の2つの言葉があるということを承知しており、これから自分はもう1つの新しい言葉を学ぼうとしていることに、自信を持って望んでいた。特に気になる言葉は韓国語でなんというのか知りたがり、すぐ自分も口に出していっていた。また絵を描くのが得意であった。

正式に「こうめ文庫」が始まるのは5月中旬になるが、その前から筆者は個人的にA君と接する機会があった。A君の家に一週間に1回くらい訪問し、絵本を一緒によんだ。最初に筆者が持ち込んだ絵本は、A君より年下の子どもがよみそうな『りんご』『コロちゃんはどこ？』『きんぎょがにげた』『のせてのせて』と、物語絵本の『ぶたのたね』『アズキがゆばあさんとトラ』であった。

筆者はこれらの絵本を通して、A君の日本語の習得を手助けするのを目的としていた。そして彼が自主的に選んだ絵本を日本語でよんでもそれほど戸惑いが感じられなかったが、『ぶたのたね』や『アズキがゆばあさんとトラ』の物語絵本になると、しきりに「韓国語でよんでよ」と要求された。特に初期はA君の好みである図鑑系ののりものを好んでよんだが、日本語に書かれた自動車の名前を韓国語でなんというのか全文知りたがっていた。

A君のこうめ文庫での貸出（【表4】）をみていてもわかるように、1学期にはのりもの、2学期からは興味が恐竜や写真集に移っていく。ただ、リストの中で2回わたって借りている「そらまめくん」シリーズは、本人の意思よりは、お母さんの要望による選択であったのを後で聞いてわかったことである。

他の絵本はほぼA君自身の意思による選択であるが、こうめ文庫での貸出がのりものから写真集や恐竜などの移動していったのは自然な流れでもあろうが、図鑑なども好んでいるA君にとっては、こうめ文庫では満足できるのりものの絵本が十分ではなかったからとも思える。A君と2人で大阪国際児童文学館に2回行っている。A君はここでのりものの絵本を次々と取りだしてとても集中していた。ここで10冊借りた絵本もすべて写真、図鑑ののりものの絵本であった。物語絵本はあまり借りていないが、筆者との個人よみを通してみても、またこうめ文庫でのプログラムへの参加度が高く、発言も多く楽しんでいた。理解度も高く好奇心も旺盛であり、絵に対する興味も高く筆者が気づいてないところも発見し、「ここみて！」と教えてくれた時も度々あった。

【表4】A君の貸出リスト

日にち	書　名
2003.5.15	ねないこだれだ
2003.5.22	ちいさいしょうぼうじどうしゃ
2003.5.29	しょうぼうじどうしゃじぷた
2003.6.5	ちいさいきかんしゃ
2003.6.12	そらまめくんのベッド
2003.6.19	そらまめくんとめだかのこ
2003.6.26	11ぴきのねこ
2003.7.3	はたらくじどうしゃ　1
2003.7.3	はたらくじどうしゃ　4
2003.10.2	はたらくじどうしゃ　2
2003.10.9	恐竜のけんきゅう
2003.10.16	恐竜にあいにいこう
2003.10.23	絵でみる世界大恐竜地図
2003.10.30	ほね、ほね、きょうりゅうのほね
2003.11.6	飛行機（ひこうき）
2003.11.20	化石はおしえてくれる
2003.12.4	はじめての恐竜大図鑑
2003.12.11	おきて
2003.12.11	MOOSE　ムース
2004.1.15	はっけんずかん「きょうりゅう」
2004.1.22	進化ってなんだろう
2004.1.29	クジラ・イルカ大百科
2004.2.12	恐竜をほりだす
2004.2.19	せいめいのれきし
2004.3.4	恐竜のなぞ

こうめ文庫では、絵本は時間をかけてじっくり選んでいた。プログラムに取りあげた絵本は集中しているが、それに影響され「借りたい」といってくることは1回もなく、自分の好きな絵本を借り、よんでいた。

1年間のA君の様子をみていると、絵本を媒体にして他の子どもやスタッフ、そして筆者との交流などを通して、2つの言葉に対する葛藤がみられた。それでは【表5】のA君の1年間の記録を通して、韓国語と日本語に対する変化をみてみることにする。なお、学期初めは筆者とA君との接触が多くその分筆者が書いた記録が多く残っている。他の記録者の名前は無記名にするが、筆者のところは「金」と表記する。

1）A君の中の韓国語と日本語の葛藤

A君は、最初日本に来たばかりの時は日本語で挨拶を交わすくらいであったが、その後日に日に上達していき、日常会話も日本語でも通じ、筆者と喋る時も時々日本語の単語が自然にでるようになっていった。しかし、こうめ文庫での絵本よみを通しての1年間を追ってみると、A君の葛藤がよみとれる。下の【表5】は一年間のA君の言葉に対する変化や葛藤を捉えた記録からの抜粋である。

【表5】A君の1年間の記録

年月日	書名	記録者	記録内容
2003.5.15（初めてのこうめ文庫）	ねないこだれだ	金	A君は韓国人の男の子で、今日がはじめてのこうめ。絵本えらびをN君が手伝っていた。N君が『めがねなんかかけないよ』をすすめていたが、『ねないこだれだ』をA君自身が選び、私のところに持ってきた。日本語と韓国語をまぜてよんだが、途中からは日本語のみにした。
2003.5.15		金	A君が貸し出しが終わると、すぐ私のところに来て、絵をじっと見入っていた。
2003.5.22	たんぽぽ	Y	たんぽぽのことを、「韓国語では何て言うの？」とA君に振ったところ、「たんぽぽ」と日本語で答える。
2003.6.5	ちいさいきかんしゃ	金	A君は私を見るやいなや「よんで←韓国語でいっている」とよってきた。字がとても多かったし、ほかの子もいたので「日本語でよんでいい？」ときいたら「韓国語でよんで」と言われたので、飛ばしよみで韓国語でよんだ。A君も静かに聞いているし、他の子らもじっと待っていた。
2003.6.26（集団よみ）	ピエールとライオン	O	A君：「ぼく、しらなーい！」が気に入ったようで繰り返す。貸し出しで並んでいる時にも口にしていた。
2003.7.3（夏休みに入る）	すてきな三にんぐみ	金	私を見るとA君「これ！」という感じで渡された。個人的に家でも一緒によんでいる。「日本語でよんだらだめ？」と聞いたら「韓国語で！」という。（中略）A君はまさかりのアップの絵に集中していた。発言ほとんどなし。ただじっと見入っていた。
2003.10.2	うりこひめと	S	A君：紙芝居に非常に興味を示し、金さんにずっと

（2学期始って4回目）	あまのじゃく		くっついて「韓国語に訳して」とせがんでいたという。まわりの男の子もおもしろおかしく反応して、金さんが訳す韓国語のほうを聞いていたらしい（筆者補足：Ａ君は夏休みの間韓国に帰っており、この日が久しぶりのこうめ文庫であった）。
2003.10.9	恐竜の研究	金	Ａ君から「よんで、韓国語でよんで！」と言われる。恐竜の名前も「韓国語で何？」ときかれる。細かい字の書いている所も全部韓国語でよんでほしがる。ふきだしも、説明文も。歯とか腰の骨とかに興味あり。
2003.10.16（集団よみ）	はじまりはじまり	金	はじまる前からＡ君が「Ｐちゃん、みえない」と大声で言ったりしてけっこううるさい。Ａ君は絵本はみたいらしいが、一番後ろの方で、前の子に対して何回も「みえない！みえない！」と叫ぶ。しかしスタッフのＵさんがよみ出すと静かになる。（後略）
2003.10.16	恐竜にあいにいこう	金	Ａ君、2学期のいつものごとく「ぼくの本よんで！」（後略）
2003.10.23	絵でみる世界大恐竜地図	Ｙ	Ａ君：かなり楽しそうに話してくれた。はじめのページで、恐竜の頭が石みたいなんだ、というようなことを。自分の頭で頭突きしたりしていた。
2003.10.23	恐竜探検	金	Ｑちゃん恐竜にくわしい「家に図鑑の本あるけど、うすいの」みたいなことを言って「よんで！」。Ａ君も今日は大人しい顔をしており、日本語で「たたかっている」と言い、「韓国語で！」ということは一言も言わなかった。Ａ君も同じような恐竜の図鑑を借りていた。
2003.10.30	はじめての恐竜大図鑑	Ｏ	Ａ君がページを開く前からトリケラトプスの名を連呼。最初のページ以外は自分でめくる。途中でＲちゃんが加わる。二人とも、恐竜の正面顔を「これ可愛い！」と言う。さらに、首の長い恐竜に興味を示す。Ｒちゃんが途中で去る。Ａ君は、爪の鋭い恐竜を見ると、自分も爪（指）を立て、ガリガリーッと引き裂く真似をする。
2003.10.30	ほねほねきょうりゅうのほね	金	Ａ君「韓国語でよんで！」という。みんなに私が「韓国語でもいいの？」ときいたら、「いやだ」とＳ君がいやがる。しかし、いざハングルで翻訳してよむとものすごく集中している。最後までほとんどの子がみうごきひとつしないで、絵本と私を見ている。最後の恐竜の名前だけみんなと日本語でよんだ。

2003.10.30	貸し出しの様子	O	最近、A君が多弁になった気がする。今日も「さくいん」という文字をよんでみせて、「日本語、勉強した。もう大丈夫」と、嬉しそうに言っていた。借りる本を変更した時も、「やっぱりこっちにしたよ」と報告しにきてくれて嬉しい。
2003.12.11	おきて	Y	A君：私が表紙の「おきて」とよむと、繰り返して「お・き・て」と言い、更に「て・き・お」と反対から言う。内表紙でも、再び「て・き・おー！」と言っていた。ひとりでページをめくり、動物に対して「すごい！」とか「かわいい！」など感想をひたすら言う。バッファロー（ヌー？）に対して「ポケモンにいる！」と言ったり、チーターを見て、「チーター！チーター好き！」「すごい早いから」と言っていた。「ライオン！」「キリン！」など、指差しながら。動物の子どもが出てくると、「赤ちゃん～かわいい」「ねてる」など。食べられてるところなど、「わー」「血！」。虹の写真では、「虹！」と言いながら虹の上を指でなぞる。骨の写真では、「骨！」「かわいそう」と言っていた。カエルのページでは、「カエルー！」と言って、手を写真の上にのせて、「ぴょーん！」と手を動かし、跳ぶマネ。動物と虹にだけ反応。ただの景色には、あまり興味がないようす。後半は、火事の写真があり、「みずでっぽうー！」と言って手で水を出すマネをしていた。それ以後、何でもない景色や全ページで「みずでっぽう！」とやっていた。途中で貸出手続きに行っていたので、次のマドレーヌをよんでいたら、「あー、僕のよんでよ」と戻ってきて言っていた。(が、特別怒っていませんでした)
2004. 1 .15 （3学期）	ペレのあたらしいふく	M	A君：じゅうたんをみて「これ羊？」と言っていた。(後略)
2004. 1 .22	かっぱのてがみ	O	『かっぱのてがみ』とUさんがよんだ瞬間、A君:「この前、かっぱ見たで！」と言ってきた。しばらくずっと「本物のかっぱ見てん！本物の」と言っていた。
2004. 1 .22	だいふくもち	O	おおきな大福餅の絵を見て、A君：「あれみたいな、宇宙みたいな、もちを食った」と、しきりに言っていた。まんじゅう屋を開店した場面では、A君:「おだんごや～さん～で～す～だんご～」と、お経のようなリズムで、何故か手を伸ばして、唄って（？）

			いた。
2004. 2 .12	だくちるだくちる—はじめてのうた—	T	絵本をよみ出すと、一番前にいたA君が「絵が見えない」と言う。全体にざわつき、子ども達の多くは絵本へ入り込めない様子。
2004. 2 .12 (集団よみ)	ショッピング・バスケット	反省会	『ショッピングバスケット』結構静かだった。(中略) 最後終わったら、一斉に「借りたい」と言っていた。「借りたくない」という子もいて対照的。じゃんけんして借りる。お母さんになる前に、T君：「おこられるー！」A君がうれしそうにくるくると踊りだす。最後は明るめに軽くよんで終わる。
2004. 3 .11 (最後のこうめ文庫)	かわ	金	今年度最後のこうめ文庫。A君、この日は私をみかけると、めずらしく韓国語で話し掛けてくる。3学期に入り、日本人のスタッフの輪に入り、日本語でコミュニケーションを取っていた。時々、私とすれ違っても彼の方が先に日本語でしゃべって来たのである。「きむよんすん」と呼びかけ『かわ』を私に渡し、久しぶりに「韓国語でよんで」(勿論韓国語でしゃべっている) という。私の方も前みたいに「日本語でよんでもいい」とは聞かないで、韓国語でよむ。山から水が流れていくシーンで意外と訳しづらい言葉が多く、戸惑っていると、彼はそれにはお構いなく、絵を指さし韓国語でそれをさす単語を言う。

A君は、文庫開始はじめは、他の日本人のスタッフのところよりは、まず筆者のところに来て本を突きだし「韓国語で」「韓国語でよんで」といっていた。しかし、他のスタッフや友だちとの会話には日本語で成り立っている。なお、文庫以外の筆者とA君との日常会話はほぼ韓国語で成り立っていた。

A君が筆者に対して「韓国語でよんで」と要求してきたのは、日本語より韓国語の方がA君にしろ筆者にしろなれているせいでもあるが、筆者の「日本語でよんでいい？」という発言に対する反動ともよみとれる。A君の「韓国語で」という現象は1学期の終りまで続くが、それでも7月頃からは徐々に減っていき、個人的な家庭内でのよみも同じく前と比べ日本語でのよみが増えてきた。その後、夏休みの2ヶ月間、A君は韓国に帰っていく。そして再び2学期のこうめ文庫に参加するようになるが、1学期に増して、「韓国語で」の要求が強くなり、自分とだけ韓国語でよんで欲しがり、会話もすべて韓国語であった。こういう韓国語への執着は異常に強く、２学期初めての参加であったプログラムでは、日本人のスタッフのよんでいる紙芝居「うりこひめとあまのじゃく」に強い関心を示し、筆者によってきて韓国語に訳すようにと頼んでいた。しかし、10月半ば頃からは変化がみられ、後半ころからは他のスタッフとのよみも増え、３学期には筆者との「韓国語」でのよみはしなくなっていた。ただ、こうめ文庫最後の日であった、2004年３月11日は、久しぶりに韓国語で話しかけられ、かこさとしの『かわ』を「韓国語でよんで」といわれたのがめずらしかった。

Ａ君は、また文庫が始まったばかりの５月から６月半ばまでは、こうめ文庫での発言がほとんどなく、筆者との韓国語での絵本よみでも静かに黙って聞いている方であった。それが少しほぐれだしたかのようにみえたのは、上記の記録からでもわかるように６月26日の集団よみに取りあげた『ピエールとライオン』であった。この時Ａ君は声をだし「ぼく、しらない！」と連発していたという。しかし、夏休みに入る７月３日の記録からのでもわかるように絵本に対するＡ君の発言は続かなくなる。Ａ君の発言が頻繁になってくるのは10月の終わり頃になってからである。絵本に対する発言が多くなり、絵本を媒体にしてのコミュニケーションが十分に取れるようになり、2004年２月12日の集団よみに取りあげた『ショッピング・バスケット』では躍りだし全身で表現しているのである。

２）子どもたちへの影響

2003年度はＡ君と筆者や韓国語で書かれた絵本があったためか、Ａ君の他にも日本人の子どもたちからも「韓国語でよんで」といわれる程、Ａ君と同じ年長児を中心に韓国に対する関心が高かった。１学期には、ある１人の女児に名前を聞かれ「きむよんすんです」と答えると、「本当の名前をいって！」といわれ、「きむよんすんですって」と再び答えても、納得してもらえなかったこともある。またＡ君に対する興味があり、「Ａ君と韓国語で喋れるの。喋ってみて」といわれたり、「きむさんも韓国人？　韓国語わかる

【表６】韓国語に興味を持つ子どもたちの記録

年月日	書名	記録者	記録内容
2003. 6 . 5	ポキポキ森のトケビ	Ｏ	Ｔ君：Ａの時間中に『ポキポキ森のトケビ』をひっぱりだし「これ何？」というので「韓国の本だよ」「みんなは日本語をよむでしょ、これは韓国語、ホラ字が違う、韓国っていう国の本だよ」「Ａ君は韓国からきたからよめるんじゃないかな」などと説明。「へー」と感心していた。「オレもよめんで！」と言ってみたり「Ａ君って外国からきたのかー、すごいなー」と言っていたり。(後略)
2003. 7 . 3 (夏休み)	すてきな三にんぐみ	金	私を見るとＡ君「これ！」という感じで渡された。(中略) 韓国語でよんでいるのにＵくんが近づいてきて、最初はなんだろうという顔をしていたが途中からは私の韓国語に聞き入ってにこっと笑っていた。(後略)
2003.10. 9	恐竜の研究	金	Ａ君から「よんで、韓国語でよんで！」と言われる。(中略) 途中加わったＯちゃんが韓国語に興味津々で彼女まで「韓国語でよんで」と言ってじっときいている。そして「恐竜は韓国語で何と言うの？」とか、草食と肉食恐竜を色で付けているところでは色に興味があるらしく「みどりいろは韓国語で何と言うの？」「むらさきは？」といっぱい聞かれて、そのことは韓国語で答えながら、Ａ君の要求もこたえながらよんでいると、忙しい忙しい。ページが進まずＡ君一人だけの相手できないというと、Ａ君は「他の子としゃべったらだめ。ぼくとだけしゃべって」(韓国語で)「よんで！」と言われるし、Ｏちゃんにはいろいろ「これは？」「韓国語で？」ときいてくるし……。とにかく日本語だけでも字をよみながら絵本を進めるのにかなり難しいのに、同時通訳だったもので、大変だった。
2003.10.16	恐竜にあいにいこう	金	(前略、Ａ君と) 韓国語でよんでいたらみんなにこにこ。Ｖちゃんが「本当に韓国語？」「Ａ君はわかるの？」と確かめる。そしてしきりに「もっと韓国語でよんで」といわれる。
2003.10.23	ぽちぽちいこか	金	ラッパを吹くところＷちゃんに、「韓国語でよんで」と１ページまるごとよむように言われたので、その通りにすると、喜ばれる。
2003.10.23	恐竜探検	金	またもやタイトルのところからＷちゃんに「韓国語

			でよんで！」と言われる。
2003.12.11	この世でいちばんつよいおんどり	金	Xちゃんが「これ韓国の本でしょ」と持ってくる。「韓国語でよんで」ととところところで要求する。韓国語でよむと「なんでよめるの？」(後略)

の？」といわれたことが多く、「ぼくも韓国語しゃべれるよ、アンニョンハセヨ、パリパリ（早く早く）、アンデヨ（だめ）」と、とてつもなく早口で正確な韓国語の発音で話し掛けられるときも多かったが、２学期あたりからは普通に日本語でよんでいても「ここは韓国語でよんで」と１ページを全部韓国語でよむようにしばしば要求されることになった。そして、よみだすととても集中してきいており、楽しんでいた。

このように日本人の子どもからの「韓国語でよんで」という要求は、10月以降から目立つようになり、韓国語の響きに集中し微笑む場面が多かった。子どもたちの中にもＡ君が韓国人として認識され、彼の存在が受け入れられていくことによって、他の子どもたちの間でも韓国語に対する興味が増していくようにみえた。元々韓国の絵本であり韓国語がそのまま残っている『ポキポキ森のトケビ』ばかりではなく他の日本語で出された絵本も箇所によっては「韓国語でよんで」といわれたりした。そして、物語絵本より『ぼちぼちいこか』や『ほねほねきょうりゅうのほね』など文字が少なくすでに何回もよんでいている絵本の時に韓国語でのよみを要求されることが多かった。こういう現象は２学期の終わり頃が一番目立ち、３学期はそうでもなかったが、子どもの「韓国語でよんで」は、「面白い」「新鮮」「遊び」「新しいものに対する興味」があるように思えた。

また、こうめ文庫にある韓国語のままの２冊の絵本（『この世でいちばんつよいおんどり』『ポキポキ森のトケビ』）は、年中児にとっては普通の日本語の字と同じく取られているようであったが、年長児にははっきりと「韓国語の本」と認識されていた。

こういう日本人の子どもに対する影響は、Ａ君や筆者への関心が韓国語へ広がっていたことといえる。

3）スタッフとのかかわり

A君は、執着的にもみえた1学期の筆者とのかかわりから徐々に離れていき、2学期の中頃からは自分からスタッフに声をかけ、3学期からは絵本のよみが目立ち溶け込んでいく。そして下記の引用のように、韓国の風習や生活を日本人のスタッフと話あい、伝えるようになっていく。

【表7】で、A君は、2003年6月26日に「スタッフO」と『11ぴきのねこ』をよんでいる。「11ぴきシリーズ」は、すでにA君と筆者が家での個人よみで触れた本でもあった。この時A君は、「スタッフO」と絵本をよみながらも隣で他の子どもたちと絵本をよんでいる筆者のことを気にしていたという。しかし、同じく「スタッフO」の残している2003年10月23日の記録をみてみると、A君は「スタッフO」に握手を求めている。そしてほぼその頃から筆者に対

【表7】A君とスタッフとのかかわりの記録

年月日	内容	スタッフ	記録内容
2003. 6 .26	11ぴきのねこ	O	Aくん：1ぴきが海に落ちているのを面白がっていた。横で金さんがよんでいる本を気にしてもいた。
2003. 6 .26		O	Aくんは、本当は金さんによんでもらいたがっていたけど、金さんは他の子とよんでいたので、「このお姉ちゃんによんでもらい」と言って、私のところに来ました。次からは自発的に来てくれると嬉しいなあと思いました。
2003. 10. 16（2学期）	子どもの様子	U	Aくん：「ピカチューすき」「野球すき」「なんでもすき！ぼくなーんでも好き！」（後略）
2003. 10. 23		O	部屋を出る際、Aくんが無言で手を差し伸べてきたので、握手をすると、満足げな顔をする。Yぐみの教室の前でも「握手」と言ってきた。
2004. 1 .15（3学期）	さる・るるる	Y	Aくんが、プログラムの『さる・るるる』を受けて、さるの話をすごくしてくれた。Z君も一緒に話してくれたが、Aくんの方が激しいので、Z君の方があまり聞き取れず…。
2004. 1 .29	クジラ・イルカ大百科	U	写真を指差して「これはクジラ！」「これはイルカ」「ここから水が出てくるねん」「日本でも昔はクジラ食べててんで」と言うと「韓国では全然食べないよ！」

する執着や「韓国語でよんで」は聞こえなくなり、他スタッフとの交流が頻繁になる。

4）まとめ

こうめ文庫でのＡ君の一年間の様子を絵本よみでの記録を中心に辿ってみた。記録を通してみてみると、５歳児のＡ君は、こうめ文庫に通っていたおよそ１年間を充実して過ごしていたことがわかった。そしてＡ君と他のスタッフとの絵本よみが増えていくにつれて、日本人の子どもたちの韓国語への関心も高まっていくこともわかった。Ａ君が日本語で書かれている絵本を通してスタッフとのコミュニケーションを取り、絵本そのものの楽しさに芽生えていく時に、子どもたちもこうめ文庫にある韓国の絵本を通して「韓国」というものにより興味を示すようになるのが興味深い。

ところでＡ君は、３学期の２月の終りに担任の先生の所に来ては「ぼく、日本人になりました。日本語しかわからなくなりました」[*20]といっていたという。もちろん家や、筆者とは韓国語で話していたので、実際は韓国語を忘れているわけではない。これは、２つの言葉を同時に使い、壁を乗り越えてきたＡ君のこの１年間の葛藤がうかがえる発言となっている。そして自分が韓国人であることが認識されているからこそ、こういう発言がでてきたと思われる。

おわりに

今まで1999年から2003年まで５年間、梅花幼稚園絵本クラブこうめ文庫での実践を通して韓国絵本について考察してみた。韓国という文化コードがここで取りあげたどの韓国の絵本にもみられた。そういう文化コードの中には日本の子どもが見慣れたものと異なったものや初めて出会うものやまたは似ているものなど様々の要素が含まれていた。そして子どもは、そういう異なるものをそのまま認識し、驚き、受け入れ、楽しんだ。さらに、日本の子どもと韓国の絵本をよむことによって筆者は、韓国の絵本について、絵本に描かれている文化について再認識し、再発見することができた。

また2003年度を中心にケーススタディとして韓国人の子どもであるＡ君のこうめ文庫での絵本よみをみてみた。Ａ君は、初めは日本語で書かれている絵本に対しても韓国語でのよみを強く希望し、同じ韓国人である筆者とのかかわりを求めているようであったが、徐々に他のスタッフとかかわるようになり、筆者との韓国語での絵本よみが段々少なくなっていくのがわかった。Ａ君は元々駆使していた韓国語をそのまま維持しながら、さらにもう一つの言葉である日本語を自分の中に受け入れ、獲得していった。その過程には、韓国語を母国語としている５歳児の葛藤とその克服がみられた。

人と人の出会いには、様々の要因やきっかけや媒体がかかわっている。文庫の子どもたちやＡ君そして筆者とスタッフの間には多くの絵本があったから可能であった。そういう絵本を媒体に、それぞれの違いや共通点を認識し、お互いをそのまま受け入れ、認め合い、共有することができさらに新しい発見や出会いへと広がることができた。

『カルチュラル・スタディーズ入門』という本の中に在日の映画監督中田統一の映画『大阪ストーリー』について触れている以下の文章がある。

> 『大阪ストーリー』の卓越しているのは、エスニシティとジェンダーの複雑な関係がつくりだす矛盾したアイデンティティをその差異を肯定したまま描き出している点である。(中略) 複雑な複数のアイデンティティの方が、より豊かで魅力的なものであり、われわれが通常想定しているような変化がない均質なアイデンティティのあり方がきわめて人工的な操作の後に抽出されたものにすぎないことを私たちに気づかせてくれるのである[*21]。

筆者はこうめ文庫で絵本をよみながら、日本の子どもやＡ君と接することによってそれぞれ違う複数のアイデンティティを目の当たりにして「その豊かで魅力的なもの」に出会えたことはかけがえのない体験であったことを付け加えながら本稿を終わりにしたい。

注

＊1　鄭昇珏《チョンスンガク》（1961～）は絵本作家で『こいぬのうんち』『あなぐまさんちのはなばたけ』『黄牛のおくりもの』『くらやみのくにからのサプサリ』などが日本語に翻訳されている。

＊2　「草房《チョバン》」韓国の絵本の企画・出版社。1990年に子どもの本の専門店として出発。1993年から絵本の企画に関わり『くらやみのくにからきたサプサリ』『ソリちゃんのチュソク』『マンヒのいえ』を送り出した。最近は出版にも関わっている。

＊3　座談「絵本の現場の声を聞く」『チャンビオリニ』第3号2003年冬号　チャンビ出版社　2003　18～61頁

＊4　李億培《イオクベ》「伝統文化と私の絵本」『BOOKEND』第3号絵本学会　2005　19頁

＊5　〈チェミマジュ〉『うさぎのおるすばん』で日本でも紹介されているイホベックが中心になり企画会社とスタートし現在は出版社となり面白くて芸術性の高い絵本を出版している。

＊6　イ・ホベック「伝統を生かす新しいグラフィックの試み」、＊4に同じ　32頁

＊7　権正生著　金鳳哲画　高正子訳の『オンマの白いチョゴリ』（海風社　1992）は、帯びに「親と子で読む絵本」と記されているが、元々が「木綿のチョゴリとオンマ」という短編として発表されているものに絵を入れているので、絵物語のさし絵になっている。

＊8　日本語版を出している韓国のボリム出版社が『アズキがゆばあさんとトラ』『お日さまとお月さまになったきょうだい』と共に『力持ちのパンチョギ』というタイトルで日本語版を出しているが、こうめ文庫にある本は絵は同じであるが訳が違うのでこういういい方をしている。

＊9　『あなぐまさんちのはなばたけ』『黄牛のおくりもの』は、2004年度から加わった蔵書のため、この貸出表にはのせていない。（　）の数字は文庫に参加した子どもの人数。

＊10　『パンチョギ』：最初、韓国語のまま筆者の手元にあったこの絵本を紹介したら子どもたちはそういう「パンチョギ」に惹かれたのか、ただ絵をちらっと見せながら簡単に粗筋を紹介しただけなのに、とても人気が出た。「はやく日本語にして」という子どもたちのリクエストに答えるように、急遽訳することになった。筆者が訳しているため、日本語として不十分だと思われ、文庫のスタッフの前で下訳を読んで出きるだけ原文の味を生かすことにしながら、歯切れのいい文章に直してもらった。ハングルを残したまま、日本語訳を貼りたいと思ったが、『この世でいちばんつよいおんどり』と違って空間が十分ではなかったので、ハングルを隠す形になってしまった。はじめに

紹介した2000年度の年長組にせがまれ訳したものの、3月に卒園してしまい手渡すことができなかった。

それからは、正式に文庫の蔵書にしてもらい、昔話のコーナーに入れる。最初は主人公の少年の名前をわかりやすく「はんぶんたろう」にしたが、この絵本の半分という語が差別用語に捉える恐れや、固有名詞の名前を生かすために、途中から「パンチョギ」に直した。『パンチョギ』に変えてから、2002年度の1月31日に去年の年長児に紹介した。新しく変えた『パンチョギ』というタイトルは私をはじめスタッフ達も、「はんぶんたろう」より馴染みがうすく心配したが、子ども達には「パンチョギ」と言う言葉が新鮮だったらしく口々に真似するなど、すぐ覚えてくれた。

＊11　『パンチョギ』イ・オクベ　絵　イ・ミエ　文　［こうめ文庫　訳］　ポリム（韓国）1997　6頁

＊12　＊11に同じ　32頁

＊13　＊4に同じ　27〜28頁

＊14　『この世でいちばんつよいおんどり』は2001年の2月に「こうめ文庫」に入れた。この本は後の2001年5月に「新世研」というところから『せかいいちつよいおんどり』というタイトルで出版されるが、2月の現状ではまだ日本語訳が存在していなかったので、「オリニほんやく会」の下橋美和に訳してもらい、絵本の中に空間があったのでハングルを残したまま日本語訳を貼って子ども達に紹介した。新世研より翻訳出版された『せかいいちつよいおんどり』は翻訳コンクールで最優秀賞を取って採択されたもので日本語のみでよむととてもリズム感があり歯切れのいい文章になっているが、イ・ホベックの韓国語の文章とはそのスタイルに大きな違いが見え翻訳というより創作に近い。一例としてあげると絵本の出だしが韓国語が「あるうららかなはるの日、1羽のひよこが生まれたよ。とても元気そうなオスのひよこだったんだ」の季節の描写が入り、語りかけるような地の文が、日本語訳では「「ピヨ、ピヨ、ピヨ、ピヨ……」「おつ、げんきで　かわいいのが　うまれたぞ」」と会話文に書き直されている。挿絵のところでも新世研版は、文と絵がズレたまま印刷されている。14場面（11，12頁）の見開きの絵には息子たちの雄鶏の力比べの場面が描かれているのに「むすめたちはもう　いいおかあさん。むらで　いちばん　たくさん　たまごを　うむの。まあ　でもね、わたしのほうが　あのこたちより　もうちょっと　おおく　うんだけれど」という文章が載っており、この文の絵は次の頁に当たる。

＊15　＊4に同じ　25〜26頁

＊16　『ポキポキ森のトケビ』は2001年「こうめ文庫」のスタッフ達が「こわい絵本」をテ

ーマに研究を進めているときにお化けの「トケビ」が出るのでこわい本として、韓国から送られて偶々手元にあったので「こうめに文庫」に入れた。「トケビ」とは、形では日本の鬼に似ているが、韓国の昔話の常連であり、親近感を与える存在となっている。しかしこの絵本に描かれているトケビは画家のイム・ソニョンによる個性的なトケビといえる。

*17　*6に同じ

*18　『ポキポキ森のトケビ』の下訳を「オリニほんやく会」の金朱美と梁玉順の訳ででき、2004年度の2学期（9.17）から絵本の後ろの方に添付することになる。

*19　*6に同じ　筆者との個人的な会話の時のイ・ホベックの発言から

*20　2004.3.18　担任の先生の話

*21　上野俊哉・毛利嘉孝『カルチュラル・スタディーズ入門』ちくま新書　2000　172-173頁

【資料】こうめ文庫のおはなしの時間（集団）に取りあげた韓国関連のプログラム

年.月.日	対象	内容	備考
1999. 6 .10	年中4歳児／年長5歳児	①『だんごころころ』を読む（松谷みよ子文、和歌山静子絵、童心社）**②擬音語遊び③「トケビ」の話／①②は、年中と一緒③韓国の遊び「こおりテン」**	「こおりテン」は「얼음땡」のこと *言葉、遊び
1999.10. 7	年長	①『11ぴきのねこふくろのなか』（馬場のぼる／こぐま社）**②韓国の遊び「まっくらとり」（鬼の役の子が手探りで、人を掴みその特徴から名前を当てる遊び）**	「まっくらとり」は「까막잡기」のこと *遊び
2000. 2 . 3	年中／年長	①ネパール／中国／韓国、国の紹介**②国の言葉（こんにちは）③国の「なぞなぞ」（韓国と中国）**④鬼決め遊び（ネパール）	中国の上海から来た沈さんと、ネパールのカトマンズから来たニタさんと共同進行。*言葉、遊び
2000. 2 .10	年中／年長	①「はないちもんめ」**②「カンガンスオレ」**③「ロンドン橋おちる」	「行事の日」（集団遊び）に伝承遊びをしたとき。「カンガンスオレ」は「강강수월래」のこと*遊び
2000. 6 . 8	年中／年長	**①韓国民話『アズキがゆばあさんとトラ』②日本の『かにむかし』（木下順二文、清水崑絵、岩波書店）と①を読み比べる③韓国のわらべ唄「いぬのうた」を歌う**	「いぬのうた」は「우리집 강아지는 복슬 강아지」のこと *絵本、わらべ唄

2001. 2. 1	年中／年長	**①韓国についての話、「アンニョンハセヨ」と挨拶をする②『こいぬのうんち』を読む③『この世でいちばんつよいおんどり』を読む／①『こいぬのうんち』を読む②『はんぶんたろう』を紹介する③年中の③に同じ**	『はんぶんたろう』は後に、『パンチョギ』とする。この時は、まだ翻訳されてなく、絵を見せながら粗筋だけを紹介する。 ＊言葉、絵本
2001. 2. 15	年中／年長	**①韓国の遊び「一本足跳び」**②「はないちもんめ」③休憩④「アブラハムには7人の子」⑤「かごめかごめ」	「行事の日」（集団遊び）に韓国の遊びもまじえて遊ぶ。「一本足跳び」は「廃降禽奄」のこと＊遊び
2002. 1. 10	年中	**①「アンニョン」と挨拶をする②『この世でいちばんつよいおんどり』を読む③『アズキがゆばあさんとトラ』を読む④『こいぬのうんち』を読む**	＊言葉、絵本
2002. 1. 31	年長	**①韓国語で挨拶をする②『アズキがゆばあさんとトラ』を読む③『パンチョギ』を読む④『ポキポキ森のトケビ』の粗筋を紹介する**	『ポキポキ森のトケビ』はまだ訳がついてなく、ハングルのままである。 ＊言葉、絵本
2002. 5. 30	年長	**①『たいくつでやったの』（未翻訳）の韓国語の本を見せ、その場で日本語にして読む②『ソリちゃんのチュソク』を読む③『マンヒのいえ』を紹介する**	①の絵本は後（2003年）、平凡社より『つまんなくってさ』というタイトルで翻訳出版される。
2002. 9. 5	年長	①『ふしぎなたけのこ』（スタッフUさん） **②『パンチョギ』**	
2003. 1. 23	年長	**①韓国の遊び「まっくらとり」をする②『がちゃがちゃどんどん』をみんなで読む**	

第8章

子どもの求める絵本と親の与えたい絵本

はじめに

こうめ文庫では1995年度より、年度末に保護者を対象にアンケートを実施している。こうめ文庫は子どもたちと絵本の出会いの場であり、その出会いをより豊かで実りあるものにするためには、子どもが借りてかえった絵本を親子でよみあってもらうことが必要であり大切だと考えているからである。アンケートでは主に子どもたちがこうめ文庫を楽しんでいるかどうか、借りてかえった絵本を家でどうしていたのかなどを尋ねている。その結果、ほとんどの子どもたちが家庭で楽しそうにこうめ文庫の話をし、借りた本をよんでほしいと家族にせがんでいた。また、保護者の絵本への関心や絵本を選ぶ時の姿勢、家庭でどのくらい子どもと絵本をよんでいるかなどについても尋ねている。その回答からは、多くの親が絵本に強い関心をもち、熱心に子どもに絵本をよんでいる様子が伺えた。その一方で私たちが意外に思ったのは、子どもが１人で選び借りてきた絵本に、親が戸惑ったり、我が子の新しい一面を発見したり、新鮮な驚きを感じているようであったことである。その背景には親が絵本に対して抱いているイメージの硬さや古さがあるように思われる。また、子どもに絵本を選ぶ時やよむ時に親がもつ目的意識が、選ぶ絵本の幅を狭めさせているようにも思われる。

こうめ文庫ではスタッフが子どもと絵本をよみあう時には、親とも先生とも立場を違えて、なるべく子どもと同じ目線で接するようにしている。選書をする際にも子どもによませたい絵本ではなく、子どもが自らよみたいと欲するような絵本を選ぶように意識してきた。親の姿勢や意識を知ることは、こうめ文庫のスタッフの意識を再確認することにもつながる。ここでは子どもが借りてきて親が意外に思った絵本とその理由を中心にして、子どもが求める絵本と、親の絵本観のずれについて考えてみたい。

Ⅰ 親が与えたい絵本

1）社会的影響

子どもの読書離れに対する懸念が強まる中、成長期である子どもたちの文化的環境を整えることが重要視されている。社会・教育現場において、読書離れを食い止める手段として子どもに絵本をよむことが見直され、関心は年々高まっている。2000年は「子ども読書年」と定められ、それ以降、幼児期における読書活動を促進するために様々な取り組みが行なわれてきている。公的なものでは、検診の際に赤ちゃんと母親に絵本を手渡す「赤ちゃんと本を通して楽しい時間をわかちあう」ことを基本理念とし始められたブックスタートプロジェクトや、図書館での子どもを対象としたおはなし会や、保護者を対象とした「読み聞かせ」に関する講演会等がある。ねらいとしては学力保障の面ではなく、絵本を通して親子がよりよい絆を築く育児支援の一環として位置づけられている。

「読み聞かせ」に関する本も数多く出版されており、女優さんなどが「子どもと読んだ～冊の絵本」といったエッセイなどを書いているのもよく見かける。通信販売でおもちゃと並んで「はじめての子どもが生まれたらすぐにそろえたい絵本セット」といったものも売られている。それらに共通しているのは「良質な絵本を子どもに」といった思いであろうか。親が子どもの読書環境をよりよくしようという意識を持つための、望ましい環境づくりが目指されている。

2）家庭での読書環境

こうめ文庫は保育時間後のクラブ活動の１つとして活動しており、参加するかどうかは子どもと保護者の自由意志にまかされる。活動を始めた時、20名程度集まればと予測していた私たちの予想に反し、対象年の園児ほぼ全員が参加することとなった。当初から、保護者のこうめ文庫に対する期待や関心はかなり高いものであった。

年度末に実施しているアンケートの回収率は例年50～60％ほどである。自由記述式を多く取り入れているアンケートであり、回答するのにかなりの時間と労力を要すると思われるが、ぎっしりと記述されている保護者の方が多い。回答者は全体を通して１例を除き全て母親であった。

「ご家族が、家でお子さまに絵本をよまれることはありますか？」

という問いに対しては98％の親が「はい」と回答している。(「いいえ」と回答した９名も内５名は今は自分でよめるようになったのでよまなくなったが、以前はよんでいたと述べている。) 98％のうち、ほぼ毎日よんでいる家庭は54％、週に２～３回はよんでいる家庭が31％だった。

一般的に、幼い子どものいる家庭で子どもに絵本をよんであげる事は、どの程度行われているのであろうか。

読売新聞社の「読書」に関する全国世論調査（2003.10　対象者＝全国の有権者3000人）*1の結果では、「子どものいる人に、家で絵本の読み聞かせをしているか、あるいは、したことがあるかどうか」の問いに対し「する（した）」が「よく」(46.4％)「ときどき」(35.4％) の合計で82％に上っている。子育て世代の30歳代に限ると93％に上る。また京都市の「子ども読書活動振興市民会議」が市内の小学４年から中学３年までとその保護者に、読書についてのアンケートを行っており（2002.11～12　2381組）*2、その結果では子どもの「家の人に読み聞かせをしてもらった経験」は「よくあった」(53.2％)「ときどきあった」(35.6％) の合計で86.3％となっている。

こうめ文庫のアンケートでは、「どのくらいの割合でおよみになりますか？」と具体的に頻度を答えてもらっているため、回答も多種にわたり比較しづらいが、「毎日」「ほぼ毎日」「週に３～４」「週に２～３」を２例のアンケートの「よくしている」と同一と捉えれば、梅花幼稚園の園児において、家庭で絵本をよんでもらっている割合、頻度はかなり高いといえる。

「主によむ人は誰ですか？またほかにもよむ人はいますか？」という質問には、母親のみと答えた家庭が31％、母親の他に父親もよむと答えた家庭は52％、父親はよまないが母親の他に祖父母や兄弟などがよむと答えたのが

17%であった。父親がよむのは休日のみであることが多いようであるが、比較的多くの家庭が家族で絵本を楽しんでいる様子が伺える。家庭にある絵本の冊数も平均して50～100冊位と多く、読書環境は整っていると考えられる。

その理由としては梅花幼稚園周辺の住宅環境が考えられる。園の位置する豊中市は大阪市北部に接する典型的な近郊住宅都市として発展しており、交通の便が非常によい。近隣に私学の小・中学校、国立大学など教育施設も多い。そのため、梅花幼稚園の園児には私学の小学校や国立大学の付属小学校などを受験する子どももおり、教育熱心な親が多いと思われる。受験のためではなくても学習塾等に通っている子どもも多い。梅花幼稚園は小規模な園で、虫や花といった自然との触れ合いを通して、心の教育、生き生きとした自ら立つ子を育てることを保育方針としている。行事も保護者にアピールするような派手なものはない。父母の会の行事なども盛んであるし、保護者にも園とのかかわりと協力が求められる。通園範囲内に数多く幼稚園があるなかで、梅花幼稚園を選択したことからも、幼児期の教育に親が積極的にかかわることを大切に思っていることが感じられる。

3）家庭で絵本をよむことの意義

「普段の生活で「子どもと絵本」について何か気がつかれたことがありましたら、ご自由にお書きください」という欄には61．7%の親が記入している。その内容は多岐にわたっているが、子どもに絵本をよむことの意義を述べているものが多く、それらはほぼ以下の５つに当てはまる。

a．教育のひとつの手段として

①字を覚えたり語彙を増やしたり、音読の練習のためといった教育の１つの手段として

♣ひらがなを教えるのに、興味のある本を選んで自然に関心を持ちながら覚えていってほしいと思っていたので　（年長　1995）

♣雨の日にはほとんど１日中本を読んだりして声がかれることもしばしばある。後、本の中で知った言葉を普段の生活の中で使っていたりする。

言葉を増やすには最適だと思う。　(年少　2002)

②道徳的なことを教える１つの手段として

♣教育の１つとして利用している。今この子にこんな事を教えてやりたいと思うときどうしても言葉で上手に話してやることが出来ない時、絵本を利用させてもらっている。　(年少　1995)

♣絵本に書いてあることは素直に吸収するようです。しつけ絵本は助かりました。　(年少　2002)

「教育の１つの手段として」とはっきり明言している意見は各年度を通し少数派ではあるが根強くあるように思われる。又、はっきりと明言はしていないものの、子どもに絵本をよんであげる行為に対して、読解力がつく、集中力がつくなどの効果を期待していることが察せられるものは多い。また、しつけや道徳的なことも絵本を介してだと子どもに伝えやすいという意見もあった。

ｂ．自分も本が好きなので子どもにもよんであげたい、本好きになってほしいので

♣私自身、子どもの頃、大変本が好きで多くの感動と知識を吸収しました。子どもに読み聞かせながら、泣いてしまうこともしばしばで、ぜひわが子にも感受性豊かな心を持って欲しいと願いつつ、絵本との出会いを大切にしています。　(年中　1996)

♣私自身が絵本が好きで、子どもにはよい絵本、おはなしに多く出会って欲しいと願っています。特に「絵本」というものは絵を読む、ストーリーも詩的で簡潔な表現が素晴らしいものが多くあり、意外に奥深くそのようないつまでも心に残るような良い絵本に出会って欲しいと思います。　(年少　1999)

このように自分も絵本や本が好きという保護者は、子どもに絵本をよむことに積極的で、自分の好きな絵本のジャンルもはっきりしている人が多い。自分が子どもの頃に絵本をよんでもらったことによって受けた感動や知識が今も自分の糧となっており、子どもにも同じ気持ちを持って欲しいという願いが強い。

c．子どもの感性・想像力をのばすために大切なものだから

♣本を読むことによって、色々な世界が広がる。情緒面が豊かになる。

（年長　1997）

♣子どもに読み聞かせをするのは、想像力、理解力、感受性を育てるのにとても大切だと思います。本来なら１日１回は一緒に読んであげることが理想だとは思いますが、なかなか時間が取れないのが実情です。できるだけ読書の時間が取れると良いと思います。（年中　2001）

子どもの感性・想像力をのばすためにというのは一般的に子どもの成長に果たす絵本の役割として考えられていることである。絵本をよむことにより想像力を高めたり、情操面の成長、知的好奇心の促進などが期待されている。人の気持ちのわかる優しい子どもになってほしい、そのためにも「良い絵本」をよまなくてはという意識が強いようである。

d．親と子のコミュニケーションやスキンシップの手段として

♣毎日、家事育児に追われ、子どもとじっくり接する時間が短くせめてもの罪ほろぼしのつもりもかねて、毎日寝る前のスキンシップとして小さい頃から読んでいます。私自身も子どもも絵本を通してその日イライラしてしまったり、疲れたりした事がスーッと消えてしまうようで今では絵本は欠かせない存在です。良い絵本に出会えたときは子どもも満足気な顔で眠りに落ちます。（年少　1997）

♣本を読んでやることは教育とは思わず、スキンシップをはかるものとして考えています。またどんな本でもいいから寝る前に本人に選ばせて字を読むだけではなく、絵や写真を見ながら会話を楽しむようにしております。（年中　2000）

親子のふれあいの機会・時間として絵本をよんでおり、その効果として子どもが落ち着いたり、親が優しい気持ちになれるといったことがあげられている。なかなか子どもとゆっくり向き合える時間が取れないので、罪滅ぼしの気持ちもあり、絵本をよむ時間を大切にしているようである。

e．絵本を通して子どもを知ることができるから

♣何十回読んでも飽きない本、１回読んで飽きる本、親がよいなと思い読んだ本でも子どもには興味がなかったり、親と子どもの視点とは違うのだと思うようになった。子どもの好きな本を多く読むようにしている。

（年少　1996）

♣子どもが選ぶ本によって子どもの成長をうかがい知ることができます。きれいな配色、しかけで驚く、恐い世界、美しい小動物など、子どもの興味の変遷が絵本のそれでもあるので、自分で選べるこうめによって、子どものその時の思考を客観的に推察できました。（年長　2003）

子どもの興味や関心について新たな発見をしたり、子どもの成長に気付かされたりするといった、絵本を子どもとよみあうことがもたらす効果ともいえよう。また子どもと多くの時間を共に過ごしている親ならではの発見として、子どもは好きな絵本のことばや言い回しを覚えており、それが日常のふとした場面で出てくるといった意見も多かった。大人が考えている以上に絵本は普段の子どもの生活に密接した存在であるようだ。子どもにとっては生活の一部となっており、日常世界と絵本世界とをわけ隔てて考えていない。そのことにより子どもが気に入って何度もよんだ絵本がその子どもの心の中にいかに深く入り込んでいるかがわかる。

♣高いところからジャンプする時、思わず「とべ、バッタ」と親子で叫んでしまったり、本の内容が遊びの中に出てきたり、話をしていたら突然そのことが書いてある本を持ってきたり、子どもがある感情をもったとき「今はあの本に出てくる○○ちゃんと同じ気持ちだね。気分だね」と話したり本が自然に生活の中に入っています。家から３分のところに図書館があるので本に触れ合いやすいです。（年中　1997）

♣「あっママ、（○○の本の）××みたい!!」と急に言い出す事があり、理解するまでに時間がかかることがある。かなり心の奥深いところまで本の内容が入っているんだなと思った。実生活との境界がわかっていない……というところがある。それが、またおもしろいのだが、返事に困る。

（夢をこわさぬよう）　　　　　　　　　　　　　　　　　　　（年中　2000）

全体を通して親たちは「絵本」そして家庭で日常的に絵本をよむことが、子どもにもたらす良い効果を期待し、絵本をよむ時間が子どもにとっても自分自身にとっても大切な時間であることを実感している。絵本をよむことの大切さを認識しているが故に子どもに「良い絵本」を選びよんであげたいという気持ちも強い様である。

4）親がよみたい絵本・子どもによませたい絵本

では家庭において親はどのような絵本を子どもによみたいと思っているのだろうか。「あなたが、絵本を選ぶとき、どういうことに重点をおいて選びますか」という質問の回答（複数回答）は「ストーリー」という答えが圧倒的に多い。以下「絵」「作家」「話題作」「名作」「子どもが理解できる内容か」「子どもが今興味を持っていること、物が出てくるもの」と続く。新聞等の書評に目を通したり、出版社の定期購読や絵本専門店のブッククラブを利用している家庭もあり、良い絵本を子どもによませたいという親の意識は強くみられる。

回答から具体的内容をひろっていくとストーリーは、わかりやすい、楽しい、面白い、心があたたまるようなもの、心に残るもの、夢があるもの、大人がよんでも楽しいもの。

絵は、きれいな絵・色彩、明るい絵、やさしい絵、あたたかい絵というのが親が子どもによみたい絵本のイメージのようである。その時々の子どもが興味のある事や物が出てくる絵本を選ぶというように、子どもの好みにも配慮しながらも、自分が幼い頃に好きだったもの、当時からよみ継がれているものを子どもにもよみたいという思いも強い。（新しい絵本はよくわからないのでついつい……という意見もあったが）　幼児期の思い出に重ねあわせて子どもの絵本を選んだりしていることも多いと思われる。童話や昔話をたくさんよんでほしい、好きになってほしいという意見も多かった。自由記述式で回答してもらっているのだが、ほとんどが物語絵本を念頭に回答していた。なるべく片寄らずにいろいろな絵本をよみたいとしながらも、親が子どもによみたいのはストーリーのきちんとある、一緒によんでいて親も楽しめ、共感できる「絵本」ではないだろうか。親がそのような絵本を選ぶのには、家庭において絵本をよむ時間帯も関係しているように思われる。「(絵本を) よく読む時間帯をお教えください」という質問に65%の家庭が就寝前と答えていた。ねむる前によむ絵本ということで、親子でゆったりとした優しい気持ちになれ、子どもが安心して眠りにつける絵本という観点から選んでいるため、よみたい絵本が片寄るのではないだろうか。

5）親がよみたくない・子どもによませたくない絵本

あまり積極的によみたくない、買いたくない絵本として挙がっていたものには、キャラクター絵本やディズニー絵本、筋の違う昔話絵本 (店頭で回転式の棚に置かれているもの等) などがあった。

- ♣書店に行って子どもが欲しがるのは、なぜかおもちゃじかけのある本や、マンガのキャラクターのもの。買いませんが普段質のよい絵本をと思って買うときは私が選んでいるのですが、本人が欲しがったり、興味を持ったりするのはマンガです。ドラえもんや手塚治虫さんのもののマンガなら…と思いますが、セーラームーンとか…テレビでも見てませんでしたのに、どうしてなんでしょうか!!!??? (年中　1996)
- ♣本屋などで子供に選ばせると、あまりよい本は選ばないですね。いかにも子供好きするような本に目がいくようですが私のポリシーとしてそのような本は買いません (お話のすじがちがう、しらゆきひめなど)。(年少　2001)

この種の絵本は一時的ではあるが子どもが執着し、書店で買ってほしいとせがまれることの多いものだ。テレビ番組のキャラクターやアニメのキャラクターが登場する絵本は、幼い子どもにとってはとても魅力的である。子どもの目を引くように色調が明るく鮮やかで、絵は単純な線で非常にわかりやすく描かれている。よみとりのしやすい絵である。そしてキャラクターのイメージがテレビ (ビデオ) と絵本の二重の刺激によって形作られ、共感の伴った記憶と体験として認識できるからであろう。他のものが目に入らないくらい執着してしまうことが時としてある。アンケートでも「お子さまが特に気に入っている絵本やおはなしがあればお教えください。」という質問の回答には『しらゆきひめ』『シンデレラ』『バンビ』といったディズニー絵本や『ドラえもん』『アンパンマン』などのテレビアニメ絵本、『となりのトトロ』『千と千尋の神隠し』などの映画のダイジェスト版絵本が挙げられていた。（その他には「ノンタン」のシリーズ、「バーバパパ」のシリーズ「11ぴきのねこ」のシリーズ、「ぐりとぐら」のシリーズなどが挙げられていた。）

一般的にこういった絵本を好み固執するのは4歳くらいまでではないかと思われるが、子どもたちが様々な絵本と出会っていく過程で、避けては通れない通過点である。ほとんどの子どもたちがテレビや映画・ビデオで映像として目にしてから、絵本になったものを手にしていると考えられ、絵本としてというよりは好きなキャラクターへの思いであったり映像でみた好きな場面を反芻できるといった喜びから手元に置いておきたい、よんでもらいたいのではないか。こういったものは絵本ではないと切り捨ててしまうことは簡単だが、自分の好きなものを本という形態で手にする喜びが子どもにとっては意味のあることなのである。

子どもが喜ぶ絵本が必ずしも優れた良い絵本であるということはできないが、子どもが好きな絵本として繰りかえしよみ、ずっと大切にしていることを考えるとその気持ちは軽視してはいけないと思う。大人が共感できない、感動できないという点からあまりよくない絵本であると全てを否定してしまうことはできないのではないか。

こうめ文庫においては、そういった絵本は文庫でわざわざ手渡さなくとも、必ずどこかで目に入り手にするものであるし、子どもは保守的な一面があり自分の知っているものがあるとなかなか他の絵本に手を出さないことから、蔵書には入れないことにしている。

しかし家庭においては子どもの選んだものを尊重し、成長していく中で一時的なことと理解したうえで一緒に楽しむことも必要ではないかと思われる。

6）絵本に対するイメージ

こうめ文庫に参加している子どもたちの親が子どもであった頃、1960～70年代は今のように様々な絵本のジャンルは定着していなかった。福音館の「かがくのとも」が1969年に月刊科学絵本として創刊されてはいるが、当時は児童文学・読物が主流の時代であった。

今は書店や図書館等でも様々な絵本を目にしたり知る機会が多いはずなのに、絵本というと優しくやわらかい色彩、タッチの絵で「虹・夢」といった古典的で画一的なイメージから抜け出せないのは何故なのだろうか。絵本は大抵の人が幼い頃に手にして以来、我が子によむようになるまで、よむ機会がほとんどないので、幼い頃の印象がそのまま絵本観として定着してしまうこともあろう。

今の親（大人）に内在していると思われる絵本観をいくつかに分けると下記のようになる。

①古典的な絵本・物語絵本

優しくやわらかい色彩・タッチで心のあたたまるストーリーの絵本

子どもの芸術的な感性を育てるもの、芸術的にすぐれた絵本

抽象的で内面世界をじっくり見つめさせる絵本

→しかし現在では物語絵本であっても児童文学の延長ではとらえきれなくなっている。（しかけ絵本、みるだけでなく、きく、触るなど多様な感じ方で楽しめるもの）

②文化的・アート的な絵本（写真絵本など）

はっきりとしたストーリーがなく感覚に訴えるような絵本

③文学的ではない絵本・アニメ絵本など

アニメ風の絵、絵がはっきりしていて登場人物の表情や行為のよみ取りがしやすい。

抽象性がなく内面世界に入り込まない。子どもの直接的な反応を喚起するもの。

④教育・知育絵本

子どもに文字・形などを教えたり、しつけを目的とした絵本。

以上のような様々な絵本観が混在しているのが現在の実情であろう。「絵本」と呼んでいいのか疑問を感じるものも増えてきている。色んな絵本があるとわかってはいても実際に親が手に取るのはほぼ①にあてはまる絵本である。親が古典的な絵本観から抜け出せないのは、一般的・世間的に良いといわれているものを与えていれば安心という気持ちと、子どもには明るい絵をみせ、明るい楽しい話をきかせたいという思いがあるからではないだろうか。

Ⅱ 子ども自身が選ぶことの意味

1）自分で選択する喜び

子どもたちはこうめ文庫でどのような本を手にし、求めてきたのか。幼い子どもにとって何かを自発的に選択できる機会は非常に少ない。「お子さまは、こうめ文庫の時間をたのしんでいたようですか？」との質問には98％が「はい」と答えている。その理由としては自分で選んだ絵本を借りることができるからだと思われる。本を選ぶまでにクラス全体に向けてスタッフが何冊か絵本をよんだり、個別に選んだ絵本をよんでもらえる時間をとっており、子どもたちは他の子どものよんでもらっているものもみたりきいたりしながら、自分の借りる絵本を選ぶ。また家庭での読書環境に差がみられる場合、同じ年令でも自分で選ぶことができない子どももおり、そういった子の場合スタッフがその子どもの好みそうな絵本を薦めることもある。

こうめ文庫に参加している子どもたちの家庭の67％が普段から図書館を利用していて、「本を借りる」こと自体は、子どもにとって特に目新しいことではないはずである。しかし図書館で絵本を選ぶときは、親も一緒に選ぶという家庭が半数にのぼる。これは年少、中、長にかかわらない。子どもが借りる本を一緒に選ぶ他に、何冊かは親が好きな本、子どもによませたい絵本を選ぶという家庭もある。また、子どもだけで自分の好きな絵本を選んでいる場合も、どこかで親の視線を意識しているのではないだろうか。

子どもたちがこうめ文庫で絵本を借りることに驚くほど喜びを見出しているのは、「自分１人で」選んで「自分の好きな」絵本が借りられることにあるようである。親もそんな子どもの気持ちをこう分析する。

♣家にある本などは、親の好みで買った本も多く、こうめ文庫ではいろいろなジャンルの中から、自分で選んでこれるので、それなりの喜びがあるようです。（年長　1995）

♣まずは母なしで自分で選んで借りてくることが楽しいみたいです。（年少　1997）

図書館では何冊も借りれるが、こうめ文庫では普段は１冊のみ（長期の休みの前は２冊）である。１冊だけということで、子どもたちはその１冊によけいこだわりや愛着を持つのではないだろうか。

♣毎週「お母さん今日もおもしろい本借りてくるからね」とこうめ文庫の日を待ち望んでいました。与えられるのではなく、沢山ある本の中から自分で選べるというのが娘には嬉しかったようです。自分なりに理由付けをして借りてきた本を得意気に見せてくれました。（年少　2000）

子どもたちは「自分で選んで借りた」ということに何らかの達成感を覚えているようでもある。その分、借りたかった本が、何らかの理由で借りれなかった時の落胆ぶりは大きい。

♣母親に読んでと言ってきました。１度だけ気に入った本を借りることができなくて、他の本を持って帰ってきた時は自分から「読んで」と言いませんでした。（年少　1996）

♣「読んで」と言うが、借りたくて借りられた本は何度も「読んで」というが、借りたい本を借りられなくて、又は借りたい本がなかったとき、持って帰った時は１回読んで、後ずっとほってある。自分で帰ってすぐ開いて見ていることもある。（年中　1997）

2）よんでもらえる喜び

次にこうめ文庫で子どもたちが楽しみ、喜んでいることは、選んだ本を無条件に（本の取り合いや順番待ち等はあるが）よんでもらえるということである。「これは長いからだめ」とか「今忙しいから」とかいわれることもない。先生でも親でもない「お姉さん」という存在のスタッフによんでもらえることが、子どもにとってはとても嬉しいことのようだ。

♣「本を読んで」と言われてもつい家事を優先させて「あとで」と言ってしまったり「これだけよ」 と言ってしまったり。いつも反省することばかりです。こうめ文庫ではお姉さんが本を読んで下さることと、自分で自由に本を選んでお借りしてくることがとてもうれしい様子です。

（年少　1999）

そうはいっても、やはり親（特に母親）に自分の選んだ絵本をみせて、よんでもらうことを、一番楽しみにしているようで、こうめ文庫で借りてかえった絵本を、ほとんどの子どもたちが家で「よんで」とせがんでいる。

♣こうめ文庫のあった日は必ず寝る前に借りてきた本を読んでと言います。読みながら「次はこうなるんだよ」と先走ります。昼間読んでいただいているので、内容を把握しており、私に自慢します。[下線部は筆者。以下同様。]（年少　1996）

♣おもしろいから、読んでみてと持ってくる。（その後は次に忘れていかないよう、早々に準備してしまう。ねえ、おもしろいでしょと確認する。）　（年中　1998）

「今日はこんな絵本を借りたんだよ」と自分の借りてきた本を得意げに親にみせ、「おもしろいでしょ」と親に共感を求める。子どもは自分が「おもしろい」と思ったものは親にも「おもしろい」と思ってほしいという気持ちが強い。親からの「そうだね。おもしろいね」という一言を子どもはドキドキして待っているのである。自分の好きな人によんでもらうことにより、子どもにとってその絵本との出会いはより豊かなものになる。

Ⅲ 子どもが求める絵本とは

「子どもが借りてきた絵本を意外に思ったことがあるか」との質問に40%（177人）の親が「ある」と答えている。その具体的な理由は主に下記の13点である。

⑴家にある本を借りてきた…24人（年少19人　年中３人　年長２人）
⑵同じ本を何度も借りてきた…21人（年少　７人　　年中７人　年長７人）
⑶図鑑・科学絵本を借りてきた…19人（男の子　５人　女の子　14人）
⑷物語絵本・昔話絵本を借りてきた…５人（男の子　５人）
⑸文字なし絵本を借りてきた…12人
⑹怖い（絵・内容）絵本を借りてきた…15人
⑺悲しいお話の絵本を借りてきた…３人
⑻対象年齢が低いと思われる本を借りてきた
…13人（年少６人　年中５人　年長２人）
⑼対象年齢が高いと思われる本を借りてきた…８人（年少７人　年長１人）
⑽詩集・ことばあそびの本を借りてきた…11人
⑾絵が地味・かわいくない絵本を借りてきた…７人
⑿長谷川集平の絵本を借りてきた…６人
⒀親なら選ばない絵本、又はうちの子どもはこんな絵本は選ばないだろうと思っていた絵本を借りてきた…15人
（※⑴～⒀の項目は以下の文中で使用する。）

１）子どもならではの観点

子どもが年少の時に多いのが⑴「家にある絵本を借りてきた」というものである。親は家にもあるのにわざわざ借りてこなくてもと思ってしまうが、その理由としてはいくつか考えられる。
①家に同じ絵本があると認識ができていない場合。

♣家にある絵本を同じ本を持って帰ってきて、「おうちにもあるよ」と言って見せると「知らなかった」と言ったことがあります。同じ本でもただ本棚に並んでいるのと実際に手に取ってみるのとでは違うんだなあと思い、それからは「こんな本もあるよ」と一通り、家にある絵本を見せました。（年少　1996）

②自分の知っているものがあったという安心感から。

③気に入った絵本、好きな絵本は家に同じものがあっても借りたい。

♣以前図書館で借りたことのある本をこうめ文庫でも借りてきたこと。ブルーナの絵本かピーターラビットの本だったと思います。子どもは大好きな本だからと言っていましたのでなるほどと納得しました。

（年少　1998）

④こうめ文庫の絵本を借りるということに意味があるから、

♣同じ本を何度も借りてくる。図書館で同じ本を見つけてきて、こうめ文庫の本と一緒に２冊とも読んでくれとせがまれた。（年少　2002）

♣家にあって読んでやってもあまり興味を示さなかったものを借りてきたことがありました。意外というよりはこうめで読むことで、何らかの刺激があったのかしらと思いました。（年中　1998）

大人の感覚としては、同じ１冊の絵本であれば家のも図書館のもこうめ文庫のも全く一緒なのにと思ってしまうし、実際そうなのだが、幼い子どもは出会った場所やよんでくれた人が違えば、それはそれぞれ異なる別個の絵本として捉えているのかもしれない。親はせっかくいろんな絵本に出会う機会なので、知らない絵本にも興味を持ってほしいと願うがいろんな場所で同じ絵本に出会うことも子どもにとっては意味のあることなのではないだろうか。

このことは⑵の「同じ絵本を何度も借りてきた」にもつながることである。「繰り返しよみ」は赤ちゃんの頃に特有の行為のように思ってしまいがちである。幼稚園児になると親も、もう大きいのにどうして同じ絵本ばかりとつい言ってしまいたくもなるであろう。よむ側にとっては同じかも知れないが、子どもにとってはよんでもらうたびに新しい発見があったり違う楽しみ方があったりするのであろう。特に『まどから★おくりもの』のようなしかけ絵本の場合、しかけをわかってしまっていればもう面白くないのにと思ってしまいがちである。

♣２回借りてきたのですが最初は「次は誰がでてくるのか」ということに興味があったからなのでしょうが、２度目にはもう答えがわかっていて「これは○○じゃないの○○だよ」と全然おもしろさがわかっていないかのような態度。「もうわかっているからいいの」これなら別の本を借りたらと思うのですが…。　(年長　1998)

しかし子どもは次にどうなるのかというしかけをわかっていながら、それを再確認することを楽しむことができる。長田弘は繰りかえしということが本質にあるのが、絵本だという。

憶えている。それでいて、また見る。また読む。そのおもしろさ。子どもの世界を確かにしていくのはリピート、繰りかえしだと思うんです。繰りかえしというのを、大人は軽んずる。大人の本はよほどのことでなければ読み捨てだけれども、繰りかえしということが本質にあるのが徹底的に絵本ですね。*3

子どもはよむたびに絵本が自分の記憶と同じであることを確認して安心し、同じであることを楽しめるのである。またそうやって繰りかえしよむうちに、新たな発見をして自分の中に自分だけの絵本の世界を作り出していくのであろう。

２）図鑑・文字なし絵本

次に多かったのが⑶「図鑑や科学絵本を借りてきた」で、これを理由としてあげたのは女児の親が圧倒的に多かった。

♣自分自身が絵本や童話を好んでいるため、つい子どもにもそれらをすすめてしまいがちであったが、子どもが借りてきた本は、図鑑であったり、料理の本であったりして、意外であった。親として子どもの興味のあるものを自然な形で知るよいきっかけになったと思う。　(年中　2000)

アンケートで自分自身が物語絵本が好きという親も多かったが、子どもに絵本を「読む」お話を「読む」ことを前提にしているからか、親が絵本を選ぶ時には、よむところのない「図鑑」やお話でない「科学絵本」は念頭にはないようだ。また絵本は想像力を育てるものという観点からも、科学絵本はその範疇には入らない。男児の場合、車や電車、昆虫などに興味を持つことが多く、自然と図鑑を手に取る機会があるのだが、女児の場合は好みに関わらず、目にする機会が少ないように思われる。こうめ文庫で図鑑と初めて出会った女児も多いのではないだろうか。

逆に(4)「物語絵本・昔話絵本を借りてきた」ことを意外に思った理由にあげたのは全員男児の親だった。

♣家や図書館で本を選ぶときは必ず図鑑ものなのに、こうめではお話ものだったところが意外でした。（年中　1999）

図鑑と同じように「読んで」と言われて親が戸惑ってしまうのが(5)「文字なし絵本」である。理由としては

①どうやって読めばいいのかわからない。

②字が読めるのにどうして文字のない絵本を借りるのかわからない

の２つがあるようだ。親たちが子どもの頃にそういった絵本に出会っていないことも要因の１つかもしれない。おそらく多くの親が子ども時代を過ごしたと思われる1970年代では絵本の概念はまだまだ下記のようなものが根強く残っていた。

> 絵本は必ずしも対象を幼児に限定するものではないが、抽象的な文学の受容を、絵画によって視覚的な補助をするという実情から、その大半は幼児や小学校低学年向け読物となっている[*4]。

絵本は文字があるべきもの、親が子どもに「読んで」あげるものという思い込みがあるのであろう。長田弘は次のようにいっている。

> 絵本の言語のまず第一は、文ではなくて絵であるというのは、眠るまえに子どもたちにお話を聞かせる、そのための物語というのなんかと、絵本の物語というのは違う。目を開いて見るというのが基本にある絵本の

> 物語は、眠り物語、眠らせ物語じゃないですね。(中略) じっと見るしかない。見ることが、すなわち読むということなんですね。[*5]

大人になると、この「じっと見る」という能力が子どもに比べ劣ってくるのではないだろうか。子どもは絵をじっと見つめ、いろんなことを発見しそこからお話を作り出していく。大人は文字で説明されてあることに慣れ過ぎているため文字がないと戸惑ってしまう。子どもにとっては楽しくて仕方がない「じっと見る」ということが大人には苦痛になってくるのかもしれない。

3) 長谷川集平の魅力

借りてきて意外に思った絵本で具体的に作家名が挙がっていたのは⑿「長谷川集平の絵本を借りてきた」だけであった。こうめ文庫には『あしたは月よう日』『トリゴラス』『すいみんぶそく』『はせがわくんきらいや』『パイルドライバー』『日曜日の歌』の6冊が年中·年長の蔵書としてある。長谷川集平の絵本はその内容の難しさから一般的にはもっと対象年齢が高い絵本であると捉えられている。しかしこうめ文庫では1997年度に『はせがわくんきらいや』を取り上げてからというもの、年中、年長の特に男児に根強い人気があり、中には長谷川集平の絵本を集中して借りる子どももみられる。長谷川集平の絵本はその背景に差別や恐怖など深い問題が潜んでいることが多く、その強烈な個性の絵と文に拒否反応を示す大人もいる。

♣『すいみんぶそく』は母親には理解しがたい。よその図書館でもまた借りてきて読んでいた。 (年長男児　1996)

♣きらいという言葉に関心があるだけなのか、この友人関係を理解できているのか不安　(『はせがわくんきらいや』を借りている) (年中男児　1997)

♣長谷川集平の本は今まで子どもが手に取らないタイプの本だったので、はじめ意外に思った。(『すいみんぶそく』『あしたは月よう日』『パイルドライバー』を借りている) (年長男児　1999)

確かに長谷川集平の絵本はそのストーリーも絵も、親が子どもによみたいタイプの絵本とは全く異なる。正反対である。色は暗い色調で『はせがわくんきらいや』にいたっては黒一色である。細い斜線で入っている影や、のたうっているような線で描かれている背景が一層暗く落ち着かない感じを与える。絵から感じられるのは「不安」である。『はせがわくんきらいや』という絵本の場合、まずそのタイトルが親に目をひそめさせる。「～くんがきらいなんて言ってはいけません」と普段子どもたちにいっているからである。子どもたちもこうめ文庫でのスタッフとのよみあいの中で「きらいや」という言葉の響きに反応して騒いだり、落ち着かない様子をみせている。

❶『はせがわくんきらいや』表紙

♣こちらも、前の週はあまりに静かだったので、こんなににぎやかに見てくれたのは、驚いた。“きらいや”には反応していたが、めちゃくちゃに騒ぐ子は騒いでいた。話している、というより、“驚いている”という感じだった。窓ぎわ族は、こちらを見て目があうと、見る、という感じ。見る子は見る、見ない子は見ないのギャップが激しかった。よみ終わって、女の子が「この本かりたい！」と言って私の本を持っていこうとしたが、結局その子はかりなかったよう。（年長　2002.6.13　おはなしの時間）

言葉の響きや関西弁の語り、表紙の絵のはせがわくんが女の子のスカートをのぞいていたりする様子などから「おもしろい」と飛びつく子もいれば、初めは面白いと思いながらもだんだんはせがわくんがかわいそうになり、そわそわしたり、「こわい」と感じる子もいるようだ。

♣とびらの発音に何人かが「ひっひっひっ」と笑う。最初の１～２ページのところでＡくんが「へんなはなし」と。「かっこわるいです」とか「どこみているか」のところでまた何人かの子が「ふふふ」と笑う。ピアノをひく場面のはせがわ君の絵で「スカートはいてる！」と。ヒ素入りのミルクの説明の場面でＡくんが「だからあんなんなったんだ」と納得していた。「おもしろいな」「おもしろいな」「かりたい！」と何人もが。よ

み終わったら、何人も「かりたい！」と言うものだから（後略）

（年中　2002.6.6　おはなしの時間）

♣Ｂちゃんは「全部大阪弁や。おもしろい」と言った（初めの方）。でもよみ進むうち“きらいや”“うまくできへん”など、他人を悪く言う言葉が多いせいか、やや難しい顔つきで、少し不安そうにきいていた。意味はあまり分からないが笑う内容ではないと思ったみたいだった。Ｂちゃんは逆に言葉のひびきだけを楽しんでいる様子で、目が合うとにやっと笑った。（年中　1999.9.9　絵本の時間）

子どもに向けて絵本をよむ時に、大人（特に母親）はその絵本の内容が子どもに理解できるのかどうかで絵本の良し悪しを判断する向きがある。

♣『はせがわくんきらいや』を２回ほど、借りてきたことがありました。いつも楽しい、面白い本を好んでいたようなので、意外でした。何度か読みましたが、内容をわかってくれたかどうか…（年長女児　1998）

『はせがわくんきらいや』のようにハンディキャップの問題を扱っている絵本に大人は敏感に反応する。高橋久子はこれはひとつの推測にすぎないとしながらも、次のようにいっている。

（こういうテーマはこういう風に読まれるべきものであろう）という、誠実な読者たらんとする読みの構えが大人読者にはあり、その構えが、ストーリーとの向かいあい方を限定してしまう恐れがあるのではないか*6。

４、５歳児の子どもたちが長谷川集平の絵本に惹かれるのは『すいみんぶそく』や『トリゴラス』にも共通する「不安感」や「エロティシズム」ではないかと思う。長谷川集平はこう述べる。

ぼくはある種の童話とか絵本の世界の人たちが思っている子どもっていうのが、そんなに正確ではない、どういうことかというと、子どもをとつてもステキなものとして書いているんです。とてもカワイくって純粋で白紙の状態で、キレイなものだと考えている。けれどぼくは自分のことを振り返ってみるとそんなにキレイじゃないし純粋でもない、ドロドロドロドロした時代が子ども時代だなあって気がする*7。

子どもは大人たちが覆い隠してしまいがちな部分を長谷川集平の絵本から敏感に感じとっているのではないだろうか。子どもによってそれを楽しめる子と、悪い事をしてしまったような落ち着かなさを感じる子がいるのは事実であるが、親が好むタイプと全く正反対のタイプの絵本が、子どもたちの感情を揺り動かしているのもまた、事実である。

4）ケーススタディ　Cちゃんと D ちゃんの場合

子どもがこうめ文庫で絵本を借りてくるようになって、⒀「親ならば選ばない絵本、又はうちの子どもはこんな絵本は選ばないだろうと思っていた絵本を借りてきた」というように、この子はこういう絵本にも興味があったのかとあらためて気付かされる親は少なくない。そこで大切なのはそのことに気付いた時の親の対応ではないかと思う。２人の女児の母親のケースをそれぞれみてみたい。

◉Cちゃんの場合（年中）*8

Cちゃんが持ってきたとして『はじめての恐竜大図鑑』をスタッフによんでもらっている記録がある。よみあいをしていた時の様子はお友達と「恐竜の雄と雌にこだわって」みていたと記述されている。そしてその日に『はじめての恐竜大図鑑』を借りて帰っている。下記はその年のアンケートの母親の「借りてきて意外に思った絵本は？」という質問への回答である。

♣男の子が興味があるような本（恐竜の本）を借りてきて、本人も見なかったので、そのような本は借りて来ても無駄だったと思います。　（年中）

これはあくまでも推測にすぎないが、本人がみなかったというよりは、家で母親にみせた時に、母親自身が興味を示さなかったのではないだろうか。その次の年度のアンケートにも、

♣興味がなさそうな恐竜の本を借りてきたり、前に借りたことのある絵本を借りてきたりする。　（年長）

と書かれている。その年度は一度も恐竜の本を借りていないのにである。母親には恐竜の本を借りてきたことがよほど強く印象に残っているようである。

子どもの絵本への関心は、

♣すべてに関心があるわけではありませんが、自分の好きな動物（くまさんとかぶたさん）が出てくる絵本とか、後は最近字が読めるようになり、自分で読んでみたいという気持ちもあるようです。（年中）

としながらも、

♣娘は絵本に大変興味があるわけではないと思います。（気が向いて絵本を読んでいるときもあるぐらいです。）その上、習い事とかお友達と遊ぶとかがあると実際なかなかゆっくり絵本を読むことは難しいなあと感じます。今、いろいろなお話がビデオになって売られていますが、本を読まないのならばビデオを見せるのが良いのではないかと考える事があります。

（年中）

とも書かれており、母親自身があまり子どもと絵本をよみあうことにに興味がなさそうである。年中時には週に２～３回はあった家庭で絵本をよむ時間も、年長時には週に１回になっている。絵本をよんでいる時の様子も

♣途中であきてしまったり、自分で絵を見ながらお話を作ってしまう。

（年長）

となっている。絵本をよみあう時に、よみ手ときき手のどちらかがその絵本にまったく興味がもてない場合、その絵本を共に楽しむということは難しい。Ｃちゃん親子の場合は共に楽しめる絵本に出会えなかったのだろうか、しだいに親子ともに絵本をよみあうということに興味をもてなくなってしまっているようである。絵本は字がよめるようになれば１人でよめばいいというものではなく、よみ手がいることによって、きき手は耳からはいってくる音（ことば）をききながら、絵をみることができ、より絵本の世界を楽しむことができるのである。子どもが選んできた絵本に親が興味を示し、歩み寄る姿勢をみせないと共に絵本を楽しむことはできないのではないだろうか。

◉Ｄちゃんの場合（年長）

母親自身もかなり絵本に興味があり好きなようで、図書館で絵本を借りるときや、家庭で絵本をよむときは、子どもの選んだものだけでなく、母親の

選んだものも加えている。しかし自分の好みを押し付けることはなく年中の時に対象年齢の低い絵本を借りてきた時も、意外に思ったとしながらも、

♣こうめに限らず図書館で娘が選ぶ本を見ていてよく思うのはしかけ絵本や2～3歳ごろ（もっと前かも「ひらいたひらいた」等）よく読んだシンプルで単純な絵本をよく借りてくることです。でも読むとやはり楽しいですね。（年中）

と肯定的に受け止めている。年長になり科学絵本や図鑑をよく借りてくるようになったことについてはやはり「意外に思ったことは」の問いに、

♣図鑑をよく借りてきたこと、興味あるものに対し、深さが増し、良かったと思います。

と書かれている。Dは『土の下（つちのした）』を借りたのをきっかけに『地面の下のいきもの』・『昆虫Ⅱ』・『昆虫ちいさななかまたち』・『きのこはげんき』・『恐竜にあいにいこう』・『絵でみる世界大恐竜地図』を借りている。Dちゃんがこのように1冊の絵本をきっかけに興味の幅を広げていけたのは、母親が借りてきた絵本を意外に思いながらも、楽しんで受け入れてあげたことが原動力となったのではないだろうか。母親は年長時のアンケートの最後を

♣これからも子どもとともに読書を楽しんでいきます。

と締めくくっている。

おわりに

9年間分のアンケートをみてきてほとんどの子どもたちがこうめ文庫をそして絵本との出会いを楽しんでくれていることがわかった。当初からのお母さまがたの強い要望として「こうめ文庫を見学したい」というものがある。しかしこうめ文庫は子どもたちが先生からも親から離れて絵本やおはなしを楽しむ場であるため、その要望には未だ応じられずにいる。しかし子どもが家に借りて帰ってくる絵本から、親たちは子どもの今まで気が付かなかった好みや、性格や、変化を感じ取ってくれていた。ただ、梅花幼稚園の保護者

には教育熱心な方が多い。そのため絵本をよむ時に「何かを学んでほしい」「何かを伝えたい」という気持ちが強く出るのではないか。そして絵本を「読む」ことを強く意識しているためか「絵本＝物語絵本」という枠を作ってしまっている。親（特に母親）が子どもが好むと思っている「絵（色）がきれいで、はっきりしているもの、又はかわいいもの、おもしろくわかりやすくハッピーエンドのストーリーの絵本」が実はそのまま親の持つ絵本観ではないだろうか。その枠からはみ出しているものは絵本とは認め難く、子どもが借りて帰ってきた時に意外に思うのではないだろうか。絵本は就寝前の眠らせ物語ではない。もっと絵本を単純に「絵」の「本」として捉え、子どもと一緒に「じっと見る」ことから始めてみてはどうだろうか。

自分のもつ絵本観や好みが子どもの求めるものとは異なるのだということに気がついた時に、そのことを肯定的に捉え、子どもに共感してあげることが、子どもに自信を与え、子どもの知的成長につながっていくのではないか。親子でどのような絵本と出会えるかももちろん大切なことだが、その絵本をどのように共感・受容するかでその絵本の質も変化するのではないだろうか。

注

＊1　讀賣新聞「読書週間　本社世論調査」2003.10.31（金）夕刊

＊2　京都市子ども読書活動振興市民会議「子どもの読書活動振興のためのアピール」2003.12

＊3　河合隼雄　長田弘『子どもの本の森へ』岩波書店　1998　149頁

＊4　中川正文　編『児童文学を学ぶ人のために』世界思想社　1966　220頁

＊5　＊3に同じ　132頁

＊6　高橋久子「絵本における語りの装置—『はせがわくんきらいや』の場合—」「日本文学研究」第30号　梅光女学院大学日本文学会　1995

＊7　長谷川集平『絵本未満』大和書房　1990　22頁

＊8　プライバシーにかかわると思われる箇所があり、以下のものの年度は省く。

〈資料〉こうめ文庫アンケート　1995-2003年度

【表1】アンケートの回収率

	文庫参加者数	アンケート数	%
1995	76	32	42%
1996	88	45	51%
1997	78	45	58%
1998	87	58	67%
1999	99	58	59%
2000	103	65	63%
2001	131	65	50%
2002	156	111	71%
2003	129	85	66%
1995-2003	947	564	60%

【表2】Ⅰ－1お子さまは、こうめ文庫の時間を楽しんでいたようですか？

	a：はい（%）	b：いいえ（%）	n：無回答（%）
1995（　）	該当質問なし		
1996（45）	41（91%）	0（0%）	4（9%）
1997（45）	41（91%）	0（0%）	4（9%）
1998（58）	56（97%）	2（3%）	0（0%）
1999（58）	58（100%）	0（0%）	0（0%）
2000（65）	65（100%）	0（0%）	0（0%）
2001（65）	65（100%）	0（0%）	0（0%）
2002（111）	111（100%）	0（0%）	0（0%）
2003（85）	83（98%）	2（2%）	0（0%）
1996-2003（532）	520（98%）	4（1%）	8（1%）

【表3】Ⅰ－2お子さまは、こうめ文庫から絵本を借りて帰ったあと、どうされていましたか？

	a：読んだ（%）	b：読まなかった（%）	n：無回答（%）
1995（　）	該当質問なし		
1996（45）	37（82%）	4（9%）	4（9%）
1997（45）	38（84%）	3（7%）	4（9%）
1998（58）	53（91%）	5（9%）	0（0%）
1999（58）	53（91%）	5（9%）	0（0%）
2000（65）	63（97%）	2（3%）	0（0%）
2001（65）	56（86%）	9（14%）	0（0%）
2002（111）	98（88%）	13（12%）	0（0%）
2003（85）	79（93%）	5（6%）	1（1%）
1996-2003（532）	477（90%）	46（8%）	9（2%）

【表４】Ⅰ－４こうめ文庫で借りた絵本に好きな絵本、気に入った絵本があるようでしたか？

	a：はい（%）	b：いいえ（%）	n：無回答（%）
1995（　）	該当質問なし		
1996（45）	39（87%）	2（4%）	4（9%）
1997（45）	39（87%）	1（2%）	5（11%）
1998（58）	56（97%）	2（3%）	0（0%）
1999（58）	53（91%）	5（9%）	0（0%）
2000（65）	62（95%）	3（5%）	0（0%）
2001（65）	63（97%）	2（3%）	0（0%）
2002（111）	107（96%）	3（3%）	1（1%）
2003（85）	80（94%）	4（5%）	1（1%）
1996-2003（532）	499（94%）	22（4%）	11（2%）

【表５】Ⅰ－４－①こうめ文庫で好きな絵本、気に入った絵本（複数回答）

好きな絵本、気に入った絵本	回答数
すてきな三にんぐみ	32
ピーターラビットのシリーズ	27
11ぴきのねこのシリーズ	28
おばけやしき	20
ひとまねこざるのシリーズ	19
ぐりとぐらのシリーズ	17
ぽちぽちいこか	17
マドレーヌのシリーズ	14

【表６】Ⅰ－４－④借りてきた本について、意外に思われたことはありませんでしたか？

	a：ある（%）	b：ない（%）	n：無回答（%）
1995（　）	該当質問なし		
1996（45）	20（44%）	4（9%）	21（47%）
1997（45）	21（47%）	4（9%）	20（44%）
1998（58）	23（40%）	11（19%）	24（41%）
1999（58）	25（43%）	2（3%）	31（53%）
2000（65）	29（45%）	3（5%）	33（51%）
2001（65）	22（34%）	1（2%）	42（65%）
2002（111）	37（33%）	13（12%）	61（55%）
2003（85）	31（36%）	10（12%）	44（52%）
1996-2003（532）	208（40%）	48（8%）	276（52%）

【表７】Ⅱ－４－④借りてきて意外に思った絵本（複数回答）

意外に思った絵本	回答数
ピーターラビットのシリーズ	9
のはらうた	7
ピエールとライオン	3
はせがわくんきらいや	3
かお	3
おばけやしき	2
はじめての恐竜大図鑑	2
図鑑・科学絵本	2

【表８】Ⅱ－１お子さまは絵本に関心があるように思われますか？

	a：はい（%）	b：いいえ（%）	n：無回答（%）
1995（ 32）	29（ 91%）	3（９%）	0（０%）
1996（ 45）	45（100%）	0（０%）	0（０%）
1997（ 45）	44（ 98%）	0（０%）	1（２%）
1998（ 58）	56（ 97%）	1（２%）	1（２%）
1999（ 58）	55（ 95%）	3（５%）	0（０%）
2000（ 65）	63（ 97%）	2（３%）	0（０%）
2001（ 65）	65（100%）	0（０%）	0（０%）
2002（111）	107（ 96%）	4（４%）	0（０%）
2003（ 85）	81（ 95%）	3（４%）	1（１%）
1995-2003（564）	545（ 97%）	16（３%）	3（１%）

【表９】Ⅱ－４図書館や家庭文庫を利用されていますか？

	a：はい（%）	b：いいえ（%）	n：無回答（%）
1995（　）	該当質問なし		
1996（ 45）	30（67%）	15（33%）	0（０%）
1997（ 45）	35（78%）	10（22%）	0（０%）
1998（ 58）	38（66%）	18（31%）	2（３%）
1999（ 58）	43（74%）	15（26%）	0（０%）
2000（ 65）	48（74%）	17（26%）	0（０%）
2001（ 65）	43（66%）	21（32%）	1（２%）
2002（111）	62（56%）	47（42%）	2（２%）
2003（ 85）	52（61%）	32（38%）	1（１%）
1996-2003（532）	351（67%）	175（32%）	6（１%）

【表10】Ⅱ－５－③図書館で借りる本を選ぶのは誰ですか？

	子ども（%）	子ども＆親（%）	親（%）	無回答（%）
年少（106）	38（36%）	55（52%）	9（８%）	4（４%）
年中（125）	51（41%）	68（54%）	3（２%）	3（２%）
年長（120）	60（50%）	57（48%）	1（１%）	2（２%）
全体（351）	149（42%）	180（51%）	13（４%）	9（３%）

【表11】Ⅱ－６ご家族が、家でお子さまに絵本をよまれることはありますか？

	a：はい（%）	b：いいえ（%）	n：無回答（%）
1995（ 32）	31（ 97%）	1（３%）	0（０%）
1996（ 45）	45（100%）	0（０%）	0（０%）
1997（ 45）	44（ 98%）	1（２%）	0（０%）
1998（ 58）	57（ 98%）	1（２%）	0（０%）
1999（ 58）	57（ 98%）	1（２%）	0（０%）
2000（ 65）	62（ 95%）	3（５%）	0（０%）
2001（ 65）	65（100%）	0（０%）	0（０%）
2002（111）	109（ 98%）	1（１%）	1（１%）
2003（ 85）	84（ 99%）	1（１%）	0（０%）
1995-2003（564）	554（ 98%）	9（２%）	1（０%）

【表12】Ⅱ－７－①６で〈はい〉とお答えになった方にお尋ねします。どのくらいの割合でおよみになりますか？

	a：ほぼ毎日（%）	b：週に2～3（%）	c：週に１以下（%）	n：無回答（%）
1995（ 31）	8（26%）	23（74%）	0（０%）	0（０%）
1996（ 45）	27（60%）	13（29%）	5（11%）	0（０%）
1997（ 44）	27（61%）	9（20%）	8（18%）	0（０%）
1998（ 57）	32（56%）	15（26%）	8（14%）	2（４%）
1999（ 57）	29（51%）	17（30%）	10（18%）	1（２%）
2000（ 62）	38（61%）	14（23%）	10（16%）	0（０%）
2001（ 65）	37（57%）	21（32%）	6（９%）	1（２%）
2002（109）	63（58%）	29（27%）	14（13%）	3（３%）
2003（ 84）	36（44%）	31（37%）	12（13%）	5（４%）
1995-2003（554）	297（54%）	172（31%）	73（13%）	12（３%）

【表13】 Ⅱ－７－②一度に何冊くらいよみますか？（年度別）

	a：1冊（%）	b：～2冊（%）	c：～3冊（%）	d：～4冊（%）	e：～5冊（%）	f：5冊～（%）	g：その他（%）	n：無回答（%）
1995（ ）	該当質問なし							
1996（45）	10（22）	17（38）	10（22）	3（7）	1（2）	1（2）	1（2）	2（4）
1997（44）	10（23）	15（34）	12（27）	0（0）	1（2）	6（14）	0（0）	0（0）
1998（57）	7（12）	23（40）	15（26）	4（7）	6（11）	1（2）	0（0）	1（2）
1999（57）	13（23）	26（46）	16（28）	1（2）	1（2）	0（0）	0（0）	0（0）
2000（62）	15（24）	27（44）	13（21）	3（5）	2（3）	2（3）	0（0）	0（0）
2001（65）	13（20）	35（54）	13（20）	3（5）	1（1）	0（0）	0（0）	0（0）
2002（109）	22（20）	47（43）	26（24）	1（1）	8（7）	3（3）	1（1）	2（2）
2003（84）	27（32）	35（42）	14（17）	5（6）	1（1）	1（1）	0（0）	1（1）
1996-2003（523）	117（22）	225（43）	119（23）	20（4）	21（4）	14（3）	2（1）	5（1）

【表14】 Ⅱ－７－②一度に何冊くらいよみますか？（学年別）

	a：1冊（%）	b：～2冊（%）	c：～3冊（%）	d：～4冊（%）	e：～5冊（%）	f：5冊～（%）	g：その他（%）	n：無回答（%）
年少（171）	35（20）	64（37）	49（29）	6（4）	9（5）	6（4）	1（1）	1（1）
年中（192）	40（21）	87（46）	41（21）	9（5）	9（5）	4（2）	0（0）	2（1）
年長（160）	42（26）	74（46）	29（18）	5（3）	3（2）	4（2）	1（1）	2（1）

年長は1995年度の31名を除く（該当質問がないため）

【表15】 Ⅱ－７－③よくよむ時間帯をお教えください。（複数回答）

	a：就寝前（%）	b：登園前（%）	c：中間（%）	d：夕方（%）	e：休日（%）	f：時間があいた時（%）	g：子どもが要求した時（%）	h：特に決めていない（%）	n：無回答（%）
1995	20（44）	0（0）	0（0）	1（2）	0（0）	16（36）	1（2）	7（16）	0（0）
1996	34（65）	0（0）	3（6）	8（15）	1（2）	2（4）	2（4）	1（2）	1（2）
1997	38（68）	1（2）	9（16）	2（4）	1（2）	2（4）	3（5）	0（0）	0（0）
1998	45（64）	0（0）	11（16）	9（13）	1（1）	2（3）	0（0）	0（0）	2（3）
1999	45（62）	1（1）	8（11）	11（15）	2（3）	3（4）	0（0）	1（1）	2（3）
2000	53（71）	3（4）	13（17）	6（8）	0（0）	0（0）	0（0）	0（0）	0（0）
2001	55（72）	0（0）	7（9）	11（14）	0（0）	2（3）	1（1）	0（0）	0（0）
2002	86（67）	0（0）	15（12）	25（19）	1（1）	0（0）	2（2）	0（0）	0（0）
2003	63（66）	1（1）	9（9）	16（17）	1（1）	1（1）	0（0）	2（2）	2（2）
1995-2003	439（65）	6（1）	75（11）	89（13）	7（1）	28（4）	9（1）	11（2）	7（1）

【表16】 Ⅱ－７－④主によむ人は誰ですか？また、ほかにもよむ人はいますか？

	a：母親のみ(%)	b：＋父親＋α (%)	c：＋祖父母･兄弟 (%)	n：無回答（%）
1995（31）	6（19%）	18（58%）	6（19%）	1（３%）
1996（45）	17（38%）	20（44%）	8（18%）	0（０%）
1997（44）	14（32%）	23（52%）	7（16%）	0（０%）
1998（57）	18（32%）	29（51%）	9（16%）	1（１%）
1999（57）	17（30%）	35（61%）	5（９%）	0（０%）
2000（62）	20（32%）	29（47%）	12（19%）	1（２%）
2001（65）	19（29%）	38（58%）	8（12%）	0（０%）
2002（109）	35（32%）	52（48%）	22（20%）	0（０%）
2003（84）	24（29%）	43（51%）	15（18%）	2（２%）
1995-2003（554）	170（31%）	287（52%）	92（17%）	5（１%）

【表17】 Ⅱ－７－⑤よむ絵本を選ぶのは、誰ですか？

	子ども（%）	子ども＆親（%）	親（%）	無回答（%）
年少（171）	127（77%）	38（23%）	3（２%）	3（２%）
年中（192）	146（76%）	38（20%）	5（３%）	3（２%）
年長（160）	121（76%）	33（21%）	4（３%）	2（１%）
全体（523）	394（75%）	109（21%）	12（３%）	2（１%）

年長は1995年度の31名を除く（該当質問がないため）

【表18】 Ⅱ－９現在、ご家庭にお子さまのための絵本は何冊くらいありますか？

	a：０～50（%）	b：51～100（%）	c：101～（%）	n：無回答
1995（ 32）	13（41%）	13（41%）	0（０%）	6
1996（ 45）	29（64%）	6（13%）	8（18%）	2
1997（ 45）	22（49%）	12（27%）	10（22%）	1
1998（ 58）	23（40%）	22（38%）	9（16%）	4
1999（ 58）	32（55%）	17（29%）	8（14%）	1
2000（ 65）	33（51%）	21（32%）	10（15%）	1
2001（ 65）	35（54%）	21（32%）	7（11%）	2
2002（111）	78（70%）	21（19%）	11（10%）	1
2003（ 84）	55（65%）	17（20%）	10（12%）	1
1995-2003（563）	320（57%）	150（27%）	73（13%）	19

【表19】 Ⅱ－７－⑥あなたが絵本を選ぶとき、どういうことに重点をおいて選びますか？（複数回答）

	親（475）	子ども（350）
ストーリー	357	49
絵	282	196
作家	89	3
話題作	51	0
名作	35	0
興味がある事	31	35
自分が好き	25	0
季節感	18	0
出版社	18	0
動物	0	42
知っている本	0	26
気分で	0	16

【表20】 Ⅱ－７－⑦お子さまが絵本を選ぶとき、どのような視点で選んでいるように思われますか？（複数回答）

	子ども（350）	親（475）
絵	196	282
ストーリー	49	357
動物	42	0
興味がある事	35	31
知っている本	26	0
気分で	16	0
作家	3	89

第9章

人気のある絵本・ない絵本、そして、「ぼちぼち」貸し出される絵本

10年の貸出記録をよむ

はじめに

巻末に資料として添付している貸出ランキングのデータをみていると、いろいろなことがみえてくる。年齢による相違、年毎の相違、男女による相違、この絵本がどうしてこんなランキングか、などなど、いくつものテーマが浮かび上がってくる。

５年目の報告書でも、年度によってよく借り出される絵本に変動があること、男児・女児それぞれによく借り出される絵本があること、その一方で、年度によって男児によく借り出されたり、女児によく借りられたりする場合もあることなどが指摘されている。そして、次のような分析をしている。

> 子どもは、自分の好みや興味から借りる絵本を選ぶこともある。しかしそれだけでなく、幼稚園のクラスを含めた子どもをとりまく社会の中で、個々の絵本がどのような評価をうけているかにも影響されているのではないだろうか。こうめ文庫では「○○ちゃんが借りた本」という言葉を子どもたちから聞くことがある。　（『きょうはこうめのひ』65頁）

したがって、こうめ文庫でのデータを、絵本の一般論に広げて論じることはできないし、あくまでも、そのよみかたは、私たちの活動範囲のなかでいえることに限られる。

ここで、データをよむ上での留意点をあげておきたい。それは、⑴早くから蔵書になっているもの、および、複本のあるものは上位にきやすい　⑵同じ絵本を毎週借り続ける子ども（特に年少児）がいると数字が上がる　⑶記録には、注意をはらっているが、記録もれなどの不備が一部ある恐れがあり、十全ではない、などである。

Ⅰ 上位ランキングをよむ

１）年少児の場合

10月以後に活動をはじめる年少児の実態を、貸出回数の数字だけでよむことには、無理があるようである。この年齢では、それまでの経験ですでによく知っている絵本や同じ絵本を連続して借り出したりする傾向がみられるからである。また、言葉のひびきのおもしろさに鋭敏であり、食べるしぐさにつながる絵本を愛好することも指摘できる。そのことを前提として、9年間の上位ランキング21位（358頁参照）をみてみると、2冊以外すべて物語絵本がしめているのは、興味深い。

3歳児になると、簡単な物語の先を予測しながら楽しめるようになるし、自分のイメージをもって絵本をみることができるようになる。そこで、この年齢は、物語絵本を好む特徴をもっているといえるかといえば、ことはそれほど単純でもないようだ。たとえば、上位1位の『すてきな三にんぐみ』は、表紙の強いインパクトにひきつけられて、クラスで誰かが借り出すと、次の貸出につながるが、20位以内に入っていない年もあり、かなり変動しているのがみられるのである。物語絵本の楽しみ方が、一冊まるごとを楽しむというよりは、『からすのパンやさん』のパンがずらりと並んだ場面や『11ぴきのねことあほうどり』の鳥の数を数える場面など、その一部、あるいは、細部を楽しむようである。ここであげた3冊は、年中児においても上位ランキングに並んでいるのである。

『おおかみと七ひきのこやぎ』と『三びきのやぎのがらがらどん』は、お話入門期によくよんでもらう絵本である。言葉のひびきのよさ、繰り返しで高まる恐さ、納得のいく結末などによって、物語を堪能する楽しみを知るようになる。

『ぐりとぐら』と『ぐりとぐらのおきゃくさま』は、ぐり、ぐら、という名前を覚えるとそのひびきのよさから物語の世界に入ることができる。家庭にもあるためか、記録に「みんなよくしっている」と出ている。

年少の第4位にあがっている『しずくのぼうけん』は、水の3属性、蒸発・液化・凝固膨張を物語化したユニークな科学絵本である。「文章が長いので途中であきていた」という記録が多く残っているが、それにもかかわらず、最後までよんでいるのがおもしろい。

この作品を子どものころよんだスタッフの記憶によると、その魅力は、次の通りである。

⑴水がしゃべり、顔がある。

⑵しずくのかたちが変化する。なかでも、岩の割れ目にはいってしずくが、次のページで岩を割ってでてくるところ。

⑶しずくが洗濯機に飛び込んだ場面で、でてくる下着のレースが本物のレースであったことが不思議だった。

しずくに目鼻がついているところに、年少児に手にとられる要因がある。

『14ひきのあさごはん』では、「〜しているのだれ？」というよびかけが効果的にはたらいている。また、『くまのコールテンくん』では、とれたボタンに興味が集中する。

『いちご』は、年少児の特徴である「たべるまね」がはじまり、大勢いると大騒ぎになり、よみおわると満足した表情になる代表的な絵本といえる。

データのなかで、もっともくっきりとよむことができるのは、男女差である。女児のランキング1位と2位は、『わたしのワンピース』と『あさえとちいさいいもうと』という「かわいい絵本」（第4章参照）でも取り上げた作品である。さらに、女児のランキングには、ビアトリクス・ポターの小型本『こわいわるいうさぎのおはなし』『フロプシーのこどもたち』『ピーターラビットのおはなし』『ベンジャミンバニーのおはなし』『ひげのサムエルのおはなし』が並ぶ。しかし、記録をよむと、ほとんどが、「長いので途中でよそ見をしていた」り、「絵本より、よみ手の顔をじっとみていた」など、絵本には、集中していない。おそらく、それまでに知っていることと絵本が小型で「かわいい」ことで手にとられているのではないかと思われる。男児に特徴的なのは、『はたらくじどうしゃ』1，2や『ろけっとこざる』など、のりもの関連の絵本である。『はたらくじどうしゃ』は、初年度には蔵書になかったが、男児がこうした図鑑的なものを手に取る傾向に応えるため加えたもので、女性のみで運営している文庫の蔵書選びの弱さを認識するきっかけになった絵本でもある。

年少児は、よく知っているものを選ぶ傾向があるものの、こうしてみてくると、ここであがってきている絵本群は、年少児自身が、それぞれの基準で選んできたものでもあるといえる。

2）年中児・年長児の場合

年中児と年長児は、同じ蔵書を共有しているので、「年中・年長貸出データ・ランキング」を出している。上位30冊（363頁参照）のいわゆる「人気絵本」の傾向をいくつかに分析し、その後で、年中・年長のそれぞれの特徴的なよまれかたについてのべてみよう。

『おばけやしき』にみられる「しかけの魅力」、『すてきな三にんぐみ』に代表される「こわいけれど、おもしろい絵本」、『からすのパンやさん』のような「わかりやすい絵で展開する物語絵本」、『おおきなおおきなおいも』にみられる「誇張されたナンセンスな絵本」、『絵でみる世界大恐竜地図』のような「図鑑の魅力」、『なぞなぞなーに　なつのまき』のような「めくるたのしさを味わう絵本」、『ピーターラビットのおはなし』のような「小型絵本」、そして、特色ある「個性的な物語絵本」である。

a．しかけ絵本の魅力

30位までに、『おばけやしき』『まどから★おくりもの』『はらぺこあおむし』『パパ、お月さまとって！』（絵巻も入れると『11ぴきのねこマラソン大会』）がある。「しかけ絵本」は、つい最近まで図書館や文庫では、こわれやすく、「正統的な」絵本とはいえないという理由で蔵書とはされないことが多かった。しかし、こうめ文庫では、「しかけ絵本」のすべてを否定するのではなく、よんでもらう絵本とは違い、自分から働きかけてしかけを動かすおもしろさを味わえる少数のものを蔵書としている。

①『おばけやしき』の群を抜く人気

98年に蔵書に加えたジャン・ピエンコフスキー『おばけやしき』は、それまでのしかけ絵本が開発してきた技法が多数駆使されており、しかけが複雑で高度なものであることもあって、文字通り、ひっぱりだこになっている。

最初は同じ作者の『ごちそうさま』という、かえるがハエを食べ、そのかえるをはげたかが食べ、ごりら、わに、さめと食物連鎖が6場面ある、めくると大きい口がパクリと開いてくる単純な作品があったが、あまりの人気にこわれてしまい、絶版のため新しいものが購入できず、『おばけやしき』の複本を用意したため、その人気が加速していったのである。借りるための争奪戦が生じることもあった。しかけを一通り体験したあとも、何度も楽しめ発見のあるこの絵本は、子どもたちだけでグループをつくり、大勢でわいわいとしかけをうごかしている場面がよくみられる。表紙がお化け屋敷の入り口で、めくると趣向をこらした部屋があらわれ、どの部屋からもおばけ屋敷らしい恐いものが飛び出し、タブをひいたり、めくったりするとまた別の恐さが周到に用意されている。子どもたちの多くは、「こわくない！」と言い張りながら、その恐さに挑戦していく。「おばけはこわいもの」という文化コードをすでにしっているので、想像力がふくらみ、作者のしかけにいどむのである。最後に本を閉じると、裏表紙に、ロックされたおばけやしきが描かれ、恐さは封じ込められている。

②『まどから★おくりもの』のおもしろさ

五味太郎の絵本には、子どものもっているあくなき好奇心を挑発し、脳に働きかける力がある。窓の一部分をカットしてあり、そこからみえるもので、次のページの全体を思い描くという単純なしかけであるが、内容をよく知ってから、何度もみると楽しさのます絵本である。

③『はらぺこあおむし』と『パパ、お月さまとって！』のよまれかた

『はらぺこあおむし』は、エリック・カールによる世界的なロングセラー絵本である。

> グラフィック・デザイナーとしての私は、創造性と興味としかけのために、紙と印刷技術とを利用しつくそうとする。お話の語り手である私は、さわれる本、読めるおもちゃを作りたいと思う。学校での最初の日びを、ほんの少したやすいものにするために。
>
> （『子どもの夢を追って—エリック・カール自伝』26頁）*1

著者は、「家庭とその安全さ、遊びと感覚の世界を出て、理屈と抽象、秩序と規則の世界にとびこまねばならない」（同書同ページ）子どもに、さわれる絵本を贈りたいと考えていたのである。たしかに、『はらぺこあおむし』には、「むしゃむしゃ指で食べる動作をしながらページをめくりたがる。発語が多く、表情が豊か」（96.11.14　年少）など、遊びながら絵本の世界にはいっていく様子が多くの記録として残っている。

『パパ、お月さまとって！』でも、部屋でみていると、長いはしごが出てくるあたりから、まわりに多くの子どもが引き寄せられてきて、しかけをめくりたがるという状況になる。

あおむしの生態や月の満ち欠けを学習するというテーマが、身体を通して自然に受容される。コラージュという技法による絵の与えるインパクトは強く、子どもの眼にはいりやすいし、色の暖かさが残るので安心感もえられる。

しかけ絵本は、しかけのおもしろさでとりつきやすいので、人気をとりやすい。しかし、しかけの新奇さを追っていくのではなく、しかけでないとできない世界かどうか、吟味する必要がある。2002年に蔵書となった『恐竜たちの世界　３次元立体めがねつき』は、翌年には、貸出一位になっている。古くからある立体めがねを大型の図鑑絵本につかうというアイディアがヒットしたものであるが、こうしたしかけのない恐竜絵本とどう違うのかが、課題となっている。

b．こわくておもしろい絵本

「こわい絵本」については、第５章で詳述しているので、ここでは、ランキング30位を分析すると、「こわさ」に関係している絵本は、その３分の２を占めていることと、その要因について略述することにとどめる。

絵本の貸出時間になると、「こわい本、なーい？」という質問をよく受けるようになり、絵本を「明るくたのしいもの」と考えていた文庫初期のスタッフが、こわい絵本探しに乗り出し、なぜ、子どもたちがここまで「こわい絵本」を求めるのかを考えてきた過程がある。

『すてきな三にんぐみ』『11ぴきのねことあほうどり』『おばけやしき』『は

じめての恐竜大図鑑』などの人気のキー・ワードがそのこわさにあることがわかると、子どもたちが、こわい体験をして、それを克服することに、大きな喜びを感じていることが了解されたのである。そこでは、「おばけ」や「かいじゅう」というキャラクターが大きくかかわっているものの、それを出せばいいというものではなく、こわさを乗り越えて、はじめて満足感にもつながるということもわかってきた。こわさを自分の論理でかわしたり、こわさを味わいながらも、うまくかわしていける構造をもつ絵本が「こわくておもしろい絵本」である。昼の時間に、大勢で、最初にみることができることもこうした絵本を楽しめる要因になっていると思われる。『めっきらもっきらどおんどおん』や『ねないこだれだ』もこの範疇にはいるだろう。

典型的な例として佐々木マキの「ねむいねむいねずみ」シリーズをとりあげてみよう。

まず、このネーミングのよさがある。頭韻による覚えやすさとともに、主人公のねずみが目覚めているのか、眠っているのか、そこのところが、このシリーズのミソなのである。夜の「黒」が効果的に使われている画面でねずみの体験していることが、最後に夢だとされるので、こわさをつきつけられることはないものの、わからないところも残り、「これは夢だよね」と何度も確かめにくる子どもがでてくる。ナンセンス的なこわいおもしろさでロングセラーになっており、子どもに支持されて残ってきた絵本といえる。

本当にこわい絵本は、それが必要な少数派のものである。

c．わかりやすい絵と物語の魅力

物語絵本で多くの子どもに支持されるものに、マンガのようなわかりやすい絵で表現された絵本がある。馬場のぼるの「11ぴきのねこ」シリーズはこわくておもしろい物語を、視覚的にも語っていて、その代表的なものである。かこさとしの『からすのパンやさん』と『むしばミュータンスのぼうけん』は、わかりやすい絵と子どもの論理を追及したおもしろい物語に、もうひとつ「ものづくし」を展開する場面が図鑑的なおもしろさを加味してあって、子ども読者を強く意識した絵本といえる。

『さるのせんせいとへびのかんごふさん』は、2002年から蔵書になっているが、荒井良二の絵のユニークさで瞬く間に人気絵本となった。

d．誇張されたナンセンスな絵本、ユーモアのある絵本の意味

子どもが感じるユーモアは、おとなとは違うのだろうか。子どもと絵本をよんでいて、こんな風には、もう笑えなくなったと感じることがあった。それは、いわゆるナンセンスといわれるものへの感度の差であるようだ。『ぽちぽちいこか』では、ページをめくった瞬間の笑いを共有することはできるものの、スタッフには、そのおもしろさを体中で感じたり、長く持続させたりできる能力はない。ひとりでよんでもこうした笑いは生じないし、また、あまりおもしろくはないだろう。

幼稚園で実際に起こったことを絵本にした『おおきいおおきいおいも』は、想像のなかで、どんどんおおきくなっていくおいもが具体的に図像として出現しているので、子どもの笑いの生じるプロセスが非常によくわかるものになっている。結末のおならのロケットで宇宙に飛び出すところで大笑いがおきる。パンツも含め、おなら、うんちなどを取り上げた絵本は、そうした言葉を口々に叫び発散するきっかけになる。その背景には、興味をもっていても、なかなかこうした言葉をおもいきりいえる状況がないこともうかがえる。

e．図鑑絵本の魅力

貸出記録をみると、図鑑と図鑑的な絵本の貸出が、どちらかといえば男児を中心になされていることに気が付く。しかし、絵本の部屋では、女児も同じように熱中している姿がみられる。

知識の本といわれるジャンルは、本来、あるまとまった知識がえられるように設定されている筈であるが、「それもひとつのよみかた」といってよいほど、多様な受容がなされている。『いちご』(平山和子)は、いちごの生態の図鑑であるが、まず、表紙の絵のうつくしさで手に取られ、絵にかかれたいちごを争って食べ始める光景が毎度、繰り広げられる。二冊の大型の恐竜図鑑は、「恐竜なんてこわくない！」という子どもにたたかれたり、草食か、肉食かのクイズで盛り上がったりする。毎日のくらしのなかで、知りたいことや気にかかることの多い子どもたちにとって、図鑑やカタログは、好奇心をぶつける身近なツールなのである。昆虫図鑑やのりもの図鑑を好む子どものいることは、よく知られている。こうめ文庫では、借りるものがないという何人かの子どもたちにむけて、いわゆるお子様向きのものでないものを、選書してみたりもしているが、まだまだ、好奇心を充分満足してもらうところまでにいたっていない。図鑑の多様なよまれかたについての考察は、今後も継続していく課題である。

f．小型絵本の魅力

上位ランキングのなかに、『ピーターラビットのおはなし』『ピエールとライオン』『のはらうた』という小型の絵本が含まれている。特に、「ピーターラビット」のシリーズは、女児に貸出されていることを年少のランキングで指摘したが、その傾向は、継続している。ちいさいことが「かわいい」という評価と関係していることは明らかである（第4章参照）。

g．『げんきなマドレーヌ』と『こんとあき』

主に、女児を中心に貸出される「マドレーヌ」のシリーズは、動物の主人公の絵本とは違って、個性ある女の子が主人公であることに特徴がある。女児が主人公であると、男児はそれだけで敬遠する。翻訳絵本は、一般的にいって、背景になじみがないので、なかなか手にとられないのでアニメなどの他のメディアの影響があるのかもしれない。また、『こんとあき』は、林明子作品のなかでは、子ども読者の心理にそって、よくえがかれており、同じ「人気がある」という言葉のもとで論じることの困難さを浮かび上がらせている。

3）年中児のランキングをよむ

2）では、年中・年長ランキングからよみとった概観をのべたが、ここでは、もう少し、細かいデータに着目して、気付いた点についてのべてみよう。まず、年少と年中の総合ランキングは、蔵書が違うので比較することは無理なのであるが、あくまでも、参考にと、共通にあがっているものを調べると年少21位中約半分の10冊が、年中31位のリストと共通であった。こうめ文庫では、「何歳児向き」という考えを最初から非常にゆるやかに考えており、むしろ、「こんなの無理かな、でも、よむ子がいるといいなあ」といった絵本も蔵書にしてきたので、この数字は、もう少し、きちんとした比較できる状況をつくって取り上げたい課題である。次に、年中と年長の比較をしてみると、興味深いことに、15冊が同じ絵本で、やはり、約半数を占めていることがわかった。特に、年中上位ランキング10位までの絵本は、順位は異なるもののすべて年長でもあがってきているのである。これらのことから、絵本は、同じものが何度もよまれ、そのたびに、違ったよまれかたをしている可能性を示唆している。実際、個人の貸出記録を３年間みると、そうした貸出をしている例もみうけられるのである。

それでは、典型的な年中児向けの絵本はあるのだろうか。データでよみとれたのは、『ねないこだれだ』と「11ぴきのねこ」シリーズ（第３章参照）である。順位は低いが『むしばミュータンスのぼうけん』（第６章参照）も加えてもよいだろう。この年齢の子どもたちを導入していく要素と構造をもった絵本である。

女児30位と男児31位で共通しているのは、約半数の14冊にすぎない。それらは、『おばけやしき』『はらぺこあおむし』『11ぴきのねことあほうどり』『からすのパンやさん』『すてきな三にんぐみ』『おおきなおおきなおいも』『まどから★おくりもの』『11ぴきのねこ　ふくろのなか』『ねないこだれだ』『11ぴきのねこ』『11ぴきのねことぶた』『むしばミュータンスのぼうけん』『パパ、お月さまとって！』『かいじゅうたちのいるところ』（女児上位順）である。

そこで、女児と男児のリストから、貸出傾向の違いをみてみよう。そこには、女児は物語絵本を好み、男児は図鑑・知識の本を好むことをはっきりとよみとることができる。女児の10位までに、『ピーターラビットのおはなし』『わたしのワンピース』『さるのせんせいとへびのかんごふさん』がはいっているのに比し、男児10位までには、『地下鉄のできるまで』『はじめての恐竜大図鑑』『絵でみる世界大恐竜地図』『昆虫ちいさななかまたち』が並ぶ。その典型例が『わたしのワンピース』と『地下鉄のできるまで』である。

『わたしのワンピース』は、100パーセント女児の貸出である。記録をよむと、「よく知っていて、いっしょに声を出してよんだ」「にあうでしょう？というところで、にあわない・コールがおきた」など、大勢で楽しんでいる様子がうかがえる。この絵本をよむと、誰かが（特に、男児が）絵本のよびかけの度に「にあわん！」と大声でちゃちゃを入れて盛り上がるので、貸出はしないものの男児にも反応のある絵本ではある。「げんきなマドレーヌ」や「のはらうた」や「そらまめくん」のシリーズは、まず、女児が火をつけ、のちに男児にも広がっていったようである。

『地下鉄のできるまで』は、98パーセントが男児の貸出である。かこさとしが1987年に刊行したもので、隠れたロングセラーである。部屋のすみで静かにこの絵本を開いている男児の姿をよくみる。細部を楽しんでいるのだ。ときおり、「よんで」といわれることもある。自分たちで、独自のストーリーをつくって楽しんでいるグループも目撃されている。文が多く、内容も専門的で、他のいわゆるのりもの絵本とは違うのが、彼らに評価されているようだ。のりもの関連では、ほかに、『やこうれっしゃ』や『どどどどど』が流行している年もある。

文庫５年目の反省のなかに、男児の要求にあう絵本が、少なすぎるのではないかというのがあった。その見直しのきっかけになった絵本が『地下鉄のできるまで』であった。「子ども向きに出版された専門的なもの」という課題をもとに、蔵書を点検し、新作を検討したがなかなか適書が見出せず、結局、一般書の図鑑や写真集にも目をむけることになり、2001年にはいったのが、その年の男児ランキング10位の『クジラ・イルカ大百科』である。300ページ近い重い本なので、部屋では手に取られるものの貸出は無理だろうという予測ははずれた。次の年には、女児にもひろがっている。

4）年長児のランキングをよむ

総合ランキングを年中児と比べてみると、大型の絵巻絵本『11ぴきのねこマラソン大会』が入っているのに気が付く。年中でしっかり頭に入っている

「11ぴき」の世界を大勢で楽しむのである。『ぼちぼちいこか』や『ねえ、どれがいい？』のような「高度」なユーモアのあるファンタジーが楽しめ、『あしたは月よう日』や『はせがわくんきらいや』のような日常生活を鋭く切り取った「高度」な物語にもふけることができるようになっている。特に、年長の秋以降の成長は著しく、「しっかりしてきた」とか「たくましくなった」というスタッフの声がよく聞かれるようになる。

『はせがわくんきらいや』をはじめて文庫でよんだ日（96.3.7）のことは忘れることができない。子どもたちの反応がスタッフに衝撃を与え、その絵本観をゆさぶったからである。いつもは絵本に興味を持たず、仲間で走り回っている男児たちが、一番前に陣取って、身を乗り出して聞き、よみおわると心から満足したような顔をみせたのである。以後、長谷川集平の『トリゴラス』や『あしたは月よう日』も蔵書となり、年長男児によくよまれるようになっていく。

また、もともとは、スタッフが朗読するために購入した「のはらうた」のシリーズが、女児に特に好まれ、上位7番目に顔を出している。これも、5歳児の「実力」を知った記念すべき作品である。

年中児には、貸出に男女差がはっきりみられることをのべたが、年長児ではどうだろうか。上位ランキングで共通にでているものは、8冊ある。『からすのパンやさん』『まどから★おくりもの』『おばけやしき』『おおきなおおきなおいも』『ピエールとライオン』（小）『ぼちぼちいこか』『ねえ、どれがいい？』『あしたは月よう日』である。これを、男女差がより大きくなったとよんでもいいのだが、その奥に個性差が進んだという面もあるように思われる。また、年中児に好まれる「11ぴき」シリーズは、女児のランキングには登場しないものの、男児のランキングでは、12位『11ぴきのねことあほうどり』をはじめ、あと3冊が残っている。他にも年中で人気のあったものが見受けられ、成長の仕方にも違いがあるようである。

ランキングの上位に、女児は、女児が主人公か、ウサギなどやさしい感じを持つ小動物が主人公の物語絵本が、男児は、恐竜の図鑑やおばけなどこわい絵本が入っている傾向は、年長でもみられる。しかし、96年男児トップに『ふくろうくん』という絵物語が顔をだしたり、2000年女児トップに『あしたは月よう日』がでたりしている。数字をよくみると、トップといっても、10回と14回で、大きい数字ではない。2003年のデータをみてほしい（384頁参照）。女児トップの『ぼちぼちいこか』は、たったの12回である。一人の子どもが借りつづけたら届くような数字である。つまり、人気が分散しているのである。絵本は、もともと、一冊ずつ個性的で違っていることに特徴があるので、こうした分散は、望ましい姿であるといえる。男女差とともに、個人差が大きい選択要因になっているといってもよいだろう。

Ⅱ 貸出されない絵本

これまでは、上位ランキングに上がってきた絵本をとりあげたが、ここでは、何らかの理由で文庫の蔵書になったのにもかかわらず、子どもたちに貸出されない絵本を抽出して、その原因を検討したい。この試みは、５年目にすでに取り組み、蔵書を点検し、部屋からひきあげたり、廃棄処分にした絵本が出た。勿論、絵本の評価は、貸出回数ではかれるものではないので、一度きりの貸出でも何らかの意味を持っている場合もあるし、スタッフがよんでもらいたいと願っていれたものもあるので、引き続き検討したいと持ち越した絵本もあった。５年目で判明したことをまとめると次の通りである。
（『きょうはこうめのひ』209−216頁）

・昔話絵本は、日常とかけ離れたものであるので、子ども自らが手にとることは殆どない。おとなが意識的によむことで注目されることがある。
・翻訳絵本も、図像になじみがないので、手にとられないものがある。その例として、「かえるくん」のシリーズとバーニンガムの絵本があげられる。
・その他、取り上げられない絵本がいろいろある。
・結論として、どうも、この年齢の子どもたちの大部分に受け入れられない絵があるようだ。ことばは、手に取って、よんでもらい、聞くことではじめて判断されるので、逆に、絵の力によって、借り出されたものの、受容されなかった統計に出てこない暗数は多いのではないかと推測される。

今回は、5年以上蔵書にはいっているが、貸出2回以下の絵本を検索してみたところ、以下にみられるように、43点があがってきた。

この結果は、5年間の実績と、ほとんど、かわらない。0行進を続けていても、蔵書としてそのままにしたものが、ここでも顔を出している。

【表1】貸出の少ない絵本リスト（5年以上蔵書でありながら、0,1,2回の絵本）

書　名	95	96	97	98	99	00	01	02	03
ふしぎなたけのこ	/	/	0	0	0	0	0	1	0
ふるやのもり	/	/	0	1	0	0	0	0	0
スーホーの白い馬	1	1	0	0	0	0	0	0	0
へっこきあねさがよめにきて	/	0	0	0	0	2	0	0	0
金のがちょうのほん	/	/	0	0	0	0	2	0	0
ジョン・バーニンガムのabc	/	/	0	0	0	0	0	0	0
ジョン・バーニンガムの123	/	/	1	0	0	0	0	0	0
ジョン・バーニンガムのはんたいことば	/	/	0	0	0	1	0	1	0
いぬ	/	/	0	0	0	0	0	0	0
もうふ	/	/	0	0	0	0	0	0	0
がっこう	/	/	1	0	0	0	0	0	0
とだな	/	/	0	0	0	1	1	0	0
おじいちゃん	/	0	0	0	1	0	1	0	0
かえるくんのほん1	/	/	1	0	0	0	0	0	0
かえるくんのほん3	/	/	0	0	0	0	0	0	0
かえるくんのほん5	/	/	0	0	0	0	0	1	0
ジルベルトとかぜ	0	1	1	0	0	0	0	0	0
のうじょうけんがく	0	1	0	0	0	1	0	0	0
のはらにおはながさきはじめたら	/	/	/	0	0	2	0	0	0
わたしのろばベンジャミン	/	/	/	1	0	0	0	0	1
ばしん！ばん！どかん！	/	0	0	0	0	0	0	0	0
雨、あめ	/	/	1	0	0	1	0	0	0
かぜはどこへいくの	/	/	/	0	0	0	0	0	0
ピクニックにいかない？	/	1	1	0	0	0	0	0	0
にわとりとたまご	/	1	0	0	0	0	1	0	0
ジョセフのにわ	/	/	/	0	0	0	0	0	0
ちびおおかみ	/	/	/	0	0	0	0	1	0
チムとゆうかんなせんちょうさん	/	/	0	0	0	0	0	1	0
ピーターのくちぶえ	/	/	/	0	0	0	0	1	0
また　もりへ	/	/	/	1	0	0	0	0	1
きこえるきこえる	/	/	/	0	0	0	1	1	0
おぼえていろよおおきな木	/	/	/	/	1	0	0	0	0
ケツアルコアトルの道	/	/	0	0	0	1	0	0	0
ぼうし（瀬川康男）	/	/	/	1	0	0	0	0	0
あめのひのおるすばん	/	/	0	0	0	0	1	0	0
き	/	/	/	/	1	0	0	0	0
ふたり	/	/	/	0	0	0	0	0	0
すきときどききらい	1	1	0	0	0	0	0	0	0
のぼっちゃう	/	1	0	0	0	1	0	0	0
おなかのすくさんぽ	/	/	/	0	0	0	0	0	0
どんどんどんどん	/	/	0	0	0	0	0	0	1
ゆきみち	1	1	0	0	0	0	0	0	0
五助じいさんのキツネ	/	/	/	0	0	2	0	0	0

最初の5点が、昔話関係である。スタッフがプログラムにとりあげるなどの意識によって、ここ5年間で手にとられるものもでてきている。

次の8点がジョン・バーニンガムの絵本である。バーニンガムの絵本は、絵本表現に工夫がこらされ、スタッフの信頼は厚いが、色使いが淡く、線の輪郭がぼやけているものが多く、繊細であるため、手に取られない。(例外的に『ねぇ、どれがいい?』は人気が高い。)絵のインパクトが低く、描かれているのが、西洋人であり、家や生活になじみがないこともあるだろう。「かえるくんのほん」から『きこえるきこえる』まで翻訳絵本である。『ばしん!ばん!どかん!』と『雨、あめ』は、絵が細かくかきこまれ、にぎやかな絵本であるが、読者とかみあわない。『ジョゼフのにわ』は、絵にインパクトはあっても、表紙が受け付けられない。絵本にはいっていく入り口である表紙が、この年齢の読者とあわないのである。翻訳絵本であっても、絵本に入りやすい導入がされていると、異文化が逆に魅力にかわることができる(第7章参照)。『チムとゆうかんなせんちょうさん』と『ピーターのくちぶえ』については、小学校の図書館司書になったもとスタッフから、小学校では、よく受け入れられたという情報もはいっている。少数であったも、将来、貸出される可能性は、どの絵本にもあるが、あまり蔵書が多数になりすぎると、弊害もでてくるだろう。現状が、適正な数であるかどうかの議論が必要となっている。

『おぼえていろよおおきな木』以後は、日本の創作絵本である。数が多いにもかかわらず、翻訳絵本よりは、手に取られやすいのか12点のみである。スタッフにとって、予想外であったのは、片山健『おなかのすくさんぽ』と『どんどんどんどん』であった。原初的なエネルギーのある絵は、受け入れられるだろうと考えた予測がはずれたのである。絵本にはいりこめる入り口がないことと、描かれた人物に違和感があるのではないかと考えている。

どのような絵本が、どのような読者に、適書となるのか、こうした借り出されなかった絵本群のさらなる分析が、必要となった。

Ⅲ 「ぼちぼち」貸出される絵本

上位と下位のランキングについての検討をしながら、地味に、しかし、誰かが貸出している絵本にも目をむけてみたいと考えた。抽出条件として、毎年、1回以上10回以下貸出されている絵本としてみたところ、【表 2】の23点がリスト・アップされた。

【表2】流行していないが毎年誰かが借りている絵本

書　　名	95	96	97	98	99	00	01	02	03	計
りすのはなし	3	6	8	7	10	9	9	6	3	61
ねずみくんのチョッキ	7	10	6	10	9	7	5	5	1	60
どうながのプレッツェル	8	8	7	9	9	4	5	1	4	55
はなのあなのはなし	7	6	4	6	4	6	8	7	2	50
ぐりとぐらのえんそく	4	8	3	4	4	5	8	5	5	46
おなら	9	7	9	3	6	1	4	4	1	44
とべバッタ	10	9	2	4	4	4	6	4	1	44
ほ〜らおおきくなったでしょ　あひる	6	9	2	7	4	1	8	2	1	40
おふろだいすき	8	4	2	3	6	3	2	2	3	33
フランシスとたんじょうび	6	8	2	6	2	2	1	2	1	30
ずかん・じどうしゃ	5	6	3	2	1	4	2	4	2	29
どろんこハリー	3	4	3	5	6	2	3	2	1	29
ぼくはあるいた　まっすぐまっすぐ	1	7	2	4	2	5	4	2	2	29
あしのうらのはなし	5	6	2	1	2	5	3	1	1	26
おおはくちょうのそら	4	5	5	3	2	3	1	2	1	26
いたずらきかんしゃ　ちゅうちゅう	4	6	5	1	1	2	2	3	1	25
さかな	1	2	3	3	4	2	4	2	4	25
くまさんくまさんなにみてるの？	7	5	2	2	2	1	1	1	2	23
ろくべえまってろよ	3	4	1	4	6	1	1	1	1	22
はじめてであうずかん　しょくぶつ	1	4	2	1	4	3	2	2	2	21
どうぶつ	2	4	3	4	2	1	2	2	1	21
りんごのき	1	6	1	1	3	1	3	1	2	19
いたずらこねこ	1	4	2	1	1	1	1	1	1	13

これらの絵本をならべてみると、いくつかの興味深い知見がえられた。まず、動物絵本、それも小動物の絵本が多いこと、表紙絵に描かれたキャラクターが読者へ視線をおくっていること、蔵書に4冊しかはいっていないブライアン・ワイルドスミスの絵本が3冊みられることなどである。

1）動物の魅力

a．小動物の魅力

子ども読者は、大きいものに憧れを持つが、自分より小さいものには、親和感をもつ。なかでも、ねずみは、よく活躍している。このリストでは『ねずみくんのチョッキ』のみであるが、『ぐりとぐら』や『フレデリック』など、よく顔をだしている。『いたずらこねこ』も、「こねこ」というところに魅力を感じる。１度だけ０の年があってリストには入らなかった『ちいさなねこ』(❶) にも同じことがいえる。写真絵本の『ほ～ら大きくなったでしょあひる』は、卵からうまれるところから、赤ちゃんあひるが大きくなるさまをおっていて、かわいい「赤ちゃん」に魅力を感じるようである。

❶『ちいさなねこ』表紙

b．動物の毛皮がもつ「もこもこ」感の魅力

もうひとつ、動物絵本の重要な要素として、うさぎ、りす、くまなど、まるくて、とがっていない動物、特に、もこもこした毛皮をもつ動物への親和感があげられる。このリストでは、あたたかい触感を感じるくまの絵本が『くまさんくまさんなにみているの？』(❷) がはいっており、『フランシスとたんじょうび』(❹) もこの系譜でふわふわした毛皮が魅力をもっている。もこもこではないが、まるくてあたたかい『おふろだいすき』のかばも、仲間にいれてもいいかもしれない。内面にもっている「やさしさ」「あたたかさ」を表現するのに、こうした動物は最適なのである。

❷『くまさんくまさんなにみてるの？』表紙

❸『もぐらとずぼん』表紙*2

c．身近な動物、特に、いぬについて

❹『フランシスとたんじょうび』表紙

『どうながのプレッツェル』（❺）は、まず、表紙にひきつけられることからはじまり、「けっこん」に反応する。『ひとまねこざる』のシリーズを描いたＨ．Ａ．レイの絵である。レイの絵本には、暖かい色使いと丸みをおびた親しみやすい主人公が、失敗したり悩んだりしながら、満足のいく結末をむかえるという型が多いのである。『どろんこハリー』は、おふろぎらいな主人公に同化しやすく、身近に感じられる。『ろくべえまってろよ』（❻）でも、こいぬの不安が表紙で提示され、次にすすみたくなる。

❺『どうながのプレッツェル』表紙

d．表紙絵の誘い

借り出されない絵本のところで、「絵本にはいる入り口」が用意されていない絵本があるということを述べたが、ここでは、その入り口のひとつとして、読者と目をあわせるように描かれた表紙絵をならべて提示してみる。ふと、手に取られるのは、目があうからであることが了解されるだろう。主人公の動物が中央に配置され、「眼」が印象的に描かれているのである。

２）　絵の魅力、主題の魅力

画家の名前には、興味をもっていないとしても、おもしろかった絵本と同じ画家の絵本であることがわかると手に取られる。『はなのあなのはなし』と『あしのうらのはなし』は、やぎゅうげんいちろうの絵本である（その魅力については第６章参照）。あたたかいユーモアのある絵は、すっと、手に取られる。『ぼくはあるいた　まっすぐまっすぐ』の林明子、『とべバッタ』の田島征三、後述するワイルドスミスなどは、その特徴ある絵で、信頼される絵本画家である。

主題で、このリストにあがってきているのは、『ずかん・じどうしゃ』と『いたずらきかんしゃ　ちゅうちゅう』ののりものである。上位リストのところでも述べたが、特に、男児に好まれる。また、『おなら』があがっているが、おしっこ、うんちも含め、ストレス社会にあって、こうした絵本で笑いあうのは、もやもやを発散できる機会となる。『〈はじめてであうずかん〉しょくぶつ』や『りんごのき』のようなしずかな主題もしずかに好まれている。地味によまれる絵本というテーマをふかめるためには、選択のキー・ワードとして機能するような主題にもっと鋭敏なる必要があるだろう。

❻『ろくべえまってろよ』表紙

3）　ブライアン・ワイルドスミスの絵本

ワイルドスミスは、イギリスの絵本作家であるが、「絵が物語る」絵本が絵本であるという絵本観が強いためもあって、色彩の美しさで、言及されることはあっても、殆ど、論じられることのない画家である。イギリスに比し、日本では、早くから作品が翻訳・紹介され、個人絵本美術館も存在するなど、高く評価されてきた。しかし、子ども読者の受容という点に関しては、あまり明らかになっていなかった。

こうめ文庫の記録を丹念にみていくと、子どもをひきつける要素として、物語のおもしろさがあるのは、いうまでもない。しかし、それだけではなく、ただ、図をならべるだけの図鑑や、かこさとしが得意とする「ものづくし」が、絵本を手に取られる大きい要因になっていることがよみとれてきた。同系列のものを並べて楽しむという文化は、コレクションの世界を例にとるとわかりやすいが、学問の体系化においても、類似の作業をしていることを考えると、知識を構築していく基本ともかかわりを持つと考えられる。

ワイルドスミスは、当初から、子どもにとって「根源的なもの」を表象するという哲学をもって絵本を作成しており、ＡＢＣ絵本や数の本、寓話絵本、生物図鑑などで、それを具体化している。蔵書に4点しかいれていないので、物語絵本とは違った系列の絵本を論じる基盤が弱いのは、残念である。

❼『どうぶつ』表紙

❽『さかな』表紙

『どうぶつ』(❼) と『さかな』(❽) は、『とり』と3部作として刊行されており、何故、『とり』が蔵書にないのか、理由は不明である。『どうぶつ』は、見開きで、一種類の動物が登場する動物図鑑である。記録が貸出数よりも多く残っており、誰かが開くと、「動物トーク」が、その場で盛り上がることが多い。

♣大きく描かれた動物よりも、小さいのに興味があり、指でさし示す。

(年長　1995.9.14)

♣文字があまりないので、子どもたちと動物トークをよくした。いろいろな動物がでるたびに、いろんな反応があった。　(年少　2002.2.7)

特に、カンガルーの場面での反応が多く記録されている。

『さかな』は、『どうぶつ』とくらべると、たった7件の記録しかないが、貸出数は『どうぶつ』とほぼ同数である。発言では、絵をじっとみて「このさかなきれい」といったという以外の記録はない。静かに絵を楽しむ絵本として捉えられているようだである。内容では、とびうおが注目されているぐらいである。

『りすのはなし』(❾) は、りすの生態を描いた絵本であるが、生態を知識として伝えるというよりは、りすというユニークな小動物のくらしのふしぎさが伝わるようになっている。記録では、しっぽの大きさや働きに驚いているようすが見受けられる。「しっぽってべんりだね」とか「すごい」とか、「しっぽがあっていいなあ」といった感想がもらされているのである。しっぽの毛の一本ずつが丁寧に描かれ、ふわふわした感触がつたわってくる。

❾『りすのはなし』表紙

ワルドスミスの絵本のよまれかたを探っていくと、「絵をじっとみている」という記録があちこちに出ている。その絵の魅力は、色のうつくしさにつきるが、色彩を過度につかうと騒がしくなったり、押し付けがましくなる傾向にあるにもかかわらす、ワイルドスミスの色彩は、意外にも、強い主張がなく、じっとみていて、ほっとさせてくれる作用がある。こうした絵に魅力を感じるのは、マイペースでおっとりした子どもと考えられるが、貸出リストをみると、その予測はあたっているようであった。

ワイルドスミスの絵本の表紙を並べてみよう。ひっそりと、そこで、まっていてくれたと感じるのではないだろうか。

おわりに

貸出記録の数字をもとにして、10年で、みえてきたことを語ってきた。絵本をできるかぎり読者の側からみるという難題の山のふもとに、立つことができただろうか。

大勢で楽しむ絵本や参加型の絵本については、かなり明らかにされたが、ひとりひとりにどうむかいあっているのかという点では、課題は数多く出されている。貸出傾向が多様化している実態を報告したが、多様になればなるほど、スタッフの一冊の絵本へのかかわりが希薄になるのではないかという疑問も同時に出でくる。多様であることは大切であるが、多すぎるとしっかり向き合うことができなくなる危険性もますだろう。

とはいっても、追求できる絵本の可能性は、まだまだ残されているだろうし、絵本は、さらに進化していくメディアとして捉えることもできるだろう。

また、絵本を選ぶスタッフの絵本意識と蔵書構成の問題は、こうした記録以前の課題であることにあらためて気付くことができたことも、ひとつの成果といってもよいかもしれない。

どうして、子どもと絵本をよみたいとおもうのかという問いは、ブーラメンのように、自分に返ってくる。

注

＊1　エリック・カール著　乾有美子・箕浦万里子訳『子どもの夢を追って―エリック・カール自伝』偕成社　1992

＊2　１度だけ11回貸出の年があって、リストには入っていないが、「もぐら」というキャラクターも小さく、毛皮に触感をもっており、この範疇に入るだろう。

巻末
資料

こうめ文庫貸出ランキング（1994～2003年度）
こうめ文庫蔵書リスト

こうめ文庫貸出ランキング（1994-2003年度）

◉年少　貸出データ（総合及び年度別貸出回数が上位のもの）

1994-2003年度　年少総合貸出回数　上位21

絵本名	総計	女	男	比率	
総計	2984	1947	1037	（女：男）	
すてきな三にんぐみ	78	35	43	0.30	0.70
からすのパンやさん	67	40	27	0.44	0.56
ぐりとぐら	65	40	25	0.46	0.54
しずくのぼうけん	63	44	19	0.55	0.45
14ひきのあさごはん	61	42	19	0.54	0.46
いちご	61	39	22	0.49	0.51
くまのコールテンくん	61	45	16	0.60	0.40
ろけっとこざる	59	23	36	0.25	0.75
わたしのワンピース	59	55	4	0.88	0.12
ぐりとぐらのおきゃくさま	58	42	16	0.58	0.42
おおかみと七ひきのこやぎ	57	37	20	0.50	0.50
かいじゅうたちのいるところ	57	20	37	0.22	0.78
11ぴきのねことあほうどり	56	34	22	0.45	0.55
ひとまねこざるときいろいぼうし	56	23	33	0.27	0.73
あさえとちいさいいもうと	55	48	7	0.79	0.21
ひとまねこざる	55	29	26	0.37	0.63
三びきのやぎのがらがらどん	55	28	27	0.36	0.64
しろくまちゃんのほっとけーき	51	42	9	0.71	0.29
はけたよはけたよ	49	39	10	0.68	0.32
はたらくじどうしゃ·1	49	8	41	0.09	0.91
はらぺこあおむし	49	28	21	0.42	0.58

1994-2003年度　年少男児貸出回数　上位21

絵本名	女	男	比率	
総計	1947	1037	（女：男）	
すてきな三にんぐみ	35	43	0.30	0.70
はたらくじどうしゃ·1	8	41	0.09	0.91
はたらくじどうしゃ·2	7	38	0.09	0.91
かいじゅうたちのいるところ	20	37	0.22	0.78
ろけっとこざる	23	36	0.25	0.75
ひとまねこざるときいろいぼうし	23	33	0.27	0.73
どうぶつ	12	29	0.18	0.82
からすのパンやさん	40	27	0.44	0.56
三びきのやぎのがらがらどん	28	27	0.36	0.64
ひとまねこざる	29	26	0.37	0.63
ぐりとぐら	40	25	0.46	0.54
いちご	39	22	0.49	0.51
11ぴきのねことあほうどり	34	22	0.45	0.55
たろうのおでかけ	23	22	0.36	0.64
はらぺこあおむし	28	21	0.42	0.58
おふろだいすき	27	21	0.41	0.59
おおかみと七ひきのこやぎ	37	20	0.50	0.50
ぐるんぱのようちえん	22	20	0.37	0.63
しずくのぼうけん	44	19	0.55	0.45
14ひきのあさごはん	42	19	0.54	0.46
ティッチ	28	19	0.44	0.56

1994-2003年度　年少女児貸出回数　上位21

絵本名	女	男	比率	
総計	1947	1037	（女：男）	
わたしのワンピース	55	4	0.88	0.12
あさえとちいさいいもうと	48	7	0.79	0.21
くまのコールテンくん	45	16	0.60	0.40
しずくのぼうけん	44	19	0.55	0.45
14ひきのあさごはん	42	19	0.54	0.46
ぐりとぐらのおきゃくさま	42	16	0.58	0.42
しろくまちゃんのほっとけーき	42	9	0.71	0.29
こわいわるいうさぎのおはなし	42	5	0.82	0.18
からすのパンやさん	40	27	0.44	0.56
ぐりとぐら	40	25	0.46	0.54
いちご	39	22	0.49	0.51
はけたよはけたよ	39	10	0.68	0.32
フロプシーのこどもたち	39	7	0.75	0.25
ちいさなうさこちゃん	38	8	0.72	0.28
おおかみと七ひきのこやぎ	37	20	0.50	0.50
ピーターラビットのおはなし	36	7	0.73	0.27
すてきな三にんぐみ	35	43	0.30	0.70
11ぴきのねことあほうどり	34	22	0.45	0.55
きいろいことり	33	12	0.59	0.41
ベンジャミンバニーのおはなし	33	2	0.90	0.10
ひげのサムエルのおはなし	31	1	0.94	0.06

1994年度　年少総合貸出回数　上位12

絵本名	総計	女	男	比率	
総計	206	166	40	（女：男）	
からすのパンやさん	10	7	3	0.36	0.64
わたしのワンピース	10	10		1.00	0.00
くまのコールテンくん	7	7		1.00	0.00
ぐりとぐらのおきゃくさま	7	5	2	0.38	0.62
しろくまちゃんのほっとけーき	6	6		1.00	0.00
ちいさいおうち	6	4	2	0.33	0.67
とこちゃんはどこ	6	5	1	0.55	0.45
はらぺこあおむし	6	5	1	0.55	0.45
はろるどまほうのくにへ	6	6		1.00	0.00
ロージーのおさんぽ	6	3	3	0.19	0.81
ろけっとこざる	6	1	5	0.05	0.95
三びきのやぎのがらがらどん	6	1	5	0.05	0.95

1994年度　年少女児貸出回数　上位16

絵本名	女	男	比率	
総計	166	40	（女：男）	
わたしのワンピース	10		1.00	0.00
からすのパンやさん	7	3	0.36	0.64
くまのコールテンくん	7		1.00	0.00
しろくまちゃんのほっとけーき	6		1.00	0.00
はろるどまほうのくにへ	6		1.00	0.00
ぐりとぐらのおきゃくさま	5	2	0.38	0.62
とこちゃんはどこ	5	1	0.55	0.45
はらぺこあおむし	5	1	0.55	0.45
あさえとちいさいいもうと	5		1.00	0.00
ちいさいおうち	4	2	0.33	0.67
14ひきのあさごはん	4	1	0.49	0.51
ぐりとぐら	4	1	0.49	0.51
しずくのぼうけん	4	1	0.49	0.51
きいろいことり	4		1.00	0.00
キャベツくん	4		1.00	0.00
ピーターのいす	4		1.00	0.00

1994年度　年少男児貸出回数　上位10

絵本名	女	男	比率	
総計	166	40	（女：男）	
ろけっとこざる	1	5	0.05	0.95
三びきのやぎのがらがらどん	1	5	0.05	0.95
からすのパンやさん	7	3	0.36	0.64
ロージーのおさんぽ	3	3	0.19	0.81
ぐりとぐらのおきゃくさま	5	2	0.38	0.62
ちいさいおうち	4	2	0.33	0.67
ぐるんぱのようちえん	3	2	0.27	0.73
ひとまねこざる	2	2	0.19	0.81
11ぴきのねことあほうどり	1	2	0.11	0.89
ひとまねこざるときいろいぼうし	1	2	0.11	0.89

1995年度　年少総合貸出回数　上位11

絵本名	総計	女	男	比率	
総計	175	114	61	（女：男）	
すてきな三にんぐみ	10	5	5	0.35	0.65
おおかみと七ひきのこやぎ	8	3	5	0.24	0.76
わたしのワンピース	6	6		1.00	0.00
ももたろう	6	2	4	0.21	0.79
みんなうんち	6	4	2	0.52	0.48
はらぺこあおむし	6	4	2	0.52	0.48
はたらくじどうしゃ·1	6		6	0.00	1.00
ろけっとこざる	5	3	2	0.45	0.55
はたらくじどうしゃ·2	5	1	4	0.12	0.88
どうぶつのおかあさん	5	5		1.00	0.00
しずくのぼうけん	5	4	1	0.68	0.32

1995年度　年少女児貸出回数　上位20

絵本名	女	男	比率	
総計	114	61	（女：男）	
わたしのワンピース	6		1.00	0.00
どうぶつのおかあさん	5		1.00	0.00
すてきな三にんぐみ	5	5	0.35	0.65
みんなうんち	4	2	0.52	0.48
はらぺこあおむし	4	2	0.52	0.48
しずくのぼうけん	4	1	0.68	0.32
くまのコールテンくん	4		1.00	0.00
あさえとちいさいいもうと	4		1.00	0.00
ろけっとこざる	3	2	0.45	0.55
ぼとんぼとんはなんのおと	3		1.00	0.00
ピーターラビットのおはなし	3		1.00	0.00
はけたよはけたよ	3		1.00	0.00
こわいわるいうさぎのおはなし	3		1.00	0.00
ぐるんぱのようちえん	3	1	0.62	0.38
ぐりとぐら	3	1	0.62	0.38
からすのパンやさん	3	1	0.62	0.38
おふろだいすき	3	1	0.62	0.38
おおかみと七ひきのこやぎ	3	5	0.24	0.76
いないいないばあ	3	1	0.62	0.38
14ひきのあさごはん	3		1.00	0.00

1995年度　年少男児貸出回数　上位13

絵本名	女	男	比率	
総計	114	61	（女：男）	
はたらくじどうしゃ·1		6	0.00	1.00
すてきな三にんぐみ	5	5	0.35	0.65
おおかみと七ひきのこやぎ	3	5	0.24	0.76
ももたろう	2	4	0.21	0.79
はたらくじどうしゃ·2	1	4	0.12	0.88
いちご	1	3	0.15	0.85
どうぶつ		3	0.00	1.00
はらぺこあおむし	4	2	0.52	0.48
みんなうんち	4	2	0.52	0.48
ろけっとこざる	3	2	0.45	0.55
キャベツくん	2	2	0.35	0.65
フランシスとたんじょうび	2	2	0.35	0.65
もりのなか		2	0.00	1.00

1998年度　年少男児貸出回数　上位16

絵本名	女	男	比率	
総計	127	61	(女：男)	
すてきな三にんぐみ	2	5	0.16	0.84
三びきのやぎのがらがらどん	2	3	0.24	0.76
おふろだいすき	1	3	0.14	0.86
はたらくじどうしゃ·1	1	3	0.14	0.86
はろるどまほうのくにへ	1	3	0.14	0.86
ろけっとこざる	1	3	0.14	0.86
はたらくじどうしゃ·2		3	0.00	1.00
くまのコールテンくん	4	2	0.49	0.51
しずくのぼうけん	3	2	0.42	0.58
きいろいことり	2	2	0.32	0.68
ひとまねこざる	2	2	0.32	0.68
とこちゃんはどこ	1	2	0.19	0.81
ピーターのいす	1	2	0.19	0.81
だるまちゃんとかみなりちゃん		2	0.00	1.00
だるまちゃんとてんぐちゃん		2	0.00	1.00
もりのなか		2	0.00	1.00

1999年度　年少総合貸出回数　上位11

絵本名	総計	女	男	比率	
総計	219	135	84	(女：男)	
からすのパンやさん	9	5	4	0.44	0.56
ティッチ	8	7	1	0.81	0.19
はらぺこあおむし	8	7	1	0.81	0.19
フロプシーのこどもたち	8	8		1.00	0.00
ろけっとこざる	7	1	6	0.09	0.91
いちご	6	6		1.00	0.00
おおかみと七ひきのこやぎ	6	5	1	0.76	0.24
かいじゅうたちのいるところ	6	3	3	0.38	0.62
ぐりとぐらのおきゃくさま	6	6		1.00	0.00
ひとまねこざるときいろいぼうし	6	3	3	0.38	0.62
三びきのやぎのがらがらどん	6	3	3	0.38	0.62

1999年度　年少女児貸出回数　上位13

絵本名	女	男	比率	
総計	135	84	(女：男)	
フロプシーのこどもたち	8		1.00	0.00
ティッチ	7	1	0.81	0.19
はらぺこあおむし	7	1	0.81	0.19
いちご	6		1.00	0.00
ぐりとぐらのおきゃくさま	6		1.00	0.00
からすのパンやさん	5	4	0.44	0.56
おおかみと七ひきのこやぎ	5	1	0.76	0.24
しろくまちゃんのほっとけーき	5		1.00	0.00
はけたよはけたよ	5		1.00	0.00
あさえとちいさいいもうと	4	1	0.71	0.29
ちいさなうさこちゃん	4	1	0.71	0.29
わたしのワンピース	4	1	0.71	0.29
いないいないばあ	4		1.00	0.00

1999年度　年少男児貸出回数　上位12

絵本名	女	男	比率	
総計	135	84	(女：男)	
ろけっとこざる	1	6	0.09	0.91
はたらくじどうしゃ·1		5	0.00	1.00
からすのパンやさん	5	4	0.44	0.56
14ひきのあさごはん	1	4	0.13	0.87
すてきな三にんぐみ	1	4	0.13	0.87
はたらくじどうしゃ·2		4	0.00	1.00
かいじゅうたちのいるところ	3	3	0.38	0.62
ひとまねこざるときいろいぼうし	3	3	0.38	0.62
三びきのやぎのがらがらどん	3	3	0.38	0.62
カウボーイのスモールさん		3	0.00	1.00
たろうのおでかけ		3	0.00	1.00
どうぶつ		3	0.00	1.00

2000年度　年少総合貸出回数　上位14

絵本名	総計	女	男	比率	
総計	208	122	86	(女：男)	
すてきな三にんぐみ	10	5	5	0.41	0.59
ぐりとぐら	8	2	6	0.19	0.81
しろくまちゃんのほっとけーき	8	7	1	0.83	0.17
14ひきのあさごはん	7	5	2	0.64	0.36
アンガスとあひる	7	3	4	0.35	0.65
ぐりとぐらのおきゃくさま	6	3	3	0.41	0.59
ひとまねこざる	6	3	3	0.41	0.59
11ぴきのねことあほうどり	5	2	3	0.32	0.68
かいじゅうたちのいるところ	5	1	4	0.15	0.85
しずくのぼうけん	5	3	2	0.51	0.49
だるまちゃんとかみなりちゃん	5	3	2	0.51	0.49
ひとまねこざるときいろいぼうし	5	2	3	0.32	0.68
フロプシーのこどもたち	5	5		1.00	0.00
ロージーのおさんぽ	5	3	2	0.51	0.49

2000年度　年少女児貸出回数　上位21

絵本名	女	男	比率	
総計	122	86	（女：男）	
しろくまちゃんのほっとけーき	7	1	0.83	0.17
すてきな三にんぐみ	5	5	0.41	0.59
14ひきのあさごはん	5	2	0.64	0.36
フロプシーのこどもたち	5		1.00	0.00
ピーターラビットのおはなし	4		1.00	0.00
アンガスとあひる	3	4	0.35	0.65
ぐりとぐらのおきゃくさま	3	3	0.41	0.59
ひとまねこざる	3	3	0.41	0.59
しずくのぼうけん	3	2	0.51	0.49
だるまちゃんとかみなりちゃん	3	2	0.51	0.49
ロージーのおさんぽ	3	2	0.51	0.49
くまのコールテンくん	3	1	0.68	0.32
てぶくろ	3	1	0.68	0.32
どうぶつのおかあさん	3	1	0.68	0.32
三びきのやぎのがらがらどん	3	1	0.68	0.32
おおかみと七ひきのこやぎ	3		1.00	0.00
ちいさいおうち	3		1.00	0.00
ひげのサムエルのおはなし	3		1.00	0.00
ぽとんぽとんはなんのおと	3		1.00	0.00
まこちゃんのおたんじょうび	3		1.00	0.00
わたしとあそんで	3		1.00	0.00

2000年度　年少男児貸出回数　上位11

絵本名	女	男	比率	
総計	122	86	（女：男）	
ぐりとぐら	2	6	0.19	0.81
すてきな三にんぐみ	5	5	0.41	0.59
アンガスとあひる	3	4	0.35	0.65
かいじゅうたちのいるところ	1	4	0.15	0.85
はたらくじどうしゃ・2		4	0.00	1.00
ぐりとぐらのおきゃくさま	3	3	0.41	0.59
ひとまねこざる	3	3	0.41	0.59
11ぴきのねことあほうどり	2	3	0.32	0.68
ひとまねこざるときいろいぼうし	2	3	0.32	0.68
ももたろう	1	3	0.19	0.81
ろけっとこざる	1	3	0.19	0.81

2001年度　年少総合貸出回数　上位12

絵本名	総計	女	男	比率	
総計	507	351	156	（女：男）	
おおかみと七ひきのこやぎ	12	5	7	0.24	0.76
かいじゅうたちのいるところ	12	1	11	0.04	0.96
くまのコールテンくん	12	8	4	0.47	0.53
こわいわるいうさぎのおはなし	12	12		1.00	0.00
どうぶつ	12	3	9	0.13	0.87
ピーターラビットのおはなし	12	11	1	0.83	0.17
いちご	11	6	5	0.35	0.65
ぐりとぐら	11	7	4	0.44	0.56
てぶくろ	11	9	2	0.67	0.33
ひげのサムエルのおはなし	11	11		1.00	0.00
ベンジャミンバニーのおはなし	11	11		1.00	0.00
三びきのやぎのがらがらどん	11	3	8	0.14	0.86

2001年度　年少女児貸出回数　上位14

絵本名	女	男	比率	
総計	351	156	（女：男）	
こわいわるいうさぎのおはなし	12		1.00	0.00
ピーターラビットのおはなし	11	1	0.83	0.17
ひげのサムエルのおはなし	11		1.00	0.00
ベンジャミンバニーのおはなし	11		1.00	0.00
てぶくろ	9	2	0.67	0.33
14ひきのあさごはん	9	1	0.80	0.20
あさえとちいさいいもうと	9	1	0.80	0.20
ちいさなうさこちゃん	9	1	0.80	0.20
ぐりとぐらのおきゃくさま	9		1.00	0.00
こねこのトムのおはなし	9		1.00	0.00
フロプシーのこどもたち	9		1.00	0.00
くまのコールテンくん	8	4	0.47	0.53
きいろいことり	8	2	0.64	0.36
しずくのぼうけん	8		1.00	0.00

2001年度　年少男児貸出回数　上位12

絵本名	女	男	比率	
総計	351	156	（女：男）	
かいじゅうたちのいるところ	1	11	0.04	0.96
どうぶつ	3	9	0.13	0.87
三びきのやぎのがらがらどん	3	8	0.14	0.86
おおかみと七ひきのこやぎ	5	7	0.24	0.76
すてきな三にんぐみ	3	7	0.16	0.84
ひとまねこざるときいろいぼうし	4	6	0.23	0.77
おふろだいすき	3	6	0.18	0.82
いちご	6	5	0.35	0.65
ティッチ	4	5	0.26	0.74
おおきなかぶ	3	5	0.21	0.79
ひとまねこざる	3	5	0.21	0.79
ろけっとこざる	2	5	0.15	0.85

2002年度　年少総合貸出回数　上位13

絵本名	総計	女	男	比率	
総計	532	341	191	(女：男)	
おふろだいすき	12	10	2	0.74	0.26
くまのコールテンくん	11	8	3	0.60	0.40
わたしとあそんで	11	6	5	0.40	0.60
わたしのワンピース	11	11		1.00	0.00
おおかみと七ひきのこやぎ	10	8	2	0.69	0.31
おつきさまこんばんは	10	8	2	0.69	0.31
かいじゅうたちのいるところ	10	5	5	0.36	0.64
くつくつあるけ	10	6	4	0.46	0.54
ぐりとぐらのおきゃくさま	10	6	4	0.46	0.54
ティッチ	10	5	5	0.36	0.64
どうぶつ	10	5	5	0.36	0.64
どうぶつのおかあさん	10	6	4	0.46	0.54
はたらくじどうしゃ・1	10	2	8	0.12	0.88

2002年度　年少女児貸出回数　上位12

絵本名	女	男	比率	
総計	341	191	(女：男)	
わたしのワンピース	11		1.00	0.00
おふろだいすき	10	2	0.74	0.26
くまのコールテンくん	8	3	0.60	0.40
おおかみと七ひきのこやぎ	8	2	0.69	0.31
おつきさまこんばんは	8	2	0.69	0.31
しろくまちゃんのほっとけーき	8	1	0.82	0.18
ロージーのおさんぽ	8	1	0.82	0.18
こわいわるいうさぎのおはなし	7	2	0.66	0.34
三びきのやぎのがらがらどん	7	2	0.66	0.34
ピーターのいす	7	1	0.80	0.20
ひげのサムエルのおはなし	7	1	0.80	0.20
ベンジャミンバニーのおはなし	7		1.00	0.00

2002年度　年少男児貸出回数　上位12

絵本名	女	男	比率	
総計	341	191	(女：男)	
はたらくじどうしゃ・1	2	8	0.12	0.88
はたらくじどうしゃ・2	1	8	0.07	0.93
たろうのおでかけ	2	7	0.14	0.86
フロプシーのこどもたち	3	6	0.22	0.78
ぐるんぱのようちえん	2	6	0.16	0.84
わたしとあそんで	6	5	0.40	0.60
かいじゅうたちのいるところ	5	5	0.36	0.64
ティッチ	5	5	0.36	0.64
どうぶつ	5	5	0.36	0.64
ひとまねこざるときいろいぼうし	4	5	0.31	0.69
ひとまねこざる	3	5	0.25	0.75
かしこいビル	1	5	0.10	0.90

2003年度　年少総合貸出回数　上位14

絵本名	総計	女	男	比率	
総計	501	341	160	(女：男)	
まどから☆おくりもの	13	8	5	0.43	0.57
ろけっとこざる	11	4	7	0.21	0.79
11ぴきのねことあほうどり	10	7	3	0.52	0.48
くまのコールテンくん	10	6	4	0.41	0.59
しずくのぼうけん	10	9	1	0.81	0.19
14ひきのあさごはん	9	5	4	0.37	0.63
いちご	9	6	3	0.48	0.52
おおきなかぶ	9	8	1	0.79	0.21
おててがでたよ	9	9		1.00	0.00
かいじゅうたちのいるところ	9	3	6	0.19	0.81
からすのパンやさん	9	6	3	0.48	0.52
ぐりとぐら	9	9		1.00	0.00
ぐりとぐらのおきゃくさま	9	8	1	0.79	0.21
はらぺこあおむし	9	4	5	0.27	0.73

2003年度　年少女児貸出回数　上位13

絵本名	女	男	比率	
総計	341	160	(女：男)	
しずくのぼうけん	9	1	0.81	0.19
おててがでたよ	9		1.00	0.00
ぐりとぐら	9		1.00	0.00
まどから☆おくりもの	8	5	0.43	0.57
おおきなかぶ	8	1	0.79	0.21
ぐりとぐらのおきゃくさま	8	1	0.79	0.21
はけたよはけたよ	8		1.00	0.00
11ぴきのねことあほうどり	7	3	0.52	0.48
あさえとちいさいいもうと	7	1	0.77	0.23
こわいわるいうさぎのおはなし	7	1	0.77	0.23
じのないえほん	7	1	0.77	0.23
まこちゃんのおたんじょうび	7	1	0.77	0.23
さるのせんせいとへびのかんごふさん	7		1.00	0.00

2003年度　年少男児貸出回数　上位15

絵本名	女	男	比率	
総計	165	31	（女：男）	
ろけっとこざる	4	7	0.21	0.79
はたらくじどうしゃ·1	1	7	0.06	0.94
かいじゅうたちのいるところ	3	6	0.19	0.81
はたらくじどうしゃ·2	2	6	0.14	0.86
どうぶつ	1	6	0.07	0.93
まどから☆おくりもの	8	5	0.43	0.57
はらぺこあおむし	4	5	0.27	0.73
もこもこもこ	2	5	0.16	0.84
くまのコールテンくん	6	4	0.41	0.59
14ひきのあさごはん	5	4	0.37	0.63
ひとまねこざるときいろいぼうし	4	4	0.32	0.68
三びきのやぎのがらがらどん	4	4	0.32	0.68
すてきな三にんぐみ	3	4	0.26	0.74
ひとまねこざる	3	4	0.26	0.74
昆虫　ちいさななかまたち		4	0.00	1.00

◉年中・年長貸出データ（9年間の貸出回数が上位のもの）

1995-2003年度　年中・年長総合貸出回数　上位30

書籍	総計	年中	年長	女	男	比率	
総計	16339	8407	7932	10123	6216	（女：男）	
おばけやしき	354	209	145	131	223	0.27	0.73
すてきな三にんぐみ	198	145	53	87	111	0.32	0.68
からすのパンやさん	179	87	92	125	54	0.59	0.41
まどから★おくりもの	151	77	74	87	64	0.45	0.55
はらぺこあおむし	147	106	41	93	54	0.51	0.49
おおきなおおきなおいも	140	81	59	97	43	0.58	0.42
11ぴきのねことあほうどり	129	88	41	83	46	0.53	0.47
絵でみる世界大恐竜地図	128	67	61	36	92	0.19	0.81
はじめての恐竜大図鑑	119	73	46	33	86	0.19	0.81
ピーターラビットのおはなし	118	67	51	112	6	0.92	0.08
ねむいねむいねずみはおなかがすいた	106	59	47	52	54	0.37	0.63
さるのせんせいとへびのかんごふさん	105	58	48	84	22	0.70	0.30
昆虫ちいさななかまたち	105	63	42	35	70	0.23	0.77
パパ、お月さまとって	102	53	49	54	48	0.41	0.59
11ぴきのねこ　ふくろのなか	100	61	39	59	41	0.47	0.53
ピエールとライオン（小）	99	40	59	62	37	0.51	0.49
げんきなマドレーヌ	94	54	40	76	18	0.72	0.28
ねむいねむいねずみ	94	54	40	55	39	0.46	0.54
ぼちぼちいこか	93	36	57	56	37	0.48	0.52
11ぴきのねこ	91	59	32	45	46	0.38	0.62
11ぴきのねこ　マラソン大会	91	44	47	36	55	0.29	0.71
むしばミュータンスのぼうけん	90	53	37	51	39	0.45	0.55
こんとあき	89	48	41	72	17	0.72	0.28
なぞなぞな～に　なつのまき	88	41	47	47	41	0.41	0.59
いちご（平山和子）	87	58	29	69	18	0.70	0.30
のはらうた　I	87	30	57	81	6	0.89	0.11
まよなかのだいどころ	87	48	39	47	40	0.42	0.58
めっきらもっきらどおんどん	87	43	44	52	35	0.48	0.52
ねないこだれだ	86	63	23	49	37	0.45	0.55
11ぴきのねこ　どろんこ	85	52	33	38	47	0.33	0.67

1995-2003年度　年中・年長女児貸出回数　上位32

絵本名	年中	年長	女	男	比率	
総計	8407	7932	10123	6216	（女：男）	
おばけやしき	209	145	131	223	0.27	0.73
からすのパンやさん	87	92	125	54	0.59	0.41
ピーターラビットのおはなし	67	51	112	6	0.92	0.08
おおきなおおきなおいも	81	59	97	43	0.58	0.42
はらぺこあおむし	106	41	93	54	0.51	0.49
すてきな三にんぐみ	145	53	87	111	0.32	0.68
まどから★おくりもの	77	74	87	64	0.45	0.55
さるのせんせいとへびのかんごふさん	58	48	84	22	0.70	0.30
11ぴきのねことあほうどり	88	41	83	46	0.53	0.47
のはらうた　I	30	57	81	6	0.89	0.11
げんきなマドレーヌ	54	40	76	18	0.72	0.28
きょうはなんのひ？	36	41	74	3	0.94	0.06
こんとあき	48	41	72	17	0.72	0.28
わたしのワンピース	51	20	70	1	0.98	0.02
いちご（平山和子）	58	29	69	18	0.70	0.30
しろいうさぎとくろいうさぎ	40	44	68	16	0.72	0.28
いもうとのにゅういん	39	31	67	3	0.93	0.07
とりかえっこ	37	37	65	9	0.82	0.18
ピエールとライオン（小）	40	59	62	37	0.51	0.49
うんちがぽとん	35	34	62	7	0.84	0.16
マドレーヌといぬ	43	27	61	9	0.81	0.19
ぼくのぱんわたしのぱん	40	40	60	20	0.65	0.35
にじのはなさかせよう	29	33	60	2	0.95	0.05
11ぴきのねこ　ふくろのなか	61	39	59	41	0.47	0.53
ジョニーのかぞえうた(小)	43	41	59	25	0.59	0.41
ぽちぽちいこか	36	57	56	37	0.48	0.52
ねむいねむいねずみ	54	40	55	39	0.46	0.54
パパ、お月さまとって	53	49	54	48	0.41	0.59
しずくのぼうけん	49	28	54	23	0.59	0.41
ねむいねむいねずみはおなかがすいた	59	47	52	54	0.37	0.63
めっきらもっきらどおんどん	43	44	52	35	0.48	0.52
フロプシーのこどもたち	32	23	52	3	0.91	0.09

1995-2003年度　年中・年長男児貸出回数　上位30

書籍	年中	年長	女	男	比率	
総計	8407	7932	10123	6216	（女：男）	
おばけやしき	209	145	131	223	0.27	0.73
すてきな三にんぐみ	145	53	87	111	0.32	0.68
絵でみる世界大恐竜地図	67	61	36	92	0.19	0.81
はじめての恐竜大図鑑	73	46	33	86	0.19	0.81
地下鉄のできるまで	58	24	5	77	0.04	0.96
昆虫ちいさななかまたち	63	42	35	70	0.23	0.77
まどから★おくりもの	77	74	87	64	0.45	0.55
11ぴきのねこ　マラソン大会	44	47	36	55	0.29	0.71
からすのパンやさん	87	92	125	54	0.59	0.41
はらぺこあおむし	106	41	93	54	0.51	0.49
ねむいねむいねずみはおなかがすいた	59	47	52	54	0.37	0.63
パパ、お月さまとって	53	49	54	48	0.41	0.59
11ぴきのねこ　どろんこ	52	33	38	47	0.33	0.67
恐竜たちの世界　3次元立体めがねつき	13	44	10	47	0.12	0.88
11ぴきのねことあほうどり	88	41	83	46	0.53	0.47
11ぴきのねこ	59	32	45	46	0.38	0.62
おおきなおおきなおいも	81	59	97	43	0.58	0.42
11ぴきのねこ　ふくろのなか	61	39	59	41	0.47	0.53
なぞなぞな～に　なつのまき	41	47	47	41	0.41	0.59
まよなかのだいどころ	48	39	47	40	0.42	0.58
ねむいねむいねずみ	54	40	55	39	0.46	0.54
むしばミュータンスのぼうけん	53	37	51	39	0.45	0.55
どどどどど	37	20	18	39	0.22	0.78
ごちそうさま	41	20	23	38	0.27	0.73
飛行機（ひこうき）	31	28	21	38	0.25	0.75
ピエールとライオン（小）	40	59	62	37	0.51	0.49
ぽちぽちいこか	36	57	56	37	0.48	0.52
ねないこだれだ	63	23	49	37	0.45	0.55
かいじゅうたちのいるところ	53	24	40	37	0.40	0.60
なぞなぞな～に　あきのまき	35	41	40	36	0.41	0.59
地面の下のいきもの	34	16	14	36	0.19	0.81

◉年中　貸出データ

1995-2003年　年中総合貸出回数　上位32

絵本名	総計	女	男	比率	
総計	8407	5301	3106	（女：男）	
おばけやしき	209	90	119	0.31	0.69
すてきな三にんぐみ	145	61	84	0.30	0.70
はらぺこあおむし	106	67	39	0.50	0.50
11ぴきのねことあほうどり	88	66	22	0.64	0.36
からすのパンやさん	87	62	25	0.59	0.41
おおきなおおきなおいも	81	59	22	0.61	0.39
まどから★おくりもの	77	41	36	0.40	0.60
はじめての恐竜大図鑑	73	23	50	0.21	0.79
ピーターラビットのおはなし	67	65	2	0.95	0.05
絵でみる世界大恐竜地図	67	21	46	0.21	0.79
ねないこだれだ	63	39	24	0.49	0.51
昆虫ちいさななかまたち	63	22	41	0.24	0.76
11ぴきのねこ　ふくろのなか	61	40	21	0.53	0.47
11ぴきのねこ	59	35	24	0.46	0.54
ねむいねむいねずみはおなかがすいた	59	29	30	0.36	0.64
いちご（平山和子）	58	44	14	0.65	0.35
さるのせんせいとへびのかんごふさん	58	46	12	0.69	0.31
地下鉄のできるまで	58	2	56	0.02	0.98
げんきなマドレーヌ	54	41	13	0.65	0.35
ねむいねむいねずみ	54	29	25	0.40	0.60
11ぴきのねことぶた	53	32	21	0.47	0.53
かいじゅうたちのいるところ	53	30	23	0.43	0.57
パパ、お月さまとって	53	31	22	0.45	0.55
むしばミュータンスのぼうけん	53	32	21	0.47	0.53
11ぴきのねこ　どろんこ	52	25	27	0.35	0.65
おおかみと七ひきのこやぎ	52	33	19	0.50	0.50
わたしのワンピース	51	51		1.00	0.00
しずくのぼうけん	49	31	18	0.50	0.50
こんとあき	48	38	10	0.69	0.31
まよなかのだいどころ	48	25	23	0.39	0.61
みんなうんち	48	30	18	0.49	0.51
三びきのやぎのがらがらどん	48	26	22	0.41	0.59

1995-2003年度　年中女児貸出回数　上位31

絵本名	女	男	比率	
総計	5301	3106	（女：男）	
おばけやしき	90	119	0.31	0.69
はらぺこあおむし	67	39	0.50	0.50
11ぴきのねことあほうどり	66	22	0.64	0.36
ピーターラビットのおはなし	65	2	0.95	0.05
からすのパンやさん	62	25	0.59	0.41
すてきな三にんぐみ	61	84	0.30	0.70
おおきなおおきなおいも	59	22	0.61	0.39
わたしのワンピース	51		1.00	0.00
さるのせんせいとへびのかんごふさん	46	12	0.69	0.31
いちご（平山和子）	44	14	0.65	0.35
まどから★おくりもの	41	36	0.40	0.60
げんきなマドレーヌ	41	13	0.65	0.35
11ぴきのねこ　ふくろのなか	40	21	0.53	0.47
ねないこだれだ	39	24	0.49	0.51
こんとあき	38	10	0.69	0.31
マドレーヌといぬ	36	7	0.75	0.25
いもうとのにゅういん	36	3	0.88	0.12
11ぴきのねこ	35	24	0.46	0.54
きょうはなんのひ？	35	1	0.95	0.05
おおかみと七ひきのこやぎ	33	19	0.51	0.49
うんちがぽとん	33	2	0.91	0.09
11ぴきのねことぶた	32	21	0.47	0.53
むしばミュータンスのぼうけん	32	21	0.47	0.53
とりかえっこ	32	5	0.79	0.21
パパ、お月さまとって	31	22	0.45	0.55
しずくのぼうけん	31	18	0.50	0.50
しろいうさぎとくろいうさぎ	31	9	0.67	0.33
かいじゅうたちのいるところ	30	23	0.43	0.57
みんなうんち	30	18	0.50	0.50
ジョニーのかぞえうた（小）	30	13	0.58	0.42
フロプシーのこどもたち	30	2	0.90	0.10

1995-2003年度　年中男児貸出回数　上位32

絵本名	女	男	比率	
総計	5301	3106	（女：男）	
おばけやしき	90	119	0.31	0.69
すてきな三にんぐみ	61	84	0.30	0.70
地下鉄のできるまで	2	56	0.02	0.98
はじめての恐竜大図鑑	23	50	0.21	0.79
絵でみる世界大恐竜地図	21	46	0.21	0.79
昆虫ちいさななかまたち	22	41	0.24	0.76
はらぺこあおむし	67	39	0.50	0.50
まどから★おくりもの	41	36	0.40	0.60
ねむいねむいねずみはおなかがすいた	29	30	0.36	0.64
11ぴきのねこ　どろんこ	25	27	0.35	0.65
からすのパンやさん	62	25	0.59	0.41
ねむいねむいねずみ	29	25	0.41	0.59
どどどどど	12	25	0.22	0.78
ねないこだれだ	39	24	0.49	0.51
11ぴきのねこ	35	24	0.46	0.54
ごちそうさま	17	24	0.29	0.71
なぞなぞな～に　なつのまき	17	24	0.29	0.71
地面の下のいきもの	10	24	0.20	0.80
かいじゅうたちのいるところ	30	23	0.43	0.57
まよなかのだいどころ	25	23	0.39	0.61
11ぴきのねことあほうどり	66	22	0.64	0.36
おおきなおおきなおいも	59	22	0.61	0.39
パパ、お月さまとって	31	22	0.45	0.55
三びきのやぎのがらがらどん	26	22	0.41	0.59
めっきらもっきらどおんどん	21	22	0.36	0.64
11ぴきのねこ　ふくろのなか	40	21	0.53	0.47
11ぴきのねことぶた	32	21	0.47	0.53
むしばミュータンスのぼうけん	32	21	0.47	0.53
トリゴラス	6	21	0.14	0.86
ちいさいきかんしゃ	3	21	0.08	0.92
ひとまねこざるときいろいぼうし	20	20	0.37	0.63
なぞなぞな～に　あきのまき	15	20	0.31	0.69

1995年度　年中総合貸出回数　上位31

絵本名	総計	女	男	比率	
総計	304	233	71	（女：男）	
きょうはなんのひ？	9	9		1.00	0.00
いちご（平山和子）	7	6	1	0.65	0.35
からすのパンやさん	7	7		1.00	0.00
ごちそうさま	7	4	3	0.29	0.71
おおきなおおきなおいも	6	5	1	0.60	0.40
ねないこだれだ	6	5	1	0.60	0.40
まどから★おくりもの	6	6		1.00	0.00
みんなうんち	6	6		1.00	0.00
わたしのワンピース	6	6		1.00	0.00
手ぶくろを買いに	6	5	1	0.60	0.40
11ぴきのねこ	5	3	2	0.31	0.69
いもうとのにゅういん	5	5		1.00	0.00
とべバッタ	5	4	1	0.55	0.45
はらぺこあおむし	5	5		1.00	0.00
地下鉄のできるまで	5		5	0.00	1.00
〈はじめてであうずかん〉こんちゅう	4	1	3	0.09	0.91
11ぴきのねことあほうどり	4	2	2	0.23	0.77
アンガスとアヒル	4	2	2	0.23	0.77
おふろだいすき	4	3	1	0.48	0.52
キャベツくん	4	4		1.00	0.00
くまさんくまさんなにみてるの？	4	2	2	0.23	0.77
こすずめのぼうけん	4	4		1.00	0.00
しょくぶつ・すくすく・ずかん　リンゴ	4	4		1.00	0.00
とんことり	4	4		1.00	0.00
パパ、お月さまとって	4	1	3	0.09	0.91
ひとまねこざる	4	3	1	0.48	0.52
ぷかぷかティッチ	4	4		1.00	0.00
フランシスとたんじょうび	4	4		1.00	0.00
ほ～ら大きくなったでしょ　あひる	4	3	1	0.48	0.52
ほ～ら大きくなったでしょ　ちょう	4	1	3	0.09	0.91
三びきのやぎのがらがらどん	4	3	1	0.48	0.52

1995年度　年中女児貸出回数　上位19

絵本名	女	男	比率	
総計	233	71	（女：男）	
きょうはなんのひ？	9		1.00	0.00
からすのパンやさん	7		1.00	0.00
いちご（平山和子）	6	1	0.65	0.35
まどから★おくりもの	6		1.00	0.00
みんなうんち	6		1.00	0.00
わたしのワンピース	6		1.00	0.00
おおきなおおきなおいも	5	1	0.60	0.40
ねないこだれだ	5	1	0.60	0.40
手ぶくろを買いに	5	1	0.60	0.40
いもうとのにゅういん	5		1.00	0.00
はらぺこあおむし	5		1.00	0.00
ごちそうさま	4	3	0.29	0.71
とべバッタ	4	1	0.55	0.45
キャベツくん	4		1.00	0.00
こすずめのぼうけん	4		1.00	0.00
しょくぶつ・すくすく・ずかん　リンゴ	4		1.00	0.00
とんことり	4		1.00	0.00
ぶかぶかティッチ	4		1.00	0.00
フランシスとたんじょうび	4		1.00	0.00

1995年度　年中男児貸出回数　上位15

絵本名	女	男	比率	
総計	233	71	（女：男）	
地下鉄のできるまで		5	0.00	1.00
ごちそうさま	4	3	0.29	0.71
〈はじめてであうずかん〉こんちゅう	1	3	0.09	0.91
パパ、お月さまとって	1	3	0.09	0.91
ほ～ら大きくなったでしょ　ちょう	1	3	0.09	0.91
いたずらきかんしゃちゅうちゅう		3	0.00	1.00
ずかん・じどうしゃ		3	0.00	1.00
11ぴきのねこ	3	2	0.31	0.69
11ぴきのねことあほうどり	2	2	0.23	0.77
アンガスとアヒル	2	2	0.23	0.77
くまさんくまさんなにみてるの？	2	2	0.23	0.77
こんとあき	1	2	0.13	0.87
しょうぼうじどうしゃじぷた		2	0.00	1.00
なにのあしあとかな		2	0.00	1.00
ろけっとこざる		2	0.00	1.00

1996年度　年中総合貸出回数　上位26

絵本名	総計	女	男	比率	
総計	848	519	329	（女：男）	
どどどどど	19	7	12	0.27	0.73
パパ、お月さまとって [2]	15	8	7	0.42	0.58
おおかみと七ひきのこやぎ	13	8	5	0.50	0.50
ごちそうさま	13	7	6	0.43	0.57
むしばミュータンスのぼうけん	13	10	3	0.68	0.32
ねむいねむいねずみはおなかがすいた	12	7	5	0.47	0.53
みんなうんち	12	7	5	0.47	0.53
ぼくのぱんわたしのぱん	11	8	3	0.63	0.37
りんご	11	10	1	0.86	0.14
11ぴきのねことあほうどり	10	8	2	0.72	0.28
いっすんぼうし	10		10	0.00	1.00
さかさま	10	5	5	0.39	0.61
ねむいねむいねずみ	10	4	6	0.30	0.70
ピーターラビットのおはなし	10	10		1.00	0.00
ひとまねこざるときいろいぼうし	10	4	6	0.30	0.70
まどから★おくりもの	10	5	5	0.39	0.61
やどかりのおひっこし	10	3	7	0.21	0.79
三びきのやぎのがらがらどん	10	7	3	0.60	0.40
いちご（平山和子）	9	7	2	0.69	0.31
こんとあき	9	8	1	0.84	0.16
スイミー	9	7	2	0.69	0.31
すてきな三にんぐみ	9	4	5	0.34	0.66
たんぽぽ	9	6	3	0.56	0.44
ひとまねこざる	9	2	7	0.15	0.85
ふしぎなえ	9	4	5	0.34	0.66
昆虫ちいさななかまたち	9	5	4	0.44	0.56

［　］は複本の冊数。以後同じ。

1996年度　年中女児貸出回数　上位23

絵本名	女	男	比率	
総計	519	329	（女：男）	
むしばミュータンスのぼうけん	10	3	0.68	0.32
りんご	10	1	0.86	0.14
ピーターラビットのおはなし	10		1.00	0.00
パパ、お月さまとって［2］	8	7	0.42	0.58
おおかみと七ひきのこやぎ	8	5	0.50	0.50
ぼくのぱんわたしのぱん	8	3	0.63	0.37
11ぴきのねことあほうどり	8	2	0.72	0.28
こんとあき	8	1	0.84	0.16
フロプシーのこどもたち	8		1.00	0.00
どどどどど	7	12	0.27	0.73
ごちそうさま	7	6	0.43	0.57
ねむいねむいねずみはおなかがすいた	7	5	0.47	0.53
みんなうんち	7	5	0.47	0.53
三びきのやぎのがらがらどん	7	3	0.60	0.40
いちご（平山和子）	7	2	0.69	0.31
スイミー	7	2	0.69	0.31
くだもの	7	1	0.82	0.18
はらぺこあおむし	7	1	0.82	0.18
たんぽぽ	6	3	0.56	0.44
ベンジャミンバニーのおはなし	6	1	0.79	0.21
とりかえっこ	6		1.00	0.00
ねないこだれだ	6		1.00	0.00
まどのそとのそのまたむこう	6		1.00	0.00

1996年度　年中男児貸出回数　上位21

絵本名	女	男	比率	
総計	519	329	（女：男）	
どどどどど	7	12	0.27	0.73
いっすんぼうし		10	0.00	1.00
パパ、お月さまとって［2］	8	7	0.42	0.58
やどかりのおひっこし	3	7	0.21	0.79
ひとまねこざる	2	7	0.15	0.85
いっしょにきしゃにのせてって！		7	0.00	1.00
とらっくとらっくとらっく		7	0.00	1.00
地下鉄のできるまで		7	0.00	1.00
ごちそうさま	7	6	0.43	0.57
ねむいねむいねずみ	4	6	0.30	0.70
ひとまねこざるときいろいぼうし	4	6	0.30	0.70
おおかみと七ひきのこやぎ	8	5	0.50	0.50
ねむいねむいねずみはおなかがすいた	7	5	0.47	0.53
みんなうんち	7	5	0.47	0.53
さかさま	5	5	0.39	0.61
まどから★おくりもの	5	5	0.39	0.61
すてきな三にんぐみ	4	5	0.34	0.66
ふしぎなえ	4	5	0.34	0.66
おばけじま	3	5	0.28	0.72
なにのあしあとかな	1	5	0.11	0.89
みんなのかお		5	0.00	1.00

1997年度　年中総合貸出回数　上位26

絵本名	男	女	男	比率	
総計	797	373	424	（女：男）	
すてきな三にんぐみ［3］	35	18	17	0.55	0.45
パパ、お月さまとって［2］	16	11	5	0.71	0.29
はじめての恐竜大図鑑	14	2	12	0.16	0.84
まどから★おくりもの［2］	12	5	7	0.45	0.55
おおきなおおきなおいも［2］	11	4	7	0.39	0.61
色（いろ）	11	4	7	0.39	0.61
おっぱいのひみつ	10	1	9	0.11	0.89
ごちそうさま	10	2	8	0.22	0.78
地下鉄のできるまで	10	1	9	0.11	0.89
11ぴきのねことあほうどり［2］	9	4	5	0.48	0.52
しずくのぼうけん	9	1	8	0.12	0.88
どどどどど	9		9	0.00	1.00
やどかりのおひっこし	9	2	7	0.25	0.75
土の下（つちのした）	9	3	6	0.36	0.64
おばけいしゃ	8	3	5	0.41	0.59
おばけじま	8	2	6	0.27	0.73
おばけのバーバパパ	8	2	6	0.27	0.73
かいじゅうたちのいるところ	8	4	4	0.53	0.47
ごちゃまぜカメレオン	8	2	6	0.27	0.73
トリゴラス	8	4	4	0.53	0.47
なぞなぞな～に　あきのまき	8	4	4	0.53	0.47
はらぺこあおむし	8	4	4	0.53	0.47
ひとまねこざるときいろいぼうし	8	3	5	0.41	0.59
ぼくのくれよん	8	4	4	0.53	0.47
めっきらもっきらどおんどん	8	3	5	0.41	0.59
卵（たまご）	8	4	4	0.53	0.47

1997年度　年中女児貸出回数　上位25

絵本名	女	男	比率	
総計	373	424	（女：男）	
すてきな三にんぐみ [3]	18	17	0.55	0.45
パパ、お月さまとって [2]	11	5	0.71	0.29
まどから★おくりもの [2]	5	7	0.45	0.55
とりかえっこ	5	2	0.74	0.26
こんとあき	5		1.00	0.00
おおきなおおきなおいも [2]	4	7	0.39	0.61
色（いろ）	4	7	0.39	0.61
11ぴきのねことあほうどり [2]	4	5	0.48	0.52
かいじゅうたちのいるところ	4	4	0.53	0.47
トリゴラス	4	4	0.53	0.47
なぞなぞな～に　あきのまき	4	4	0.53	0.47
はらぺこあおむし	4	4	0.53	0.47
ぼくのくれよん	4	4	0.53	0.47
卵（たまご）	4	4	0.53	0.47
たんぽぽ	4	3	0.60	0.40
もぐらとずぼん	4	3	0.60	0.40
11ぴきのねこ	4	2	0.69	0.31
どうながのプレッツェル	4	2	0.69	0.31
鳥（とり）	4	2	0.69	0.31
しろいうさぎとくろいうさぎ [2]	4	1	0.82	0.18
ふゆのせいざオリオン	4	1	0.82	0.18
3びきのくま	4		1.00	0.00
おでかけのまえに	4		1.00	0.00
にじのはなさかせよう	4		1.00	0.00
野の草花	4		1.00	0.00

1997年度　年中男児貸出回数　上位18

絵本名	女	男	比率	
総計	373	424	（女：男）	
すてきな三にんぐみ [3]	18	17	0.55	0.45
はじめての恐竜大図鑑	2	12	0.16	0.84
おっぱいのひみつ	1	9	0.11	0.89
地下鉄のできるまで	1	9	0.11	0.89
どどどどど		9	0.00	1.00
ごちそうさま	2	8	0.22	0.78
しずくのぼうけん	1	8	0.12	0.88
まどから★おくりもの [2]	5	7	0.45	0.55
おおきなおおきなおいも [2]	4	7	0.39	0.61
色（いろ）	4	7	0.39	0.61
やどかりのおひっこし	2	7	0.25	0.75
なぞなぞな～に　なつのまき		7	0.00	1.00
むしばミュータンスのぼうけん		7	0.00	1.00
土の下（つちのした）	3	6	0.36	0.64
おばけじま	2	6	0.27	0.73
おばけのバーバパパ	2	6	0.27	0.73
ごちゃまぜカメレオン	2	6	0.27	0.73
地面の下のいきもの	1	6	0.16	0.84

1998年度　年中総合貸出回数　上位19

絵本名	総計	女	男	比率	
総計	861	616	245	（女：男）	
すてきな三にんぐみ [3]	21	15	6	0.50	0.50
おばけやしき [2]	20	16	4	0.61	0.39
まどから★おくりもの [2]	19	11	8	0.35	0.65
はじめての恐竜大図鑑	16	5	11	0.15	0.85
11ぴきのねことあほうどり [2]	14	14		1.00	0.00
11ぴきのねこ　どろんこ	11	10	1	0.80	0.20
かおPart2	11	8	3	0.51	0.49
昆虫ちいさななかまたち [2]	11	4	7	0.19	0.81
地面の下のいきもの	11	5	6	0.25	0.75
11ぴきのねことぶた	10	8	2	0.61	0.39
こんとあき	10	5	5	0.28	0.72
ねむいねむいねずみ	10	8	2	0.61	0.39
ねむいねむいねずみはおなかがすいた	10	8	2	0.61	0.39
はらぺこあおむし	10	8	2	0.61	0.39
いちご（平山和子）	9	6	3	0.44	0.56
おおきなおおきなおいも [2]	9	7	2	0.58	0.42
いもうとのにゅういん	8	6	2	0.54	0.46
土の下（つちのした）	8	4	4	0.28	0.72
卵（たまご）	8	7	1	0.74	0.26

1998年度　年中女児貸出回数　上位26

絵本名	女	男	比率	
総計	616	245	（女：男）	
おばけやしき [2]	16	4	0.61	0.39
すてきな三にんぐみ [3]	15	6	0.50	0.50
11ぴきのねことあほうどり [2]	14		1.00	0.00
まどから★おくりもの [2]	11	8	0.35	0.65
11ぴきのねこ　どろんこ	10	1	0.80	0.20
かおPart2	8	3	0.51	0.49
11ぴきのねことぶた	8	2	0.61	0.39
ねむいねむいねずみ	8	2	0.61	0.39
ねむいねむいねずみはおなかがすいた	8	2	0.61	0.39
はらぺこあおむし	8	2	0.61	0.39
おおきなおおきなおいも [2]	7	2	0.58	0.42
卵（たまご）	7	1	0.74	0.26
11ぴきのねことへんなねこ	7		1.00	0.00
おおかみと七ひきのこやぎ	7		1.00	0.00
しろいうさぎとくろいうさぎ [2]	7		1.00	0.00
いちご（平山和子）	6	3	0.44	0.56
いもうとのにゅういん	6	2	0.54	0.46
11ぴきのねこ	6	1	0.70	0.30
くだもの	6	1	0.70	0.30
とりかえっこ	6	1	0.70	0.30
ばけものつかい	6	1	0.70	0.30
14ひきのひっこし	6		1.00	0.00
きょうはなんのひ？	6		1.00	0.00
さよならさんかく	6		1.00	0.00
パンやのくまさん	6		1.00	0.00
わたしのワンピース	6		1.00	0.00

1998年度　年中男児貸出回数　上位23

絵本名	女	男	比率	
総計	616	245	(女：男)	
はじめての恐竜大図鑑	5	11	0.15	0.85
まどから★おくりもの [2]	11	8	0.35	0.65
昆虫ちいさななかまたち [2]	4	7	0.19	0.81
地下鉄のできるまで		7	0.00	1.00
すてきな三にんぐみ [3]	15	6	0.50	0.50
地面の下のいきもの	5	6	0.25	0.75
こんとあき	5	5	0.28	0.72
なぞなぞな～に　なつのまき	1	5	0.07	0.93
おばけやしき [2]	16	4	0.61	0.39
土の下（つちのした）	4	4	0.28	0.72
ねないこだれだ	3	4	0.23	0.77
トリゴラス	2	4	0.17	0.83
どろんこハリー	1	4	0.09	0.91
おたまじゃくしの101ちゃん		4	0.00	1.00
かおPart2	8	3	0.51	0.49
いちご（平山和子）	6	3	0.44	0.56
かお	4	3	0.35	0.65
ごちそうさま	4	3	0.35	0.65
色（いろ）	4	3	0.35	0.65
ちいさいきかんしゃ	1	3	0.12	0.88
とべバッタ	1	3	0.12	0.88
よるのようちえん	1	3	0.12	0.88
飛行機（ひこうき）	1	3	0.12	0.88

1999年度　年中総合貸出回数　上位27

絵本名	総計	女	男	比率	
総計	1128	797	331	(女：男)	
11ぴきのねことあほうどり [2]	21	16	5	0.57	0.43
11ぴきのねことぶた	19	11	8	0.36	0.64
11ぴきのねことへんなねこ	17	7	10	0.23	0.77
11ぴきのねこ　ふくろのなか	16	9	7	0.35	0.65
11ぴきのねこ	15	7	8	0.27	0.73
すてきな三にんぐみ [3]	14	8	6	0.36	0.64
おおきなおおきなおいも [2]	13	10	3	0.58	0.42
おばけのバーバパパ	13	9	4	0.48	0.52
11ぴきのねこ　どろんこ	12	3	9	0.12	0.88
11ぴきのねこ　マラソン大会	11	6	5	0.33	0.67
おばけやしき [2]	11	2	9	0.08	0.92
ねないこだれだ	11	9	2	0.65	0.35
ねむいねむいねずみ	11	5	6	0.26	0.74
ばばばあちゃんのアイスパーティ	11	10	1	0.81	0.19
14ひきのやまいも	10	7	3	0.49	0.51
キャベツくん	10	7	3	0.49	0.51
キャベツくんとブタヤマさん	10	7	3	0.49	0.51
はじめての恐竜大図鑑	10	2	8	0.09	0.91
卵（たまご）	10	8	2	0.62	0.38
しろいうさぎとくろいうさぎ [2]	9	7	2	0.59	0.41
しろくまちゃんのほっとけーき	9	8	1	0.77	0.23
なぞなぞな～に　はるのまき	9	7	2	0.59	0.41
ぶたのたね	9	7	2	0.59	0.41
わたしのワンピース	9	9		1.00	0.00
昆虫ちいさななかまたち [2]	9	4	5	0.25	0.75
町の水族館町の植物園	9	7	2	0.59	0.41
鳥（とり）	9	5	4	0.34	0.66

1999年度　年中女児貸出回数　上位31

絵本名	女	男	比率	
総計	797	331	（女：男）	
11ぴきのねことあほうどり［2］	16	5	0.57	0.43
11ぴきのねことぶた	11	8	0.36	0.64
おおきなおおきなおいも［2］	10	3	0.58	0.42
ばばばあちゃんのアイスパーティ	10	1	0.81	0.19
11ぴきのねこ　ふくろのなか	9	7	0.35	0.65
おばけのバーバパパ	9	4	0.48	0.52
ねないこだれだ	9	2	0.65	0.35
わたしのワンピース	9		1.00	0.00
すてきな三にんぐみ［3］	8	6	0.36	0.64
卵（たまご）	8	2	0.62	0.38
しろくまちゃんのほっとけーき	8	1	0.77	0.23
いただきまあす	8		1.00	0.00
11ぴきのねことへんなねこ	7	10	0.23	0.77
11ぴきのねこ	7	8	0.27	0.73
14ひきのやまいも	7	3	0.49	0.51
キャベツくん	7	3	0.49	0.51
キャベツくんとブタヤマさん	7	3	0.49	0.51
しろいうさぎとくろいうさぎ［2］	7	2	0.59	0.41
なぞなぞな～に　はるのまき	7	2	0.59	0.41
ぶたのたね	7	2	0.59	0.41
町の水族館町の植物園	7	2	0.59	0.41
うんちしたのはだれよ	7	1	0.74	0.26
かおＰａｒｔ2	7	1	0.74	0.26
からすのパンやさん	7	1	0.74	0.26
はなをほじほじいいきもち	7	1	0.74	0.26
もけらもけら	7	1	0.74	0.26
色（いろ）	7	1	0.74	0.26
土の下（つちのした）	7	1	0.74	0.26
エイラトさんのへんしんどうぶつえん	7		1.00	0.00
きょうはなんのひ？	7		1.00	0.00
ぼくのくれよん	7		1.00	0.00

1999年度　年中男児貸出回数　上位23

絵本名	女	男	比率	
総計	797	331	（女：男）	
11ぴきのねことへんなねこ	7	10	0.23	0.77
11ぴきのねこ　どろんこ	3	9	0.12	0.88
おばけやしき［2］	2	9	0.08	0.92
11ぴきのねことぶた	11	8	0.36	0.64
11ぴきのねこ	7	8	0.27	0.73
はじめての恐竜大図鑑	2	8	0.09	0.91
11ぴきのねこ　ふくろのなか	9	7	0.35	0.65
トリゴラス		7	0.00	1.00
すてきな三にんぐみ［3］	8	6	0.36	0.64
ねむいねむいねずみ	5	6	0.26	0.74
絵でみる世界大恐竜地図	1	6	0.06	0.94
11ぴきのねことあほうどり［2］	16	5	0.57	0.43
11ぴきのねこ　マラソン大会	6	5	0.33	0.67
昆虫ちいさななかまたち	4	5	0.25	0.75
おばけのバーバパパ	9	4	0.48	0.52
鳥（とり）	5	4	0.34	0.66
ぼくのぱんわたしのぱん	4	4	0.29	0.71
まよなかのだいどころ	4	4	0.29	0.71
なぞなぞな～に　あきのまき	3	4	0.24	0.76
ねむいねむいねずみはおなかがすいた	3	4	0.24	0.76
ピエールとライオン（小）［2］	2	4	0.17	0.83
バムとケロのにちようび	1	4	0.09	0.91
ごちそうさま		4	0.00	1.00

2000年度　年中総合貸出回数　上位23

絵本名	総計	女	男	比率	
総計	846	472	374	（女：男）	
おばけやしき［3］	39	13	26	0.28	0.72
おおきなおおきなおいも［2］	16	15	1	0.92	0.08
げんきなマドレーヌ	16	16		1.00	0.00
マドレーヌといぬ	15	15		1.00	0.00
絵でみる世界大恐竜地図	15	11	4	0.69	0.31
はじめての恐竜大図鑑	14	10	4	0.66	0.34
すてきな三にんぐみ［3］	12	3	9	0.21	0.79
のはらうた　Ⅰ［2］	12	12		1.00	0.00
あしたは月よう日［2］	10	3	7	0.25	0.75
たべもののたび	10	5	5	0.44	0.56
ピーターラビットのおはなし［2］	10	10		1.00	0.00
ろけっとこざる	9	5	4	0.50	0.50
地下鉄のできるまで	9		9	0.00	1.00
のはらうた　Ⅲ	8	7	1	0.85	0.15
まどから★おくりもの［2］	8	3	5	0.32	0.68
まよなかのだいどころ	8	7	1	0.85	0.15
よるのようちえん	8	4	4	0.44	0.56
11ぴきのねこ　ふくろのなか	7	4	3	0.51	0.49
11ぴきのねことへんなねこ	7	4	3	0.51	0.49
うんちがぽとん	7	7		1.00	0.00
からすのパンやさん	7	4	3	0.51	0.49
ひとまねこざる	7	3	4	0.37	0.63
卵（たまご）	7	3	4	0.37	0.63

2000年度　年中女児貸出回数　上位19

絵本名	女	男	比率	
総計	472	374	（女：男）	
げんきなマドレーヌ	16		1.00	0.00
おおきなおおきなおいも［2］	15	1	0.92	0.08
マドレーヌといぬ	15		1.00	0.00
おばけやしき［3］	13	26	0.28	0.72
のはらうた　Ⅰ［2］	12		1.00	0.00
絵でみる世界大恐竜地図	11	4	0.69	0.31
はじめての恐竜大図鑑	10	4	0.66	0.34
ピーターラビットのおはなし［2］	10		1.00	0.00
のはらうた　Ⅲ	7	1	0.85	0.15
まよなかのだいどころ	7	1	0.85	0.15
うんちがぽとん	7		1.00	0.00
ピエールとライオン（大）	6		1.00	0.00
たべもののたび	5	5	0.44	0.56
ろけっとこざる	5	4	0.50	0.50
おでかけのまえに	5	1	0.80	0.20
平野レミのおりょうりブック	5	1	0.80	0.20
11ぴきのねことあほうどり［2］	5		1.00	0.00
はじめてのおつかい	5		1.00	0.00
わたしのワンピース	5		1.00	0.00

2000年度　年中男児貸出回数　上位30

絵本名	女	男	比率	
総計	472	374	（女：男）	
おばけやしき［3］	13	26	0.28	0.72
すてきな三にんぐみ［3］	3	9	0.21	0.79
地下鉄のできるまで		9	0.00	1.00
あしたは月よう日［2］	3	7	0.25	0.75
昆虫ちいさなかまたち		6	0.00	1.00
たべもののたび	5	5	0.44	0.56
まどから★おくりもの［2］	3	5	0.32	0.68
かまきりっこ	1	5	0.14	0.86
はらぺこあおむし［2］	1	5	0.14	0.86
やこうれっしゃ		5	0.00	1.00
絵でみる世界大恐竜地図	11	4	0.69	0.31
はじめての恐竜大図鑑	10	4	0.66	0.34
ろけっとこざる	5	4	0.50	0.50
よるのようちえん	4	4	0.44	0.56
ひとまねこざる	3	4	0.37	0.63
卵（たまご）	3	4	0.37	0.63
おおかみと七ひきのこやぎ	2	4	0.28	0.72
なぞなぞな～に　なつのまき	2	4	0.28	0.72
なぞなぞな～に　ふゆのまき	2	4	0.28	0.72
ぼくまいごになったんだ	2	4	0.28	0.72
11ぴきのねこ　マラソン大会	1	4	0.17	0.83
ひとまねこざるときいろいぼうし	1	4	0.17	0.83
地面の下のいきもの	1	4	0.17	0.83
かおPart2		4	0.00	1.00
じどうしゃ博物館		4	0.00	1.00
しょうぼうじどうしゃじぷた		4	0.00	1.00
ちいさいきかんしゃ		4	0.00	1.00
とべバッタ		4	0.00	1.00
とらっく		4	0.00	1.00
ねむいねむいねずみはおなかがすいた		4	0.00	1.00

2001年度　年中総合貸出回数　上位25

絵本名	総計	女	男	比率	
総計	1238	823	415	（女：男）	
おばけやしき［4］	30	14	16	0.31	0.69
はらぺこあおむし［2］	24	20	4	0.72	0.28
さるのせんせいとへびのかんごふさん［2］	18	16	2	0.80	0.20
からすのパンやさん［2］	17	13	4	0.62	0.38
くまのコールテンくん［2］	15	10	5	0.50	0.50
げんきなマドレーヌ［2］	14	8	6	0.40	0.60
11ぴきのねことあほうどり［2］	13	11	2	0.73	0.27
三びきのこぶた	13	4	9	0.18	0.82
いちご（平山和子）［2］	11	11		1.00	0.00
かいじゅうたちのいるところ［2］	11	5	6	0.30	0.70
しろいうさぎとくろいうさぎ［2］	11	8	3	0.57	0.43
ねむいねむいねずみとなきむしぼうや	11	7	4	0.47	0.53
むしばミュータンスのぼうけん［2］	11	8	3	0.57	0.43
三びきのやぎのがらがらどん	11	6	5	0.38	0.62
11ぴきのねこ　ふくろのなか	10	6	4	0.43	0.57
しずくのぼうけん［2］	10	8	2	0.67	0.33
そらまめくんとめだかのこ	10	7	3	0.54	0.46
そらまめくんのベッド	10	8	2	0.67	0.33
昆虫ちいさななかまたち［2］	10	6	4	0.43	0.57
エイラトさんのへんしんどうぶつえん	9	6	3	0.50	0.50
エイラトさんのへんしんのうじょう	9	8	1	0.80	0.20
おおきなおおきなおいも［2］	9	5	4	0.39	0.61
すてきな三にんぐみ［3］	9	2	7	0.13	0.87
まよなかのだいどころ［2］	9	4	5	0.29	0.71
めっきらもっきらどおんどん［2］	9	3	6	0.20	0.80

2001年度　年中男児貸出回数　上位27

絵本名	女	男	比率	
総計	823	415	（女：男）	
おばけやしき［4］	14	16	0.31	0.69
三びきのこぶた	4	9	0.18	0.82
すてきな三にんぐみ［3］	2	7	0.13	0.87
昆虫　Ⅱ	1	7	0.07	0.93
げんきなマドレーヌ［2］	8	6	0.40	0.60
かいじゅうたちのいるところ［2］	5	6	0.30	0.70
めっきらもっきらどおんどん［2］	3	6	0.20	0.80
11ぴきのねこ　マラソン大会	2	6	0.14	0.86
ねむいねむいねずみはおなかがすいた	1	6	0.08	0.92
クジラ・イルカ大百科		6	0.00	1.00
くまのコールテンくん［2］	10	5	0.50	0.50
三びきのやぎのがらがらどん	6	5	0.38	0.62
まよなかのだいどころ［2］	4	5	0.29	0.71
地下鉄のできるまで［2］	1	5	0.09	0.91
やこうれっしゃ		5	0.00	1.00
はらぺこあおむし［2］	20	4	0.72	0.28
からすのパンやさん［2］	13	4	0.62	0.38
ねむいねむいねずみとなきむしぼうや	7	4	0.47	0.53
11ぴきのねこ　ふくろのなか	6	4	0.43	0.57
昆虫ちいさななかまたち［3］	6	4	0.43	0.57
おおきなおおきなおいも［2］	5	4	0.39	0.61
11ぴきのねこ　どろんこ	2	4	0.20	0.80
どろんこおそうじ	2	4	0.20	0.80
ゼラルダと人喰い鬼［2］	1	4	0.11	0.89
へんてこへんてこ［2］	1	4	0.11	0.89
絵でみる世界大恐竜地図		4	0.00	1.00
恐竜のけんきゅう		4	0.00	1.00

2001年度　年中女児貸出回数　上位19

絵本名	女	男	比率	
総計	823	415	（女：男）	
はらぺこあおむし［2］	20	4	0.72	0.28
さるのせんせいとへびのかんごふさん［2］	16	2	0.80	0.20
おばけやしき［4］	14	16	0.31	0.69
からすのパンやさん［2］	13	4	0.62	0.38
いちご（平山和子）［2］	11		1.00	0.00
11ぴきのねことあほうどり［2］	11	2	0.73	0.27
くまのコールテンくん［2］	10	5	0.50	0.50
むしばミュータンスのぼうけん［2］	8	3	0.57	0.43
にじのはなさかせよう	8		1.00	0.00
そらまめくんのベッド	8	2	0.67	0.33
しろくまちゃんのほっとけーき	8		1.00	0.00
しろいうさぎとくろいうさぎ［2］	8	3	0.57	0.43
しずくのぼうけん	8	2	0.67	0.33
コロちゃんはどこ？	8		1.00	0.00
げんきなマドレーヌ［2］	8	6	0.40	0.60
エイラトさんのへんしんのうじょう	8	1	0.80	0.20
14ひきのあさごはん	8		1.00	0.00
ねむいねむいねずみとなきむしぼうや	7	4	0.47	0.53
そらまめくんとめだかのこ	7	3	0.54	0.46

2002年度　年中総合貸出回数　上位21

絵本名	総計	女	男	比率	
総計	1497	1040	457	（女：男）	
おばけやしき [6]	59	24	35	0.23	0.77
絵でみる世界大恐竜地図 [2]	30	9	21	0.16	0.84
すてきな三にんぐみ [3]	28	5	23	0.09	0.91
さるのせんせいとへびのかんごふさん [3]	27	22	5	0.66	0.34
はらぺこあおむし [2]	26	16	10	0.41	0.59
からすのパンやさん [3]	24	19	5	0.63	0.37
ピーターラビットのおはなし [3]	20	20		1.00	0.00
絵巻えほん　妖怪の森 [2]	16	10	6	0.42	0.58
ゼラルダと人喰い鬼 [2]	16	10	6	0.42	0.58
かいじゅうたちのいるところ [2]	15	9	6	0.40	0.60
11ぴきのねこ　ふくろのなか [2]	15	12	3	0.64	0.36
ねないこだれだ [2]	14	8	6	0.37	0.63
クジラ・イルカ大百科	14	4	10	0.15	0.85
妖怪絵巻 [2]	13	12	1	0.84	0.16
そらまめくんのベッド [2]	13	11	2	0.71	0.29
11ぴきのねこ　マラソン大会 [2]	13	11	2	0.71	0.29
めっきらもっきらどおんどん [2]	12	7	5	0.38	0.62
おおかみと七ひきのこやぎ	12	8	4	0.47	0.53
みんなうんち [2]	11	7	4	0.43	0.57
はじめての恐竜大図鑑	11	4	7	0.20	0.80
コロちゃんはどこ？ [2]	11	10	1	0.81	0.19

2002年度　年中男児貸出回数　上位21

絵本名	女	男	比率	
総計	1040	457	（女：男）	
おばけやしき [6]	24	35	0.23	0.77
すてきな三にんぐみ [3]	5	23	0.09	0.91
絵でみる世界大恐竜地図 [2]	9	21	0.16	0.84
はらぺこあおむし [2]	16	10	0.41	0.59
クジラ・イルカ大百科	4	10	0.15	0.85
今森光彦昆虫記		10	0.00	1.00
地下鉄のできるまで [2]		9	0.00	1.00
昆虫ちいさななかまたち [3]	1	8	0.05	0.95
はじめての恐竜大図鑑	4	7	0.20	0.80
がたごとがたごと		7	0.00	1.00
絵巻えほん　妖怪の森 [2]	10	6	0.42	0.58
ゼラルダと人喰い鬼 [2]	10	6	0.42	0.58
かいじゅうたちのいるところ [2]	9	6	0.40	0.60
ねないこだれだ [2]	8	6	0.37	0.63
11ぴきのねこ　どろんこ [2]	4	6	0.23	0.77
さるのせんせいとへびのかんごふさん [3]	22	5	0.66	0.34
からすのパンやさん [3]	19	5	0.63	0.37
めっきらもっきらどおんどん [2]	7	5	0.38	0.62
いちご（平山和子）[2]	4	5	0.26	0.74
ぽちぽちいこか [2]	3	5	0.21	0.79
がたんごとんがたんごとん		5	0.00	1.00

2002年度　年中女児貸出回数　上位24

絵本名	女	男	比率	
総計	1040	457	（女：男）	
おばけやしき [6]	24	35	0.23	0.77
さるのせんせいとへびのかんごふさん [3]	22	5	0.66	0.34
ピーターラビットのおはなし [3]	20		1.00	0.00
からすのパンやさん [3]	19	5	0.63	0.37
はらぺこあおむし [2]	16	10	0.41	0.59
11ぴきのねこ　ふくろのなか [2]	12	3	0.64	0.36
妖怪絵巻 [2]	12	1	0.84	0.16
そらまめくんのベッド [2]	11	2	0.71	0.29
11ぴきのねこ　マラソン大会 [2]	11	2	0.71	0.29
絵巻えほん　妖怪の森 [2]	10	6	0.42	0.58
ゼラルダと人喰い鬼 [2]	10	6	0.42	0.58
コロちゃんはどこ？ [2]	10	1	0.81	0.19
絵でみる世界大恐竜地図 [2]	9	21	0.16	0.84
かいじゅうたちのいるところ [2]	9	6	0.40	0.60
ジョニーのかぞえうた（小）[2]	9		1.00	0.00
ねないこだれだ [2]	8	6	0.37	0.63
おおかみと七ひきのこやぎ	8	4	0.47	0.53
マドレーヌといぬ [2]	8	2	0.64	0.36
ねむいねむいねずみとなきむしぼうや [2]	8	2	0.64	0.36
そらまめくんとめだかのこ [2]	8	2	0.64	0.36
くまのコールテンくん [2]	8	2	0.64	0.36
おおきなおおきなおいも [2]	8	1	0.78	0.22
アメリカワニです、こんにちは（小）[2]	8	1	0.78	0.22
チキンスープ・ライスいり（小）[2]	8		1.00	0.00

2003年度　年中総合貸出回数　上位24

絵本名	総計	女	男	比率	
総計	888	428	460	（女：男）	
おばけやしき [6]	50	21	29	0.44	0.56
マドレーヌのクリスマス [2]	19	8	11	0.44	0.56
すてきな三にんぐみ [3]	15	4	11	0.28	0.72
はらぺこあおむし [2]	12	2	10	0.18	0.82
さるのせんせいとへびのかんごふさん [3]	12	7	5	0.60	0.40
からすのパンやさん [2]	12	5	7	0.43	0.57
絵でみる世界大恐竜地図 [2]	11		11	0.00	1.00
おしいれのぼうけん [2]	10	9	1	0.91	0.09
妖怪絵巻 [2]	9	4	5	0.46	0.54
三びきのやぎのがらがらどん	9	1	8	0.12	0.88
なぞなぞな～に　ふゆのまき	9	4	5	0.46	0.54
世界昆虫記	8		8	0.00	1.00
恐竜探険	8	1	7	0.13	0.87
恐竜たちの世界 3次元立体めがねつき [2]	8		8	0.00	1.00
11ぴきのねこ　どろんこ [2]	8	3	5	0.39	0.61
今森光彦昆虫記	7	1	6	0.15	0.85
へびのせんせいとさるのかんごふさん [2]	7	5	2	0.73	0.27
ピーターラビットのおはなし [3]	7	7		1.00	0.00
なぞなぞな～に　なつのまき	7	3	4	0.45	0.55
どろぼうがっこう [2]	7	4	3	0.59	0.41
じごくのそうべえ	7	5	2	0.73	0.27
げんきなマドレーヌ [2]	7	4	3	0.59	0.41
がいこつさん [2]	7	3	4	0.45	0.55
11ぴきのねこ [2]	7	3	4	0.45	0.55

2003年度　年中女児貸出回数　上位21

絵本名	女	男	比率	
総計	428	460	（女：男）	
おばけやしき［6］	21	29	0.44	0.56
おしいれのぼうけん［2］	9	1	0.91	0.09
マドレーヌのクリスマス［2］	8	11	0.44	0.56
さるのせんせいとへびのかんごふさん［3］	7	5	0.60	0.40
ピーターラビットのおはなし［3］	7		1.00	0.00
わたしのワンピース［2］	6		1.00	0.00
ゼラルダと人喰い鬼［2］	6		1.00	0.00
からすのパンやさん［2］	5	7	0.43	0.57
へびのせんせいとさるのかんごふさん［2］	5	2	0.73	0.27
じごくのそうべえ	5	2	0.73	0.27
すてきな三にんぐみ［3］	4	11	0.28	0.72
妖怪絵巻［2］	4	5	0.46	0.54
なぞなぞな～に　ふゆのまき	4	5	0.46	0.54
どろぼうがっこう［2］	4	3	0.59	0.41
げんきなマドレーヌ［2］	4	3	0.59	0.41
絵巻えほん　妖怪の森［2］	4	2	0.68	0.32
もっちゃうもっちゃうもうもっちゃう	4	2	0.68	0.32
11ぴきのねこ　ふくろのなか［2］	4	2	0.68	0.32
もりのへなそうる	4	1	0.81	0.19
マドレーヌといぬ［2］	4	1	0.81	0.19
しずくのぼうけん［2］	4		1.00	0.00

2003年度　年中男児貸出回数　上位19

絵本名	女	男	比率	
総計	428	460	（女：男）	
おばけやしき［6］	21	29	0.44	0.56
マドレーヌのクリスマス［2］	8	11	0.44	0.56
すてきな三にんぐみ［3］	4	11	0.28	0.72
絵でみる世界大恐竜地図［2］		11	0.00	1.00
はらぺこあおむし［2］	2	10	0.18	0.82
三びきのやぎのがらがらどん	1	8	0.12	0.88
世界昆虫記		8	0.00	1.00
恐竜たちの世界 3次元立体めがねつき［2］		8	0.00	1.00
からすのパンやさん［2］	5	7	0.43	0.57
恐竜探険	1	7	0.13	0.87
今森光彦昆虫記	1	6	0.15	0.85
さるのせんせいとへびのかんごふさん［3］	7	5	0.60	0.40
妖怪絵巻［2］	4	5	0.46	0.54
なぞなぞな～に　ふゆのまき	4	5	0.46	0.54
11ぴきのねこ　どろんこ［2］	3	5	0.39	0.61
まどから★おくりもの［2］	1	5	0.18	0.82
なぞなぞな～に　あきのまき	1	5	0.18	0.82
そらまめくんのベッド［2］	1	5	0.18	0.82
はじめての恐竜大図鑑		5	0.00	1.00

◉年長貸出データ

1995-2003年度　年長総合貸出回数　上位32

絵本名	総計	女	男	比率	
総計	7932	4822	3110	（女：男）	
おばけやしき	145	41	104	0.20	0.80
からすのパンやさん	92	63	29	0.58	0.42
まどから★おくりもの	74	46	28	0.51	0.49
絵でみる世界大恐竜地図	61	15	46	0.17	0.83
おおきなおおきなおいも	59	38	21	0.54	0.46
ピエールとライオン（小）	59	38	21	0.54	0.46
のはらうた　I	57	55	2	0.95	0.05
ぼちぼちいこか	57	35	22	0.51	0.49
あしたは月よう日	56	30	26	0.43	0.57
すてきな三にんぐみ	53	26	27	0.38	0.62
ピーターラビットのおはなし	51	47	4	0.88	0.12
ねえ、どれがいい？	50	31	19	0.51	0.49
パパ、お月さまとって	49	23	26	0.36	0.64
さるのせんせいとへびのかんごふさん	48	38	10	0.71	0.29
11ぴきのねこ　マラソン大会	47	11	36	0.16	0.84
なぞなぞな～に　なつのまき	47	30	17	0.53	0.47
ねむいねむいねずみはおなかがすいた	47	23	24	0.38	0.62
はじめての恐竜大図鑑	46	10	36	0.15	0.85
しろいうさぎとくろいうさぎ	44	37	7	0.77	0.23
めっきらもっきらどおんどん	44	31	13	0.61	0.39
恐竜たちの世界 3次元立体めがねつき	44	9	35	0.14	0.86
どろぼうがっこう	43	26	17	0.50	0.50
はせがわくんきらいや	42	22	20	0.42	0.58
昆虫ちいさななかまたち	42	13	29	0.22	0.78
11ぴきのねことあほうどり	41	17	24	0.31	0.69
きょうはなんのひ？	41	39	2	0.93	0.07
こんとあき	41	34	7	0.76	0.24
ジョニーのかぞえうた（小）	41	29	12	0.61	0.39
なぞなぞな～に　あきのまき	41	25	16	0.50	0.50
はらぺこあおむし	41	26	15	0.53	0.47
色（いろ）	41	26	15	0.53	0.47
鳥（とり）	41	22	19	0.43	0.57

1995-2003年度　年長女児貸出回数　上位29

絵本名	女	男	比率	
総計	4822	3110	（女：男）	
からすのパンやさん	63	29	0.58	0.42
のはらうた　Ⅰ	55	2	0.95	0.05
ピーターラビットのおはなし	47	4	0.88	0.12
まどから★おくりもの	46	28	0.51	0.49
おばけやしき	41	104	0.20	0.80
きょうはなんのひ？	39	2	0.93	0.07
おおきなおおきなおいも	38	21	0.54	0.46
さるのせんせいとへびのかんごふさん	38	21	0.54	0.46
ピエールとライオン（小）	38	10	0.71	0.29
しろいうさぎとくろいうさぎ	37	7	0.77	0.23
げんきなマドレーヌ	35	22	0.51	0.49
ぽちぽちいこか	35	5	0.82	0.18
こんとあき	34	7	0.76	0.24
とりかえっこ	33	4	0.84	0.16
いもうとのにゅういん	31	19	0.51	0.49
にじのはなさかせよう	31	13	0.61	0.39
ねえ、どれがいい？	31	9	0.69	0.31
ぼくのぱんわたしのぱん	31	2	0.91	0.09
めっきらもっきらどおんどん	31		1.00	0.00
あしたは月よう日	30	26	0.43	0.57
なぞなぞな～に　なつのまき	30	17	0.53	0.47
14ひきのひっこし	29	12	0.61	0.39
うんちがぽとん	29	10	0.65	0.35
ジョニーのかぞえうた（小）	29	8	0.70	0.30
のはらうた　Ⅲ	29	5	0.79	0.21
きょだいな　きょだいな	28	7	0.72	0.28
ばばばあちゃんのアイスパーティ	28	5	0.78	0.22
のはらうた　Ⅱ	27	7	0.71	0.29
りすのはなし	27	7	0.71	0.29

1995-2003年度　年長男児貸出回数　上位30

絵本名	女	男	比率	
総計	4822	3110	（女：男）	
おばけやしき	41	104	0.20	0.80
絵でみる世界大恐竜地図	15	46	0.17	0.83
11ぴきのねこ　マラソン大会	11	36	0.16	0.84
はじめての恐竜大図鑑	10	36	0.15	0.85
恐竜たちの世界 3次元立体めがねつき	9	35	0.14	0.86
からすのパンやさん	63	29	0.58	0.42
昆虫ちいさななかまたち	13	29	0.22	0.78
まどから★おくりもの	46	28	0.51	0.49
すてきな三にんぐみ	26	27	0.38	0.62
あしたは月よう日	30	26	0.43	0.57
パパ、お月さまとって	23	26	0.36	0.64
11ぴきのねことあほうどり	23	24	0.38	0.62
ねむいねむいねずみはおなかがすいた	17	24	0.31	0.69
11ぴきのねこ	35	22	0.51	0.49
がいこつさん	15	22	0.31	0.69
かお	12	22	0.26	0.74
ぽちぽちいこか	10	22	0.23	0.77
おおきなおおきなおいも	38	21	0.54	0.46
ピエールとライオン（小）	38	21	0.54	0.46
地下鉄のできるまで	3	21	0.08	0.92
11ぴきのねこ　どろんこ	22	20	0.42	0.58
11ぴきのねこ　ふくろのなか	19	20	0.38	0.62
はせがわくんきらいや	18	20	0.37	0.63
ふくろうくん	13	20	0.30	0.70
おばけじま	31	19	0.51	0.49
ねえ、どれがいい？	22	19	0.43	0.57
鳥（とり）	9	19	0.23	0.77
飛行機（ひこうき）	7	19	0.19	0.81
キャベツくん	19	18	0.41	0.59
むしばミュータンスのぼうけん	16	18	0.36	0.64

1995年度　年長総合貸出回数　上位21

絵本名	総計	女	男	比率	
総計	390	176	214	（女：男）	
おなら	9	6	3	0.71	0.29
まどから★おくりもの	9	5	4	0.60	0.40
パパ、お月さまとって	8	4	4	0.55	0.45
どうながのプレッツェル	7	2	5	0.33	0.67
はらぺこあおむし	7	5	2	0.75	0.25
11ぴきのねことあほうどり	6	1	5	0.20	0.80
おおきなおおきなおいも	6	1	5	0.20	0.80
かにむかし	6	1	5	0.20	0.80
からすのパンやさん	6	3	3	0.55	0.45
すてきな三にんぐみ	6	3	3	0.55	0.45
ねずみくんのチョッキ	6	4	2	0.71	0.29
はなのあなのはなし	6	2	4	0.38	0.62
まよなかのだいどころ	6	5	1	0.86	0.14
むしばミュータンスのぼうけん	6	3	3	0.55	0.45
〈はじめてであうずかん〉こんちゅう	5	2	3	0.45	0.55
11ぴきのねこ	5		5	0.00	1.00
こんとあき	5	5		1.00	0.00
サムはぜったいわすれません	5	3	2	0.65	0.35
さよなら　さんかく　またきて　しかく	5	2	3	0.45	0.55
ティッチ	5	4	1	0.83	0.17
とべバッタ	5	1	4	0.23	0.77

1995年度　年長女児貸出回数　上位18

絵本名	女	男	比率	
総計	176	214	（女：男）	
おなら	6	3	0.71	0.29
まどから★おくりもの	5	4	0.60	0.40
はらぺこあおむし	5	2	0.75	0.25
まよなかのだいどころ	5	1	0.86	0.14
こんとあき	5		1.00	0.00
パパ、お月さまとって	4	4	0.55	0.45
ねずみくんのチョッキ	4	2	0.71	0.29
ティッチ	4	1	0.83	0.17
おでかけのまえに	4		1.00	0.00
からすのパンやさん	3	3	0.55	0.45
すてきな三にんぐみ	3	3	0.55	0.45
むしばミュータンスのぼうけん	3	3	0.55	0.45
サムはぜったいわすれません	3	2	0.65	0.35
いちご（平山和子）	3	1	0.78	0.22
ひとまねこざる	3	1	0.78	0.22
くまのアーネストおじさん　あめのひのピクニック	3		1.00	0.00
チキンスープ・ライスいり（大）	3		1.00	0.00
とんことり	3		1.00	0.00

1995年度　年長男児貸出回数　上位32

絵本名	女	男	比率	
総計	176	214	（女：男）	
どうながのプレッツェル	2	5	0.33	0.67
11ぴきのねことあほうどり	1	5	0.20	0.80
おおきなおおきなおいも	1	5	0.20	0.80
かにむかし	1	5	0.20	0.80
11ぴきのねこ		5	0.00	1.00
まどから★おくりもの	5	4	0.60	0.40
パパ、お月さまとって	4	4	0.55	0.45
はなのあなのはなし	2	4	0.38	0.62
とべバッタ	1	4	0.23	0.77
おおはくちょうのそら		4	0.00	1.00
はたらきもののじょせつしゃけいていー		4	0.00	1.00
もぐらとずぼん		4	0.00	1.00
おなら	6	3	0.71	0.29
からすのパンやさん	3	3	0.55	0.45
すてきな三にんぐみ	3	3	0.55	0.45
むしばミュータンスのぼうけん	3	3	0.55	0.45
〈はじめてであうずかん〉こんちゅう	2	3	0.45	0.55
さよなら　さんかく　またきて　しかく	2	3	0.45	0.55
あしのうらのはなし	1	3	0.29	0.71
あなたのいえわたしのいえ	1	3	0.29	0.71
アンガスとアヒル	1	3	0.29	0.71
おふろだいすき	1	3	0.29	0.71
ぐりとぐらのおきゃくさま	1	3	0.29	0.71
げんきなマドレーヌ	1	3	0.29	0.71
ごちそうさま	1	3	0.29	0.71
しょうぼうじどうしゃじぷた	1	3	0.29	0.71
ねないこだれだ	1	3	0.29	0.71
おおかみと七ひきのこやぎ		3	0.00	1.00
ぐりとぐら		3	0.00	1.00
こすずめのぼうけん		3	0.00	1.00
とらっく		3	0.00	1.00
ふね		3	0.00	1.00

1996年度　年長総合貸出回数　上位24

絵本名	総計	女	男	比率	
総計	805	491	314	（女：男）	
まどから★おくりもの	15	7	8	0.36	0.64
ふくろうくん	14	4	10	0.20	0.80
だってだってのおばあさん	13	10	3	0.68	0.32
おおきなおおきなおいも	12	10	2	0.76	0.24
とりかえっこ	12	10	2	0.76	0.24
あな	11	2	9	0.12	0.88
ジョニーのかぞえうた（小）	11	9	2	0.74	0.26
せかい一わるいかいじゅう	11	5	6	0.35	0.65
チキンスープ・ライスいり（小）	11	10	1	0.86	0.14
パパ、お月さまとって [2]	11	3	8	0.19	0.81
からすのパンやさん	10	9	1	0.85	0.15
こねこのトムのおはなし	10	10		1.00	0.00
これは　のみの　ぴこ	10	6	4	0.49	0.51
ねむいねむいねずみはおなかがすいた	10	5	5	0.39	0.61
フロプシーのこどもたち	10	10		1.00	0.00
きょうはなんのひ？	9	9		1.00	0.00
ごちそうさま	9	3	6	0.24	0.76
ひげのサムエルのおはなし	9	9		1.00	0.00
ジョニーのかぞえうた　（大）	8	7	1	0.82	0.18
すいみんぶそく	8		8	0.00	1.00
すてきな三にんぐみ	8	4	4	0.39	0.61
とこちゃんはどこ	8	5	3	0.52	0.48
ピエールとライオン（小）	8	5	3	0.52	0.48
子うさぎましろのお話	8	8		1.00	0.00

1996年度　年長男児貸出回数　上位24

絵本名	女	男	比率	
総計	491	314	（女：男）	
ふくろうくん	4	10	0.20	0.80
あな	2	9	0.12	0.88
まどから★おくりもの	7	8	0.36	0.64
パパ、お月さまとって [2]	3	8	0.19	0.81
すいみんぶそく		8	0.00	1.00
まよなかのだいどころ		7	0.00	1.00
せかい一わるいかいじゅう	5	6	0.35	0.65
ごちそうさま	3	6	0.24	0.76
〈はじめてであうずかん〉こんちゅう		6	0.00	1.00
ほ〜ら大きくなったでしょ　ちょう		6	0.00	1.00
地下鉄のできるまで		6	0.00	1.00
ねむいねむいねずみはおなかがすいた	5	5	0.39	0.61
11ぴきのねこ	1	5	0.11	0.89
とべバッタ	1	5	0.11	0.89
昆虫ちいさななかまたち	1	5	0.11	0.89
これは　のみの　ぴこ	6	4	0.49	0.51
すてきな三にんぐみ	4	4	0.39	0.61
11ぴきのねことあほうどり	3	4	0.32	0.68
ぐりとぐらのえんそく	1	4	0.14	0.86
ねないこだれだ	1	4	0.14	0.86
めっきらもっきらどおんどん	1	4	0.14	0.86
おばけじま		4	0.00	1.00
やっぱりおおかみ		4	0.00	1.00
宇宙—そのひろがりをしろう—		4	0.00	1.00

1996年度　年長女児貸出回数　上位21

絵本名	女	男	比率	
総計	491	314	（女：男）	
だってだってのおばあさん	10	3	0.68	0.32
おおきなおおきなおいも	10	2	0.76	0.24
とりかえっこ	10	2	0.76	0.24
チキンスープ・ライスいり（小）	10	1	0.86	0.14
こねこのトムのおはなし	10		1.00	0.00
フロプシーのこどもたち	10		1.00	0.00
ジョニーのかぞえうた（小）	9	2	0.74	0.26
からすのパンやさん	9	1	0.85	0.15
きょうはなんのひ？	9		1.00	0.00
ひげのサムエルのおはなし	9		1.00	0.00
子うさぎましろのお話	8		1.00	0.00
まどから★おくりもの	7	8	0.36	0.64
ジョニーのかぞえうた　（大）	7	1	0.82	0.18
こぐまのくまくん	7		1.00	0.00
ねえ、どれがいい？	7		1.00	0.00
これは　のみの　ぴこ	6	4	0.49	0.51
ねずみくんのチョッキ	6	1	0.79	0.21
ほ〜ら大きくなったでしょ　きつね	6	1	0.79	0.21
ちいさなねこ	6		1.00	0.00
ピーターラビットのおはなし	6		1.00	0.00
みんなのかお	6		1.00	0.00

1997年度　年長総合貸出回数　上位22

絵本名	総計	女	男	比率	
総計	695	419	276	（女：男）	
なぞなぞな〜に　なつのまき	11	7	4	0.54	0.46
さる・るるる	10	4	6	0.31	0.69
ねむいねむいねずみ	10	7	3	0.61	0.39
ピーターラビットのおはなし [2]	10	9	1	0.86	0.14
色（いろ）	10	7	3	0.61	0.39
鳥（とり）	10	6	4	0.50	0.50
なぞなぞな〜に　あきのまき	9	5	4	0.45	0.55
ねむいねむいねずみはおなかがすいた	9	3	6	0.25	0.75
うんちがぽとん	8	5	3	0.52	0.48
かお	8	4	4	0.40	0.60
からすのパンやさん	8	6	2	0.66	0.34
くれよんのはなし	8	6	2	0.66	0.34
こんとあき	8	8		1.00	0.00
しろいうさぎとくろいうさぎ [2]	8	7	1	0.82	0.18
たまごのあかちゃん	8	4	4	0.40	0.60
とりかえっこ	8	7	1	0.82	0.18
なぞなぞな〜に　ふゆのまき	8	4	4	0.40	0.60
おおきなおおきなおいも	7	6	1	0.80	0.20
なぞなぞな〜に　はるのまき	7	5	2	0.62	0.38
はじめての恐竜大図鑑	7	2	5	0.21	0.79
はせがわくんきらいや [2]	7	4	3	0.47	0.53
卵（たまご）	7	4	3	0.47	0.53

1997年度　年長女児貸出回数　上位22

絵本名	女	男	比率	
総計	419	276	（女：男）	
ピーターラビットのおはなし [2]	9	1	0.86	0.14
こんとあき	8		1.00	0.00
なぞなぞな～に　なつのまき	7	4	0.54	0.46
ねむいねむいねずみ	7	3	0.61	0.39
色（いろ）	7	3	0.61	0.39
しろいうさぎとくろいうさぎ [2]	7	1	0.82	0.18
とりかえっこ	7	1	0.82	0.18
鳥（とり）	6	4	0.50	0.50
からすのパンやさん	6	2	0.66	0.34
くれよんのはなし	6	2	0.66	0.34
おおきなおおきなおいも	6	1	0.80	0.20
いちご（平山和子）	6		1.00	0.00
しりたがりのこひつじ	6		1.00	0.00
なぞなぞな～に　あきのまき	5	4	0.45	0.55
うんちがぽとん	5	3	0.52	0.48
なぞなぞな～に　はるのまき	5	2	0.62	0.38
くまさん	5	1	0.77	0.23
ぼく、お月さまとはなしたよ	5	1	0.77	0.23
ぼくのぱんわたしのぱん	5	1	0.77	0.23
くだもの	5		1.00	0.00
さよなら　さんかく　またきて　しかく	5		1.00	0.00
まどのそとのそのまたむこう	5		1.00	0.00

1997年度　年長男児貸出回数　上位16

絵本名	女	男	比率	
総計	419	276	（女：男）	
さる・るるる	4	6	0.31	0.69
ねむいねむいねずみはおなかがすいた	3	6	0.25	0.75
はじめての恐竜大図鑑	2	5	0.21	0.79
3びきのかわいいおおかみ		5	0.00	1.00
なぞなぞな～に　なつのまき	7	4	0.54	0.46
鳥（とり）	6	4	0.50	0.50
なぞなぞな～に　あきのまき	5	4	0.45	0.55
かお	4	4	0.40	0.60
たまごのあかちゃん	4	4	0.40	0.60
なぞなぞな～に　ふゆのまき	4	4	0.40	0.60
11ぴきのねこ　マラソン大会	2	4	0.25	0.75
11ぴきのねことあほうどり [2]	2	4	0.25	0.75
かにむかし（大）	1	4	0.14	0.86
ピエールとライオン（小）[2]	1	4	0.14	0.86
ろけっとこざる	1	4	0.14	0.86
ふしぎなえ		4	0.00	1.00

1998年度　年長総合貸出回数　上位19

絵本名	総計	女	男	比率	
総計	759	396	363	（女：男）	
おばけやしき [2]	16	4	12	0.23	0.77
すてきな三にんぐみ [3]	15	6	9	0.38	0.62
なぞなぞな～に　なつのまき	12	8	4	0.65	0.35
11ぴきのねこ　マラソン大会	11	4	7	0.34	0.66
鳥（とり）	11	4	7	0.34	0.66
11ぴきのねことへんなねこ	10	7	3	0.68	0.32
きょうはなんのひ？	10	9	1	0.89	0.11
トリゴラス	10	2	8	0.19	0.81
はせがわくんきらいや [2]	10	4	6	0.38	0.62
まどから★おくりもの [2]	10	5	5	0.48	0.52
じごくのそうべえ	9	4	5	0.42	0.58
ばばばあちゃんのアイスパーティ	9	7	2	0.76	0.24
色（いろ）	9	5	4	0.53	0.47
11ぴきのねこ　ふくろのなか	8	5	3	0.60	0.40
かお	8	1	7	0.12	0.88
かおPart2	8	6	2	0.73	0.27
げんきなマドレーヌ	8	7	1	0.87	0.13
なぞなぞな～に　あきのまき	8	4	4	0.48	0.52
めっきらもっきらどおんどん	8	6	2	0.73	0.27

1998年度　年長女児貸出回数　上位15

絵本名	女	男	比率	
総計	396	363	（女：男）	
きょうはなんのひ？	9	1	0.89	0.11
なぞなぞな～に　なつのまき	8	4	0.65	0.35
11ぴきのねことへんなねこ	7	3	0.68	0.32
ばばばあちゃんのアイスパーティ	7	2	0.76	0.24
げんきなマドレーヌ	7	1	0.87	0.13
すてきな三にんぐみ	6	9	0.38	0.62
かおPart2	6	2	0.73	0.27
めっきらもっきらどおんどん	6	2	0.73	0.27
ねずみくんのチョッキ	6	1	0.85	0.15
まどから★おくりもの [2]	5	5	0.48	0.52
色（いろ）	5	4	0.53	0.47
11ぴきのねこ　ふくろのなか	5	3	0.60	0.40
卵（たまご）	5	2	0.70	0.30
ピーターラビットのおはなし [2]	5	1	0.82	0.18
とりかえっこ	5		1.00	0.00

1998年度　年長男児貸出回数　上位16

絵本名	女	男	比率	
総計	396	363	(女：男)	
おばけやしき［2］	4	12	0.23	0.77
すてきな三にんぐみ［3］	6	9	0.38	0.62
トリゴラス	2	8	0.19	0.81
11ぴきのねこ　マラソン大会	4	7	0.34	0.66
鳥（とり）	4	7	0.34	0.66
かお	1	7	0.12	0.88
おっぱいのひみつ		7	0.00	1.00
はせがわくんきらいや	4	6	0.38	0.62
わっこおばちゃんのしりとりあそび	1	6	0.13	0.87
土の下（つちのした）	1	6	0.13	0.87
はじめての恐竜大図鑑		6	0.00	1.00
まどから★おくりもの［2］	5	5	0.48	0.52
じごくのそうべえ	4	5	0.42	0.58
うんちしたのはだれよ	2	5	0.27	0.73
まんじゅうこわい	1	5	0.15	0.85
どどどどど		5	0.00	1.00

1999年度　年長総合貸出回数　上位24

絵本名	総計	女	男	比率	
総計	905	646	259	(女：男)	
ピエールとライオン（小）［2］	16	15	1	0.86	0.14
のはらうた　Ⅱ	15	9	6	0.38	0.62
のはらうた　Ⅲ	15	9	6	0.38	0.62
絵でみる世界大恐竜地図	15	8	7	0.31	0.69
のはらうた　Ⅰ	13	13		1.00	0.00
おばけやしき［2］	12	8	4	0.45	0.55
がいこつさん	12	9	3	0.55	0.45
からすのパンやさん	11	7	4	0.41	0.59
どろぼうがっこう	11	8	3	0.52	0.48
まどから★おくりもの［2］	11	9	2	0.64	0.36
たべもののたび	10	9	1	0.78	0.22
ばばばあちゃんのアイスパーティ	10	9	1	0.78	0.22
ぼくのぱんわたしのぱん	10	6	4	0.38	0.62
あしたは月よう日［2］	9	4	5	0.24	0.76
いもうとのにゅういん	9	9		1.00	0.00
おおかみと七ひきのこやぎ	9	9		1.00	0.00
エイラトさんのへんしんどうぶつえん	8	4	4	0.29	0.71
おしいれのぼうけん	8	5	3	0.40	0.60
かにむかし（大）	8	4	4	0.29	0.71
げんきなマドレーヌ	8	8		1.00	0.00
ごちゃまぜカメレオン	8	2	6	0.12	0.88
こんとあき	8	5	3	0.40	0.60
はじめての恐竜大図鑑	8	3	5	0.19	0.81
めっきらもっきらどおんどん	8	6	2	0.55	0.45

1999年度　年長女児貸出回数　上位22

絵本名	女	男	比率	
総計	646	259	(女：男)	
ピエールとライオン（小）［2］	15	1	0.86	0.14
のはらうた　Ⅰ	13		1.00	0.00
のはらうた　Ⅱ	9	6	0.38	0.62
のはらうた　Ⅲ	9	6	0.38	0.62
がいこつさん	9	3	0.55	0.45
まどから★おくりもの［2］	9	2	0.64	0.36
たべもののたび	9	1	0.78	0.22
ばばばあちゃんのアイスパーティ	9	1	0.78	0.22
いもうとのにゅういん	9		1.00	0.00
おおかみと七ひきのこやぎ	9		1.00	0.00
絵でみる世界大恐竜地図	8	7	0.31	0.69
おばけやしき［2］	8	4	0.45	0.55
どろぼうがっこう	8	3	0.52	0.48
げんきなマドレーヌ	8		1.00	0.00
からすのパンやさん	7	4	0.41	0.59
きょだいな　きょだいな	7		1.00	0.00
三びきのやぎのがらがらどん	7		1.00	0.00
ぼくのぱんわたしのぱん	6	4	0.38	0.62
めっきらもっきらどおんどん	6	2	0.55	0.45
きょうはなんのひ？	6		1.00	0.00
マドレーヌといぬ	6		1.00	0.00
わたしのワンピース	6		1.00	0.00

1999年度　年長男児貸出回数　上位17

絵本名	女	男	比率	
総計	646	259	(女：男)	
絵でみる世界大恐竜地図	8	7	0.31	0.69
のはらうた　Ⅱ	9	6	0.38	0.62
のはらうた　Ⅲ	9	6	0.38	0.62
ごちゃまぜカメレオン	2	6	0.12	0.88
やどかりのおひっこし		6	0.00	1.00
あしたは月よう日［2］	4	5	0.24	0.76
はじめての恐竜大図鑑	3	5	0.19	0.81
地面の下のいきもの	2	5	0.14	0.86
飛行機（ひこうき）	2	5	0.14	0.86
おばけやしき［2］	8	4	0.45	0.55
からすのパンやさん	7	4	0.41	0.59
ぼくのぱんわたしのぱん	6	4	0.38	0.62
エイラトさんのへんしんどうぶつえん	4	4	0.29	0.71
かにむかし（大）	4	4	0.29	0.71
おおきなおおきなおいも［2］	2	4	0.17	0.83
色（いろ）	2	4	0.17	0.83
おおきな　きが　ほしい		4	0.00	1.00

2000年度　年長総合貸出回数　上位20

絵本名	総計	女	男	比率	
総計	972	619	353	（女：男）	
おばけやしき［3］	29	12	17	0.29	0.71
あしたは月よう日［2］	20	14	6	0.57	0.43
なぞなぞな～に　あきのまき	14	11	3	0.68	0.32
のはらうた　Ｉ［2］	14	14		1.00	0.00
エイラトさんのへんしんどうぶつえん	13	12	1	0.87	0.13
なぞなぞえほん　1のまき	13	5	8	0.26	0.74
なぞなぞな～に　はるのまき	13	8	5	0.48	0.52
なぞなぞな～に　なつのまき	12	7	5	0.44	0.56
はなのすきなうし	12	6	6	0.36	0.64
なぞなぞえほん　2のまき	11	3	8	0.18	0.82
なぞなぞえほん　3のまき	11	4	7	0.25	0.75
なぞなぞな～に　ふゆのまき	11	9	2	0.72	0.28
昆虫ちいさななかまたち［2］	11	5	6	0.32	0.68
11ぴきのねことへんなねこ	10	4	6	0.28	0.72
がいこつさん	10	1	9	0.06	0.94
わっこおばちゃんのしりとりあそび	10	7	3	0.57	0.43
14ひきのひっこし	9	6	3	0.53	0.47
これは　のみの　ぴこ	9	8	1	0.82	0.18
ピエールとライオン（小）［2］	9	3	6	0.22	0.78
ぽちぽちいこか	9	6	3	0.53	0.47

2000年度　年長男児貸出回数　上位23

絵本名	女	男	比率	
総計	619	353	（女：男）	
おばけやしき［3］	12	17	0.29	0.71
がいこつさん	1	9	0.06	0.94
なぞなぞえほん　1のまき	5	8	0.26	0.74
なぞなぞえほん　2のまき	3	8	0.18	0.82
なぞなぞえほん　3のまき	4	7	0.25	0.75
あしたは月よう日［2］	14	6	0.57	0.43
はなのすきなうし	6	6	0.36	0.64
昆虫ちいさななかまたち［2］	5	6	0.32	0.68
11ぴきのねことへんなねこ	4	6	0.28	0.72
ピエールとライオン（小）［2］	3	6	0.22	0.78
妖怪絵巻	2	6	0.16	0.84
11ぴきのねこ　マラソン大会	1	6	0.09	0.91
なぞなぞな～に　はるのまき	8	5	0.48	0.52
なぞなぞな～に　なつのまき	7	5	0.44	0.56
11ぴきのねこ　ふくろのなか	3	5	0.25	0.75
11ぴきのねこ　どろんこ	1	5	0.10	0.90
きつね森の山男		5	0.00	1.00
11ぴきのねことぶた	4	4	0.36	0.64
ぶたのたね	3	4	0.30	0.70
やっぱりおおかみ	2	4	0.22	0.78
こいぬがうまれるよ	1	4	0.12	0.88
チキンスープ・ライスいり（小）［2］		4	0.00	1.00
ピエールとライオン（大）		4	0.00	1.00

2000年度　年長女児貸出回数　上位21

絵本名	女	男	比率	
総計	619	353	（女：男）	
あしたは月よう日［2］	14	6	0.57	0.43
のはらうた　1［2］	14		1.00	0.00
おばけやしき［3］	12	17	0.29	0.71
エイラトさんのへんしんどうぶつえん	12	1	0.87	0.13
なぞなぞな～に　あきのまき	11	3	0.68	0.32
なぞなぞな～に　ふゆのまき	9	2	0.72	0.28
なぞなぞな～に　はるのまき	8	5	0.48	0.52
これは　のみの　ぴこ	8	1	0.82	0.18
にじのはなさかせよう	8		1.00	0.00
なぞなぞな～に　なつのまき	7	5	0.44	0.56
わっこおばちゃんのしりとりあそび	7	3	0.57	0.43
きょだいな　きょだいな	7	1	0.80	0.20
まどから★おくりもの［2］	7	1	0.80	0.20
りすのはなし	7		1.00	0.00
はなのすきなうし	6	6	0.36	0.64
14ひきのひっこし	6	3	0.53	0.47
ぽちぽちいこか	6	3	0.53	0.47
からすのパンやさん	6	1	0.77	0.23
ばばばあちゃんのアイスパーティ	6	1	0.77	0.23
めっきらもっきらどおんどん	6	1	0.77	0.23
マドレーヌといぬ	6		1.00	0.00

2001年度　年長総合貸出回数　上位27

絵本名	総計	女	男	比率	
総計	1029	601	428	（女：男）	
おばけやしき［4］	37	5	32	0.10	0.90
のはらうた　Ⅰ［2］	18	17	1	0.92	0.08
からすのパンやさん［2］	14	11	3	0.72	0.28
さるのせんせいとへびのかんごふさん［2］	14	9	5	0.56	0.44
おおきなおおきなおいも［2］	13	11	2	0.80	0.20
きょだいな　きょだいな［2］	13	9	4	0.62	0.38
あしたは月よう日［2］	11	4	7	0.29	0.71
くまのコールテンくん［2］	11	9	2	0.76	0.24
絵巻えほん　妖怪の森	11	1	10	0.07	0.93
ショッピング・バスケット	10	7	3	0.62	0.38
どろぼうがっこう［2］	10	5	5	0.42	0.58
なぞなぞのたび	10	1	9	0.07	0.93
はらぺこあおむし［2］	10	5	5	0.42	0.58
ぽとんぽとんはなんのおと	10	8	2	0.74	0.26
まどから★おくりもの［2］	10	9	1	0.87	0.13
クジラ・イルカ大百科	9	7	2	0.71	0.29
ゼラルダと人喰い鬼［2］	9	5	4	0.47	0.53
たべもののたび	9	3	6	0.26	0.74
11ぴきのねこ　マラソン大会	8	2	6	0.19	0.81
エイラトさんのへんしんのうじょう	8	5	3	0.54	0.46
コロちゃんはどこ？	8	7	1	0.83	0.17
さかさま［2］	8	1	7	0.09	0.91
ぽちぽちいこか［2］	8	6	2	0.68	0.32
ほね	8	2	6	0.19	0.81
マドレーヌのクリスマス	8	7	1	0.83	0.17
よるのようちえん	8	3	5	0.30	0.70
妖怪絵巻	8	3	5	0.30	0.70

2001年度　年長女児貸出回数　上位20

絵本名	女	男	比率	
総計	601	428	（女：男）	
のはらうた　Ⅰ［2］	17	1	0.92	0.08
からすのパンやさん［2］	11	3	0.72	0.28
おおきなおおきなおいも［2］	11	2	0.80	0.20
さるのせんせいとへびのかんごふさん［2］	9	5	0.56	0.44
きょだいな　きょだいな［2］	9	4	0.62	0.38
くまのコールテンくん［2］	9	2	0.76	0.24
まどから★おくりもの［2］	9	1	0.87	0.13
ぽとんぽとんはなんのおと	8	2	0.74	0.26
ショッピング・バスケット	7	3	0.62	0.38
クジラ・イルカ大百科	7	2	0.71	0.29
コロちゃんはどこ？	7	1	0.83	0.17
マドレーヌのクリスマス	7	1	0.83	0.17
うんちがぽとん	7		1.00	0.00
のはらうた　Ⅲ	7		1.00	0.00
ぼくのぱんわたしのぱん	7		1.00	0.00
ぽちぽちいこか［2］	6	2	0.68	0.32
いつかはきっと…	6		1.00	0.00
げんきなマドレーヌ	6		1.00	0.00
のはらうた　Ⅱ	6		1.00	0.00
マドレーヌといたずらっこ	6		1.00	0.00

2001年度　年長男児貸出回数　上位15

絵本名	女	男	比率	
総計	601	428	（女：男）	
おばけやしき［4］	5	32	0.10	0.90
絵巻えほん　妖怪の森	1	10	0.07	0.93
なぞなぞのたび	1	9	0.07	0.93
あしたは月よう日［2］	4	7	0.29	0.71
さかさま［2］	1	7	0.09	0.91
たべもののたび	3	6	0.26	0.74
11ぴきのねこ　マラソン大会	2	6	0.19	0.81
ほね	2	6	0.19	0.81
さるのせんせいとへびのかんごふさん［2］	9	5	0.56	0.44
どろぼうがっこう［2］	5	5	0.42	0.58
はらぺこあおむし［2］	5	5	0.42	0.58
よるのようちえん	3	5	0.30	0.70
妖怪絵巻	3	5	0.30	0.70
パイルドライバー	2	5	0.22	0.78
恐竜のけんきゅう	1	5	0.12	0.88

2002年度　年長総合貸出回数　上位26

絵本名	総計	女	男	比率	
総計	1285	835	450	（女：男）	
からすのパンやさん［3］	22	12	10	0.39	0.61
さるのせんせいとへびのかんごふさん［3］	21	18	3	0.76	0.24
おばけやしき［6］	20	4	16	0.12	0.88
くまのコールテンくん［2］	19	13	6	0.54	0.46
もっちゃうもっちゃうもうもっちゃう	17	11	6	0.50	0.50
絵でみる世界大恐竜地図［2］	15	2	13	0.08	0.92
ねえ、どれがいい？［2］	14	10	4	0.57	0.43
バムとケロのそらのたび	13	8	5	0.46	0.54
恐竜たちの世界　3次元立体めがねつき	13	5	8	0.25	0.75
にじのはなさかせよう［2］	12	12		1.00	0.00
ピーターラビットのおはなし［2］	12	12		1.00	0.00
へんてこへんてこ［2］	12	10	2	0.73	0.27
11ぴきのねこ　ふくろのなか［2］	11	5	6	0.31	0.69
あしたは月よう日［2］	11	6	5	0.39	0.61
11ぴきのねこ　どろんこ［2］	10	2	8	0.12	0.88
11ぴきのねこ　マラソン大会［2］	10	1	9	0.06	0.94
そらまめくんのベッド［2］	10	7	3	0.56	0.44
11ぴきのねこ［2］	9	6	3	0.52	0.48
げんきなマドレーヌ［2］	9	9		1.00	0.00
コロちゃんはどこ？［2］	9	5	4	0.40	0.60
そらまめくんとめだかのこ	9	8	1	0.81	0.19
なぞなぞ100このほん	9	9		1.00	0.00
はせがわくんきらいや	9	4	5	0.30	0.70
バムとケロのおかいもの	9	4	5	0.30	0.70
マドレーヌのクリスマス［2］	9	9		1.00	0.00
地下鉄のできるまで［2］	9	2	7	0.13	0.87

2002年度　年長女児貸出回数　上位21

絵本名	女	男	比率	
総計	835	450	（女：男）	
さるのせんせいとへびのかんごふさん [3]	18	3	0.76	0.24
くまのコールテンくん [2]	13	6	0.54	0.46
からすのパンやさん [3]	12	10	0.39	0.61
にじのはなさかせよう [2]	12		1.00	0.00
ピーターラビットのおはなし [2]	12		1.00	0.00
もっちゃうもっちゃうもうもっちゃう	11	6	0.50	0.50
ねえ、どれがいい？ [2]	10	4	0.57	0.43
へんてこへんてこ [2]	10	2	0.73	0.27
げんきなマドレーヌ [2]	9		1.00	0.00
なぞなぞ100このほん	9		1.00	0.00
マドレーヌのクリスマス [2]	9		1.00	0.00
バムとケロのそらのたび	8	5	0.46	0.54
そらまめくんとめだかのこ [2]	8	1	0.81	0.19
マドレーヌといぬ [2]	8		1.00	0.00
ゆきむすめ	8		1.00	0.00
そらまめくんのベッド [2]	7	3	0.56	0.44
しろいうさぎとくろいうさぎ [2]	7	1	0.79	0.21
14ひきのひっこし [2]	7		1.00	0.00
14ひきのやまいも [2]	7		1.00	0.00
しずくのぼうけん [2]	7		1.00	0.00
ちいさなうさこちゃん	7		1.00	0.00

2002年度　年長男児貸出回数　上位21

絵本名	女	男	比率	
総計	835	450	（女：男）	
おばけやしき [6]	4	16	0.12	0.88
絵でみる世界大恐竜地図 [2]	2	13	0.08	0.92
からすのパンやさん [3]	12	10	0.39	0.61
11ぴきのねこ　マラソン大会 [2]	1	9	0.06	0.94
恐竜たちの世界　3次元立体めがねつき	5	8	0.25	0.75
11ぴきのねこ　どろんこ [2]	2	8	0.12	0.88
世界昆虫記		8	0.00	1.00
地下鉄のできるまで [2]	2	7	0.13	0.87
妖怪画談	1	7	0.07	0.93
くまのコールテンくん [2]	13	6	0.54	0.46
もっちゃうもっちゃうもうもっちゃう	11	6	0.50	0.50
11ぴきのねこ　ふくろのなか [2]	5	6	0.31	0.69
11ぴきのねことあほうどり [2]	1	6	0.08	0.92
クジラ・イルカ大百科		6	0.00	1.00
バムとケロのそらのたび	8	5	0.46	0.54
あしたは月よう日 [2]	6	5	0.39	0.61
はせがわくんきらいや [2]	4	5	0.30	0.70
バムとケロのおかいもの	4	5	0.30	0.70
今森光彦昆虫記	1	5	0.10	0.90
はじめての恐竜大図鑑		5	0.00	1.00
昆虫ちいさななかまたち [3]		5	0.00	1.00

2003年度　年長総合貸出回数　上位27

絵本名	総計	女	男	比率	
総計	1092	639	453	（女：男）	
恐竜たちの世界　3次元立体めがねつき [2]	31	4	27	0.10	0.90
おばけやしき [6]	28	7	21	0.19	0.81
ぼちぼちいこか [2]	26	15	11	0.30	0.70
絵でみる世界大恐竜地図 [2]	21	2	19	0.07	0.93
さるのせんせいとへびのかんごふさん [3]	13	11	2	0.80	0.20
恐竜探険	13	2	11	0.11	0.89
からすのパンやさん [2]	12	8	4	0.59	0.41
どろぼうがっこう [2]	12	7	5	0.50	0.50
クジラ・イルカ大百科	11	3	8	0.21	0.79
バムとケロのおかいもの	10	3	7	0.23	0.77
ほね、ほね、きょうりゅうのほね	10	3	7	0.23	0.77
はじめての恐竜大図鑑	9		9	0.00	1.00
もっちゃうもっちゃうもうもっちゃう	9	4	5	0.36	0.64
じゅげむ	8	6	2	0.68	0.32
ねむいねむいねずみはおなかがすいた [2]	8	4	4	0.41	0.59
今森光彦昆虫記	8	1	7	0.09	0.91
おじいちゃんのおじいちゃんのおじいちゃんのおじいちゃんのおじいちゃん	7	5	2	0.64	0.36
かようびのよる	7	5	2	0.64	0.36
コロちゃんはどこ？ [2]	7	7		1.00	0.00
ねえ、どれがいい？ [2]	7	3	4	0.35	0.65
のはらうた　3	7	4	3	0.49	0.51
バムとケロのそらのたび	7	4	3	0.49	0.51
バムとケロのにちようび	7	5	2	0.64	0.36
へびのせんせいとさるのかんごふさん [2]	7	7		1.00	0.00
恐竜にあいにいこう	7	1	6	0.11	0.89
世界昆虫記	7		7	0.00	1.00
立体で見る［星の本］	7	4	3	0.49	0.51

2003年度　年長女児貸出回数　上位21

絵本名	女	男	比率	
総計	639	453	(女：男)	
ぽちぽちいこか [2]	12	6	0.59	0.41
さるのせんせいとへびのかんごふさん [3]	11	2	0.80	0.20
からすのパンやさん [2]	8	4	0.59	0.41
おばけやしき [6]	7	21	0.19	0.81
どろぼうがっこう [2]	7	5	0.50	0.50
コロちゃんはどこ？ [2]	7		1.00	0.00
へびのせんせいとさるのかんごふさん[2]	7		1.00	0.00
じゅげむ	6	2	0.68	0.32
14ひきのひっこし [2]	6		1.00	0.00
こいぬがうまれるよ	6		1.00	0.00
のはらうた　Ⅳ	6		1.00	0.00
おじいちゃんのおじいちゃんのおじいちゃんのおじいちゃんのおじいちゃん	5	2	0.64	0.36
かようびのよる	5	2	0.64	0.36
バムとケロのにちようび	5	2	0.64	0.36
ふくろうくん	5	1	0.78	0.22
きょうはなんのひ？	5		1.00	0.00
ぐりとぐらの1ねんかん	5		1.00	0.00
さむがりやのサンタ	5		1.00	0.00
スースーとネルネル	5		1.00	0.00
ちいさなうさこちゃん	5		1.00	0.00
のはらうた　Ⅰ [2]	5		1.00	0.00

2003年度　年長男児貸出回数　上位18

絵本名	女	男	比率	
総計	639	453	(女：男)	
恐竜たちの世界 3次元立体めがねつき[2]	4	27	0.10	0.90
おばけやしき [6]	7	21	0.19	0.81
絵でみる世界大恐竜地図 [2]	2	19	0.07	0.93
恐竜探険	2	11	0.11	0.89
はじめての恐竜大図鑑		9	0.00	1.00
クジラ・イルカ大百科	3	8	0.21	0.79
バムとケロのおかいもの	3	7	0.23	0.77
ほね、ほね、きょうりゅうのほね	3	7	0.23	0.77
今森光彦昆虫記	1	7	0.09	0.91
世界昆虫記		7	0.00	1.00
ぽちぽちいこか [2]	12	6	0.59	0.41
恐竜にあいにいこう	1	6	0.11	0.89
どろぼうがっこう [2]	7	5	0.50	0.50
もっちゃうもっちゃうもうもっちゃう	4	5	0.36	0.64
ぽちぽちいこか [2]	3	5	0.30	0.70
MOOSE　ムース	1	5	0.12	0.88
エルマーと16ぴきのりゅう	1	5	0.12	0.88
もこもこもこ	1	5	0.12	0.88

こうめ文庫蔵書リスト

◉年少用蔵書

絵　本　名	作　者	出版社	初版年
あおくんときいろちゃん	レオ・レオーニ　作　藤田圭雄　訳	至光社	1967
あさえとちいさいいもうと	筒井頼子　さく　林明子　え	福音館書店	1979
アンガスとあひる	マージョリー・フラック　さく・え　瀬田貞二　やく	福音館書店	1974
いたずらカラスのハンス	ヴィルヘルム・ブッシュ　文・絵　上田真而子　訳	岩波書店	1986
いちご	平山和子　さく	福音館書店	1989
いないいないばあ	松谷みよ子あかちゃんの本　瀬川康男　え	童心社	1967 (1981改訂)
いぬ	ジョン・バーニンガム　作　谷川俊太郎　訳	冨山房	1976
おおかみと七ひきのこやぎ	グリム童話　フェリックス・ホフマン　え　せたていじ　やく	福音館書店	1967
おおきなかぶ	A・トルストイ　再話　内田莉莎子　訳　佐藤忠良　画	福音館書店	1962
おつきさまこんばんは	林明子　さく	福音館書店	1986
おっとあぶない	マンロー・リーフ　さく	フェリシモ出版	2003
おてがでたよ	林明子　さく	福音館書店	1986
おふろだいすき	松岡享子　作　林明子　絵	福音館書店	1982
かいじゅうたちのいるところ	モーリス・センダック　さく　じんぐうてるお　やく	冨山房	1975
カウボーイのスモールさん	ロイス・レンスキー　ぶん・え　わたなべしげお　やく	福音館書店	1971
かさ	太田大八　作・絵	文研出版	1975
かしこいビル	ウィリアム・ニコルソン　さく　まつおかきょうこ　やく　よしだしんいち　やく	ペンギン社	1982
がたん ごとん がたん ごとん	安西水丸　さく	福音館書店	1987
がっこう（バーニンガムのちいさいえほん3）	ジョン・バーニンガム　作　谷川俊太郎　訳	冨山房	1976
からすのパンやさん	かこさとし　おはなしのほん（7）	偕成社	1973
川はどこからながれてくるの	トマス=ロッカー　さく　みのうらまりこ　やく	偕成社	1992
きいろいことり	ディック・ブルーナ　ぶん・え　いしいももこ　やく	福音館書店	1964
キャベツくん	長新太　文・絵	文研出版	1980
きゅっきゅっきゅっ	林明子　さく	福音館書店	1986
きんぎょが　にげた	五味太郎　作	福音館書店	1982
金のがちょうのほん　四つのむかしばなし	レズリー・ブルック　文・画　瀬田貞二・松瀬七織　訳	福音館書店	1980

くつくつあるけ	林明子　さく	福音館書店	1986
くまのコールテンくん	ドン＝フリーマン　さく　まつおかきょうこ　やく	偕成社	1975
ぐりとぐら	なかがわりえこ　と　おおむらゆりこ	福音館書店	1963
ぐりとぐらのおきゃくさま	なかがわりえこ　と　やまわきゆりこ	福音館書店	1966
ぐるんぱのようちえん	西内みなみ　さく　堀内誠一　え	福音館書店	1965
けんこうだいいち	マンロー＝リーフ　ぶんとえ　わたなべしげお　やく	学習研究社	1969
こねこのトムのおはなし	ビアトリクス・ポター　さく・え　いしいももこ　やく［ピーターラビットの絵本］	福音館書店	1971（1988新版）
ころ　ころ　ころ	元永定正　さく・え	福音館書店	1982
コロちゃんはどこ？	エリック・ヒル　作	評論社	1984
こわいわるいうさぎのおはなし	ビアトリクス・ポター　さく・え　いしいももこ　やく［ピーターラビットの絵本］	福音館書店	1971（1988新版）
昆虫ちいさななかまたち	得田之久　ぶん／え	福音館書店	1974
さるのせんせいとへびのかんごふさん	穂高順也　ぶん　荒井良二　え	ビリケン出版	1999
三びきのやぎのがらがらどん アスビョンセンとモーの北欧民話	マーシャ・ブラウン　え　せたていじ　やく	福音館書店	1965
しずくのぼうけん	マリア・テルリコフスカ　さく　ボフダン・ブテンコ　え　うちだりさこ　やく	福音館書店	1969
じのないえほん	ディック・ブルーナ　ぶん・え　石井桃子　やく	福音館書店	1968
11ぴきのねことあほうどり	馬場のぼる	こぐま社	1972
14ひきのあさごはん	いわむらかずお	童心社	1983
しろくまちゃんのほっとけーき	わかやまけん	こぐま社	1972
すてきな三にんぐみ	トミー＝アンゲラー　さく　いまえよしとも　やく	偕成社	1969（1977改訂）
そら　はだかんぼ！	五味太郎	偕成社	1979（1987改訂）
そらまめくんのベッド	なかやみわ　さく・え	福音館書店	1997
だるまちゃんとかみなりちゃん	加古里子　さく・え	福音館書店	1968
だるまちゃんとてんぐちゃん	加古里子　さく／え	福音館書店	1967
たろうのおでかけ	村山桂子　作　堀内誠一　画	福音館書店	1963
ダンゴムシ	今森光彦　文・写真	アリス館	2002
ちいさいおうち［大］	ばーじにあ・りー・ばーとん　ぶんとえ　いしいももこ　やく	岩波書店	1965
ちいさなうさこちゃん	ディック・ブルーナ　ぶん・え　いしいももこ　やく	福音館書店	1964
ちびねこミッシェル	東君平　文　和歌山静子　絵	童心社	1983
ティッチ	パット・ハッチンス　さく・え　いしいももこ　やく	福音館書店	1975
てぶくろ	エウゲーニー・M・ラチョフ　え　うちだりさこ　やく	福音館書店	1965

どうぶつ	ブライアン・ワイルドスミス　ぶん・え　わたなべしげお　訳	らくだ出版	1979
どうぶつのおかあさん	小森厚　ぶん　薮内正幸　え	福音館書店	1981
とこちゃんはどこ	松岡享子　さく　加古里子　え	福音館書店	1970
にらめっこ　新装版	杉田豊	講談社	2003
のせてのせて	松谷みよ子あかちゃんの本　東光寺けい　絵	童心社	1969
のぼっちゃう	八木田宜子　さく　太田大八　え	文化出版局	1971
はけたよはけたよ	かんざわとしこ　ぶん　にしまきかやこ　え	偕成社	1970
はたらくじどうしゃ・1　こうじばのくるま	山本忠敬　さく・え	福音館書店	1972
はたらくじどうしゃ・2　まちなかのくるま	山本忠敬　さく・え	福音館書店	1975
はらぺこあおむし	エリック＝カール　さく　もりひさし　やく	偕成社	1976
はろるどまほうのくにへ	クロケット・ジョンソン　作　岸田衿子　訳	文化出版局	1972
ピーターのいす	エズラ＝ジャック＝キーツ　さく　きじまはじめ　やく　［ピーターラビットの絵本］	偕成社	1969（1977改訂）
ピーターラビットのおはなし	ビアトリクス・ポター　さく・え　いしいももこ　やく　［ピーターラビットの絵本］	福音館書店	1971（1988新版）
ひげのサムエルのおはなし	ビアトリクス・ポター　さく・え　いしいももこ　やく	福音館書店	1974（1988新版）
ひとまねこざる　大型絵本	H・A・レイ　文，絵　光吉夏弥　訳	岩波書店	1983
ひとまねこざるときいろいぼうし　大型絵本	H・A・レイ　文，絵　光吉夏弥　訳	岩波書店	1983
フランシスとたんじょうび	ラッセル・ホーバン　さく　リリアン・ホーバン　え　まつおかきょうこ　やく	好学社	1972
フロプシーのこどもたち	ビアトリクス・ポター　さく・え　いしいももこ　やく　［ピーターラビットの絵本］	福音館書店	1971（1988新版）
ベンジャミン　バニーのおはなし	ビアトリクス・ポター　さく・え　いしいももこ　やく　［ピーターラビットの絵本］	福音館書店	1971（1988新版）
ぽとんぽとんはなんのおと	神沢利子　さく　平山英三　え	福音館書店	1980
マクスとモーリツのいたずら	ヴィルヘルム・ブッシュ　文・絵　上田真而子　訳	岩波書店	1986
まこちゃんのおたんじょうび	にしまきかやこ　えとぶん	こぐま社	1968
まどから★おくりもの	五味太郎　作・絵	偕成社	1983
みんなうんち	五味太郎　さく	福音館書店	1977
みんなのかお	さとうあきら　写真　とだきょうこ　文	福音館書店	1994
もうふ（バーニンガムのちいさいえほん2）	ジョン・バーニンガム　作　谷川俊太郎　訳	冨山房	1976
もこ　もこもこ	たにかわしゅんたろう　さく　もとながさだまさ　え	文研出版	1997
ももたろう	まついただし　ぶん　あかばすえきち　え	福音館書店	1965
もりのなか	マリー・ホール・エッツ　ぶん・え　まさきるりこ　やく	福音館書店	1963
ゆき（バーニンガムのちいさいえほん1）	ジョン・バーニンガム　作　谷川俊太郎　訳	冨山房	1976

ゆきのひ	E＝J＝キーツ　ぶん・え　きじまはじめ　やく	偕成社	1969
ロージーのおさんぽ	パット＝ハッチンス　さく　わたなべ　しげお　やく	偕成社	1975
ろけっとこざる　大型絵本	H・A・レイ　文，絵　光吉夏弥　訳	岩波書店	1984
わたしとあそんで	マリー・ホール・エッツ　ぶん・え　よだじゅんいち　やく	福音館書店	1968
わたしのワンピース	にしまきかやこ　えとぶん	こぐま社	1969

◉年中・年長用蔵書

絵　本　名	作　者	出版社	初版年
あおくんときいろちゃん	レオ・レオーニ　作　藤田圭雄　訳	至光社	1967
赤ずきん	グリム　文　バーナディット・ワッツ　絵　生野幸吉　訳	岩波書店	1978
赤ちゃんのはなし	マリー・ホール・エッツ　ぶん・え　坪井郁美　やく	福音館書店	1982
あかてぬぐいのおくさんと7にんのなかま	イ・ヨンギョン　ぶん・え　かみやにじ　やく	福音館書店	1999
あがりめさがりめ　おかあさんと子どものあそびうた	ましませつこ	福音館書店	1994
あくたれラルフ	ジャック・ガントス　さく　ニコール・ルーベル　え	童話館出版	1994
あくび	中川ひろたか　文　飯野和好　絵	文溪堂	1999
あさえとちいさいいもうと	筒井頼子　作　林明子　絵	福音館書店	1979
あしたは月よう日	長谷川集平	文研出版	1997
あしのうらのはなし	やぎゅう　げんいちろう　さく	福音館書店	1982
アズキがゆばあさんとトラ	趙大仁　文　崔淑姫　絵　市場淳子　訳	ポリム［韓国］	1997
あっちゃんあがつく　たべものあいうえお	さいとうしのぶ　さく　みねよう　げんあん	リーブル	2001
あな	谷川俊太郎　作　和田誠　画	福音館書店	1976
あなぐまさんちのはなばたけ	クオン・ジョンセン　文　チョン・スンガク　絵　ピョン・キジャ　訳	平凡社	2001
あなたのいえ　わたしのいえ	加古里子　ぶん・え	福音館書店	1969
アフリカの風　サバンナ・生命の日々	小倉寛太郎	新潮社	2000
アボカド・ベイビー	ジョン・バーニンガム　作　青山南　訳	ほるぷ出版	1993
あまやどり	七尾純　文　久保秀一　写真	偕成社	2002
雨、あめ	ピーター・スピアー	評論社	1984
あめの　ひの　おるすばん	岩崎ちひろ　絵・文　武市八十雄　案	至光社	1968
〔ちいさなちいさなえほんばこ〕 アメリカワニです、こんにちは　ABCのほん［小］	モーリス・センダック　さく　じんぐうてるお　やく	冨山房	1981
アメリカワニです、こんにちは　ABCのほん［大］	モーリス・センダック　さく　じんぐうてるお　やく	冨山房	1986

あらしのよるに	きむらゆういち　作　あべ弘士　絵	講談社	1994
あるげつようびのあさ	ユリ・シュルヴィッツ　作　谷川俊太郎　訳	徳間書店	1994
アルド・わたしだけのひみつのともだち	ジョン・バーニンガム　さく　たにかわしゅんたろう　やく	ほるぷ出版	1991
アレクサンダとぜんまいねずみ　ともだちを　みつけた　ねずみの　はなし	レオ＝レオニ　作　谷川俊太郎　訳	好学社	1975
アンガスとあひる	マージョリー・フラック　さく・え　瀬田貞二　やく	福音館書店	1974
アンガスとねこ	マージョリー・フラック　さく・え　瀬田貞二　やく	福音館書店	1974
アンジュール　ある犬の物語	ガブリエル・バンサン	ブックローン出版	1986
アンディとらいおん	ジェームズ・ドーハーティ　ぶんとえ　むらおかはなこ　やく	福音館書店	1961
アンリ・ルソーとシャガール［おはなし名画シリーズ］	辻茂　監修　西村和子　企画・構成　川滝かおり　文	博雅堂出版	1993
イエペはぼうしがだいすき	石亀泰郎　写真　文化出版局編集部　文	文化出版局	1978
いそがしいよる	さとうわきこ　さく・え　［ばばばあちゃんのおはなし］	福音館書店	1981
いたずらかいじゅうはどこ？	パット・ハッチンス　さく　いぬいゆみこやく	偕成社	1991
いたずらカラスのハンス　ブッシュの本	ヴィルヘルム・ブッシュ　文・絵　上田真而子　訳	岩波書店	1986
いたずらきかんしゃちゅうちゅう	バージニア・リー・バートン　ぶん・え　むらおか　はなこ　やく	福音館書店	1961
いたずらこねこ	バーナディン・クック　ぶん　レミイ・シャーリップ　え　まさきるりこ　やく	福音館書店	1964
いたずらハーブえほんのなかにおっこちる	ローレン・チャイルド　さく　なかがわちひろ　やく	フレーベル館	2003
いただきまあす	わたなべ　しげお　ぶん　おおとも　やすお　え	福音館書店	1978
いちご	平山和子　さく	福音館書店	1984
いちご	新宮晋	文化出版局	1975
いちごばたけのちいさなおばあさん	わたりむつこ　さく　中谷千代子　え	福音館書店	1973
いつかはきっと…	シャーロット・ゾロトフ　ぶん　アーノルド・ローベル　え　やがわすみこ　やく	福音館書店	1975
いっしょにきしゃにのせてって！	ジョン・バーニンガム　さく　長田弘　やく	ほるぷ出版	1995
いっすんぼうし	いしいももこ　ぶん　あきのふく　え	福音館書店	1965
いっぱいいっぱい	トリシュ・クック　作　ヘレン・オクセンバリー　絵　木島始　訳	ほるぷ出版	1995
いつもいっしょ	ケビン・ヘンクス　作　金原瑞人　訳	あすなろ書房	1994
いつもちこくのおとこのこ－ジョン・パトリック・ノーマン・マクヘネシー－	ジョン・バーニンガム　さく　たにかわしゅんたろう　やく	あかね書房	1988

いないいないばあ	松谷みよ子　瀬川康男　え	童心社	1967
いないいないばあのえほん	安野光雄	童話屋	1987
いぬ（バーニンガムのちいさいえほん4）	ジョン・バーニンガム　作　谷川俊太郎　訳	冨山房	1976
イヌのすべて	サーラ・ファネッリ　作　掛川恭子　訳	岩波書店	1998
いまが　たのしいもん	シャーロット・ゾロトウ　文　エリック・ブレグヴァド　絵　みらいなな　訳	童話屋	1991
今森光彦昆虫記	今森光彦　作	福音館書店	1988
今森光彦世界昆虫記	今森光彦　作	福音館書店	1994
いもうとのにゅういん	筒井頼子　さく　林明子　え	福音館書店	1983
色（いろ）はじめての発見（はっけん）	ピエール＝マリー・ヴァラ　絵　シルヴェーヌ・ペロル　絵　ガリマール・ジュネス　監修　パスカル・ド・ブールゴワン　監修　重松しげこ　訳	リブリオ出版	1992
いろいろいろんな日	ドクター・スース　作　スティーブ・ジョンソン　＆　ルー・ファンチャー　絵　石井睦美　訳	ＢＬ出版	1998
いろいろないちにち	中村まさあき　作	文化出版局	1989
いろいろへんないろのはじまり	アーノルド・ローベル　作　まきたまつこ　やく	冨山房	1975
いわしくん	菅原たくや	文化出版局	1993
ウィリーとともだち	アンソニー・ブラウン　さく　あきのしょういちろう　やく	童話館出版	1994 (1996改訂)
うえきやのくまさん	フィービとジョーン・ウォージントン　さく・え　まさきるりこ　やく	福音館書店	1987
うさぎ（バーニンガムのちいさいえほん7）	ジョン・バーニンガム　作　谷川俊太郎　訳	冨山房	1976
うさぎさん　てつだって　ほしいの	シャーロット・ゾロトウ　ぶん　モーリス・センダック　え　こだま　ともこ　やく	冨山房	1974
うさぎのみみはなぜながい	北川民次　ぶんとえ	福音館書店	1962
うちがいっけんあったとさ	ルース・クラウス　文　モーリス・センダック　絵　わたなべしげお　訳	岩波書店	1978
うちのパパってかっこいい	アンソニー・ブラウン　さく　久山太市　やく	評論社	2000
宇宙―そのひろがりをしろう―	加古里子　ぶん／え	福音館書店	1978
うみのカラオケ	スズキコージ	クレヨンハウス	1996
うんちがぽとん	アロナ・フランケル　え・ぶん　さくまゆみこ　やく	アリス館	1984
うんちしたのはだれよ！	ヴェルナー・ホルツヴァルト　文　ヴォルフ・エールブルッフ　絵　関口裕昭　訳	偕成社	1993
エイラトさんのへんしんどうぶつえん	ロイス・エイラト　さく　なかがわもとこ　やく	偕成社	1997
エイラトさんのへんしんのうじょう	ロイス・エイラト　さく　なかがわもとこ　やく	偕成社	1998

絵でみる世界大恐竜地図	ジュリアノ・フォルナリ　著　ウィリアム・リンゼー　著　辻本邦郎　訳　千地万造　監修	同朋舎出版	1992
愛蔵版おはなしのろうそく1 エパミナンダス	東京子ども図書館　編	東京子ども図書館	1997
絵巻えほん　川	前川かずお	こぐま社	1981
絵巻えほん　妖怪の森	水木しげる	こぐま社	1995
エミールくん　がんばる	トミー・ウンゲラー　作　今江祥智　訳	文化出版局	1975
エルマーと16ぴきのりゅう	ルース・スタイルス・ガネット　さく　ルース・クリスマン・ガネット　え　わたなべしげお　やく	福音館書店	1965
エルマーとりゅう	ルース・スタイルス・ガネット　さく　ルース・クリスマン・ガネット　え　わたなべしげお　やく	福音館書店	1964
エルマーのぼうけん	ルース・スタイルス・ガネット　さく　ルース・クリスマン・ガネット　え　わたなべしげお　やく	福音館書店	1963
えんそく［大型絵本］	片山健	架空社	1994
えんどう豆の　上に　ねむった　お姫さま	アンデルセン　作　ドロテー・ドゥンツェ　絵　ウィルヘルム・きくえ　訳	太平社	1984
えんやら　りんごの木	松谷みよ子　あかちゃんのわらべうた　遠藤てるよ　絵	偕成社	1978
オオカミと石のスープ	アナイス・ヴォージュラード　作・絵　平岡敦　訳	徳間書店	2001
おおかみと七ひきのこやぎ	グリム童話　フェリックス・ホフマン　え　せたていじ　やく	福音館書店	1967
おおきなおおきなおいも　鶴巻幼稚園・市村久子の教育実践による	赤羽末吉　さく・え	福音館書店	1972
おおきなかぶ	A・トルストイ　再話　内田莉莎子　訳　佐藤忠良　画	福音館書店	1962 (1972新版)
おおきな木	シェル・シルヴァスタイン　さく・え　ほんだきんいちろう　やく	篠崎書林	1976
おおきな　きが　ほしい	さとうさとる　ぶん　むらかみつとむ　え	偕成社	1971
オーシャンワールド	ピーター・シス	ブックローン出版	1995
おおはくちょうのそら	手島圭三郎　絵と文	ベネッセコーポレーション	1983
おかあさん	シャーロット・ゾロトウ　文　アニタ・ローベル　絵　みらいなな　訳	童話屋	1993
おきて　アフリカ・セレンゲティに見る地球のやくそく	岩合光昭　写真　三村淳　アートワーク	小学館	1986
おじいさんのハーモニカ	ヘレン・V・グリフィス　作　ジェイムス・スティーブンソン　絵　今村葦子　訳	あすなろ書房	1995
おじいちゃん	ジョン・バーニンガム　さく　たにかわしゅんたろう　やく	ほるぷ出版	1985

おじいちゃんのおじいちゃんのおじいちゃんのおじいちゃんのおじいちゃん	長谷川義史	ＢＬ出版	2000
おしいれおばけ	マーサ＝メイヤー　さく　いまえよしともやく	偕成社	1987
おしいれのぼうけん	ふるたたるひ　たばたせいいち　さく	童心社	1974
おじさんのかさ	佐野洋子　作・絵	講談社	1992
おしゃべりなたまごやき	寺村輝夫　作　長新太　画	福音館書店	1972
おたまじゃくしの101ちゃん	かこさとし　おはなしのほん（6）	偕成社	1973
おだんごぱん	ロシア民話　せたていじ　やく　わきたかずえ　え	福音館書店	1966
おちばのしたをのぞいてみたら	皆越　ようせい　写真と文	ポプラ社	2000
おつきさまこんばんは	林明子　さく	福音館書店	1986
おっきょちゃんとかっぱ	長谷川摂子　文　降矢奈々　絵	福音館書店	1994
おっとあぶない	マンロー・リーフ　さく　わたなべしげおやく	フェリシモ出版	2003
おっと合点承知之助　声にだすことばえほん	齋藤孝　文　つちだのぶこ　絵	ほるぷ出版	2003
おっぱいのひみつ	柳生弦一郎　さく	福音館書店	1989
おでかけのまえに	筒井頼子　さく　林明子　え	福音館書店	1980
おてがでたよ	林明子　さく	福音館書店	1986
おなかのすくさんぽ	かたやまけん	福音館書店	1981
おなら	長新太　さく	福音館書店	1978
おにぎり	平山英三　ぶん　平山和子　え	福音館書店	1981
おねえさんになるひ	ローレンス・アンホルト　文　キャサリン・アンホルト　絵　吉上恭太　訳	徳間書店	1988
おばけいしゃ	せなけいこ・おばけえほん	童心社	1992
おばけじま	長新太	あかね書房	1995
おばけのバーバパパ	アネット・チゾンとタラス・テイラー　さく　やましたはるお　やく	偕成社	1972
おばけめぐり	瀬川昌男　原作　スズキコージ　絵　南谷佳世　文　南谷佳世＋小野明　構成	金の星社	2002
おばけやしき	ジャン・ピエンコフスキー　さく　でんでんむし　やく	大日本絵画	1981
おばけリンゴ	ヤーノシュ　作・絵　やがわすみこ　訳	福音館書店	1969
お日さまとお月さまになったきょうだい	李圭喜　文　深美我　絵　仲村修　訳	ポリム［韓国］	1997 (1999改訂)
おふろかいじゅうカルルス	斉藤洋　作　伊東寛　絵	講談社	1990
おふろだいすき	松岡享子　作　林明子　絵	福音館書店	1982
おふろばをそらいろにぬりたいな	ルース・クラウス　文　モーリス・センダック　絵　大岡信　訳	岩波書店	1979
おぼえていろよおおきな木	佐野洋子　／作・絵	講談社	1992
おもいついたらそのときに！	西内ミナミ　作　にしまきかやこ　画	こぐま社	1983
おやすみゴリラくん	ペギー・ラスマン　作　いとうひろし　訳	徳間書店	1996

おやすみなさいおつきさま	マーガレット・ワイズ・ブラウン　さく　クレメント・ハード　え　せた　ていじ　やく	評論社	1979
おやすみなさいコッコさん	片山健　さく・え	福音館書店	1982
おやすみなさいフランシス	ラッセル・ホーバン　ぶん　ガース・ウィリアム　え　まつおかきょうこ　やく	福音館書店	1966
おりょうりとうさん	さとう・わきこ　作／絵	フレーベル館	1976
おれは歌だおれはここを歩く　アメリカ・インディアンの詩	金関寿夫　訳　秋野亥左牟　絵	福音館書店	1992
おんなのこってなあに？　おとこのこってなあに？	ステファニー・ワックスマン　著　山本直英　訳	福音館書店	1992
かあさんねずみがおかゆをつくった　チェコのわらべうた	ヘレナ・ズマトリーコバー　え　いでひろこ　やく	福音館書店	1984
かあさんのいす	ベラ　B・ウィリアムズ　作・絵　佐野洋子　訳	あかね書房	1984
がいこつさん	五味太郎	文化出版局	1982
快獣戯画　松橋利光写真集	松橋利光	文一総合出版	1998
かいじゅうたちのいるところ	モーリス・センダック　さく　じんぐうてるお　やく	冨山房	1975
海中記	小林安雅　著　遠藤勳　デザイン	福音館書店	1995
回転木馬	エヌ・カルパコーヴァ　さく　タチャーナ・マーヴリエ　え　たなかやすこ　やく	ほるぷ出版	1984
カウボーイのスモールさん	ロイス・レンスキー　文・絵　わたなべしげお　訳	福音館書店	1971
かえるがみえる	まつおかきょうこ　さく　馬場のぼる　え	こぐま社	1975
かえるくんのほん１　こんにちはかえるくん！	マーサー・メイヤー　さく	ほるぷ出版	1976
かえるくんのほん２　かえるくんどこにいるの？	マーサー・メイヤー　さく	ほるぷ出版	1976
かえるくんのほん３　しょうねんと　いぬと　かえるとともだち	マーサー・メイヤー　さく	ほるぷ出版	1976
かえるくんのほん４　レストランのかえるくん	マーサー・メイヤー　さく	ほるぷ出版	1976
かえるくんのほん５　かえるくんのぼうけん	マーサー・メイヤー　さく	ほるぷ出版	1976
かえるくんのほん６　めいわくなおくりもの	マーサー・メイヤー　さく　マリアンヌ・メイヤー　さく	ほるぷ出版	1976
かお	ノーマン・メッセンジャー　作	フレーベル館	1995
かお　Part 2	ノーマン・メッセンジャー　作	フレーベル館	1995
影ぼっこ	ブレーズ・サンドラール　ぶん　マーシャ・ブラウン　え　おのえたかこ　やく	ほるぷ出版	1983
かさ	太田大八　作・絵	文研出版	1975
かさじぞう	瀬田貞二　再話　赤羽末吉　画	福音館書店	1961

かさどろぼう	シビル・ウェッタシンハ　さく　いのくまようこ　やく	ベネッセコーポレーション	1986
かさぶたくん	やぎゅうげんいちろう　さく	福音館書店	1997
かしこいビル	ウィリアム・ニコルソン　さく　まつおかきょうこ　やく　よしだしんいち　やく	ペンギン社	1982
かずあそび　ウラパン・オコサ	谷川晃一	童心社	1999
かずのうちゅうでだいぼうけん	マサン＆レ・シャ・プレ　作　石津ちひろ訳	ほるぷ出版	1997
化石はおしえてくれる	アリキ　文・絵　神鳥統夫　訳　小畠郁生監修	リブリオ出版	1999 (1992)
かぜは　どこへいくの	シャーロット＝ゾロトウ　さく　ハワードエッツ　え　まつおかきょうこ　やく	偕成社	1981
かぞえうたのほん	岸田衿子　作　スズキコージ　え	福音館書店	1990
がたごとがたごと	内田麟太郎　文　西村繁男　絵	童心社	1999
がたん　ごとん　がたん　ごとん	安西水丸　さく	福音館書店	1987
かちかちやま	田島征三	ミキハウス	1987
がっこう（バーニンガムのちいさいえほん３）	ジョン・バーニンガム　作　谷川俊太郎　訳	冨山房	1976
かったのなあに？　たのしくまなぶかたちのほん	N・モリス　ぶん　P・スティーブンソンえ　ひさやまたいち　やく	評論社	1992
かっぱのてがみ	さねとうあきら　文　かたやまけん　画	教育画劇	1998
カニツンツン	金関寿夫　ぶん　元永定正　え	福音館書店	1997
かにむかし	木下順二　文　清水崑　絵	岩波書店	1959
かにむかし　大型絵本	木下順二　文　清水崑　絵	岩波書店	1976
かばくん	岸田衿子　さく　中谷千代子　え	福音館書店	1962
かばくんこっくりかっくり	マイケル・グレイニエツ　作　杉浦範茂　訳	講談社	1995
かぶさんとんだ	五味太郎	福音館書店	1983
かぼちゃありがとう	木葉井悦子	架空社	1994
カマキリ	今森光彦　文・写真	アリス館	2003
かまきりっこ	近藤薫美子	アリス館	1996
かもさんおとおり	ロバート・マックロスキー　ぶんとえ　わたなべしげお　やく	福音館書店	1965
かようびのよる	デヴィッド・ウィーズナー　作・絵　当麻ゆか　訳	徳間書店	2000
からすのパンやさん	かこさとし　おはなしのほん（７）	偕成社	1973
かわ	加古里子　さく／え	福音館書店	1962
川はどこからながれてくるの	トマス＝ロッカー　さく　みのうらまりこやく	偕成社	1992
ガンピーさんのふなあそび	ジョン・バーニンガム　さく　みつよしなつや　やく	ほるぷ出版	1976
き	谷川俊太郎　詩　堀文子　絵　諸井誠　曲	至光社	1968
きいろいのはちょうちょ	五味太郎　作・絵	偕成社	1983

黄牛のおくりもの	クォン・ジョンセン　作　チョン・スンガク　絵　仲村修　訳	いのちのことば社フォレストブックス	2003
きこえるきこえる	マーガレット・ワイズ・ブラウン　作　レナード・ワイズガード　絵　よしがみきょうた　訳	小峰書店	1998
キスなんかしないよ！	フィリス・ルート　文　ウィル・ヒレンブランド　絵　こだまともこ　訳	徳間書店	2001
キスなんてだいきらい	トミー・ウンゲラー　作　矢川澄子　訳	文化出版局	1974
きつねにょうぼう	長谷川摂子　再話　片山健　絵	福音館書店	1997
きつね森の山男	馬場のぼる	こぐま社	1974
きつねやまのよめいり	わかやまけん	こぐま社	1968(1978改訂新版)
きのこはげんき	伊沢正名　写真　田中弘美　文	講談社	1994
木の本	高森登志夫　え　萩原信介　ぶん	福音館書店	1986
きみなんか　だいきらいさ	ジャニス・メイ・ユードリー　ぶん　こだまともこ　やく　モーリス・センダック　え	冨山房	1975
キャベツくん	長新太　文・絵	文研出版	1980
キャベツくんとブタヤマさん	長新太　さく	文研出版	1990
キャベツくんのにちようび	長新太　さく	文研出版	1992
きゅっきゅっきゅっ	林明子　さく	福音館書店	1986
きょうはなんのひ？	瀬田貞二　作　林明子　絵	福音館書店	1979
恐竜たちの世界　３次元立体めがねつき	ジャン・バプティスト・ド・パナフュー　文　ピエール-マリー・バラ　絵　岡田好恵　訳	評論社	2001
恐竜探険　最新データでよみがえる恐竜	デヴィッド・ランバート　高橋敦子　訳	福音館書店	2002
恐竜にあいにいこう	アリキ　文・絵　神鳥統夫　訳　小畠郁生　監修	リブリオ出版	1999(1991)
恐竜のけんきゅう	アリキ　文・絵　神鳥統夫　訳　小畠郁生　監修	リブリオ出版	1999(1992)
恐竜のなぞ	アリキ　文・絵　神鳥統夫　訳　小畠郁生　監修	リブリオ出版	1999(1991)
恐竜をほりだす	アリキ　文・絵　神鳥統夫　訳　小畠郁生　監修	リブリオ出版	1999(1991)
きょだいな　きょだいな	長谷川摂子　作　降矢なな　絵	福音館書店	1988
ぐりとぐらのかいすいよく	なかがわりえこ　さく　やまわきゆりこ　え	福音館書店	1976
きりのなかのはりねずみ	ノルシュテイン　と　コズロフ　作　ヤルブーソヴァ　絵　こじまひろこ　訳　こじまひろこ　訳	福音館書店	2000
木をかこう	ブルーノ・ムナーリ　作　須賀敦子　訳	至光社	1983
きんぎょがにげた	五味太郎	福音館書店	1977
金のがちょうのほん　―四つのむかしばなし―	レズリー・ブルック　文・画　瀬田貞二・松瀬七織　訳	福音館書店	1980
くいしんぼうのあおむしくん	槙ひろし　作　前川欣三　画	福音館書店	1975

グーズベリーさんのみどりのにわで	レンスキー　原著　にしまき　かやこ　文・絵	こぐま社	1997
クジラ・イルカ大百科	水口博也	ＴＢＳブリタニカ	1998
くじらの　だいすけ	天野祐吉　さく　梶山俊夫　え	福音館書店	1967
くだもの	平山和子　さく	福音館書店	1979
くつがあったらなにをする？	ビアトリス・シェンク・ドゥ・レニエ　ぶん　モーリス・センダック　え　いしづちひろ　やく	福音館書店	2001
くつが鳴る	手島洋美　作　あべまれこ　絵	ＢＬ出版	2000
くつくつあるけ	林明子　さく	福音館書店	1986
くまくんのおともだち	Ｅ・Ｈ・ミナリック　ぶん　モーリス・センダック　え　まつおかきょうこ　やく	福音館書店	1972
くまさぶろう	もりひさし　ユノセイイチ	こぐま社	1967(1978改訂新版)
くまさん　THE　BEAR	レイモンド・ブリッグズ　作　角野栄子　訳	小学館	1994
くまさんくまさんなにみてるの？	エリック＝カール　え　ビル＝マーチン　ぶん　偕成社編集部　やく	偕成社	1984
くまの　アーネストおじさん　あめの　ひの　ピクニック	ガブリエル・バンサン　さく　もりひさし　やく	ブックローン出版	1983
くまのコールテンくん	ドン＝フリーマン　さく　まつおかきょうこ　やく	偕成社	1975
くまのビーディーくん	ドン＝フリーマン　さく　まつおかきょうこ　やく	偕成社	1976
くも	新宮晋　さく	文化出版局	1979
くものこどもたち	ジョン・バーニンガム　さく　たにかわしゅんたろう　やく	ほるぷ出版	1997
クリスマスにはおくりもの	五味太郎	絵本館	1980
グリズリー★アラスカの王者★GRIZZLY	星野道夫	平凡社	1985
ぐりとぐら	なかがわりえこ　と　おおむらゆりこ	福音館書店	1963
ぐりとぐらとくるりくら	なかがわりえこ　と　やまわきゆりこ	福音館書店	1987
ぐりとぐらとすみれちゃん	なかがわりえこ　と　やまわきゆりこ　え	福音館書店	2000
ぐりとぐらのあいうえお	なかがわりえこ　え　やまわきゆりこ　え	福音館書店	2002
ぐりとぐらの１ねんかん	なかがわりえこ　やまわきゆりこ	福音館書店	1997
ぐりとぐらのうたうた12つき	なかがわりえこ　やまわきゆりこ	福音館書店	2003
ぐりとぐらのえんそく	なかがわりえこ　と　やまわきゆりこ	福音館書店	1979
ぐりとぐらのおおそうじ	なかがわりえこ　と　やまわきゆりこ	福音館書店	1997
ぐりとぐらのおきゃくさま	なかがわりえこ　と　やまわきゆりこ	福音館書店	1966
ぐりとぐらのかいすいよく	なかがわりえこ　と　やまわきゆりこ　え	福音館書店	1976
くるまはいくつ	渡辺茂男　さく　堀内誠一　え	福音館書店	1966
ぐるんぱのようちえん	西内みなみ　さく　堀内誠一　え	福音館書店	1965
ぐるんぱのようちえん［大型絵本］	西内ミナミ　さく　堀内誠一　え	福音館書店	1999

くれよんのはなし	ドン・フリーマン　さく　さいおんじさちこ　やく	ほるぷ出版	1976
くろずみ小太郎旅日記　おろち退治の巻	飯野和好	クレヨンハウス	1997
くろずみ小太郎旅日記　その2　盗賊あぶのぶんべえ退治の巻	飯野和好	クレヨンハウス	1997
くろずみ小太郎旅日記　その3　妖鬼アメフラシ姫の巻	飯野和好	クレヨンハウス	2000
くろずみ小太郎旅日記　その4　悲笛じょろうぐもの巻	飯野和好	クレヨンハウス	2001
くわずにょうぼう	稲田和子　再話　赤羽末吉　画	福音館書店	1977
くんちゃんのだいりょこう	ドロシー・マリノ　文・絵　石井桃子　訳	岩波書店	1977
ケツアルコアトルの道	スズキコージ　絵　舟崎克彦　文	ほるぷ出版	1997
げんきなマドレーヌ	ルドウィッヒ・ベーメルマンス　作・画　瀬田貞二　訳	福音館書店	1972
けんこうだいいち	マンロー・リーフ　さく　わたなべしげお　やく	フェリシモ出版	2003
こいぬがうまれるよ	ジョアンナ・コール　文　ジェローム・ウェクスラー　写真　つぼいいくみ　訳	福音館書店	1982
こいぬのうんち	クオン・ジョンセン　文　チョン・スンガク　絵　ピョン・キジャ　訳	平凡社	2000
子うさぎましろのお話	佐々木たづ　ぶん　三好碩也　え	ポプラ社	1970
COHJIZUKIN PICTURE SHOW［大型絵本］	スズキコージ	架空社	1992
コーちゃんのポケット	ドン・フリーマン　さく　さいおんじさちこ　やく	ほるぷ出版	1982
コートニー	ジョン・バーニンガム　さく　たにかわしゅんたろう　やく	ほるぷ出版	1995
こぎつねコンとこだぬきポン	松野正子　文　二俣英五郎　画	童心社	1997
こぐまのくまくん	E・H・ミナリック　ぶん　モーリス・センダック　え　まつおかきょうこ　やく	福音館書店	1972
こしぬけウィリー	アンソニー・ブラウン　さく　久山太市　やく	評論社	2000
五助じいさんのキツネ	馬場のぼる	こぐま社	1979
こすずめのぼうけん	ルース・エインワース　さく　いしいももこ　やく　ほりうちせいいち　え	福音館書店	1976
ごちゃまぜカメレオン	エリック・カール　さく　やぎたよしこ　やく	ほるぷ出版	1978
コッコさんのかかし	片山健	福音館書店	1996
ことばあそびうた	谷川俊太郎　詩　瀬川康男　絵	福音館書店	1973
ことばあそびうた　また	谷川俊太郎　詩　瀬川康男　絵	福音館書店	1981
言葉図鑑1　うごきのことば	五味太郎　監修・制作	偕成社	1985
言葉図鑑2　ようすのことば	五味太郎　監修・制作	偕成社	1985
言葉図鑑7　たとえのことば	五味太郎　監修・製作	偕成社	1987
こねこちゃんは　どこへ	かんざわとしこ　さく　ちょうしんた　え	架空社	1994

こねこのトムのおはなし	ビアトリクス・ポター　さく・え　いしいももこ　やく［ピーターラビットの絵本］	福音館書店	1971
こねこのぴっち　大型絵本	ハンス・フィッシャー　文／絵　石井桃子訳	岩波書店	1987
この世でいちばんつよいおんどり	イ・ホベク　作　イ・オクベ　絵［しもはしみわ　訳］	チェミマジュ［韓国］	1997
こびととくつや　グリム兄弟の童話から	カトリーン・ブラント　絵　藤本朝巳　訳	平凡社	2002
こぶじいさま	松居直　再話　赤羽末吉　画	福音館書店	1964
こもりうた	ビー・ピー・ニコル　詩　アニタ・ローベル　絵　松井るり子　訳	セーラー出版	1997
ゴリラが１ぴき	アツコ・モロズミ　作　松野正子　訳	岩波書店	1992
ゴリラのびっくりばこ	長新太	絵本館	1990
ゴリラはごりら	くどうなおこ　詩　あべ弘士　絵	童話屋	1992
これはあっこちゃん	谷川俊太郎　文　薙野たかひろ　絵	ビリケン出版	1999
これは　のみの　ぴこ	谷川俊太郎　作　和田誠　絵	サンリード	1979
ころ　ころ　ころ	元永定正　さく・え	福音館書店	1982
ごろごろにゃーん	長新太　作・画	福音館書店	1976
コロちゃんはどこ？	エリック・ヒル　作	評論社	1984
こわいわるいうさぎのおはなし	ビアトリクス・ポター　さく・え　いしいももこ　やく［ピーターラビットの絵本］	福音館書店	1971（1988新版）
ごんぎつね	新美南吉　作　黒井健　絵	偕成社	1986
昆虫　ちいさななかまたち	得田之久　ぶん／え	福音館書店	1974
昆虫Ⅱ　そのくらしをみよう	得田之久　ぶん／え	福音館書店	1990
こんとあき	林明子　さく	福音館書店	1989
さかさま	安野光雅　さく／え	福音館書店	1969
さかな	ブライアン・ワイルドスミス　わたなべしげお　やく	らくだ出版	1978
さっちゃんのまほうのて	たばたせいいち他共同制作	偕成社	1985
さむがりおばさんとクロ	吉本宗	評論社	1994
さむがりやのサンタ	レイモンド・ブリッグズ　さく・え　すがはらひろくに　やく	福音館書店	1974
サムはぜったいわすれません	イヴ・ライス　さく・え　よこやままさこ　やく	ブック・グローブ社	1992
さよならさんかく	わかやまけん	こぐま社	1977
さよなら　さんかく　またきて　しかく	松谷みよ子　あかちゃんのわらべうた　上野紀子　え	偕成社	1979
さるのせんせいとへびのかんごふさん	穂高順也　ぶん　荒井良二　え	ビリケン出版	1999
サルビルサ	スズキコージ	架空社	1996
さる・るるる	五味太郎	絵本館	1979
さんざんまたせてごめんなさい	スズキコージ	童心社	1993
算数の呪い	ジョン・シェスカ　文　レイン・スミス　絵　青山南　訳	小峰書店	1999

さんねん峠　朝鮮のむかしばなし	李　錦玉　作　朴　民宜　絵	岩崎書店	1981
3びきのかわいいおおかみ	ユージーン・トリビザス　文　ヘレン・オクセンバリー　絵　こだまともこ　訳	冨山房	1994
3びきのくま	トルストイ　ぶん　バスネツォフ　え　おがさわらとよき　やく	福音館書店	1962
三びきのこぶた	イギリス昔話　瀬田貞二　やく　山田三郎　え	福音館書店	1960
三びきのこぶた［大型絵本］	イギリス昔話　瀬田貞二　訳　山田三郎　画	福音館書店	1998
3びきのぶたたち	デイヴィッド・ウィーズナー　作　江國香織　訳	ＢＬ出版	2002
三びきのやぎのがらがらどん　アスビョルンセンとモーの北欧民話	マーシャ・ブラウン　え　せたていじ　やく	福音館書店	1965
ジオジオのかんむり	岸田衿子　さく　中谷千代子　え	福音館書店	1960
じごくのそうべえ	田島征彦　作	童心社	1978
しずかでにぎやかなほん	マーガレット・ワイズ・ブラウン　さく　谷川俊太郎　やく　レナード・ワイズガード　え	童話館出版	1996
しずくのぼうけん	マリア・テルリコフスカ　さく　ボフダン・ブテンコ　え　うちだりさこ　やく	福音館書店	1969
しぜん　きのめ	小林義雄　指導　斎藤光一　写真	フレーベル館	1989
しぜん　だいこん	須之部淑男　指導　藤井えり子　制作　城戸崎愛　料理	フレーベル館	1993
7ひきのいたずらかいじゅう	モーリス・センダック　作　なかがわけんぞう　訳	好学社	1975
しっぽのはたらき	川田健　ぶん　薮内正幸　え　今泉吉典　監修	福音館書店	1969
じてんしゃにのるひとまねこざる　大型絵本	Ｈ・Ａ・レイ　文，絵　光吉夏弥　訳	岩波書店	1983
じどうしゃ博物館	Ｈ・Ａ・レイ　文，絵　高島鎮雄　ぶん	福音館書店	1992
じのないえほん	ディック・ブルーナ　ぶん・え　石井桃子　やく	福音館書店	1968
しばてん	たしませいぞう　えとぶん	偕成社	1971
島ひきおに	山下明生　文　梶山俊夫　絵	偕成社	1973
しまふくろうのみずうみ	手島圭三郎　絵と文	福武書店	1982
じめんのうえとじめんのした	アーマ　Ｅ・ウェバー　ぶん・え　藤枝澪子　やく	福音館書店	1968（1995改訂）
地面の下のいきもの	松岡達英　え　大野正男　ぶん	福音館書店	1988
11ぴきのねこ	馬場のぼる	こぐま社	1967
11ぴきのねことあほうどり	馬場のぼる	こぐま社	1972
11ぴきのねことぶた	馬場のぼる	こぐま社	1976
11ぴきのねことへんなねこ	馬場のぼる	こぐま社	1989
11ぴきのねこ　どろんこ	馬場のぼる	こぐま社	1996

11ぴきのねこふくろのなか	馬場のぼる	こぐま社	1982
絵巻えほん　11ぴきのねこマラソン大会	馬場のぼる	こぐま社	1984(1992改訂新版)
十二支のはじまり	岩崎京子　文　二俣英五郎　画	教育画劇	1997
14ひきのあきまつり	いわむらかずお	童心社	1992
14ひきのあさごはん	いわむらかずお	童心社	1983
14ひきのおつきみ	いわむらかずお	童心社	1988
14ひきのこもりうた	いわむらかずお	童心社	1994
14ひきのさむいふゆ	いわむらかずお	童心社	1985
14ひきのひっこし	いわむらかずお	童心社	1983
14ひきのやまいも	いわむらかずお	童心社	1984
落語絵本　じゅげむ	川端誠	クレヨンハウス	1998
ジュマンジ	クリス・バン・オールズバーグ　さく　へんみまさなお　やく	ほるぷ出版	1984
少年と子だぬき	佐々木たづ　文　杉浦範茂　絵	ポプラ社	1977
しょうぼうじどうしゃじぷた	渡辺茂男　さく　山本忠敬　え	福音館書店	1963
植物記	埴沙萠	福音館書店	1993
しょくぶつ・すくすく・ずかん　ソラマメ	クリスティーン・バック　文　バーリィ・ワッツ　写真　舟木秋子　訳　金井弘夫　日本語版監修	評論社	1992
しょくぶつ・すくすく・ずかん　トマト	バーリィ・ワッツ　文と写真　舟木秋子　訳　金井弘夫　日本語版監修	評論社	1992
しょくぶつ・すくすく・ずかん　リンゴ	バーリィ・ワッツ　文と写真　舟木秋子　訳　金井弘夫　日本語版監修	評論社	1992
ジョゼフのにわ	チャールズ・キーピング　文・絵　いのくまようこ　訳	らくだ出版	1971
ショッピング・バスケット	ジョン・バーニンガム　作　青山南　訳	ほるぷ出版	1993
〔ちいさなちいさなえほんばこ〕 ジョニーのかぞえうた[小]	モーリス・センダック　さく　じんぐうてるお　やく	冨山房	1981
ジョニーのかぞえうた[大]	モーリス・センダック　さく　じんぐうてるお　やく	冨山房	1986
ジョン・バーニンガムの123	ジョン・バーニンガム	あかね書房	1989
ジョン・バーニンガムのabc	ジョン・バーニンガム	あかね書房	1989
ジョン・バーニンガムのいろ	ジョン・バーニンガム	あかね書房	1989
ジョン・バーニンガムのはんたいことば	ジョン・バーニンガム	あかね書房	1989
しりたがりのこひつじ	エリック＝カール　え　アーノルド・サンドガード　ぶん　くどうなおこ　やく	偕成社	1992
ジルベルトとかぜ	マリー・ホール・エッツ　作　たなべいすず　やく	冨山房	1975
しろいうさぎとくろいうさぎ	ガース・ウィリアムズ　ぶん，え　まつおかきょうこ　やく	福音館書店	1965
ジローとぼく	大島妙子	偕成社	1999

しろくまちゃんのほっとけーき	わかやまけん	こぐま社	1972
進化ってなんだろう	アリキ　文・絵　神鳥統夫　訳　小畠郁生監修	リブリオ出版	1999 (1992)
すいかごろりん	久保秀一　写真　七尾純　文	偕成社	1989
すいかのたね	さとうわきこ　さく・え［ばばばあちゃんのおはなし］	福音館書店	1987
スイミー　ちいさなかしこいさかなのはなし	レオ・レオニ〔作〕谷川俊太郎　訳	好学社	1969
すいみんぶそく	長谷川集平	童心社	1996
スースーとネルネル	荒井良二	偕成社	1996
すーちゃんとねこ	さのようこ　おはなし・え	こぐま社	1973
ＺＯＯ　どうぶつえん	アンソニー・ブラウン　作　藤本朝巳　訳	平凡社	2003
スーホの白い馬	モンゴル民話　大塚勇三　再話　赤羽末吉　画	福音館書店	1967
ずかん・じどうしゃ	山本忠敬　さく	福音館書店	1977
すきですゴリラ	アントニー・ブラウン　作・絵　山下明生　訳	あかね書房	1985
すき　ときどき　きらい	東君平　文　和歌山静子　絵	童心社	1986
すっぽんぽんのすけ	もとしたいづみ　作　荒井良二　絵	すずき出版	1999
すっぽんぽんのすけ　せんとうへいくのまき	もとしたいづみ　作　荒井良二　絵	すずき出版	2002
すてきな三にんぐみ	トミー＝アンゲラー　さく　いまえよしとも　やく	偕成社	1969 (1977改訂)
ずら～りカエルならべてみると…	松橋利光　しゃしん　高岡昌江　ぶん	アリス館	2002
せいめいのれきし	バージニア・リー・バートン　文・え　いしいももこ　やく	岩波書店	1964
せかいいち　うつくしい　ぼくの村	小林豊	ポプラ社	1995
せかい一わるいかいじゅう	パット＝ハッチンス　さく　乾侑美子　やく	偕成社	1990
世界のあいさつ	長新太　さく　野村雅一　監修	福音館書店	1989
せかいのはてってどこですか？	アルビン・トゥレッセルト　さく　ロジャー・デュボアザン　え　三木卓　やく	童話館出版	1995
せかいのひとびと	ピーター・スピアー　えとぶん　松川真弓　やく	評論社	1982
せきたんやのくまさん	フィービとセルビ・ウォージントン　さく・え　いしいももこ　やく	福音館書店	1979
セクター７	デイヴィッド・ウィーズナー	ＢＬ出版	2000
ゼラルダと人喰い鬼	トミー・ウンゲラー　たむらりゅういちやく　あそうくみ　やく	評論社	1977
セルコ　ウクライナの昔話	内田莉莎子　文　ワレンチン・ゴルディチューク　絵	福音館書店	2001
セロひきのゴーシュ	宮沢賢治　作　茂田井武　画	福音館書店	1966
1999年６月29日	デイヴィット・ウィーズナー　作　江國香織　訳	ブックローン出版	1993

せんたくかあちゃん	さとうわきこ　さく・え	福音館書店	1978
ぞうだぞう	川崎洋　作　古川タク　絵	すずき出版	1989
ぞうのババール　こどものころの　おはなし	ジャン・ド・ブリュノフ　さく　やがわすみこ　やく	評論社	1974
ぞうのボタン	うえののりこ　さく［なかえよしを　原案］	冨山房	1975
そうべえごくらくへゆく	たじまゆきひこ　作	童心社	1989
そうべえまっくろけのけ	田島征彦	童心社	1998
そらいろのたね	なかがわりえこ　文　おおむらゆりこ　絵	福音館書店	1964
そら　はだかんぼ！	五味太郎	偕成社	1979（1987改訂）
そらまめくんのベッド	なかやみわ　さく・え	福音館書店	1997
そらまめくんとめだかのこ	なかやみわ　さく・え	福音館書店	1999
そりあそび	さとうわきこ　さく・え［ばばばあちゃんのおはなし］	福音館書店	1990
ソリちゃんのチュソク	イ・オクベ　絵と文　みせけい　訳	セーラー出版	2000
そんなときなんていう？	セシル・ジョスリン　文　モーリス・センダック　絵　たにかわ　しゅんたろう　訳	岩波書店	1979
ターちゃんとペリカン	ドン・フリーマン　さく　さいおんじさちこ　やく	ほるぷ出版	1975
だいくとおにろく	松居直　再話　赤羽末吉　画	福音館書店	1962
だいふくもち	田島征三　作	福音館書店	1976
たいへんなひるね	さとうわきこ　さく・え［ばばばあちゃんのおはなし］	福音館書店	1988
だくちるだくちる　はじめてのうた	V・ベレストフ　原案　阪田寛夫　文　長新太　絵	福音館書店	1993
たこをあげるひとまねこざる大型絵本	H・A・レイ　文，絵　光吉夏弥　訳	岩波書店	1984
たすけて	田島征三　ことば・文字　宮入芳雄　さとうあきら　写真　山上裕司　デザイン	童心社	1995
だって　だっての　おばあさん	さのようこ　作・絵	フレーベル館	1975（1985再版）
落語絵本　たのきゅう	川端誠	クレヨンハウス	2003
旅の絵本	安野光雅	福音館書店	1977
旅の絵本Ⅱ	安野光雅	福音館書店	1978
旅の絵本Ⅲ	安野光雅	福音館書店	1981
旅の絵本Ⅳ	安野光雅	福音館書店	1983
たべもののたび	かこさとしからだの本	童心社	1976
たまご	ガブリエル・バンサン	ブックローン出版	1986
卵（たまご）　はじめての発見（はっけん）	ルネ・メットレール　絵　ガリマール・ジュネス　パスカル・ド・ブールゴワン　監修　重松えり子　訳	リブリオ出版	1992

たまごのあかちゃん	かんざわとしこ　ぶん　やぎゅうげんいちろう　え	福音館書店	1987
だるまちゃんとうさぎちゃん	加古里子　さく／え	福音館書店	1972
だるまちゃんとかみなりちゃん	加古里子　さく／え	福音館書店	1968
だるまちゃんとだいこくちゃん	加古里子　文・絵	福音館書店	1991
だるまちゃんとてんぐちゃん	加古里子　さく／え	福音館書店	1967
だるまちゃんととらのこちゃん	加古里子　さく／え	福音館書店	1984
たろうのおでかけ	村山桂子　作　堀内誠一　画	福音館書店	1963
タンゲくん	片山健	福音館書店	1967
ダンゴムシ	今森光彦　文・写真	アリス館	2002
だんごむし　そらをとぶ	松岡達英	小学館	2000
たんぽぽ	甲斐信枝　作・絵	金の星社	1984
たんぽぽ	平山和子　ぶん・え　北村四郎　監修	福音館書店	1972
たんぽぽのこと	竹内敏晴　文　長谷川集平　文と絵	温羅書房	1996
ちいさいおうち	ばーじにあ・りー・ばーとん　ぶんとえ　いしいももこ　やく	岩波書店	1954
ちいさいきかんしゃ	ロイス・レンスキー　ぶん・え　わたなべしげお　やく	福音館書店	1971
ちいさいケーブルカーのメーベル	バージニア・リー・バートン　さく　かつらゆうこ　いしいももこ　やく	ペンギン社	1980
ちいさいしょうぼうじどうしゃ	ロイス・レンスキー　ぶん・え　わたなべしげお　やく	福音館書店	1970
ちいさいタネ	エリック＝カール　さく　ゆあさふみえ　やく	偕成社	1990
ちいさいモモちゃん１　おばけとモモちゃん　復刻版	松谷みよ子　文　中谷千代子　絵	講談社	2003
ちいさいモモちゃん２　ルウのおうち　復刻版	松谷みよ子　文　中谷千代子　絵	講談社	2003
ちいさいモモちゃん３　あめこんこん　復刻版	松谷みよ子　文　中谷千代子　絵	講談社	2003
ちいさなうさこちゃん	デイック・ブルーナ　ぶん・え　いしいももこ　やく	福音館書店	1964
〔ちいさなちいさなえほんばこ〕 チキンスープ・ライスいり　12のつきのほん［小］	モーリス・センダック　さく　じんぐうてるお　やく	冨山房	1981
チキンスープ・ライスいり　12のつきのほん［大］	モーリス・センダック　さく　じんぐうてるお　やく	冨山房	1986
ちいさなねこ	石井桃子　さく　横内襄　え	福音館書店	1963
ちいさなもみのき	マーガレット・ワイズ・ブラウン　さく　バーバラ・クーニー　え　かみじょうゆみこ　やく	福音館書店	1993
地下鉄のできるまで	加古里子　さく	福音館書店	1987
地球―その中をさぐろう―	加古里子　ぶん／え	福音館書店	1975
ちっちゃなちっちゃなものがたり	ジェイコブズのイギリス昔話より　瀬田貞二　訳　瀬川康男　絵	福音館書店	1995
ちのはなし	堀内誠一　ぶんとえ	福音館書店	1978

ちびおおかみ	ヨゼフ・ウィルコン　絵　ゲルダ・ヴァーゲナー　文　鷺沢萠　訳	講談社	1998
ちびねこミッシェル	東君平　文　和歌山静子　絵	童心社	1983
チムとゆうかんなせんちょうさん	エドワード・アーディゾーニ　ぶんとえ　せたていじ　やく	福音館書店	1963
注文の多い料理店	宮沢賢治　原作　スズキ　コージ　画	ミキハウス	1987
愛蔵版おはなしのろうそく3 ついでにペロリ	東京子ども図書館　編	東京子ども図書館	2000
月おとこ	トミー・ウンゲラー　たむらりゅういち・あそうくみ　やく	評論社	1978
つきのぼうや	イブ・スパング・オルセン　さく・え　やまのうち　きよこ　やく	福音館書店	1975
つきよのキャベツくん	長新太・さく	文研出版	2003
土の下（つちのした）はじめての発見（はっけん）	ダニエル・ブール　絵　ガリマール・ジュネス　パスカル・ド・ブールゴワン　監修　重松えり子　訳	リブリオ出版	1991
ティッチ	パット・ハッチンス　さく・え　いしいももこ　やく	福音館書店	1975
てぶくろ　ウクライナ民話	エウゲーニー・M・ラチョフ　え　うちだりさこ　やく	福音館書店	1965
手ぶくろを買いに	新美南吉　作　黒井健　絵	偕成社	1988
でんしゃがくるよ！	シャーロット・ヴォーク　作　竹下文子　訳	偕成社	1998
とうさんおはなしして	アーノルド・ローベル　作　三木卓　訳	文化出版局	1973
とうさんまいご	五味太郎　作・絵	偕成社	1983
どうながのプレッツェル	マーグレット・レイ　ぶん　H・A・レイ　え	福音館書店	1978
どうぶつ	ブライアン・ワイルドスミス　ぶん・え　わたなべしげお　やく	らくだ出版	1979
どうぶつのおかあさん	小森厚　ぶん　藪内正幸　え	福音館書店	1977
どうぶつのおやこ	藪内正幸　画	福音館書店	1966
動物のくらし図鑑	世界15カ国国際共同出版	偕成社	1998
10までかぞえられるこやぎ	アルフ・プリョイセン　作　山内清子　訳　林明子　絵	福音館書店	1991
ドオン！	山下洋輔　文　長新太　絵	福音館書店	1955
とこちゃんはどこ	松岡享子　さく　加古里子　え	福音館書店	1970
とだな（バーニンガムのちいさいえほん5）	ジョン・バーニンガム　作　谷川俊太郎　訳	冨山房	1976
どどどどど	五味太郎	偕成社	1992
となかいはなぜサンタのそりをひく？	モー・プライス　文　アツコ・モロズミ　絵　松野正子　訳	岩波書店	1994
とべバッタ	田島征三	偕成社	1988
ともだち（バーニンガムのちいさいえほん6）	ジョン・バーニンガム　作　谷川俊太郎　訳	冨山房	1976

とらっく	パイロン・バートン　さく・え　こじままもる　やく	金の星社	1992
とらっくとらっくとらっく	渡辺茂男　さく　山本忠敬　え	福音館書店	1961
鳥（とり）　はじめての発見(はっけん)	ルネ・メットレール　絵　ガリマール・ジュネス　クロード・ドゥラフォス　ルネ・メットレール　監修　重松えり子　訳	リブリオ出版	1992
とりかえっこ	さとうわきこ　作　二俣英五郎　絵	ポプラ社	1978
トリゴラス	長谷川集平・作	文研出版	1978
トロールのばけものどり	イングリ・ドーレア　と　エドガー・ドーレア　作　いつじあけみ　訳	福音館書店	2000
どろぼうがっこう	かこさとし　おはなしのほん（4）	偕成社	1973
どろんこおそうじ	さとうわきこ　さく・え　［ばばばあちゃんのおはなし］	福音館書店	1986
どろんこ　こぶた	アーノルド・ローベル　作　岸田衿子　訳	文化出版局	1971
どろんこハリー	ジーン・ジオン　ぶん　マーガレット・ブロイ・グレアム　え　わたなべしげお　やく	福音館書店	1964
とんことり	筒井頼子　さく　林明子　え	福音館書店	1986
どんどんどんどん	片山健	文化出版局	1984
どんなにきみがすきだかあてごらん	サム・マクブラットニィ　ぶん　アニタ・ジェラーム　え　小川仁央　やく	評論社	1995
とんぼとり	長谷川集平	温羅書房	1994
ナイトシミー　元気になる魔法	アンソニー・ブラウン　絵　グエン・ストラウス　文　灰島かり　訳	平凡社	2002
なぞなぞあそびうた	角野栄子　さく　スズキコージ　え	のら書店	1989
なぞなぞえほん1のまき	中川李枝子　さく　山脇百合子　え	福音館書店	1988
なぞなぞえほん2のまき	中川李枝子　さく　山脇百合子　え	福音館書店	1988
なぞなぞえほん3のまき	中川李枝子　さく　山脇百合子　え	福音館書店	1988
なぞなぞな～に　はるのまき	いまきみち　さく	福音館書店	1995
なぞなぞな～に　なつのまき	いまきみち　さく	福音館書店	1995
なぞなぞな～に　あきのまき	いまきみち　さく	福音館書店	1995
なぞなぞな～に　ふゆのまき	いまきみち　さく	福音館書店	1995
なぞなぞのすきな女の子	松岡享子　さく　大社玲子　え	学研	1973
なぞなぞのたび	石津ちひろ　なぞなぞ　荒井良二　絵	フレーベル館	1998
なぞなぞ100このほん	M・ブラートフ　採集　松谷さやか　編・訳　M・ミトゥーリチ　絵	福音館書店	1994
なつのあさ	谷内こうた　文／画	至光社	1970
なにのあしあとかな	やぶうちまさゆき	福音館書店	1987
ナヌークの贈りもの	星野道夫	小学館	1996
愛蔵版おはなしのろうそく2　なまくらトック	東京子ども図書館　編	東京子ども図書館	1998
なみにきをつけて、シャーリー	ジョン・バーニンガム　作　へんみまさなお　やく	ほるぷ出版	1978
なんだかうれしい（増補版）	谷川俊太郎＋だれかとだれか	福音館書店	2002

西風号の遭難	C・V・オールズバーグ　絵・文　村上春樹　訳	河出書房新社	1985
にじのはなさかせよう！	ロイス・エイラト　さく　ふじさきなおこやく	偕成社	1995
日曜日の歌	長谷川集平　絵・文	好学社	1981
ニワトリが道にとびだしたら	デビッド・マコーレイ　文・絵　小野耕世訳	岩波書店	1988
にわとりとたまご	イエラ・マリ　エンツォ・マリ　さく	ほるぷ出版	1995
にんじんばたけのパピプペポ	かこさとし　おはなしのほん（8）	偕成社	1973
ね、ぼくのともだちになって！	エリック・カール　作	偕成社	1991
ねえ、どれがいい？	ジョン・バーニンガム　さく　まつかわまゆみ　やく	評論社	1983
ねぎぼうずのあさたろう　その1　とうげのまちぶせ	飯野和好　作	福音館書店	1999
ネコとクラリネットふき	岡田淳	クレヨンハウス	1996
ねこのかぞえうた	せなけいこ　作・絵	すずき出版	2001
ねこのくにのおきゃくさま	シビル・ウェッタシンハ　さく　まつおかきょうこ　やく	福音館書店	1996
ねずみくんのチョッキ	なかえよしを　作　上野紀子　絵	ポプラ社	1974
ねずみじょうど	瀬田貞二　再話　丸木位里　画	福音館書店	1967
ねずみのでんしゃ	山下明生　作　いわむらかずお　絵	ひさかたチャイルド	1982
ねないこだれだ	せな　けいこ　さく・え	福音館書店	1969
ねむいねむいねずみ	ささきまき　作・絵	PHP研究所	1979
ねむいねむいねずみとなきむしぼうや	ささきまき　作・絵	PHP研究所	1984
ねむいねむいねずみともりのおばけ	ささきまき　作・絵	PHP研究所	1985
ねむいねむいねずみのうみのぼうけん	ささきまき　作・絵	PHP研究所	1985
ねむいねむいねずみのクリスマス	ささきまき　作・絵	PHP研究所	1982
ねむいねむいねずみはおなかがすいた	ささきまき　作・絵	PHP研究所	1982
ねむいよ　ねむいよ	長新太　さく	こぐま社	1997
ねむりひめ　グリム童話	フェリックス・ホフマン　え　せたていじやく	福音館書店	1963
ねむる	長新太　文・絵	文溪堂	2002
ノアのはこ船	ピーター・スピアー　え　松川真弓　やく	評論社	1986
野うさぎのフルー	リダ・フォシエ文　フェードル・ロジャンコフスキー絵　いしいももこ訳編	童話館出版	2002
のうじょうけんがく	ダフニ・フェリガン　文　キャロライン・クロスランド　絵　松川真弓　訳	評論社	1992

のせてのせて	松谷みよ子あかちゃんの本　東光寺啓　え	童心社	1969
野の草花	古矢一穂　ぶん　高森登志夫　え	福音館書店	1982
のはらうた　Ⅰ	くどうなおことのはらみんな	童話屋	1984
のはらうた　Ⅱ	くどうなおことのはらみんな　島田光雄画	童話屋	1985
のはらうた　Ⅲ	くどうなおことのはらみんな	童話屋	1987
のはらうた　Ⅳ	くどうなおことのはらみんな	童話屋	2000
のはらにおはながさきはじめたら	シャーロット・ゾロトウ　ぶん　ガース・ウィリアムス　え　きやまともこ　やく	ベネッセコーポレーション	1984
のぼっちゃう	八木田宜子　さく　太田大八　え	文化出版局	1971
のらいぬ	谷内こうた　絵　蔵富千鶴子　文	至光社	1973
バイ　バイ　ベイビー	ジャネット&アラン・アルバーグ　作　佐野洋子　訳	文化出版局	1990
パイルドライバー	長谷川集平	温羅書房	1995
ばけくらべ	松谷みよ子　さく　瀬川康男　え	福音館書店	1964
はけたよはけたよ	かんざわとしこ　ぶん　にしまきかやこ　え	偕成社	1970
落語絵本　ばけものつかい	川端誠	クレヨンハウス	1994
はじまりはじまり	荒井良二	ブロンズ新社	1994
はじめてであうずかん　こんちゅう	三芳悌吉　え　矢島稔　しどう	福音館書店	1980
はじめてであうずかん　しょくぶつ	高森登志夫　え　古矢一穂　しどう	福音館書店	1980
はじめてのおつかい	筒井頼子　さく　林明子　え	福音館書店	1976
はじめてのキャンプ	林明子　さく・え	福音館書店	1984
はじめての恐竜大図鑑	小畠郁生　監修　アンジェラ・ウィルクス著　大坪奈保美　訳	偕成社	1995
ばしん！ばん！どかん！	ピーター・スピア　作　わたなべしげお　訳	冨山房	1978
バスにのって	荒井良二	偕成社	1992
はせがわくんきらいや	長谷川集平	温羅書房	1993 (1976)
はせがわくんきらいや	長谷川集平	ブッキング	2003 (1976)
幼い子の詩集　パタポン　1	田中和雄	童話屋	2002
幼い子の詩集　パタポン　2	田中和雄	童話屋	2002
はたらきもののじょせつしゃけいてぃー	ばーじにあ・りー・ばーとん　ぶんとえ　いしい　ももこ　やく	福音館書店	1978
はたらくじどうしゃ・1　こうじばのくるま	山本忠敬　さく・え	福音館書店	1972
はたらくじどうしゃ・2　まちなかのくるま	山本忠敬　さく・え	福音館書店	1975
はたらくじどうしゃ・3　はこぶくるま	山本忠敬　さく・え	福音館書店	1977

はたらくじどうしゃ・4　しょうぼうじどうしゃ	山本忠敬　さく・え	福音館書店	1978
はっけんずかん「きょうりゅう」	小畠郁生　監修　山口まさよし　絵　荒木一成　恐竜モデル	学研	2000
落語絵本　はつてんじん　初天神	川端誠	クレヨンハウス	1996
花さき山	斉藤隆介　作　滝平二郎　絵	岩崎書店	1969
はなのあなのはなし	やぎゅう　げんいちろう　さく	福音館書店	1981
はなのすきなうし	マンロー・リーフ　おはなし　ロバート・ローソン　え　光吉夏弥　やく	岩波書店	1954
あなはほるものおっこちるとこ　ちっちゃいこどもたちのせつめい	ルース・クラウス　文　モーリス・センダック　絵　わたなべしげお　訳	岩波書店	1979
はなをくんくん	ルース・クラウス　文　マーク・サイモンド　絵　きじまはじめ　訳	福音館書店	1967
はなをほじほじいいきもち	ダニエラ・クロート－フリッシュ　さく　たかはしようこ　やく	偕成社	1997
パパ、お月さまとって！	エリック＝カール　さく　もりひさし　やく	偕成社	1986
ばばばあちゃんのアイスパーティー	さとうわきこ　作　佐々木志乃　協力	福音館書店	1995
ばばばあちゃんのおもちつき	さとうわきこ　作　佐々木志乃　協力	福音館書店	1997
バムとケロのおかいもの	島田ゆか	文溪堂	1999
バムとケロのさむいあさ	島田ゆか	文溪堂	1996
バムとケロのそらのたび	島田ゆか	文溪堂	1995
バムとケロのにちようび	島田ゆか	文溪堂	1994
はやくねてよ	あきやまただし　作・絵	岩崎書店	1994
はらぺこあおむし	エリック＝カール　さく　もりひさし　やく	偕成社	1976
はらぺこあおむし[大型絵本]	エリック＝カール　さく　もりひさし　やく	偕成社	1994
はらぺこおおかみと７ひきのこやぎ	トニー・ロス　作　金原瑞人　訳	小峰書店	2001
はらぺこガズラー	ハアコン・ビョルクリット　さく　かけがわやすこ　やく	ほるぷ出版	1978
ハリーのセーター	ジーン・ジオン　ぶん　マーガレット・ブロイ・グレアム　え　わたなべしげお　やく	福音館書店	1983
はるなつあきふゆ	ジョン・バーニンガム　さく　きしだえりこ　やく	ほるぷ出版	1975
はるにれ	姉崎一馬　写真	福音館書店	1981
はろるどとむらさきのくれよん	クロケット・ジョンソン　作　岸田衿子　訳	文化出版局	1972
はろるどのふしぎなぼうけん	クロケット・ジョンソン　作　岸田衿子　訳	文化出版局	1971
はろるどまほうのくにへ	クロケット・ジョンソン　作　岸田衿子　訳	文化出版局	1972
版画のはらうた	くどうなおこ	童話屋	1992
版画のはらうた　Ⅱ	くどうなおことのはらみんな　ほてはまたかし　画	童話屋	1996
パンチョギ	イ・オクベ　絵　イ・ミエ　文　［こうめ文庫　訳］	ポリム［韓国］	1997

パンのかけらとちいさなあくま　リトアニア民話	内田莉莎子　再話　堀内誠一　画	福音館書店	1979
はんぶんタヌキ	長新太　さく	こぐま社	1988
パンやの　くまさん	フィービとセルビ・ウォージントン　さく・え　まさきるりこ　やく	福音館書店	1987
ピーターのくちぶえ	エズラ＝ジャック＝キーツ　さく　きじまはじめ　やく	偕成社	1974
ピーターラビットのおはなし	ビアトリクス・ポター　さく・え　いしいももこ　やく	福音館書店	1971(1988新版 2002新装版)
〔ちいさなちいさなえほんばこ〕ピエールとライオン　ためになるおはなし　はじまりのうたといつつのまき［小］	モーリス・センダック　さく　じんぐうてるお　やく	冨山房	1981
ピエールとライオン　ためになるおはなし　はじまりのうたといつつのまき［大］	モーリス・センダック　さく　じんぐうてるお　やく	冨山房	1986
ピカソの絵本　あっちむいてホイッ！	結城昌子　構成・文	小学館	1993
光の旅　かげの旅	アン・ジョイス　内海まお　訳	評論社	1984
ピクニックにいかない？	マグリット・ヘイマン　さく・え　せきねえいいいち　ぶん	エミール館	1979
ひげのサムエルのおはなし	ビアトリクス・ポター　さく・え　いしいももこ　やく［ピーターラビットの絵本］	福音館書店	1974
飛行機（ひこうき）はじめての発見（はっけん）	ドナルド・グラント　絵　ガリマール・ジュネス他　監修　重松えり子　訳	リブリオ出版	1992
ピッツァぼうや	ウィリアム・スタイグ　作　木坂涼　訳	セーラー出版	2000
ひとまねこざる　大型絵本	H・A・レイ　文，絵　光吉夏弥　訳	岩波書店	1983
ひとまねこざるときいろいぼうし　大型絵本	H・A・レイ　文，絵　光吉夏弥　訳	岩波書店	1983
ひとまねこざるときいろいぼうし	エッチ・エイ・レイ　文・絵　光吉夏弥　訳	岩波書店	1966
ひもほうちょうもつかわない　平野レミのおりょうりブック	平野レミ　文　和田唱　和田率　え	福音館書店	1989
100万回生きたねこ	佐野洋子　作・絵	講談社	1977
100まんびきのねこ	ワンダ・ガアグ　ぶん　え　いしいももこ　やく	福音館書店	1961(1992改訂新装)
ひゅるひゅる	せなけいこ・おばけえほん	こぐま社	1993
ひらいたひらいた	わかやまけん	福音館書店	1977
ひもほうちょうもつかわない　平野レミのサラダブック	平野レミ　文　和田唱・和田率　え	福音館書店	1991
ビリーはもうすぐ1ねんせい	ローレンス・アンホールト　文　キャスリン・アンホールト　絵　松野正子　訳	岩波書店	1997
ひろしまのピカ	丸木俊　え・文	小峰書店	1980
ぶかぶかティッチ	パット・ハッチンス　さく・え　いしいももこ　やく	福音館書店	1984

ふきまんぶく	田島征三　文と絵	偕成社	1973
ふくろうくん	アーノルド・ローベル　作　三木卓　訳	文化出版局	1976
ふしぎなえ	安野光雅　え	福音館書店	1971
ふしぎなさーかす	安野光雅　さく・え	福音館書店	1981
ふしぎなたけのこ	松野正子　さく　瀬川康男　え	福音館書店	1963
ぶたたぬききつねねこ	馬場のぼる	こぐま社	1978
ぶたのたね	佐々木マキ　作・絵	絵本館	1989
ぶたぶたくんのおかいもの	土方久功　さく／え	福音館書店	1970
ブタヤマさんたらブタヤマさん	長新太　さく	文研出版	1986
ふたり	瀬川康男	冨山房	1981
ふたりはいっしょ	アーノルド・ローベル　作　三木卓　訳	文化出版局	1972
ふたりは　いつも	アーノルド・ローベル　作　三木卓　訳	文化出版局	1977
ふたりはともだち	アーノルド・ローベル　作　三木卓　訳	文化出版局	1972
ふね	バイロン・バートン　さく・え　こじままもる　やく	金の星社	1992
ふゆめがっしょうだん	富成忠夫　茂木透　写真　長新太　文	福音館書店	1986
ブライアン・ワイルドスミスのＡＢＣ	ブライアン・ワイルドスミス	らくだ出版	1972
フランシスとたんじょうび	ラッセル・ホーバン　さく　リリアン・ホーバン　え　まつおかきょうこ　やく	好学社	1972
ブルーベリーもりでのプッテのぼうけん　新版	エルサ・ベスコフ　さく　おのでら　ゆりこ　やく	福音館書店	1977(2001新規製版)
ふるやのもり	瀬田貞二　再話　田島征三　画	福音館書店	1965
ブレーメンのおんがくたい　グリム童話	ハンス・フィッシャー　え　せたていじ　やく	福音館書店	1964
フレデリック　ちょっと　かわった　のねずみの　はなし	レオ＝レオニ　谷川俊太郎　訳	好学社	1969
フロプシーのこどもたち	ビアトリクス・ポター　さく・え　いしいももこ　やく［ピーターラビットの絵本］	福音館書店	1971
プンク　マインチャ	ネパール民話　大塚勇三　再話　秋野亥左牟　画	福音館書店	1968
ふんふんなんだかいいにおい	にしまきかやこ　えとぶん	こぐま社	1977
ヘクター・プロテクターとうみのうえをふねでいったら　マザー・グースのえほん	モーリス・センダック　作　じんぐうてるお　やく	冨山房	1978
へっこきあねさがよめにきて	大川悦夫　文　太田大八　絵	ポプラ社	1972
へびのクリクター	トミー・ウンゲラー　中野完二　訳	文化出版局	1974
へびのせんせいとさるのかんごふさん	穂高順也　ぶん　荒井良二　え	ビリケン出版	2002
ペレのあたらしいふく	エルサ・ベスコフ　さく・え　おのでらゆりこ　やく	福音館書店	1976
ベンジャミン　バニーのおはなし	ビアトリクス・ポター　さく・え　いしいももこ　やく［ピーターラビットの絵本］	福音館書店	1971
へんてこ　へんてこ	長新太　さく	佼成出版	1988

ぼうし	トミー・ウンゲラー　たむらりゅういち・あそうくみ　やく	評論社	1977
ぼうし	せがわやすお	福音館書店	1987
ほーら、大きくなったでしょあひる	バーリィ・ワッツ　写真　アンジェラ・ロイストン　文　山口文夫　訳	評論社	1992
ほーら、大きくなったでしょきつね	ジェーン・バートン　写真　メアリー・リング　文　山口文夫　訳	評論社	1994
ほーら、大きくなったでしょこうま	ゴードン・クレイトン　写真　メアリー・リング　文　山口文夫　訳	評論社	1994
ほーら、大きくなったでしょこぶた	ビル・リング　写真　メアリー・リング文　山口文夫　訳	評論社	1994
ほーら、大きくなったでしょちょう	キム・テイラー　写真　メアリー・リング文　山口文夫　訳	評論社	1994
ほーら、大きくなったでしょひつじ	ゴードン・クレイトン　写真　アンジェラ・ロイストン　文　山口文夫　訳	評論社	1993
ボールのまじゅつしウィリー	アンソニー・ブラウン　さく　久山太市やく	評論社	1998
ポキポキ森のトケビ	イ・ホベク　作　イム・ソンヨン　絵	チェミマジュ［韓国］	1997
ぼく、お月さまとはなしたよ	フランク・アッシュ　えとぶん　山口文生やく	評論社	1985
ぼくがあかちゃんだったとき	浜田桂子	教育画劇	2000
ぼくじょうのくまさん	フィービとジョーン・ウォージントン　さく・え　まさきるりこ　やく	童話館出版	1997
ぼく　そらをさわってみたいんだ	さとうわきこ　作　岩井田治行　絵	ポプラ社	1986
ぼくにきづいたひ	杉山亮　作　片山健　絵	理論社	1995
ぼくにげちゃうよ	マーガレット・W・ブラウン　ぶん　クレメント・ハード　え　いわたみみ　やく	ほるぷ出版	1976
ぼくのくれよん	長新太　おはなし・え	講談社	1993
ぼくのともだち、おつきさま	アンドレ・ダーハン	架空社	1988
ぼくのにんじん	ルース・クラウス　さく　クロケット・ジョンソン　え　わたなべしげお　やく	ペンギン社	1980
ぼくのねこみなかった？	エリック＝カール　さく　おおつきみずえやく	偕成社	1991
ぼくのぱんわたしのぱん	神沢利子　ぶん　林明子　え	福音館書店	1978
ぼくはあるいた　まっすぐまっすぐ	マーガレット・ワイズ・ブラウン　作　坪井郁美　ぶん　林明子　え	ペンギン社	1984
ぼくはおこった	ハーウィン・オラム　文　きたむらさとし絵・訳	評論社	1996
ぼくは　きみが　すき	いもとようこ　絵と文	至光社	1991
ぼくは　くまの　ままで　いたかったのに……	イエルク・シュタイナー　ぶん　イエルク・ミュラー　え　おおしまかおり　やく	ほるぷ出版	1978
ぼくはへいたろう「稲生物怪録」より	小沢正　文　宇野亜喜良　絵	ビリケン出版	2002
ぼくまいごになったんだ	わたなべしげお　さく　おおともやすお　え	あかね書房	1976

ぼくを探しに	シルヴァスタイン　作　倉橋由美子　訳	講談社	1977
ボタンのくに	なかむらしげお・　にしむらかやこ　さく	こぐま社	1967
ぽちぽちいこか	マイク・セイラー　さく　ロバート・グロスマン　え　いまえよしとも　やく	偕成社	1980
ぽとんぽとんはなんのおと	神沢利子　さく　平山英三　え	福音館書店	1980
ほね	堀内誠一　さく	福音館書店	1974
ほね、ほね、きょうりゅうのほね	バイロン・バートン　作　かけがわやすこ訳	インターコミュニケーションズ	1998
What is this?　なにかしら	ヨゼフ・ウィルコン　絵　いなばゆう　文	セーラー出版	1989
まあるいまあるい	イエラ・マリ	ほるぷ出版	1995
マクスとモーリツのいたずら	ヴィルヘルム・ブッシュ　文／絵　上田真而子　訳	岩波書店	1986
まこちゃんのおたんじょうび	にしまきかやこ　えとぶん	こぐま社	1968
また　もりへ	マリー・ホール・エッツ　ぶん・え　まさき・るりこ　やく	福音館書店	1969
町の水族館　町の植物園・さかなやさんとやおやさん	小林亜里　文　三柴啓子　絵	福音館書店	1995
まどから★おくりもの	五味太郎　作・絵	偕成社	1983
まどのそとのそのまたむこう	モーリス・センダック　さく・え　わきあきこ　やく	福音館書店	1983
まどのむこう	チャールズ・キーピング　えとぶん　いのくまようこ　やく	らくだ出版	1997
マトリョーシカちゃん	加古里子　ぶん・え　ヴェ・ヴィクトロフ／イ・ベロポーリスカヤ　原作	福音館書店	1984
マドレーヌといたずらっこ	ルドウィッヒ・ベーメルマンス　作・画　瀬田貞二　訳	福音館書店	1973
マドレーヌといぬ	ルドウィッヒ・ベーメルマンス　作・画　瀬田貞二　訳	福音館書店	1973
マドレーヌのクリスマス	ルドウィッヒ・ベーメルマンス　作　江國香織　訳	ＢＬ出版	2000
マドレンカ	ピーター・シス　作　松田素子　訳	ＢＬ出版	2001
マフィンおばさんのぱんや	竹林亜紀　さく　河本祥子　え	福音館書店	1981
魔法のことば　エスキモーに伝わる詩	柚木沙弥郎　絵　金関寿夫　訳	福音館書店	2000
ママがたまごをうんだ！	バベット・コール　さく　ちばみどり　やく	ほるぷ出版	1994
ママ、ママ、おなかがいたいよ	レミー・チャーリップ　バートン・サプリー　つぼいいくみ　訳	福音館書店	1981
まよなかのだいどころ	モーリス・センダック　さく・え　じんぐうてるお　やく	冨山房	1982
まりーちゃんとおおあめ	フランソワーズ　文・絵　きじまはじめ　訳	福音館書店	1968
まりーちゃんとひつじ	フランソワーズ　文・絵　与田準一　訳	岩波書店	1956
まりーちゃんのくりすます	フランソワーズ　文・絵　与田準一　訳	岩波書店	1975
まる　まる	中辻悦子　さく	福音館書店	1993
落語絵本　まんじゅうこわい	川端誠	クレヨンハウス	1996

マンヒのいえ	クォン・ユンドク　絵と文　みせけい　訳	セーラー出版	1998
ミリー　ー天使にであった女の子のお話ーグリム童話	ヴィルヘルム・グリム　原作　モーリス・センダック　絵　ラルフ・マンハイム　英語訳　神宮輝夫　日本語訳	ほるぷ出版	1988
みんなうんち	五味太郎　さく	福音館書店	1977
みんなのかお	さとうあきら　写真　とだきょうこ　文	福音館書店	1994
みんなの世界	マンロー・リーフ　文・え　光吉夏弥　訳	岩波書店	1953
みんな　びっくり	長新太	こぐま社	1983
MOOSE　ムース	星野道夫	平凡社	1988
むしたちのさくせん	宮武頼夫　文　得田之久　絵	福音館書店	1996
虫のかくれんぼ	海野和男　さく	福音館書店	1993
むしばミュータンスのぼうけん	かこさとしからだの本	童心社	1976
ムッシュ・ムニエルとおつきさま	佐々木マキ	絵本館	2001
めがねなんか、かけないよ	レイン・スミス　さく　青山南　やく	ほるぷ出版	1993
目だまし手品	アーリーン・ボーム　と　ジョゼフ・ボーム　作　なかがわちひろ　訳	福音館書店	1995
めっきらもっきらどおんどん	長谷川摂子　作　ふりやなな　画	福音館書店	1985
めの　まど　あけろ	谷川俊太郎　ぶん　長新太　え	福音館書店	1981
もうふ（バーニンガムのちいさいえほん２）	ジョン・バーニンガム　作　谷川俊太郎　訳	冨山房	1976
もぐらとじどうしゃ	エドアルド・ペチシカ　ぶん　ズデネック・ミレル　え　うちだりさこ　やく	福音館書店	1969
もぐらとずぼん	エドアルド・ペチシカ　ぶん　ズデネク・ミレル　え　うちだりさこ　やく	福音館書店	1967
もけらもけら	山下洋輔　ぶん　元永定正　え　中辻悦子　構成	福音館書店	1990
もこ　もこもこ	たにかわしゅんたろう　さく　もとながさだまさ　え	文研出版	1977
もじゃもじゃペーター	ハインリッヒ・ホフマン　さく　ささきたづこ　やく	ほるぷ出版	1985
モチモチの木	斉藤隆介　作　滝平二郎　絵	岩崎書店	1971
もっちゃうもっちゃうもうもっちゃう	土屋富士夫	徳間書店	2000
ももたろう	まついただし　ぶん　あかばすえきち　え	福音館書店	1965
もりのえほん	安野光雅	福音館書店	1977
もりのこびとたち	エルサ・ベスコフ　さく・え　おおつかゆうぞう　やく	福音館書店	1981
もりのなか	マリー・ホール・エッツ　ぶん・え　まさきるりこ　やく	福音館書店	1963
もりのへなそうる	わたなべしげお　さく　やまわきゆりこ　え	福音館書店	1971
やこうれっしゃ	西村繁男　さく	福音館書店	1980
やさい	平山和子　さく	福音館書店	1977
やさしいライオン	やなせたかし　作・絵	フレーベル館	1975

やっぱりおおかみ	ささきまき　さく・え	福音館書店	1973
やどかりのおひっこし	エリック＝カール　さく　もりひさしやく	偕成社	1990
やねうら	ハーウィン・オラム　文　きたむらさとし絵・訳	評論社	1996
ゆうこのあさごはん	やまわきゆりこ　さく・え	福音館書店	1971
ゆうびんやのくまさん	フィービとセルビ・ウォージントン　さく・え　まさきるりこ　やく	福音館書店	1987
幽霊画談　カラー版	水木しげる　著	岩波書店	1994
ゆかいなかえる	ジュリエット・キープス　ぶん・え　いしいももこ　やく	福音館書店	1964
ゆき（バーニンガムのちいさいえほん1）	ジョン・バーニンガム　作　谷川俊太郎　訳	冨山房	1976
ゆきおんな	川村たかし　文　宇野亞喜良　画	教育画劇	2000
ゆきごんのおくりもの	長崎源之助　さく　岩崎ちひろ　え	新日本出版社	1971
ゆきだるま	レイモンド・ブリッグズ　作	評論社	1978
ゆきのひ	加古里子	福音館書店	1966
ゆきのひ	Ｅ＝Ｊ＝キーツ　ぶん・え　きじまはじめやく	偕成社	1969
ゆきみち	梅田俊作・佳子　さく	ほるぷ出版	1986
ゆきむすめ	内田莉莎子　再話　佐藤忠良　画	福音館書店	1963
指で見る	トーマス・ベリイマン　写真／文　ビヤネール　多美子　訳	偕成社	1977
よあけ	ユリー・シュルヴィッツ　作・画　瀬田貞二　訳	福音館書店	1977
よあけまで	曹　文軒　作　中　由美子　訳　和歌山静子絵	童心社	2002
妖怪絵巻	常光徹　文　飯野和好　絵	童心社	1997
妖怪画談　愛蔵版	水木しげる	岩波書店	2002
妖精画談　カラー版	水木しげる　著	岩波書店	1996
ヨセフのだいじなコート	シムズ・タバック　作　木坂涼　訳	フレーベル館	2001
よもぎだんご	さとう　わきこ　さく	福音館書店	1989
夜がくるまでは	イヴ・バンティング　デイヴィッド・ウィーズナー　絵　江國香織　訳	ブックローン出版	1996
夜にみちびかれて	ロイス・ダンカン　文　スティーブ・ジョンソン＆ルー・ファンチャー　絵　成沢栄里子　訳	ＢＬ出版	2001
よるのようちえん	谷川俊太郎　ぶん　中辻悦子　え・しゃしん	福音館書店	1998
よるわたしのおともだち	いまえよしとも　ぶん　ちょうしんた　え	ＢＬ出版	2003
ラチとらいおん	マレーク・ベロニカ　ぶん，え　とくながやすもと　やく	福音館書店	1965
りすのはなし	ブライアン・ワイルドスミス　さく・え　はぎようこ　やく	らくだ出版	1976
立体で見る［星の本］	杉浦康平　＋　北村正利	福音館書店	1986

リボンのかたちのふゆのせいざオリオン	八坂康磨　写真と文　杉浦範茂　絵と構成	福音館書店	1988
漁師とおかみさん	グリム童話　モニカ・レイムグルーバー　え　てらおかじゅん　やく	ほるぷ出版	1985
りんご	松野正子　ぶん　鎌田暢子　え	童心社	1984
りんごのき	エドアルド・ペチシカ　ぶん　ヘレナ・ズマトリーコバー　え　うちだりさこ　やく	福音館書店	1972
ルピナスさん　―小さなおばあさんのお話―	バーバラ・クーニー　さく　かけがわやすこ　やく	ほるぷ出版	1987
ロージーちゃんのひみつ	モーリス＝センダック　さく　なかむらたえこ　やく	偕成社	1969(1983改訂新版)
ロージーのおさんぽ	パット＝ハッチンス　さく　わたなべ　しげお　やく	偕成社	1975
ろくべえまってろよ	灰谷健次郎　作　長新太　絵	文研出版	1975
ろけっとこざる　大型絵本	Ｈ・Ａ・レイ　文，絵　光吉夏弥　訳	岩波書店	1984
ロバのシルベスターとまほうのこいし	ウィリアム・スタイグ　せたていじ　やく	評論社	1975
ロンドンのマドレーヌ	ルドヴィッヒ・ベーメルマンス　作　江國香織　訳	ＢＬ出版	2001
わすれられないおくりもの	スーザン・バーレイ　さく・え　小川仁央訳	評論社	1986
わたし	谷川俊太郎　ぶん　長新太　え	福音館書店	1981
わたしたちも　ジャックもガイも　みんな　ホームレス	モーリス・センダック　作　じんぐうてるお　訳	冨山房	1996
わたしとあそんで	マリー・ホール・エッツ　ぶん・え　よだじゅんいち　やく	福音館書店	1968
わたしのぼうし	さのようこ　作・絵	ポプラ社	1976
わたしのろば　ベンジャミン	ハンス・リマー　文　レナート・オスベック　写真　松岡享子　訳	こぐま社	1994
わたしのワンピース	にしまきかやこ　えとぶん	こぐま社	1969
わっこおばちゃんのしりとりあそび	さとうわきこ　さく	童心社	1989
わっはっは	田島征三	偕成社	1994
わにがわになる	多田ヒロシ	こぐま社	1977
ワニのライルがやってきた	バーナード・ウェーバー　さく　小杉佐恵子　やく	大日本図書	1984

おわりに

本書は、数多くの方々に支えられてできました。この成果は、「共有財産」とでもいいうるものなのです。

まず、活動に参加した子どもたちに感謝しています。楽しそうに参加してくれ、毎週、新しい課題をだしてくれました。また、活動の場を提供するだけではなく、数々のご理解とご協力をいただいている梅花幼稚園の園長先生をはじめとする諸先生方には、スタッフ一同、あつくお礼申しあげます。さまざまのお願いやアンケートにこたえるなどご協力いただいた保護者のみなさまのお励ましは、大きい支えでした。

そして、この活動にスタッフとして、あるいは、授業として関わり、記録を書き、保存し、入力して、資料として使えるものにしてくださったみなさま、いちいちお名前はあげていませんが、多大な時間と情熱をいただくことができ、執筆者一同、ありがたく思いながら、データを読み、使うことができました。ありがとうございました。内海幸代さんには、データを検索できるようシステム構築をしていただきました。特にしるして感謝申し上げます。

プロジェクト研究として、研究会を立ち上げ、毎月、絵本のことを話し合うことができたことは、参加した一同にとって、活動とは違った得難い体験になりました。そのときには、気付いていなかったことや絵本をみる多様な視点をもちえたことは、母親として、司書として、教師として、また、読書推進の場とのかかわりにおいて、それぞれにいかしていきます。

三宅興子、伊東　舞、大利かおり
小澤佐季子、金　永順、佃香菜子、中内由起子

索　引

【や行】

【ら行】

【わ行】

著者紹介

三宅興子　第4・9章担当

梅花女子大学大学院教授。こうめ文庫顧問。

伊東舞　第6章担当

梅花女子大学卒業後、2004年4月より大阪府豊中市学校司書。こうめ文庫1999～2003年度参加。

大利かおり　第2章担当

梅花女子大学大学院博士前期課程修了。2002年4月より大阪府豊中市の学校司書。こうめ文庫1999～2001年度参加。

小澤佐季子　第1・5章担当

梅花女子大学大学院博士前期課程修了。2001年4月より梅花女子大学非常勤講師として、「こうめ文庫」の授業を担当している。こうめ文庫1994～2005年度参加。

金永順　第7章担当

梅花女子大学大学院博士後期課程満期修了。こうめ文庫1999～2005年度参加。

佃香菜子　第3章担当

梅花女子大学卒業後、公立図書館司書アルバイトを経て、2001年4月より大阪府豊中市学校司書。こうめ文庫1999～2000年度参加。

中内由起子　第8章担当

梅花女子大学大学院博士前期課程修了。現在2児の子育て中。こうめ文庫1994～1995年度参加。

＊＊＊＊＊＊＊＊＊＊＊＊＊＊

井上林子　表紙絵・イラスト担当

梅花女子大学卒業。2005年3月、『あたしいいこなの』（岩崎書店）を出版。こうめ文庫1999，2004～2005年度参加。

絵本と子どもがであう場所
—幼稚園絵本文庫10年の記録—

発行日	2006年4月20日 初版第一刷
編　者	三宅興子
発行人	今井　肇
発行所	翰林書房
	〒101-0051 東京都千代田区神田神保町1-14
	電 話 03-3294-0588
	FAX 03-3294-0278
	http://www.kanrin.co.jp/
	Eメール●kanrin@mb.infoweb.ne.jp
印刷・製本	アジプロ

落丁・乱丁本はお取替えいたします

ISBN4-87737-228-8